¿POR QUÉ LE PASAN COSAS MALAS A LA GENTE BUENA?

IVÁN GUTIÉRREZ RODRÍGUEZ

¿POR QUÉ LE PASAN COSAS MALAS A LA GENTE BUENA?

Obra editada en colaboración con Editorial Planeta Colombiana - Colombia

Diseño de portada: Diana Ramírez
Fotografía de portada: © Shutterstock
Redacción y revisión doctrinal: Bill Carrascal

© 2011, Iván Gutiérrez Rodríguez
© 2011, Editorial Planeta Colombiana, S. A. – Bogotá, Colombia

Derechos reservados

© 2013, Editorial Planeta Mexicana, S.A. de C.V.
Bajo el sello editorial DIANA M.R.
Avenida Presidente Masarik núm. 111, 2o. piso
Colonia Chapultepec Morales
C.P. 11570, México, D.F.
www.editorialplaneta.com.mx

Primera edición impresa en Colombia: agosto de 2011
ISBN: 978-958-42-2789-8

Primera edición impresa en México: noviembre de 2013
ISBN: 978-607-07-1940-0

Impreso en los talleres de Litográfica Ingramex, S.A. de C.V.
Centeno núm. 162-1, colonia Granjas Esmeralda, México, D.F.
Impreso en México – *Printed in Mexico*

A la Gracia divina *que me concedió conocimiento
y la inspiración de compartir estas experiencias.*

*A mis padres, Alberto y Lilia,mis hermanos
y parientes y a otros seres que son parte
de mi historia.*

Índice

Pregunta un reconocido periodista colombiano a Yaser Arafat:

–*Señor Arafat, ¿qué opina del conflicto en el Oriente Medio en comparación con el conflicto colombiano?*

Respondió Arafat:

–*Nosotros nos hemos venido destruyendo entre países por confrontaciones económicas, políticas y de sectas fanáticas; los colombianos se matan entre ustedes mismos y no saben por qué.*

Cuando supe la respuesta de Arafat sentí que era a mí a quien cuestionaba. Parecía estar definiendo con ella los altibajos de mi propia personalidad, el sufrimiento y la impotencia que me ocasionaba esa serie de vivencias que denominaré **causas oscuras** y a las cuales me referiré con detalles en este libro.

Existen momentos en nuestra vida en los que sentimos que algo nos hace falta, a pesar de haber cosechado todo tipo de éxitos y conseguido lo que nos hemos propuesto, hay un no sé qué, algo que no nos permite ser completamente felices.

A lo largo de la vida nos mantenemos en esa búsqueda y caemos a veces en el error de endiosar cosas perecederas o a personas que por sí mismas son imperfectas y al final nos fallan o se mueren.

Terminamos en un círculo vicioso, sin sentido, que nos ocupa, entretiene y esclaviza temporalmente, pero que no nos garantiza la verdadera armonía sino que nos hunde cada vez más ante las decepciones y la soledad. La mayoría de las veces acabamos acentuando las heridas y las frustraciones y, con ellas, los resentimientos, miedos, el estrés y la depresión que equivocadamente enfrentamos con vías de escape.

CAPÍTULO
uno

Los seres humanos casi siempre queremos estar donde no estamos, tener lo que no tenemos y ser lo que no somos

Son muy pocas las personas plenamente satisfechas: unas son infelices porque están gordas y quieren ser flacas; otras tienen el cabello ondulado y lo quieren tener liso; es frecuente oír comentarios acerca del clima: si está haciendo mucho calor, ¡Ay, qué dicha que hiciera frío! Y si está haciendo frío, ¡Ay, qué dicha que hiciera calor!

Estos son meros ejemplos, ya que una lista completa sería interminable. Lo que sucede es que no nos damos cuenta de que a veces *"nuestros principales enemigos somos nosotros mismos"*.

Individuos en conflicto consigo mismos crean una sociedad en conflicto. Cuando un problema nos desequilibra por dentro y algo nos fastidia, cuando con nada nos sentimos a gusto, cuando nada nos complace y nos convertimos en jueces permanentes de todo lo que ocurre a nuestro alrededor, bien sea que todo mejore o empeore, detrás de cada una de estas situaciones hay un antecedente y un porqué que lo explica, **una raíz**.

Un malestar generalizado encuentra, sin duda, su origen en una creciente crisis social de valores que se volvió común, ha ido minando la felicidad y la paz verdadera y de la cual ya no parece escaparse nadie, ni siquiera el perro de la casa. Sí, leyó bien, el perro de la casa; porque hoy en día es muy normal oír que a *Firulays* le dio estrés o depresión y también toca llevarlo al psicólogo.

Cuando notamos que algo no funciona bien en nuestra vida y entramos en crisis solemos reaccionar con pañitos de agua tibia y, por el efecto de las presiones de seguir para adelante, muchos nos refugiamos en lo primero que nos ofrezca el deslumbrante y exquisito consumismo. Un ejemplo cotidiano son las famosísimas promociones de tipo Televentas: A las primeras veinte mil personas que llamen en estos cinco minutos les regalamos un puñado de cilantro.

"El hombre sólo es quien es cuando está solo". Lo que no hemos aprendido es cómo remediar los males de manera completa y verdadera sino que, casi siempre, nos cubrimos con **máscaras** para posar en cada lugar de una manera diferente o nos disfrazamos de apariencias con orgullo injustificado, como dice la frase de Napoleón Bonaparte: *"El orgullo es el arma de los débiles"*.

Seguimos el camino con cara de poderosos, nos decimos que aquí no pasa nada, que todo está bien; caminamos y hasta levitamos pero, eso sí, llenos por dentro de incertidumbre, ansiedad, temores, depresiones, estrés, etc. Lo peor de todo, engañándonos a nosotros mismos al construir nuestra vida sobre estas debilidades.

Luchamos y luchamos para encontrar en nuestros proyectos, la verdadera paz y felicidad o la realización plena; pero no sabemos si alguna raíz o atadura del pasado nos las está truncando. Nos pasa lo de los dos borrachitos que se subieron de noche en su canoa para pasar al otro lado del río donde quedaban sus casas y remaron una, dos y tres horas, hasta que uno de ellos, ya cansado y mareado de remar y remar, preguntó al otro: pero si nosotros vivimos a diez minutos del otro lado y hemos remado y remado casi toda la noche ¿por qué no llegamos? De repente, uno de los dos borrachos miró para atrás y vio que no habían soltado la canoa del árbol donde estaba amarrada.

El camino más sano y verdadero para conocer lo que somos es escarbar en nuestra historia, nuestra niñez, hasta encontrar en las costumbres los malos ejemplos de nuestros padres y allegados, así como la falta de afecto, abandono, maltrato o burla de nuestros defectos físicos y emocionales. Es allí donde encontramos la raíz del malestar que nos aqueja y que se refleja en resentimientos, miedos, pérdida de la autoestima, ansiedades y hasta en enfermedades corporales, afectivas y mentales. Es tan sencillo como lo primero que uno construye para lograr que un edificio sea fuerte y resistente: **las bases**.

Y cuando uno ha vivido todas estas situaciones en carne propia, tal como le sucedió al autor, sí que lo entiende.

Cambiándolo de establo, no cambia el burro

Incursioné en el medio de la televisión en 1994, siendo estudiante de teatro. Actué en la novela *Detrás de un Ángel*, de RTI, serie dirigida por Carlos Duplat. Fue la época en que iniciaron su vida actoral Margarita Ortega y Robinson Díaz. Luego ingresé al elenco del programa *Fuego verde*, dramatizado inspirado en el mundo de las esmeraldas.

De vez en cuando el trago, la rumba y la droga se convirtieron en compañeras "in"-faltables de bohemia, aunque en medio del gozo y el derroche también las utilizaba como refugio mientras esperaba los tiempos en que se cumplieran mis metas profesionales.

Era el tiempo en que ingenuamente tenía en la punta de la lengua la excusa perfecta para justificar mis locuras, como cuando en la puerta de su casa la mamá de Jaime, el más cercano de mis amigos en el medio, nos advertía al salir de rumba:

–¡Cuidado, muchachos!, recuerden que la marihuana mata.

–¡Pero qué 'mata' tan buena, doña Sofi! –le respondía.

Cuando comencé a ser reconocido, al salir a la calle mucha gente se decía entre ella: "¡Ay!, ¡mire!, él trabaja en televisión". Estas reacciones de inmediato hacían salir mi vanidad a flote, especialmente cuando me pedían autógrafos. El ego se alborotaba más y más, a tal punto que cambiaba hasta el caminado, queriendo casi levitar; ponía ojo de águila, pecho de paloma y culeco de pato.

Todo era goce y desorden; mientras el país se derrumbaba, yo todo me lo rumbeaba, hasta los velorios. Había llenado mi cabeza de conocimiento, comenzaba a conocer la fama y a andar de nuevo con platica en el bolsillo.

Previamente a lo descrito en este capítulo, cuando pagué el servicio militar, haciéndome pasar por loco durante la prestación en la Guardia Presidencial, pude descubrir el talento natural que había en mí; el mismo que traería a mi vida soledad, dolor, resentimiento, autosuficiencia, despelote –todo, acompañado de la adrenalina, la soledad y la curiosidad de la edad–, hasta que uno se vuelve iluso y un riesgo ambulante, porque *"no hay nada más peligroso que un bruto con iniciativa"*.

Antes del ingreso a la televisión en la ciudad de Bogotá, me formé por dos años en la Academia Charlotte con los profesores Jaime Botero, su hija María Cecilia, Paco Barrero y Guillermo Olarte, entre otros. Ellos influyeron muchísimo en mi cambio de actitud frente a la vida, en mi forma de pensar.

Fue especialmente Paco quien me ayudó a aterrizar de esa forma ilusa e ingenua con que actuaba, la inmadurez mental y la adrenalina de un joven que la desfogaba en su falta de experiencia en la vida. Parafraseando al premio Nobel de Literatura irlandés Bernard Shaw, *"lástima que la juventud se la hubieran dado toda a los jóvenes, que son tan pendejos"*.

Mejor dicho, él fue quien ayudó a quitarme el camionado de musgo que traía de provincia, de la misma manera como se les quita a algunos citadinos el velo de consumismo extremo, que los lleva a confundir el ser culto y tener clase con el ser aparentón, o al artista talentoso y formado con el ser farandulero.

Nunca olvidaré el día en que le pregunté a mi profesor:

–Paco, uno aquí en el país para actuar en cine y en televisión no necesita estudiar; mire no más las reinas y las modelos que sin ninguna formación entran derecho a los medios. Esto que usted nos enseña ¿para qué sirve, entonces?

–Para aprender a actuar en la vida –me respondió.

Al poco tiempo, me incorporé en el ambiente artístico-actoral del barrio La Candelaria, donde me formé alrededor de cinco años en el taller permanente de investigación teatral de la Corporación Colombiana de Teatro, bajo la dirección de Santiago García. Este reconocido hombre de la dramaturgia colombiana cumplió también en mi vida el papel de papá educador, compartió conmigo sus conocimientos y me regaló la oportunidad de conocer sus teorías y métodos de trabajo. Fue todo un privilegio contar con personas tan instruidas durante la formación. Quizá, por ello, llegué a obsesionarme tanto por el conocimiento intelectual, hasta el punto de llegar a cuestionarlo todo, existencialmente hablando, presumiendo de haberme vuelto ateo, mamerto y pecuecudo, pero nunca feo; me convencí de que libros como la Biblia los escribían los ricos con el fin de darles contentillo a los pobres.

Cuando uno está desocupado el demonio le pone oficio

El consumo de licor trajo consigo todo tipo de malentendidos con mi hermana, con quien vivía al lado de su esposo y mis dos sobrinos. En medio de lo duro que fueron los encontrones con Janeth, siempre aparecía la figura paternal y solidaria de mi cuñado, Juan Antonio.

Ella solía reclamarme por la gran cantidad de rumbas y vagancia en que vivía, ya que a uno como artista le llegan épocas en las que es más el tiempo que se la pasa desocupado que ejerciendo. Estos llamados de atención los tomaba como una humillación que me llevaba a huir y refugiarme más y más en la rumba, en la calle y en casa de mis amigos.

La calle se volvió monótona, me saturaba. Opté por mantenerme encerrado en mi cuarto, de vez en cuando refugiándome en el licor para llenar el vacío y la soledad. No me mantenía borracho ni tomaba todos los días; era que, a veces, necesitaba de esa seguridad que me daban uno o dos traguitos antes de irme a grabar, a un paseo o a salir con una niña; era ideal para acompañar mis horas de encierro y música dentro del cuarto; mejor dicho, me dopaba, así como otros lo hacen con el consumo extremo de comida, cigarrillo, medicinas y otras adicciones como la droga, televisión, internet, trabajo, celular, gimnasio, aseo o compras compulsivas, buscando calmar y ocultar las ansiedades y tristezas que traemos en nuestro corazón desde la niñez.

El tiempo pasaba y mis crisis aumentaban. Para completar, luego de tantos talleres teatrales y estudio de grandes autores fui sorprendido por dos compañeros a quienes se les empezó a correr la teja.

Averiguando el porqué de su locura, encontré que ellos se habían obsesionado durante varios años por estudiar y conocer teorías filosóficas, literarias, de arte y de dramaturgia con tufo existencialista. Como no alternaban con ninguna otra actividad, llevaban su vida a un solo ritmo, y no podían ver nada más allá de su pequeño mundo. ¡Mucha teoría y muy poca práctica! Uno de ellos cayó en una profunda depresión y el otro en una bohemia de alcohol y droga que los llevaron a la tumba. Y como numerosos artistas, acabaron pobres y solitarios.

Así, fui testigo de primera mano cómo una persona puede destruir su vida al obsesionarse tanto por algo. Para completar, por esos días llegaron a mis manos testimonios escritos sobre la forma trágica como algunos personajes muy reconocidos de nuestro país culminaron sus vidas.

"¿Cómo podemos encender fuego en otros si nuestro corazón aún no arde?". Lo que voy a contar ahora no es para juzgar ni criticar a ninguna persona de nuestro medio artístico; es para que abramos los ojos, nos sensibilicemos, empecemos a querernos y nos valoremos un poco, para darle orden a nuestra vida. Recordemos que "si uno no se quiere, nadie lo quiere y, mucho menos, puede de verdad querer a los demás".

Es duro y triste reconocerlo, pero así es. En la historia de nuestra televisión aún en la cúspide de su carrera y en medio de importantes reconocimientos, buena parte de los actores famosos han carecido de una muerte tranquila al lado de su familia o en una serena vejez.

A propósito, viene a mi memoria un escrito que se popularizó a través de cadenas de internet; se le atribuye a Borges y se titula *Instantes*. He aquí parte del mismo:

Instantes

Si pudiera vivir nuevamente mi vida,
en la próxima (…) haría más viajes,
contemplaría más atardeceres,
subiría más montañas, nadaría más ríos.
Iría a más lugares adonde nunca he ido,
comería más helados y menos habas,
tendría más problemas reales y menos imaginarios.
Yo fui una de esas personas que vivieron sensata
y prolíficamente cada minuto de su vida;
claro que tuve momentos de alegría.
Pero si pudiera volver atrás trataría
de tener solamente buenos momentos.
Por si no lo saben, de eso está hecha la vida,
sólo de momentos; no te pierdas el ahora.
Yo era uno de esos que nunca
iban a ninguna parte sin un termómetro,
una bolsa de agua caliente,
un paraguas y un paracaídas.
Si pudiera volver a vivir, viajaría más liviano (…).
(…) y seguiría así hasta concluir el otoño.
Daría más vueltas en callecitas,
contemplaría más amaneceres
y jugaría con más niños.
Si tuviera otra vez la vida por delante.
Pero ya tengo 85 años y sé que me estoy muriendo.

La nostalgia por el tiempo perdido a que alude este escrito es la misma que acompaña a buena parte de nuestros artistas famosos al final de sus días. Su vida de soledad, abusos y desorden los condujo a morir de manera trágica. Ése fue el final que tocó las puertas de artistas del pasado como José Asunción Silva, el poeta más grande del modernismo colombiano.

Cuántos no buscamos en la fama o el poder el protagonismo que no tuvimos en casa

En medio de las rumbas y las borracheras con los amigos del medio de la TV, yo me cuestionaba sobre por qué muchos de ellos, aún siendo tan inteligentes y excelentes profesionales en el campo de la actuación, se descomponían, se desequilibraban y entraban en una profunda crisis con tanta facilidad. Ya luego, cuando hablábamos y compartíamos, me daba cuenta de que todo esto era el resultado de una vida llena de soledad, depresión, estrés, ansiedad, monotonía –similar a un ratoncito hámster dando vueltas en su jaula–, en fin, una desubicación tenaz; era lo opuesto a las imágenes de héroes, ídolos y hasta dioses que nos proyectaban. Dice Héctor Lavoe en su canción: *"Yo soy el cantante, muy popular donde quiera, pero cuando el show se acaba soy otro humano cualquiera, y sigo mi vida con risas y penas con ratos amargos y con cosas buenas..."*.

Estas experiencias me impactaron fuertemente. En ellas veía reflejada parte de mi vida. Me hacían pensar en el riesgo futuro de no poder, como ellos, surgir y proyectarme personal y profesionalmente con dignidad. Mis actos no tenían coherencia con esos planes y sueños; era un muchacho como muchos otros, lleno de vida, de energía, con adrenalina y con mucha madera para sobresalir, pero vivía en un permanente estado de desequilibrio, vacío y soledad familiar. A pesar de ello, una fuerza interna me motivaba a seguir adelante en medio de mis conflictos y cuestionamientos. Una voz me decía: *"No seas tan iluso, tú no puedes cambiar a los demás; al menos, preocúpate por que tú puedas cambiar"*.

Y lo que faltaba; el tic nervioso en la nuca que me acompañaba desde la niñez, como resultado de somatizar todas las angustias y ansiedades reprimidas, se me agudizó en esa etapa de mi vida con más fuerza que nunca hasta convertirse en mi gag[1]. A causa de ello me bautizaron "Tayson" pues, al igual que el boxeador tenía la manía de sacudir la cabeza de lado a lado hasta casi arrancarla.

Estas situaciones que conocía y vivía me hicieron reflexionar muchísimo sobre el error que cometemos con la preocupación obsesiva de llenar tan sólo la mente, el cuerpo y el bolsillo, pero no el espíritu y me convencieron de que *"la universidad nos educa para producir, pero no para vivir"*. Y como dice en la entrada de algunos cementerios de los pueblos de nuestro bello país, *"hasta aquí llegaron tus vanidades y codicias"*.

Antes de seguir compartiendo esta experiencia de vida, quiero adelantar uno de tantos regalos que encontré a través de ella. Hace alrededor de cuatro años no sé qué es una depresión, un miedo o una ansiedad.

---

1   En teatro, un gag o gag visual es algo que transmite su humor a través de imágenes, generalmente sin el uso de palabras. http://es.wikipedia.org/wiki/Gag

Al permanecer solitario y encerrado en el cuarto de la casa de mi hermana durante muchísimas noches, en medio de la incertidumbre, la ansiedad, la depresión y en compañía de la música –que se convirtió en única compañía– no sabía ya ni qué escuchar y cambiaba de un género a otro; primero fue el rock, luego el house, después la salsa, el vallenato, las rancheras…, hasta que me cansé también de ellos.

Una noche, al querer encontrar compañía a través de la radio, al pasar el dial, me encontré con un programa que me pareció muy interesante por la sabiduría y el positivismo que allí transmitían, ya que en esa época el interés más grande de mi vida era llenarme de conocimiento, honestidad, empuje y ganas de vivir.

Nunca olvido el ansia con que esperaba a diario que llegaran las once de la noche, hora en que comenzaba *Sol de medianoche*, espacio radial de lunes a viernes, que conducía con gran acierto un psicólogo, en el cual se hacían reflexiones en torno, por ejemplo, a los momentos de decadencia de grandes personajes universales y cómo por el paso de los años su caminar se tornaba lento, su vanidad era humillada y la fortaleza de su espíritu era lo único que lograba sostenerlos.

Evadiendo encontrarme con los reclamos y correcciones de mi hermana por la inmadurez frente a la vida, demoraba la llegada de noche a su casa al salir de estudiar de la Academia. Esperaba en una esquina bajo el frío bogotano o en una cigarrería, la mayoría de las veces de diez y treinta a doce de la noche, hasta que ella apagara las luces de su cuarto que daban a la calle. Cuando me decidía a entrar temprano a la casa, pasaba derecho a mi cuarto, donde volvía a refugiarme en el programa de positivismo.

Los fines de semana, para no sentir la ausencia de esa voz alentadora, escuchaba en Caracol Radio los esperanzadores programas del padre Gonzalo Gallo; llegué a contar entre diez y ocho radios durante todo mi proceso de búsqueda, pues de tanto uso y cacharreo con ellos se me fueron dañando uno tras otro.

Recuerdo un sábado que no pasaba ningún programa positivista de los que me fascinaban. Mientras me tomaba unos *drinks*, en medio de la soledad de mi cuarto y la "malpa"[2] cósmica y existencial, como hoy en día se le llama, comencé a buscar en la radio una emisora que tuviera que ver con el tema, pero ¡no!...

Como era día de rumba, sólo encontraba emisoras de vallenatos, salsa, merengue, rock, baladas, de despecho, pero finalmente ninguna me lograba llenar. De pronto, por allá, de tanto buscar y buscar, gritaron en una emisora en acento portugués-español: "Pare de sufrir, hermano; escuche hoy en vivo y en directo por esta frecuencia 'La noche de los milagros'".

De inmediato, en medio de lo tomadito que me encontraba, me interrogué: ¿Pare de sufrir? ¡Huy!, eso es lo que yo necesito.

Luego, en su acento portugués-español, el locutor continuó diciendo: "Ahora hermanos escuchemos un testimonio de una hermana que fue sanada:

---

2   Dicho que se utiliza en el medio artístico.

–¡A ver, hermana!, cuéntenos, ¿qué fue lo que le pasó?

–¡Pues yo llegué aquí con la columna torcida y el pastor me hizo una oración muy bonita y de inmediato Dios me sanó, la columna se me enderezó; eso fue un milagro del pastor!".

El pastor, emocionadísimo, gritó de inmediato:

"¡Milagro!, hermanos, ¡milagro!, ¡esto es un milagro! ¡Tremendo! A ver, hermana, muéstrenos cómo quedó ya sanada; suba las escalas, baje, estírese, acurrúquese, brinque, baile, para verificar bien que en realidad sí está sana".

Yo, de una, también celebré, cogí la copa, me tomé un aguardiente y grité emocionado, para mí: "¡Milagro, hijuemadre! ¡Un milagro! ¡Eso es lo que necesitamos!".

Por esos días, surgió en mí el deseo de ir en busca del psicólogo de la emisora, tanto por la inquietud y la curiosidad que me causaba el manejo que le daba a la palabra Teoterapia[3], como por la fascinación, el entusiasmo y la alegría que despertaban en mí y en el público asistente la emotividad con que animaban los grupos de música.

Días más tarde, Juan Carlos Pineda, un amigo de farra, bohemia y tertulia a quien le comenté sobre ese tipo de programas radiales, me dijo que conocía un templo católico donde hacían unas tales misas de sanación, a través de las cuales ocurrían todo tipo de curaciones y se sanaban bastantes personas de enfermedades, depresiones, estrés, miedos y todo lo que a uno no lo dejaba ser feliz. Dijo, además, que la gente cantaba y disfrutaba alegremente con un grupo musical y que allí asistía el periodista Juan Guillermo Ríos, quien luego de quedar varios meses en estado de coma y ser desahuciado por los médicos, había sido sanado por Dios de su terrible enfermedad.

El mismo Juan Guillermo contó más tarde que, en sus épocas de tanto *rating*, éxito y poder, cuando lo llamaban por vía telefónica, se le negaba hasta a su propia madre. ¡Cómo nos cambia la vida!, ¡cómo nos caemos de nuestros caballos!

Jueves tras jueves, en medio de la rumba, mi amigo Juan Carlos me insistía para que lo acompañara a la Misa de sanación. Yo siempre le sacaba el cuerpo con la disculpa de que eso era para fanáticos y para locos y que, adicionalmente, esos curas que hacían las misas se las daban de santos y a la final también eran una mano de fariseos.

Un día, arrastrado más por la curiosidad de la presencia de Juan Guillermo que por ir a buscar curas o sanaciones, pensé: "Pues si este que es tan famoso va allá, ¿cómo no voy a ir yo también, que apenas estoy empezando en el medio?".

Arranqué con mi amigo para allá. La iglesia estaba a reventar, todo el mundo de pie, alborotado, levantando las manos y aplaudiendo. Yo, aterrado, le dije a mi amigo:

---

3   La Teoterapia, como modalidad de consejería cristiana, tuvo origen en la mente del Rev. Dr. Mario E. Rivera Méndez en 1956 (Puerto Rico). Luego de haber estudiado Psicología, aspectos de la medicina y Teología, el Dr. Rivera vio la necesidad de integrar estos diversos campos del conocer humano para lograr una modalidad terapéutica que diese contestación a interrogantes acerca de cómo ayudar a personas con serios conflictos emocionales. *http://www.psicologiacristiana.com/portal/index.php?option=com_content&task=view&id=149&Itemid=99999999*

"¡Ah!, no, hermanito, esto aquí definitivamente es para fanáticos! Yo no soy fanático; qué voy a venir aquí a hacer el oso. ¡No!, ¡qué pena!, uno ahí brincando como un loco".

De lo que uno siembra más tarde come

De cara a toda esa locura, se me vino a la mente todo un *flash back* que me transportó a la niñez en Pácora (Caldas), mi pueblo natal. Recordé que cuando tocaban a la puerta de mi casa, mi madre me decía: "Iván, asómese a la ventana a ver quién está tocando".

Una vez, luego de correr y mirar por la ventana, le conté: "¡Mamá! Son dos señoras de vestido largo hasta los pies y con un libro debajo del sobaco".

Mi madre respondía gritando: "¡Ah!, esas viejas son pentecostales o Testigos de Jehová, de esas fanáticas que son como locas. ¡Dígales que aquí no hay nadie!".

Tenía yo alrededor de siete u ocho años. Por esos días, acompañado de mis amiguitos, los domingos, día en que se reunía toda esa cantidad de señoras pentecostales o Testigos de Jehová, o quién sabe qué, nos parábamos en la puerta de su iglesia. Mientras las señoras cantaban, bailaban y aplaudían en su culto, nos armábamos con un pedazo de tubo de manguera que colocábamos en la boca (bodoquera) y cargábamos con un cono de papel que en la punta sostenía con plastilina un alfiler. Con la bodoquera lista, aprovechando el escándalo y la bulla gritábamos:

"¡A la una, a las dos y a las tres!, ¡viejas fanáticas, viejas fanáticas!". Y '¡pumm!'

Soplábamos nuestros cohetes destructores y nos volábamos antes de que las viejas se dieran cuenta. Lo único que alcanzábamos a ver mientras corríamos era a esas señoras gritando más fuertemente, no sé si del aleluya o del chuzón en el rabo, y mandándose la mano a él a quitarse los alfileres que les habían entrado facilito y derechito, ya que el material de sus vestidos largos era de seda muy delgada; eso, sin hablar del exagerado brillo y colorido de verdes fluorescentes, azules, rosados y rojos.

De estos recuerdos nacieron los temores y las primeras prevenciones por esa clase de manifestaciones espirituales emotivas. Como ya había dicho, al presenciar aquella "Misa" alborotada lo único que sentí fueron ganas de salir corriendo.

A pesar de esto, luego alcancé a ver que había unas nenas como buenas y generosas. Como siempre, ¡la mujer es uno de los mejores ganchos para todo! Por ello me devolví hasta la entrada, pero ni siquiera así me animaba a meterme a esa candela de locos espirituales, e insistía de nuevo diciéndole a mi compañero: "¡No!, ¡qué oso!, ¡yo me voy!".

De pronto, en medio del me voy o no me voy, noté que varias niñas nos estaban mirando, y con el pensamiento allá en la discoteca, y bailando con ellas, me fui emocionando. Además, poco a poco noté algo muy lindo que logró llamar mi atención: la felicidad y el entusiasmo que veía en los rostros de la gente, cosa que en mí no existía en ese momento. Fue entonces cuando me detuve a pensar, hasta que me animé a decirle a mi amigo Juan: "Camine, acompáñeme por allí, que yo sí sé con qué fórmula se nos quita la pena".

Dimos media vuelta. Fuimos en busca de una cigarrería y entramos en ella. En la parte superior del mostrador encontramos la solución. Le dije a quien atendía el lugar: "Hágame un favor, amigo, véndame media de Néctar".

Nos clavamos eso rapidito, como por entre un tubo, y ahí sí arranqué otra vez para la iglesia.

Por fin entramos hasta bien adentro, sin pena ni nada. De pronto resulté levantando las manos y aplaudiendo. Yo mismo estaba sorprendido de semejante reacción, pues ese guaro empezó a hacer efecto: ya no me daba oso sino gozo.

De sobremesa, el Padre Gabriel empezó a pedirle al Espíritu Santo que viniera a llenarnos de su presencia, dizque de su embriaguez, y yo me dije: "¿Y para qué más embriaguez, si yo con la que tengo encima no necesito más?".

Fue en ese instante cuando sucedió un fenómeno muy extraño: se apoderaron de mi cuerpo un calor y una fuerza que me hicieron sentir mucho gozo y esperanza. Al finalizar la Misa, de la borrachera que tenía, salí de la iglesia viendo pasar casas y no pasaba la mía. Y yo, ni corto ni perezoso, aproveché el estado festivo en que salí para dar comienzo desde el "juernes" al fin de semana cultural.

Así, jueves tras jueves, me preparaba con unos buenos guaros al lado de mis amigos para cumplir la cita semanal, que se repitió por varias semanas durante varios meses y que se convirtió en toda una experiencia de relax, que disipaba la angustia y las ansiedades que me invadían. Definitivamente, estaba en la etapa de los gozosos.

La alegría de estas misas y los ingredientes que giraban alrededor de ellas, el guaro y las nenas lograron llenar mis vacíos afectivos. Eso sí, me fascinaba situarme atrás, al pie de la puerta de entrada, para ver cuanta falda o bluyín forrado ingresaba por allí, curso en el cual la mayoría de nosotros ha caído.

Con el tiempo, abandoné repentinamente a mi novia, pues sentía que ya no la necesitaba. Por lo menos, eso era lo que pensaba.

Mi trabajo actoral en los programas *Hombres de honor* y *La dama del pantano*, lo combinaba asistiendo a las misas de manera frecuente durante cerca de tres, cuatro o cinco meses seguidos. Pero ya al sexto mes empezó Cristo a padecer y se acabó la guachafita. Era 1997, cuando empezaron para mí los dolorosos.

Un día mi vida comenzó a desmoronarse

En tan sólo cinco días perdí veintidós kilos de peso: de ochenta y siete kilos bajé a sesenta y cinco. Me desinflé como un balón y mi cuerpo quedó como una uva pasa, encogido y arrugado. Mi rostro palideció como un papel; con el paso de los días, se fue llenando de manchas. El tamaño de mis pies se redujo de cuarenta y tres a cuarenta y uno, y mis órganos genitales alteraron su funcionamiento.

Comencé a sentir un malestar digestivo insoportable, a tal punto que al pasar la saliva me daba soltura de inmediato. Era como si me encontrara en un estado de descomposición que me inducía a tener que salivar y escupir a toda hora.

Experimenté cólicos como puñaladas en el estómago, y sentía una espada que me atravesaba desde el ombligo hasta el recto sin ninguna consideración por mí, ni siquiera en las horas de descanso o sueño, pues entre las dos y tres de la mañana me producía unos fuertes dolores que me despertaban hasta hacerme gritar y tirarme desde la cama hasta el suelo, tratando desesperadamente de aliviar algo el dolor.

Me la pasaba con la mano izquierda en el vientre, como consolando el dolor e intentando quizá evitar el siguiente cólico y con el miedo que me pudiera dar. En fin, todo este fenómeno físico que padecí me hacía ver como si estuviera viviendo una temprana vejez y, lo que es más tenaz, no sólo sufrí cambios traumáticos en mi fisiología, sino también en la manera de comportarme.

Me torné agresivo, me sentía como insensible, sin alma y sin corazón, como dice la canción. Eso lo noté cuando al trabajar en el programa de Cultura Ciudadana de Antanas Mockus, tuve varios gestos bruscos con mis compañeros: alguna vez le lancé en la cara a una niña el esfero que me había pedido prestado; lo mismo hice en otra ocasión con una colombina que ofrecí a otra persona.

Estos detalles y otros similares hicieron que me despidieran de este trabajo, sin que me cuestionara sobre mi forma de actuar, ya que todo me parecía muy natural. Algunos de mis compañeros actores que me conocían extrañaban mi comportamiento burdo, ya que este no había sido usual en mí.

"Las palabras son como un cuchillo que sirve, o para partir el pan de cada día, o para herirnos". Si por un lado llovía, por el otro lado no escampaba. En mis otras labores los conflictos tampoco tardaron en aparecer. Al llegar a grabar en los programas donde actuaba, los compañeros me recibían de manera burlesca y me ridiculizaban: "¡Huy!, ¿qué le pasó, Ivancho?, ¿usted por qué está tan flaco, hermano? Está chupao, está amarillo, está como verde; parece un esqueleto, un chorizo con forro. ¿Es que se va a morir, o qué?

Para acabar de completar, otros compañeros de grabación cuando me veían llegar me saludaban: "Hola, mueble fino", porque estaba bien acabado.

Cuento cada detalle sobre la forma como se burlaban y me ridiculizaban en medio de mi sufrimiento y desgracia para que entendamos que la mayoría de las veces uno sufre más con las palabras imprudentes y agresivas de los demás que con el dolor físico que se lleva por dentro.

Les tenía tal prevención y temor a las reacciones y comentarios de la gente cuando me veía que eso me llenó de muchos complejos, hasta el punto de querer esconderme y sentir que era un bicho raro. Por eso renuncié a mi trabajo en la televisión para ir a encerrarme de lleno en la casa de mi hermana, con quien aún continuaba viviendo.

¡Ojo!, toda esta burla no era gratuita; caí en la cuenta de la forma como la vida empezaba a cobrarme por las burlas y ridiculizaciones que había hecho de tantas personas en el pasado. Recordé que siempre fui un duro para ver el defecto y ponerle el sobrenombre preciso a cualquier persona desde mi vida escolar en Pácora y luego en el ejército, en Medellín, y aun en los medios laborales.

Había sido muy burletero e irónico, sin importarme los sentimientos de los demás. Buscaba con ello llamar la atención de tal manera que el día que no lograba ser el centro de mi entorno, me deprimía. Nunca olvido a un excompañero de estudio que años atrás me encontré en Bogotá; me felicitó por la formación artística que había adquirido y luego me cogió cortico y me reprochó:

—Oiga, Iván, usted, hermano, sí me dejó muy acomplejado con ese sobrenombre que me puso cuando estudiábamos; yo, cada vez que me miro los berracos pies, me acuerdo de usted.

—¿Y cómo, pues, lo llamaba yo? —le pregunté.

—Pues "Pecueca de loco" —me respondió entre risa e ironía—. ¿No se acuerda?

Tú mismo te atas, te maldices con tus propias palabras

"La lengua necesita dos años para aprender a hablar, y el resto de la vida para aprender a manejarla". Es precisamente en este momento de mi vida cuando reacciono y comienzo a comparar y a preguntarme: "Si estas burlas, sarcasmos e irreverencias me hieren y llenan de temores y complejos tan profundamente, siendo yo todo un mamón grandulón, ¿cómo afectarán estas actitudes a un niño que es tan frágil?, ¿cómo serán las heridas y los traumas que producen palabras violentas y de rechazo dichas por su papá en medio de un desespero, una rabia o una borrachera?".

Para mí, esta reflexión fue clave para comenzar a entender y conocer dónde se encuentran la mayoría de las raíces de los sufrimientos que padecemos los seres humanos. El efecto que ocasionan las palabras negativas se asemeja a una goterita de agua martillando sobre una roca que, por más sólida que sea, lentamente le va haciendo hueco, rompiéndola al final y dañando su forma.

De las miles y miles de palabras que vulneran nuestra autoestima, el carácter, la identidad y la futura personalidad de un ser humano, existen algunas de las cuales sólo podremos medir el efecto que tienen sobre nosotros en la medida en que las analizamos a la luz de nuestra historia personal. Quién no recuerda cuando mamá o papá, abuelos, allegados, profesores o amigos, hermanos o hermanas, de manera ingenua soltaban una de las perlas que voy a citar, sin saber el impacto que podían dejar en el corazón de quien las recibía:

¡Inútil! ¡Lento! ¡Tonto! ¡Bruto! ¡Placera! ¡Estúpido! ¡Pobretón! ¡Perezoso! ¡Desordenado! ¡Muévase a ver, c...! ¡Se lo va a llevar el diablo! ¡Todo lo que he invertido en usted para que ahora venga y me salga con un chorro de babas! ¡Cómo me arrepiento de haberlo tenido! ¡Cómo me arrepiento que usted haya nacido! ¡Coja eso como todo un varón! ¡Usted parece más es un m...! ¡Qué va a poder un pobre infeliz como usted, con qué calzones! ¡No llore, que las que lloran son las mujeres o, ¿es que es m...?! ¡Ojalá le vaya bien mal por desobediente! ¡Esta es mucha desgraciada! ¡Mientras más días, más idiota! ¡Usted es un bueno para nada! ¡Eso usted ya se quedó así! ¡Usted ya muere así! ¡Ya parece una p...! ¡Usted ya no tiene arreglo, mijo! ¡Usted sí no sirvió fue p'a m...! ¡Para qué botamos pólvora en gallinazos! ¡Eso por un oído le entra y por el otro le sale! ¡Usted vale menos, su hermano es mejor que usted! ¡Lástima que usted no hubiera sido un hombre! ¡Ah, es que tenía que ser usted, yo sí decía, su hermano sí lo hubiera hecho bien! ¡Cómo sus primos sí han podido y usted no, definitivamente usted si no sirvió fue para nada!

Les recalcamos tanto estas palabras a nuestros allegados que terminamos por programarlos psicológicamente con parámetros negativos, convenciéndolos de que son todo un caso perdido.

Así que ¡ojo con lo que decimos! Nuestras palabras pueden ser un arma de doble filo para nosotros. Por ello, procuremos que sean dulces y exquisitas, por si el día de mañana tenemos que tragárnoslas.

Recuerdo una persona que al finalizar una conferencia que dicté, se acercó pidiéndome que le ayudara porque, según me dijo, ya había intentado iniciar tres carreras profesionales sin haber concluido ninguna y se sentía impotente y fracasado. Yo le pregunté si no sería eso consecuencia de su falta de disciplina, a lo cual me contestó: "Iván, no tomo, no fumo, casi no trasnocho, soy una persona muy juiciosa".

Entonces, mamándole gallo le interrumpí: "¡No!, ¡usted lo que es es toda una dama, hombre! ¡Eso está muy raro!".

Tuvimos una conversación acerca de su pasado. Luego de conocer el ambiente familiar en que se crio, encontramos que la raíz de su bloqueo y sus fracasos se generó como consecuencia del trato brusco y machista que le dio su papá durante la niñez.

El joven comenzó a llorar y me dijo: "Papá parecía un burro, tan sólo tenía tiempo para trabajar, y de sobremesa llegaba a mi cuarto todos los días a las cinco de la mañana y me gritaba: '¡Levántese, perezoso!, ¿qué hace ahí echado perdiendo tiempo, o es que no va a servir para nada?'".

De la misma manera las respuestas agresivas o cantaletosas de papá y mamá hacen que, a veces los hijos nunca más confíen en ellos y que, en cambio, opten por contarles sus cosas a los amigos de la misma edad. Como dice la frase: *"Un ciego guiando a otro ciego"*.

No podrá borrarse de mi memoria un recuerdo que tengo de la niñez. Se trata de la historia de Óscar Jhony Martínez, un niño de mi pueblo que una noche se cayó de los patines, se golpeó la cabecita y por miedo a que sus papás lo regañaran o lo castigaran, en lugar de ir a contarles lo que le pasó, entró a su casa, guardó los patines y se acostó. A la mañana siguiente, la mamita notó que Óscar no se levantaba a la hora habitual para ir a la escuela, corrió a su cuarto para llamarlo y ¡oh sorpresa tan dura! La noticia corrió por todo el pueblo: a Óscar se le había hecho un hematoma en la cabeza y, como no le corrieron a tiempo, falleció en el transcurso de la noche.

Los rechazos a los hijos que hacen inconscientemente los papás, a través de comentarios o en forma jocosa, "Ah, este es el hijo o la niña que se nos vino por accidente", o "se nos vino colada", "no la esperábamos", así parezcan folclóricos, están transmitiéndoles el mensaje de que no fueron ciento por ciento deseados.

Qué tal esos papás o familiares que con palabras fuertes siembran egoísmo y con él codicia, avaricia y autosuficiencia. Ejemplo de ello son frases como:

"Esta bicicleta es sólo para que la utilice usted y no más, si acaso su hermano; y ¡ay donde lo llegue a ver prestándosela a alguien porque no le vuelvo a comprar nada, que conste que se lo advertí!", "no la deje coger de nadie", "¿usted por qué presta eso, no ve que eso es sólo de uso personal?"

De manera que todo lo que nos dicen, bueno o malo, queda guardado en el disco duro de nuestro inconsciente.

En otras palabras, "si uno come ajo y cebolla generalmente queda oliendo a eso, a ajo y a cebolla". De igual manera, cuando los hijos ven mal ejemplo entre papá y mamá, cientificamente la neurología y la química se afectan. En todo caso, ¡ojo con la lengua! Existen personas que sólo se centran en verles los defectos a los demás, en juzgarlos, en soltar palabras agresivas y cizañeras para disociar y dividir, producto de un corazón también herido y lleno de resentimientos que, igualmente, necesita sanar. Es lo que ocurre con los sobrenombres y comentarios burlescos, especialmente los que tienen que ver con defectos, impedimentos físicos, discriminación por raza o condición social; recordemos algunos: enana, plana de senos, pitufo, orejón, narizón, bizcoreto, cuatro ojos, boquinche, gordinflón, gordinflona, espagueti, raquítico, barroso, calvo, bola de billar, fea, patito feo, cojo, "nerdo", lento, muecodientitorcido, negro, pobretona, ñero, loba, etc.

El inconsciente no olvida fácilmente. Por el contrario, cada día nos martilla más y más, independientemente de que los demás nos destaquen o no ese defecto. Cuando la herida se causa por burla en la niñez, hay quienes quedan con la tendencia a darles demasiada importancia a sus defectos, a vivir prevenidos, con resentimientos, creando una especie de fijación en su mente y su comportamiento: "¡Huy, qué oso, todo el mundo me está mirando la nariz!".

Sabiamente la Biblia, en Eclesiástico 28, 17, nos alecciona acerca del tema de la lengua: *"Un golpe del látigo produce moretones, un golpe de lengua quebranta los huesos. Muchos han caído a filo de espada, pero no tantos como las víctimas de la lengua. Dichoso el que de ella se protege, el que no ha probado su furor, el que no ha cargado su yugo, ni ha sido atado con sus cadenas porque su yugo es de hierro, y sus cadenas de bronce. Trágica es la muerte que ocasiona; es mucho mejor la tumba".*

En resumen, el efecto negativo de tantas palabras irresponsables puede dejarnos un amargo sinsabor de desesperanza. Sin embargo, más adelante compartiré con ustedes algunas reflexiones en torno a experiencias que nos mostrarán que aquello que decimos puede ser para nosotros una luz de esperanza que ilumine los múltiples caminos hacia la paz y la felicidad para los cuales fuimos creados.

Cuando el corazón o el cuerpo lloran por lo que pierden, el espíritu ríe por lo que encuentra

Es hora de retomar mi experiencia de vida. El caso es que el malestar se me acentuaba hasta el tope cada vez más y, con él, los chuzones en el estómago, lo demacrado del rostro, el tic en el cuello y la depresión como únicos compañeros fieles en medio de la crisis. Mi único consuelo eran las misas de sanación.

Una de las personas que me animaba en los momentos en que quise tirar la toalla fue mi amigo Gilbertico Giraldo, con quien nunca dejaré de estar agradecido. Jamás olvidaré esa frase tan bella que repetía si perdía el control de la situación: "Iván, cuando el cuerpo o el corazón lloran por lo que pierden, el espíritu ríe por lo que encuentra".

Por insistencia de varios familiares, recurrí a amigos médicos en busca de ayuda, quienes movidos por la amistad chévere que llevábamos y basados en el buen ánimo que yo reflejaba, me diagnosticaban folclóricamente: "¡Ah!, eso deben ser las amebas que se lo están comiendo; eso con una buena purgada tiene". Durante varios meses me pusieron a prueba con purgantes cada vez más fuertes que me obligaban a recurrir constantemente en busca de ayuda clínica, puesto que en lugar de mejorar, la situación cada vez era más lamentable.

Mi estado era muy deprimente, mi rostro estaba tan manchado y lleno de arrugas que un día, al acompañar a un amigo mayor que iba para un *casting* de un comercial de Bancolombia en el que se requería un actor de cuarenta y cinco años, en consideración a mi apariencia física cansada y de vejez prematura, el director afirmó: "Este señor es el que nos puede servir". Así, resulté elegido en lugar de mi amigo, aunque yo apenas contaba con veintisiete años.

Otro aspecto de mi enfermedad estaba en la cantidad de prevenciones y miedos crónicos que se desarrollaron, tal como me ocurría con la intolerancia alimenticia que experimentaba con el solo hecho de pensar en comer, o la soltura que me producía ver a alguien tomando un vaso de leche, comiendo algo grasoso o fumando. Para el médico, todos estos síntomas y malestares respondían tan solo a problemas digestivos.

Por esos días, me encontré con mi amigo Raúl Giraldo, quien al verme tan demacrado quedó asustado. Me llevó a una casa donde se oraba por los enfermos; me dijo que allí encontraría la ayuda que yo necesitaba y por eso acepté su invitación. Llegué a un lugar que me cautivó, ante todo por el ambiente de alegría y recogimiento que allí se vive, en la oración y en el canto. Aurita de Gutiérrez, su directora, se convertiría con el paso de los días en mi madre espiritual, tal como lo era para todo aquel que llegaba

Mi amigo, al ver que yo alimentaba la fe asistiendo a los grupos de misas de sanación y que mantenía la esperanza de que Dios me sanar... mijito, le tocó pegarse de mi Dios o pegarse un tiro con un banan... en realidad qué es lo que usted tiene".

Y lo que faltaba. Un familiar se enteró de mi estado... cas enfermedades que se les suelen achacar a las person... hecho que ensució mi nombre, resintió mi dignidad... regó el chisme en mi familia de que yo podía te...

Esto me llevó a aislarme de la familia...

qué dirán. ¡Mejor dicho!, de la rabia los m... hay muy buenos restaurantes.

Me pasé a vivir con Doña E... de un actor. Pero ¡ojo!, no vaya... resultó con la sorpresa de s... tante. Empecé a acompa... le daban a uno acerc... sus males las per...

Cada ... vez, siénte... se ima...

...no encontraban argumentos para saber a ciencia cierta cuál era el mal que padecía, si se trataba de úlceras o de gastritis.

Una vez más me recetaron antibióticos, me cambiaron la dieta y ordenaron un receso de una hora entre comidas, siempre ligeras, a lo cual no hice caso porque me mamé de tanta droga y porque tenía la esperanza de que la historia podría tener un final distinto. Me repetía: "¡No! ¡Dios me tiene que sanar a mí como sanó a Juan Guillermo Ríos!".

En respuesta a mi negativa, los médicos sentenciaron: "Pues, Iván, si no continúa con ese tratamiento, le cuento que no hay nada más que hacer".

Y como dice la frase: "Al caído caerle". El tiempo pasaba y los fuertes cólicos me acosaban cada vez más; la mejoría tan anhelada aún no llegaba. Desesperado, agoté otro recurso profesional, corrí a un centro de salud donde trabajaba otro médico amigo, quien en consideración de mi estado crítico me remitió hacia el Instituto Nacional de Cancerología, donde de nuevo descartaron la posibilidad de que mis llagas fueran cancerosas.

oración y a las
a, me dijo: "Pues
o, porque nadie sabe

y me endilgó una de las típi-
as que trabajamos en televisión,
y causó conflictos en mi autoestima:
er sida.

, me fui a vivir bien lejos, por el temor al
ndé a comer *, por allá cerquita a Chía, donde

ide, una señora que era médica homeópata y mamá
a pensar mal, me fui a vivir en su casa, no con ella. Me
er hermanita cristiana; con ella hice mis pinitos de protes-
narla a su iglesia, seducido y descrestado por las profecías que
a de su futuro y porque ella me insistía en que allí sí se sanaban de
onas.

cho días en las asambleas, el pastor decía: "Los que vienen por primera
nse allí en la primera banca, que para ellos hay una profecía muy especial; ni
ginan lo que Dios les va a decir a sus oídos".

Todo esto me fascinaba de tal manera que a los cuatro meses, pasándome de
conchudo, aún me hacía el primíparo para poder estar allí, en esa banca especial, para
que me hablaran sobre el futuro.

Alternaba mi participación en este grupo de hermanos separados, con los grupos
de oración católicos. En éstos empecé a sobrellevar mi enfermedad con una rutina casi
diaria de oración. Llegué a pensar que estaba a punto de fanatizarme, pues sin darme
cuenta empecé a dejar de lado otras cosas que ofrece la vida.

Cuando uno cae en un hueco ahí sí le toca mirar pa' arriba

En ese momento era más de malas que el que montó un circo y se le creció el
enano, pues, para acabar de completar, un día amanecí con un dolor muy tenaz en el
maxilar inferior. Al ir al baño a mirarme al espejo para ver qué me pasaba, observé
destrozadas las encías de los dientes inferiores. Corrí de inmediato al odontólogo y me
dijo que estaba así porque no lograba controlar la fuerza de las manos al lavarme los
dientes, debido al estado de tensión-trauma que afrontaba.

Me realizaron dos injertos en el maxilar, con dos capas de carnosidad extraídas
del paladar, cuyo corte daba la sensación de tener un serrucho entre mi boca. Luego,
cosían el injerto sobre la encía afectada con una aguja por entre los dientes, ante mi
mirada de dolor e impotencia.

Si una herida en el rostro que está al aire libre se demora para cicatrizar, mucho más ocurre en una zona del cuerpo que permanece húmeda por la saliva. Por eso, duré alrededor de mes y medio "comiendo" por entre un pitillo, pues debía evitar que la boca se me mojara y no se cicatrizaran las llagas en que se habían convertido mis heridas.

Como ocurre con todas las personas a quienes nos ha tocado pasar por tantos problemas, un día me rebelé, también, contra Dios y lo cuestioné: "Bueno, ya estoy mamado de rezarle, ya parezco un fanático y usted nada que me sana, ¿hasta cuándo me toca esperar, entonces?".

Nunca olvido que el Señor me decía por medio de Aurita: "Yo te voy a sanar, sólo que el día y la hora los dispongo Yo. Mientras tanto, continúa dedicándome tu tiempo para conocerme". Hoy entiendo que cuando estamos jodidos es cuando más se nos facilita buscar a Dios; así uno no quiera y le dé por ponerse terco, orgulloso y rebelde le toca estar más dispuesto. Cabe anotar que al buscar y buscar sanarme, a pesar de que parecía matriculado de tiempo completo en una especie de "universidad del conocimiento espiritual", aún continuaba trabajando y viviendo de los ahorros y de lo que recibía de los comerciales que como actor y modelo realizaba.

Un amigo del grupo a quien Dios sanó de una quiebra muy grande, desde lo cual aprendió a tomar la vida con más calma y tranquilidad, me decía y me repetía: "Tranquilo, Iván, no se canse de orar, mijo, que Dios no es sordo ni el cielo es de cobre. Él lo va a sanar tarde que temprano. Eso, cuando un bobo se pierde por un camino, se acaba el camino o se acaba el bobo, pero ahí no se queda toda la vida. Y una cosa, Iván, no vaya a pensar que esa búsqueda y entrega de su tiempo a Dios es fanatismo; no le coma cuento a los que le dicen eso, siga luchando y esperando en Dios, piense en que a cambio Él no sólo lo va a sanar físicamente sino también del malestar espiritual que lo acompaña".

En medio de estos cuestionamientos, para no perder la esperanza de la sanación de Dios, alguien me recomendó repetir las palabras bíblicas que Job pronunciaba: "Esto también pasará, esto también pasará". Escribía esta frase en papeles que pegué en varias partes de mi casa, en el baño, en la cocina, en la sala, y encontré en ellas un gran aliciente para mi espera.

Ante la falta de resultados de la medicina tradicional recurrí a médicos homeópatas y terapias alternativas de origen oriental como la acupuntura, la bioenergética, los chakras, la parasicología, la relajación, las esencias florales, los cristales, los cuarzos, la orinoterapia; creo que lo único que me faltó fue la popoterapia, hasta que me aburrí otra vez de saber que me sacaban billete a la lata sin lograr resultado alguno.

Continué el *tour* por las Iglesias y sectas, aceptando la invitación de la doctora Elide, quien, como yo, pasaba por la etapa de buscar, como dice Santa Teresa, "no al Dios de los milagros, sino los milagros de Dios". Una noche, al llegar al apartamento, la doctora me dijo: "Oiga, Ivancito, en una emisora un pastor estaba invitando que dizque a una vigilia de milagros; yo aquí anoté la dirección; si quiere, vamos".

Con la necesidad en que me encontraba, se demoró más en preguntarme que yo en decirle que sí. Arrancamos para la calle cuarenta y tres con carrera trece; eran las diez de la noche cuando arribamos a la, nada más y nada menos, iglesia pentecostal Dios es Amor. Allá amanecimos, dizque en vigilia.

A eso de las cinco de la mañana, ya saturados nuestros cerebros por los aleluyas, la gritería y el *beat* del grupo musical, salió un pastor ofreciendo un tal aceite amarillo milagroso a quince mil pesos, cuyo poder íbamos a perder si no lo comprábamos, porque quedaban pocos. Yo miré la billetera y dije: "¡Huy!, qué de buenas; esto como que es de Dios; justamente tengo dieciocho mil pesitos. Pago el aceite y me quedan preciso los tres mil para el taxi. Se ve que esto me conviene".

Lo compré y muy concentrado, empecé a echármelo por todo el cuerpo, frotando, frotando, mientras el pastor terminaba su venta. Al rato el pastor pegó un grito que me desconcentró.

–¡Hermanos! Se agotó el aceite amarillo de quince mil, pero tranquilos, hermanos, que aquí les tengo uno más poderoso, es el de cincuenta mil, el aceite azul.

–Pero, ¿qué es este mercado tan horrible? –pregunté–. ¡Aquí como que me tumbaron, Echeverri!

En el transcurso del amanecer, aprovechándose del desgaste en que amanecimos por efecto de la trasnochada, observé que alcanzaron a vender aceites hasta de doscientos cincuenta mil pesos.

Como siempre, ansioso en busca de sanaciones mágicas, acepté la invitación radial y televisiva de *Pare de sufrir*, también conocida en ese entonces como la *Oración fuerte al Espíritu Santo*, a quienes no me podía quedar sin visitar en medio del *tour*.

Lo que faltaba, el *tour* por la nueva era y lo esotérico

Seguí la búsqueda de mi sanación valiéndome de cualquier vía que ofreciera una solución a mi mal. Uno, en ese estado, por donde se asoma se tira.

Resulté metido donde cierto "profesor o adivino". En un principio me sentí un poco temeroso y prevenido ante la incertidumbre de no saber a ciencia cierta dónde carajos me estaba metiendo; sólo puedo decir que me tranquilicé un poco al entrar a la casa, porque noté que había allí imágenes del Divino Niño y del Sagrado Corazón de Jesús. Me di la bendición, y pensé: "¡Ah, esto sí es de Dios! ¡Acá están las imágenes de la Iglesia católica!".

Me acerqué de nuevo donde el muchacho que vendía las fichas y le dije:

–Hágame un favor, ¿el profesor Marcos le adivina a uno los males que tiene por medio de un rezo, o de qué?

–No, señor, él adivina a través de la magia blanca –me respondió.

–¡Ah, qué bueno que sea blanca!, ¡malo sería si fuera negra!

Pasaron más de cuatro horas. La expectativa por conocer al mago que nos solucionaría todos los problemas y que cambiaría nuestra suerte crecía más y más. Por fin se oyó una voz fuerte que venía desde adentro: "Siga la ficha número cuarenta y seis".

Al descubrir que el número anunciado era el mío, me dio un susto tenaz. Muy prevenido, crucé la puerta donde se encontraba el profesor y ¡oh sorpresa la mía!, me encontré con un gordito, bajito, de sombrero blanco, cintas blancas, vestido blanco, zapatos blancos y chupa de moda. Mejor dicho, haciéndole el complemento a la magia blanca, el cuello rodeado de gruesas cadenas amarillas, me imagino que eran de oro, al estilo Mario Baracus, pero a la criolla.

Ante semejante espectáculo me dije: "¿Pero qué es esta comedia en la que me metí?". El hombre, al verse tan acusado por mi mirada, me preguntó despectivamente:

–¿Qué signo eres?

–Yo soy Tauro –le respondí.

–A los Tauro les duele la nuca, el costado izquierdo del estómago y las rodillas –dijo.

–Un momentito, don Marcos, barájemela despacio –lo interrumpí– ¿cómo así?, ¿cómo me va a adivinar usted así no más, con el signo, si mi primo Fabio también es Tauro y a ese pendejo no le duele nada?

El hombrecito de inmediato respondió:

–¡Usted lo que es, es un terco! ¡Salga, salga, salga, salga de aquí!

Y sí que salí de ahí, más asustado que un caballo en un balcón. Ocho días después de la "consulta" con este pobre hombre me enteré de que había sido asesinado en plena puerta de su consultorio, en venganza por la ruina en que dejó a una familia que recurrió a él para que sanara a su papá de una enfermedad.

Lo último que quedaba de mis fondos lo invertí en el conocimiento acerca del "positivismo de la mente". Por esos días todo me sabía a actitud positiva, hasta que de tanta "actitud positiva", me dije a mí mismo: "¡Oiga!, cada vez que la berraca Selección Colombia juega un campeonato importante, nos ponen a los cuarenta y cinco millones de colombianos a hacer 'actitud positiva', 'actitud positiva' y siempre volvemos a perder". Más tarde pasé por varios cursos de poder mental, "abre tu mente, abre tu mente, abre tu mente, que ahí viene el demente y se te va a meter por pendejo".

También, un amigo me llevó a que me leyeran "las cartas, el tabaco, las bolas y el sobaco", todo el *kit* de una vez, completo. Tampoco allí dieron con la solución a mi desgracia y mala racha.

Y como andaba tan desocupado, me encarreté con los signos zodiacales y el horóscopo, hasta que también me mamé con tanto ascendente, descendente y alineaciones, porque nada que me solucionaban el chicharroncito. Pero eso sí, sáqueme y sáqueme la platica por todos lados. En cambio, vaya reúna a todos sus conocidos, amigos o familiares que tengan el mismo signo zodiacal, a ver si todos están pasando por la misma situación que les adivinaron. ¡Los unos están bien, los otros están mal!; ¡éstos están aliviados, aquellos están enfermos!; ¡esos están tristes, los otros están contentos!; ¡los unos tienen plata, los otros viven llevados del berraco! ¿O no?; ¿o no?...

Un día, leyendo en un fluorescente periódico amarillista la sección de avisos –le devuelvo a su macho querido y perdido–, me surgió el interés acerca de cuál sería el más efectivo y poderoso agüero, qué baño utilizaban las mujeres para atraer la buena suerte, las buenas energías y a sus varones, si funcionaban el famoso "amansa machos", "la destrancadera", "la juagadura de calzones" o "el baño de las siete hierbas con ajos, cominos y ácido de batería".

Como se pueden dar cuenta, conocí muy bien el mercado que se ofrece en este mundo para quienes estamos buscando la paz interior, las buenas energías, el amor universal, la felicidad o la buena suerte. Y eso que me falta por contarles algo que me rondaba por la mente cuando conocí el yoga.

Imagínese a las dos de la mañana, por ahí saliendo de una rumba bien prendido, que le aparezcan dos atracadores y, para acabar de completar, violadores, y que uno resulte diciéndole: "¡Ay!, ¡permítame, por favor, voy a hacer la posición de yoga flor de loto con mantra incluido para estar más relajado!". En fin, no me faltó sino ir a consulta con la bruja del 71. ¡Ah, no! Verdad que esa es la del Chavo.

Como conté en páginas anteriores, fue tanto lo que jodí y jodí gastando la platica en buscar suerte, sanaciones y soluciones durante este tour por lo esotérico y la nueva era, que quedé más pelao que los cerros de Bogotá. Y como siempre, "se acaba primero el helecho que los marranos".

¿Será por estas mismas razones que no le creemos a Dios? Es que como Él ni cobra, ni da cita, ni sale en televisión, además, de regalado está en todas partes... En resumen, se sabe que el que tiene plata marranea y jode, sólo hasta que uno no está pelao, angustiao, solitario o al borde de la muerte no le da del todo el brazo a torcer a Él.

"Después del pañal todo es ganancia". "Los seres humanos comenzamos a encontrar la felicidad cuando entendemos que todo lo que tenemos es prestado". Todo en esta vida se acaba en el momento menos esperado, incluso hasta nuestra misma vida.

Y eso no hay barranco que lo ataje. La vida cada día me quitaba las cosas; también, me daba una nueva lección podándome de tantos apegos, falsas seguridades e idolatrías. De niño perdí a mi papá y con él, el capital que teníamos; luego fue la novia, la salud, con ella la imagen personal, la fortaleza física, el trabajo, los caprichos, la tranquilidad, el sueño, los amigos de farra, el buen nombre, la familia y, finalmente, los ahorros. Mejor dicho, quedé como dice la famosa frase: "Con una mano atrás y la otra adelante". Y de sobremesa, lo que siempre pasa cuando uno está jodido, enfermo o quebrado: me quedé solo, angustiado, abandonado. Ahí sí nadie aparece ni le para a uno bolas, ni lo llama, ni le toca la puerta, ni siquiera los Testigos de Jehová que se la pasan tocando de casa en casa.

Y como a todos nos sucede en diferentes etapas de la vida, en medio de la enfermedad, la soledad, la quiebra y el desespero, comencé de nuevo a cuestionar a Dios diciéndole: "¿Dónde está? ¿Qué se hizo? ¿En dónde es que está usted verdaderamente, en qué religión, en qué Iglesia? Con qué técnica o ciencia, y a qué maestro sigo a ver si lo encuentro, ¿a Mahoma?, ¿a Buda?, ¿a Confucio?, ¿a Chrisna?, ¿a Lutero?, ¿a Chopra?, ¿a Osho?, ¿al Dalái Lama? ¿ Quién? ¿Dónde?

No hay mal que por bien no venga

Todo este cuestionamiento en torno al lugar donde verdaderamente podía encontrar a Dios me duró por un buen tiempo. Me tenía en crisis la forma como mis pastores "cristianos" nos creaban miedos y traumas amenazándonos con que el demonio era el que nos conducía si, por ejemplo, nos íbamos para otra Iglesia, leíamos libros de autores diferentes a los suyos, frecuentábamos ciertas personas, nos tomábamos un traguito o nos pegábamos una bailadita. ¡Todo era el berraco demonio, como si el amor de Dios no fuera más poderoso que Él!

Precisamente, esa misma semana el Señor me reconfirmó lo que ya comenzaba a sentir. ¡Ojo!, porque el siguiente es uno de los hermosos signos que cambió mi vida de una manera trascendental.

Resulta que una noche en que estaba todo enrumbado, porque a pesar de lo enfermo no dejaba de tomarme mis traguitos y pegarme mis rumbeaditas para olvidar por un rato el sufrimiento en que vivía, recibí una llamada de mi hermana Janeth, en la que me contaba que nuestra tía Gabriela, hermana de mi mamá, pasaría por Bogotá al día siguiente, que quería verme y que para ello me esperaría en el aeropuerto El Dorado.

De inmediato, bien prendido en medio de la rumba, empecé a cuestionarme: ¿Mi tía Gabriela?, ¡Huy!, hace por lo menos veinticinco años que no la veo, eso quién sabe en qué andará. Como era de rumbera y avispada, eso debe estar viviendo con otro loco igual, algún *hippie* por allá todo europeo o algo por el estilo.

Todo este cuestionamiento con mi tía surgió porque mi único recuerdo de ella se remontaba a la niñez, cuando era una joven muy linda y chévere, con una estatura de uno con setenta que le sirvió para ser reina de las Fiestas del Agua que se celebran en Pácora. Yo le hacía cuarto para sus sanos coloquios o coqueteos con su montón de amigos.

Recuerdo que cuando sus amigas iban a visitarla a la casa, me mandaba a escondidas de mi abuelita Julia a comprarle la media de roncito o de aguardiente, los cigarrillos, el esmalte, el maquillaje o las medias veladas, ¡todo lo de fiesta! A veces tenía que pasarle la compra por la ventana que de la calle daba a su cuarto, para que mi abuelita no se diera cuenta, ya que era demasiado conservadora, como la mayoría de las abuelas de la época.

Era tan moderna y tan chévere mi tía en ese tiempo que se había mandado a hacer la cirugía plástica de nariz o rinoplastia, como se dice hablando más "fashioned".

Eso, que se lo mande a hacer una persona ahora, es normal, pero hace treinta años…
¡yo creo que en esa época a uno le tocaba hasta llevar el plástico!

Me fui al día siguiente al aeropuerto al dichoso encuentro. Buscando de sala en
sala, entre tanta gente, no lograba descubrir el *casting* o la imagen que tenía en mi cabeza
de ella. Yo repetía para mí mismo en medio de la búsqueda: "¡Cómo era mi tía de rumbera y avispada! ¡Malo, malo, debe estar vestida de minifalda con un mechón morado y
otro azul, toda *crazy* y comiendo chicle, típica pinta de mi medio artístico o bohemio!".

Miraba para un lado y miraba para el otro, y nada que aparecía mi tía Gabriela.
Para colmo de males yo iba con un guayabo ni el berraco y casi amanecido. Hasta que
por fin, de tanto buscar y buscar por allá, escuché que dijeron mi nombre, y al voltear
a mirar me encontré con un *casting* que no tenía nada que ver con la imagen que yo
tenía de ella.

Por eso miré para un lado y otro lado a ver si en verdad era a mí a quien estaba
llamando. Finalmente dije: "¡No!, eso no es conmigo", y continué la marcha. De nuevo,
la voz insistió:

—¡Sobrino!

Por fin reaccioné. La miré lentamente de pies a cabeza. ¡No podía creerlo! Mi
tía, ¿con esa ropa?

Tenía un manto café en la cabeza, un hábito de igual color que cubría su cuerpo,
tres monjas a su derecha y tres a su izquierda.

Sin poder creerlo me pregunté: "¿Esto es una obra de teatro de las mías o la
divina corte?". Empecé a acercármele mientras me miraba, hasta que frente a ella, de
nuevo le pregunté:

—Tía, ¿y a usted qué le pasó? ¿Qué está haciendo ahí metida?

Ella con mucha dulzura me respondió:

—Es que yo soy la madre superiora de las carmelitas descalzas de clausura de
Medellín.

Yo, sin todavía poderlo creer, le respondí:

—Tía, ¿usted? Pero si yo a usted le compraba el roncito, los cigarrillos, el maquillaje y le hacía cuarto con todos esos amigos que tenía. ¿Por qué resultó ahí metida?

Mi tía, susurrándome al oído como cuando le quieren dar un pellizco al niño
imprudente, me advirtió:

—Pasito, Iván, que varias de las monjitas todavía no conocen bien mi pasado.

Ya en medio del alegre compartir del encuentro, mi tía me fue contando en detalle
las poderosas razones que la motivaron a tomar esa trascendental decisión sobre su vida.
Me dijo que todo le sucedió al plantearse la típica pregunta que tantas mujeres solteras
se hacen a los 30 años de edad: "¿Qué voy a hacer con mi vida?". Después de lo cual
tomó esta decisión: "No me voy a quedar solterona, y menos para vestir santos!".

En esa época de inquietud, buscó consejos y asesoría que la llevaran a descubrir
el sentido de su vida. Un día, de rodillas durante una Misa en Medellín, suplicó a Dios

una respuesta. De repente, todo comenzó a sacudirse a su alrededor, como consecuencia del fuerte terremoto que se había apoderado de la ciudad. Ella entró en estado de pánico, mucho más al observar cómo el cielo raso y algunas de sus vigas caían sobre varios feligreses y los golpeaban mortalmente; otros corrían buscando salidas y protección, pero ella permanecía perpleja con su mirada fija hacia el Sagrario hablándole a Dios: "¡Ay, Dios mío! ¡Esto es lo último! ¿Yo qué he hecho de malo en esta vida? ¡Perdóname!".

Al cabo de unos minutos reaccionó de su estupor, logró recuperarse y comenzó a auxiliar a las personas afectadas. En su pensamiento, una idea fija y clara no dejaba de rondarla: "¡Dios mío!, ahora entiendo que todo en esta vida se acaba de un momento a otro".

Mi tía me dijo una frase que le quedó de ese entonces y que jamás olvidaré: *"Cada instante es un milagro inexplicable de Dios".*

Los meses siguientes a dicho suceso fueron de profundos interrogantes: "¿Qué voy a hacer con mi vida? ¿Qué será lo mejor para mí? ¿Qué querrá Dios de mí?".

Lo cierto es que a mi tía, luego de varios meses de consultas, alguien cercano le sugirió un tiempo de discernimiento vocacional en una comunidad carmelita. Meditó sobre esa idea, la acogió e ingresó a un convento que providencialmente se encontraba a dos cuadras del templo donde vivió su experiencia de llamado; el convento se convirtió en su hogar permanente y en plena respuesta a sus inquietudes.

Al oír esto pensé: "Si mi tía, que en ese entonces era tan rumbera y tan avispada se volvió tan buena, ¡cómo será entonces la Virgen María, que siempre ha sido pura!".

Lo que sí me cuestionaba muchísimo era ver esa mano de monjitas ahí reunidas y con esos rostros llenos de felicidad. ¿Cómo vivirán estas monjas de clausura tan bonitas por allá encerradas? Esto debe ser algo muy raro. ¡Tiene que ser que en verdad Dios existe o que están locas!

En el momento en que me despedí de mi tía, ella sacó de su bolsillo una camándula y me la regaló; como yo venía de la Iglesia "cristiana", le recalqué preguntándole:

–Tía, ¿y esa mano de pepas para qué?

Ella, en medio de la risa y con todo el amor del mundo, al conocer el porqué de mi reacción a causa de mis antecedentes de protestantismo, me explicó que cada pepita que uno hace del Rosario no es por repetir y repetir, sino que es similar a la forma como le toca a uno tantas veces rogarle y rogarle al papá, a la mamá, al marido, al hijo, al jefe, al amigo o a alguien para que le haga un favor o lo ayude, hasta que de tanto rogar y rogar, pepita por pepita, alguien cede. Cada pepita es una minidosis de humildad al suplicar y es la aplicación de esta fórmula: **Insista, persista y no desista.**

Todo eso fue muy simpático porque comencé a recordar con malicia aquellos rosarios que rezaban mi madre, Lilia, y mi abuelita paterna, Teresita. Cómo olvidarlos, si en medio de nuestra pereza, hartera o rebeldía, les gustaba ponernos a rezar a la fuerza a mis hermanos y a mí a punta de rejo, pellizcos o con la amenaza de que si no lo hacíamos no nos daban plata para salir con la novia o amigos. El caso es que apenas uno iba en el tercer o cuarto misterio del Rosario y ya estando medio animado, a estas viejas se les acababa la gasolina, ya por el guereguere o forma repetitiva y mecánica con que lo hacían, les entraba el sueño; "Santa María, madre de Dios…" y a roncar se dijo.

Otras veces se desconcentraban y decían: "Dios te salve María, llena eres de gracia, huele a quemado, mija, ¡vaya a ver si la estufa está apagada!", o "¿será que ya acostaron las gallinas?". Aunque, hoy en día, la cosa tampoco cambia: "Hágale rapidito, mija, que ya va a comenzar la novela".

Mi tía me aconsejó que me acercara más a la Virgen; que ella era también nuestra Madre, y muy poderosa; que buscara su intercesión ante su Hijo Jesús, así como Ella lo había hecho por los novios en las bodas de Caná cuando se les acabó el vino, para luego decir: "Hagan lo que Él les diga".

Con el tiempo entendí que el poder de intercesión de la Virgen María es tan grande que logró alterar los planes de Jesús cuando aún no había comenzado su vida pública, ya que Él le responde: "¡Mujer!, aún no ha llegado mi hora". Sin embargo, ese fue el primer milagro de su Hijo.

Como actor que soy, me causó mucha sorpresa que mi tía me contara que Amadeus Mozart solía orar el Rosario antes de iniciar una composición.

Todos estos acontecimientos lograron impactarme de una forma muy profunda, de tal manera que, con el paso de los días, se me despertaron la inquietud y el deseo de rezar unas avemarías. Comencé por hacerlo todas las noches, sentado en la cama antes de acostarme, pero con un pequeño detallito, me tomaba uno o dos brandicitos que dizque para, así prendidito, poder sensibilizarme más. Eso sí, era muy respetuoso, siempre que empezaba una botella, para no perder la tradición, de primerazo le echaba a la tierra el de las ánimas.

Era cierto que ya rezaba, pero no le veía la gracia; no fue fácil, sentía que simplemente repetía y repetía sin saber a quién me dirigía. Recordé mucho lo que tanto me decían mis antiguos hermanos separados acerca de la repetidera de oraciones que los católicos hacían, muy contraria a lo que ellos conocen como "saber orar".

Debido a que sentía a La Virgen muy distante de mí, un día comencé a recordar el dulce rostro de mi tía metido entre la toca o manto que cubría su cabeza. Y, por la similitud de su atuendo, le oré a la Virgen del Carmen, pero imaginándome el rostro de mi tía en ella: *"Dios te salve María, llena eres de gracia, el Señor es contigo…"* , lo más bello es que pasadas varias semanas de rezarlo de esta manera, veía que iba metiéndose dulcemente el rostro de la Virgen del Carmen en el rostro de mi tía.

Este es un detalle muy importante durante todo este proceso, tengo que ser muy sincero, yo no busqué hacer el rosario ni los demás actos religiosos que había empezado a practicar, porque fuesen lindos o porque Dios era muy bello, ¡no!, sería una mentira de mi parte. Todo lo hice por interés, a ver si no sólo me sanaba de la enfermedad, sino también si conseguía un buen trabajo en televisión y una novia bien chévere y especial, entre muchísimas otras cosas. Como decía San Agustín, "al principio uno busca a Dios por necesidad, más tarde por gratitud y al final por amor". Sin embargo, la Misericordia de Dios es tan grande que se vale de ello para que uno se interese por Él; claro que lo mismo pasa con los médicos, uno no los busca cuando está aliviado; los busca cuando está enfermo.

Doy gracias a Dios porque desde entonces nació en mí una relación con una Virgen viva de carne y hueso.

Hay seres que han sido todo un tesoro de buen ejemplo y sacrificio para nuestras vidas. Dios, por gracia suya nos da a los hombres el regalo de familiares y personas cercanas a nosotros que se convierten en nuestros ángeles al entregar sus vidas a Él, llegando a representar con su testimonio de vida, en medio de la lucha, con sus debilidades y pecados, los santos vivientes de nuestro tiempo.

Esta es una forma muy sencilla e inocente para dar el primer paso de ver y sentir lo que en verdad son Jesús y la Virgen María vivos en nuestra vida, de carne y hueso, de saber que podemos acceder a Ellos, que están muy cercanos y que pueden fijarse en nosotros pese a nuestra pequeñez.

Si no nos hacemos como niños, jamás entenderemos lo que es el Reino de Dios. El Señor una vez me regaló esta frase que quiero compartir con ustedes: *"¿Para qué tomas tantas cosas en serio, si el solo hecho de obedecerme a mí es una cosa muy seria y complicada?"*.

Cuando voy a los centros educativos a contar mi experiencia de vida o a dictar alguna conferencia, aprovecho y cuento la historia de mi tía. Y en el momento en que saco la camándula que ella me regaló para mostrársela, algunos de los niños, por falta de conocimiento u oración en sus casas, no la reconocen. A propósito, me pasó algo muy simpático con un jovencito que cuando la vio, con toda la inocencia del caso, me dijo: "¡Huy!, qué soda de collar, está muy chévere. ¿No es ese el mismo que tiene Juanes puesto en el cuello?".

En medio de la risa, me tocó responderle: "¡No!, este no es ningún collar de moda, es la camándula con que hacemos el Rosario en familia".

Él, con toda espontaneidad, remató diciendo: "¡Huy sí!, de todas maneras luego me lo prestas para sacarle una copia, porque te cuento que está superbacano".

Definitivamente el éxito y la felicidad de un matrimonio dependen de la relación que se tenga diariamente con Dios por medio de la oración

Es famosa la frase que dice que *"familia que ora unida permanece unida"*. Esto es muy cierto; la oración en familia y especialmente a través del rosario, es decir, bajo el amparo de la Virgen María es lo único que verdaderamente une a un hogar, ya que cada pepita es una estaca que colocamos alrededor de la casa para que los males del conflicto, el juzgar, la infidelidad, la división y los resentimientos no entren.

Para entender mejor esto, basta recordar que en la casa uno le obedece al papá por respeto, por ser la cabeza del hogar, el que manda. A la hora del té, es la mamá la persona a quien uno le obedece por amor, por humildad; ella, con su dulzura, le hace doblar el brazo hasta al hijo más resentido y orgulloso. Por eso, casi siempre, cuando la mamá muere el hogar ya no se une con el mismo gusto y encanto de antes. Jamás olvidemos que la única Iglesia con mamá es la Iglesia católica; o sea que cuando yo fui protestante era un triste huerfanito. Y sí que lo era, ya que no había hecho propia la promesa bíblica en la cual Jesús en la Cruz nos entrega a la Virgen María a través del Apóstol Juan, para que fuera la Madre de nuestra vida: *"'Mujer, ahí tienes a tu hijo'. Luego dice al discípulo: 'ahí tienes a tu madre'. Y desde aquella hora el discípulo la acogió en su casa" (Jn 19, 26).*

Viene a mi memoria una ocasión en que hablando con un líder de la Iglesia protestante a la que asistía, le dije:

–¡Pastor!, yo veo cómo el Señor se vale de usted para hacer milagros.

–¡Ah, gracias!, ¡la gloria es para Dios!

–Ve, pastor, y eso que nosotros somos humanos, imperfectos y pecadores; ¿usted no cree que a través de la Virgen, que no conoció varón, no puede el Señor hacer más milagros todavía? Y nosotros aquí tan ingenuos, cómo la desaprovechamos.

El retorno a casa. Después de esta experiencia en la Iglesia protestante, en la cual recibí tantas bendiciones, y del regalo de tener un encuentro personal con la Virgen María por medio de mi tía, comencé a preguntarle y a preguntarle de nuevo a Dios en qué lugar estaba Él realmente; cuál era la verdadera religión, confesándole que ya estaba saturado de ir de aquí para allá y de allá para acá, buscando milagros y personas para que me sanaran.

Justamente, por esos días me invitaron a una Misa de sanación presidida por el sacerdote exorcista español José Luis George, quien tenía una forma muy particular de celebrar la Eucaristía. Durante la consagración, al elevar la hostia entre sus manos, con fervor reverencial exclamaba: *"No lo dudéis, no lo dudéis, aquí está Jesús"*. Luego, se quedaba en silencio mientras nosotros observábamos la Eucaristía. De nuevo repetía: *"No lo dudéis, aquí esta Jesús; es demasiado sencillo, pero es Él"*.

Yo, con ese corazón tan incrédulo, le decía a Jesús con un grito ahogado y ansioso, no sé si retándolo o desafiándolo: *"Muéstrame, muéstrame, pues no creo que sea verdad que tú estás en ese pedazo de pan"*.

La fe es una gracia que debemos pedirle a Dios diariamente porque no la venden en ningún supermercado ni almacén de centro comercial. Además, es muy duro creer que el dueño del mundo está en un pedacito de pan.

Cuando digan que Jesucristo está en la zona T o en Colombia Moda, repartiendo autógrafos con la Virgen María, ahí sí corremos todos detrás.

Y como la Biblia dice que *"el que pide, recibe; el que busca, halla; y al que llama, se le abrirá"*, de un momento a otro vi que salían como rayitos de sol blancos de la Eucaristía que se esparcían por todo el altar, y todo se empezó a tornar de una nubosidad luminosa. De inmediato, sin aún creer lo que estaba viendo, yo abrí los ojos aterrado. Lo primero que pensé fue: *"¡No!, me volví fanático ¡esto ya es fanatismo!"*.

Me tapé los ojos con las manos para descansarlos; luego volví a abrirlos y, ¡oh sorpresa!, no sólo el altar estaba blanco, sino que a cada uno de los cuatro niños acólitos que estaban allí mismo arrodillados frente a la Eucaristía y de espaldas a nosotros, les habían aparecido alitas, quedando con una imagen como de ángeles.

A partir de esta experiencia comencé a asistir de manera más frecuente a la Misa, ¡quien no!, después de semejante acontecimiento sobrenatural. La Biblia dice: *"Dichoso el que cree sin ver"*, pero, ¿qué? Nosotros los hombres somos muy interesados y por lo regular siempre tenemos que ver para poder creer.

En ese nuevo caminar espiritual, sin darme cuenta Dios me fue dando la gracia de acercarme más y más a Él. Comenzaba a sentir seguridad en Él; no sabía exactamente qué estaba pasando dentro de mi alma; pero un día caí en la cuenta de algo muy grande: *"*¡Ve!, todavía siento las puñaladas en el estómago y mucha debilidad física; pero tan raro, ya no siento tan fuerte esa intranquilidad que me daba, ese desespero, esa ansiedad, y mucho menos, esa tristeza y depresión*"*.

Y aunque muchos de los problemas todavía estaban ahí, lo importante era que yo en ese momento me sentía diferente, había cambiado mi actitud frente a los problemas. Un médico me explicó que esa depresión, tristeza y desesperanza del pasado eran el resultado de la bajada de serotonina y adofamina, dos glándulas que tenemos en el sistema límbico del cerebro, pero que cuando están arriba nos dan alegría, entusiasmo y esperanza, lo cual era el resultado de la fe que había llegado a mi vida.

Con el paso de los días entendí que Dios estaba comenzando a hacer cumplir en mí la promesa de su palabra: *"Busquen primero el Reino de Dios –entiéndase esa paz que llega a nuestro corazón como resultado de la obediencia a Él–, que lo demás llegará por añadidura"*. **"Por el camino de la vida nos vamos dando cuenta de que no hay sino un camino"**.

En ese momento de mi vida, sentí que Jesús, aún sabiendo que lo busqué por interés, dijo: *"Hombre, este hijo pródigo mío, por fin está retornando a casa, después de haber alimentado cerdos, como cualquier otro hijo pródigo de una típica familia colombiana, que luego de la etapa de los resentimientos, la desobediencia, la rebeldía, el desorden y de renegar ingratamente de todos los que lo han ayudado, vuelve a la casa de quienes lo vieron nacer"*.

Como dice en el Salmo 51, *"un corazón contrito y humillado Dios no lo desprecia"*, por más pecador que sea. El problema es que si nosotros no lo buscamos, si no damos el brazo a torcer, si no le dedicamos tiempo para orar y pedirle, ¿cómo vamos a esperar que Él nos haga el milagrito?

Ahora no salgamos con el cuento de que *"*¡No!, ¡es que mi mamá o mi abuelita oran por mí!*"*, pues también le diríamos a la mamá o a la abuelita que vaya a la empresa a trabajar o que entre al baño también por nosotros. ¡No!, a cada uno nos toca responderle a Dios por nuestra vida.

Ahora sí comencé a sanarme de la supuesta enfermedad

Por fin, en el grupo de oración mientras participaba en una vigilia de Pentecostés[4], empecé a recibir los regalos que esperé durante tanto tiempo. A eso de las cuatro de la madrugada, cuando con canciones y oraciones invocábamos la presencia y experiencia del Espíritu Santo, comencé a sentir una fuerza y un calor que terminaron por invadir todo mi cuerpo y transformar el color de mi rostro en un tono verdoso.

En ese instante, me encontré con la mirada de Aurita, la directora del grupo, quien me advirtió:

"¡Iván!, el Señor me está haciendo sentir que ese color verdoso en su rostro muestra que lo que usted tiene en su estómago no es ninguna enfermedad real, ni llagas, ni úlceras, ni cáncer; usted lo que tiene es una brujería que alguien le hizo. Por eso es que ningún tratamiento médico ni ninguna de las tantas oraciones de sanación física que le realizan le han servido. Lo que toca es hacerle una oración de liberación muy fuerte".

Lo primero que hice fue tocarme el abdomen. Con alegría y esperanza, sin ningún tipo de miedo, pensé: "Bueno, al menos después de tres años de sufrimiento, el Señor está mostrando las raíces de mi problema". Pero esta calma duró poco, porque ya después me entró la duda. ¿Una brujería?, ¿y será que eso sí existe?

Al igual que cuando le preguntan a la mayoría que si cree en el diablo o en la brujería, con sus mismas actitudes y respuestas ingenuas me dije: "Yo no creo en las brujas, pero que las hay, las hay; yo sé que el demonio a mí no me puede hacer nada porque no creo en él; eso son puros cuentos de curitas y de monjitas".

De no ser por la experiencia espiritual casi de muerte, que de igual manera habían vivido algunos de los muchachos del grupo de oración, no habría creído en la lucha entre el bien y el mal. Fueron ellos quienes me recomendaron que para poder comenzar a creer y entender lo que es el poder de la brujería sobre las personas leyera el libro *La Bruja*, del escritor Germán Castro Caycedo, el cual trata sobre la manera como a través del

---

4   Pentecostés es fiesta pascual y fiesta del Espíritu Santo. La Iglesia sabe que nace en la Resurrección de Cristo, pero se confirma con la venida del Espíritu Santo. Es hasta entonces, que los Apóstoles acaban de comprender para qué fueron convocados por Jesús; para qué fueron preparados durante esos tres años de convivencia íntima con Él. El Espíritu Santo desciende sobre aquella comunidad naciente y temerosa, infundiendo sobre ella sus siete dones, dándoles el valor necesario para anunciar la Buena Nueva de Jesús; para preservarlos en la verdad, como Jesús lo había prometido (Jn 14.15); para disponerlos a ser sus testigos; para ir, bautizar y enseñar a todas las naciones.

poder de la brujería y rituales satánicos entró con más fuerza el narcotráfico a Colombia con el concurso de un expresidente y un reconocido narcotraficante.

Apenas oí que había sido escrito por Germán Castro Caycedo, dije: "A ese sí se le puede creer porque es un periodista serio y cotizado".

Al leer el libro *La Bruja*, no sólo comencé a entender las raíces de mi problema, sino también, por qué los colombianos nos hacemos tanto daño entre nosotros mismos y hasta nos matamos.

Comencé a leer el libro un día a las siete de la noche. Arrastrado por la emoción de ir encontrando, paso a paso, varias situaciones con las que me sentía identificado, sin darme cuenta, me dieron las siete de la mañana del día siguiente.

Amanda, su protagonista, al igual que yo, también llegó a sentir dentro de su estómago un aleteo o chapaleo de un pájaro o algo que le vibraba; lo más fuerte y tenaz fue que comencé a descubrir que todas estas manifestaciones sobrenaturales resultaban ser consecuencia de una raíz muy profunda, poderosa, diabólica y real que afecta a toda la humanidad.

A partir de la lectura de ese libro mi vida se partió en dos. Empecé a entender cada uno de los signos con los cuales el demonio logra ilusionar y engañar a muchísimos de nuestros líderes políticos, empresariales y revolucionarios; por ende, a destruir nuestra preciosa Colombia, haciéndonos matar unos con otros, como ya lo he reiterado.

En ese libro se cuenta cómo esta fuerza del mal logró engañar y seducir con la codicia del narcotráfico a ese expresidente, quien se había aliado con un narcotraficante. Amanda, su bruja de cabecera, le cuenta al autor cómo cada vez que tenían un cargamento importante de droga para enviar al exterior, la mandaban traer para que les conjurara las naves con rezos y para que no fuera detectada su presencia por los radares norteamericanos.

Hoy en día, por boca de varios allegados a Pablo Escobar a quienes he conocido por mi trabajo evangelizador en las cárceles, sé que él y sus hombres también practicaban la santería. En dichos rituales sacrificaban animales con cuya sangre se bañaban; además, su codicia los empujaba a hacer pactos de poder con el mismo demonio. Y ni se diga de los cierres de cuerpo y pactos que hacen los guerrilleros, paramilitares y sus jefes al lado de sus chamanes y brujos de cabecera en la selva, tal como me enteré en las visitas a estos centros penitenciarios y como aparece a manera de testimonios, en el libro *El rastro del diablo,* del periodista colombiano Eccehomo Cetina; así como en una de las publicaciones de la *revista Semana* de abril de 2007 y en varias ediciones del periódico *El Tiempo.* Qué cosa tan tenaz, al lado de la persona resentida y codiciosa que se deja contaminar con platas mal habidas o malditas, casi siempre hay un brujo(a) de cabecera, tal como se divulgó en 2009 en los medios con respecto a la vida de David Murcia, DMG, el famoso rey de las pirámides, quien tampoco se quedó atrás.

El demonio primero nos seduce, especialmente con todo lo rápido, fácil y bastante; con todo lo fácil y rapidito nos da poder y fama, y con todos los apetitos sexuales desordenados; eso sí, al final nos cobra todos los favorcitos y regalitos que nos hace y donde más nos duele, pues él no hace nada gratis.

Explico esto para que entiendan lo siguiente: Amanda nos cuenta que un día el expresidente la llamó a su casa en Antioquia y le dijo que le preparara un bebedizo para darles a su hija y a un novio que tenía. Esto, con el fin de que se enamoraran y se casaran, ya que este pretendiente era hijo de un hombre con mucho poder en nuestro país y le interesaba tenerlo como yerno para sus intereses políticos.

La ambición desaforada, el ansia de poder, la codicia, la autosuficiencia, la prepotencia, la soberbia, el orgullo y la vanidad son vías de las que se vale el demonio. En el libro, cuando le preguntan a Amanda si ella finalmente preparó ese bebedizo, responde que sí; luego, que si la pareja lo tomó, que sí; finalmente, le preguntan sobre la efectividad de la toma y respondió que el demonio efectivamente sí hizo el milagrito.

Y como Amanda ya había sido víctima de las seducciones y engaños del demonio, cuando casi le cobra con su misma vida, por consecuencia sabía muy bien que él en verdad está vivo y, aseguró más adelante, les cobraría ese favorcito o milagrito, donde más les doliera.

Unos años después, la hija del expresidente fue secuestrada; los medios nos mostraron que en el intento de rescate por parte del ejército una bala perdida había acabado con su vida; pero otras fuentes periodísticas aseguraron que ella fue secuestrada y asesinada brutalmente por Pablo Escobar.

Más adelante, el país supo que Pablo Escobar cometió ese acto salvaje en venganza contra el expresidente, ya que lo acusaba de haber formado parte de un grupo de políticos que lo hicieron sacar del Congreso de la República, luego de haber salido elegido representante a la Cámara.

Por las denuncias que Germán Castro hizo en ese libro en torno a la forma tan agresiva como entró la "bonanza" del narcotráfico a Colombia, hasta el punto de corromper todos los estamentos del Gobierno, así como la participación de él y tan importantes personajes de nuestra política nacional, al periodista le fue censurado su programa *Enviado especial*; por seguridad tuvo que huir hacia España en busca de asilo político.

Cuento esto como motivo de reflexión, no a manera de crítica ni para juzgar a nuestros hermanos colombianos, quienes han tenido la desgracia de caer en las trampas seductoras y codiciosas de Satanás. El demonio no tiene amigos, es perverso, pervertido y pervertidor. Al principio seduce reuniendo a todos aquellos que se dejen engañar por él, incluso entre familias, por medio, como ya lo dije, de lo rápido, fácil y bastante. Con el paso del tiempo, los hace destruir entre ellos mismos; como dice la Biblia (Lucas 11, 17) *"Todo reino dividido contra sí mismo queda destruido y una casa se desploma sobre la otra"*.

Donde no está la obediencia a Dios para darnos sabiduría, equilibrio y moderación en el manejo de las cosas, aparecen la codicia, la envidia, la avaricia, el egoísmo, la rabia, el odio, la venganza, el engaño y la destrucción.

De este tipo de engaños y conflictos que en Colombia terminaron en tragedia y muerte, tenemos otros tantos espejos:

- Los fundadores del paramilitarismo, los hermanos Castaño Gil: Carlos mató a Fidel y Vicente mató a Carlos.
- Los parapolíticos y paramilitares, sacándose ellos mismos los trapos al sol, peleando por poder como perros rabiosos hasta llegar a la misma muerte.
- Los narcoparamilitares, matándose entre sí, buscando a ver quién se queda con el poder de la droga y con las tierras.
- Otro expresidente y la "Monita retrechera", luego de haber sido socios, como aparece en el libro *El rastro del diablo*.
- Los carteles del Valle, eliminándose uno a otro.
- Pablo Escobar y sus socios, la familia Moncada y los Galeano.
- Los juicios de muerte entre los mismos guerrilleros y paramilitares.
- Finalmente, el asesinato de la exsenadora Marta Catalina Daniels cometido por su hermana, entre muchísimos más que ahora no recuerdo o que varias familias prestantes del país mantienen ocultos.

El demonio ya no es de cachos y de cola; también se volvió *light*

¡Ojo!, algunos dicen que el demonio no existe porque no lo ven físicamente bajo la imagen que nos enseñaron de él, un ser de cachos y de cola con un tenedor afilado. ¡No! Él no es tan ingenuo y mucho menos idiota. Sabe que si se manifiesta así de evidente nos asusta y salimos corriendo llenos de miedo.

De pronto, con cachos y cola o en forma de sombra se le aparece a una niña loca o curiosa que le dio por jugar tabla ouija. Pero el demonio se modernizó como nosotros, ahora es muy *"light"* y se mandó a hacer la cirugía plástica en *Cambio extremo*, para así meterse por donde sea y a nosotros también nos dejó *"light"*, en una ignorancia la *hijuemama*, haciéndonos matar unos con otros sin saber por qué.

El mal no es una deficiencia, sino una eficiencia en un ser vivo, espiritual, que se materializa. Es un ser concreto, pervertido y pervertidor de terrible realidad misteriosa y pavorosa.

El demonio es un espíritu o fuerza maligna muy poderosa que la mayoría escasamente ha tenido la oportunidad de identificar o medio entender en muchachos que han jugado con la tabla ouija. Estas fuerzas aprovechan y se meten dentro de nuestros cuerpos, no en el alma, cuando no conocemos verdaderamente a Dios y le desobedecemos. En Efesios 6, 10, la Biblia nos confirma que *"no estamos luchando contra hombres de carne y hueso, sino contra espíritus del mal y potestades que vienen de lo alto y se meten dentro de nosotros"*; en este caso, son espíritus de adivinación, superstición, ocultismo, codicia, envidia, odio, entre muchísimos otros que desenmascararemos.

Dividir es la función del diablo y sus demonios; es generar caos, desorden, desunión, desorientación, intranquilidad, miedo, soledad, depresión, negativismo, cizaña, odio, resentimiento, codicia, engaño, envidia, egoísmo, críticas, chismes, juicios de valor y matar con la lengua hasta inducirnos al suicidio, porque él no tiene amigos. Santa Teresa de Ávila define al demonio como *"Aquel pobre desgraciado, que no puede amar"*.

Aquí tampoco se trata de juzgar a nadie. Ningún ser humano es perfecto; así como algunas personas se dejan seducir por el demonio, también nosotros nos podemos equivocar. Lo dice esta frase tan bella: ***"No juzgues a tu hermano porque se equivocó o pecó; simplemente, él cayó primero que tú"***.

San Agustín y Santo Tomás nos recuerdan que Dios de un mal puede sacar un bien; de ahí las palabras de San Pablo: *"Donde abundó el pecado, sobreabundó la gracia"* (Rm 5, 20).

En Lucas 5, 31, el mismo Jesús dijo que *"no necesitan médico los que están sanos, sino los que están mal"*. Esto fue precisamente lo que terminaron entendiendo tanto ese expresidente como Amanda, la protagonista del libro *La Bruja*. A raíz de la tragedia de su hija, el exmandatario tuvo un encuentro con Dios, buscó Su misericordia, Su perdón y Su consuelo a través del arrepentimiento, según me contaron algunos, empezó a reparar por sus faltas, alimentando y renovando su corazón con una especial devoción al rosario y la promoción de los principios y los valores cristianos a nivel del Gobierno.

Por su parte, Amanda reconoció sus equivocaciones, así como la miseria y desgracias que recogió producto de ellas, aprendiendo así que el verdadero poder y la buena suerte, única y exclusivamente vienen de la obediencia a Dios. Hoy en día ella es luz para los que están engañados y oprimidos por las artimañas de Satanás, pues, dedica su vida a llevar el mensaje esperanzador, liberador y sanador de Jesucristo a través de sus charlas y predicaciones en medio de la pelea entre el bien y el mal.

Esa es la belleza y misericordia de Dios. Él conoce y comprende que por nuestra fragilidad en cualquier momento podemos equivocarnos; por eso, a lo largo de nuestra vida, especialmente cuando reconocemos con humildad nuestros errores, está de nuevo esperándonos, como El Buen Pastor a su oveja perdida, recibiéndonos con sus brazos abiertos como todo un verdadero Papá.

La verdadera sabiduría que nos devuelve la felicidad que nos habían robado

Al llegar al grupo de Aurita a compartir todo el conocimiento que había adquirido por esos días, sostuvimos la siguiente conversación.

–Lo primero que debes hacer, Iván, es irte para donde el Padre Isaac. Ese padrecito te puede ayudar por la experiencia que tiene con ese tipo de casos.

–Aurita, ¿y en qué forma me puede ayudar?

–Pues, Iván, como Dios más libera, sana las maldiciones y ataduras que deja la brujería es a través del Sacramento de la Confesión.

Con mucha prevención y desconfianza; como también venía de la Iglesia "cristiana" con mirada juzgona, sin pensarlo dos veces le respondí:

–Aurita, pero es que yo me confieso directamente con Dios, no necesito intermediarios, no me voy a confesar con otro hombre, con un cura que a veces es más malo y pecador que uno. Mire todos los escándalos que muestran de ellos en los noticieros.

Ella de una manera muy dulce, comprensible y señalando su cuerpo, me dijo:

–Iván, ¿y es que los curitas son dioses o qué? ¡No!, ellos no son perfectos, son también seres de carne y hueso como nosotros; por lo tanto sienten, se equivocan, a veces ceden ante las tentaciones. El único perfecto es Dios, y Él no va a ser tan ingenuo de dejar a los curitas perfectos, porque si no vamos y los endiosamos a ellos. Dios es un Dios celoso. Además, mire, Iván, lo que dice la Biblia en Mateo 23, 1: *"Haced lo que ellos dicen, mas no lo que hacen"*; y lo mismo en Hebreos 5, 2: *"Es capaz (el Sacerdote) de comprender a ignorantes y extraviados, porque está también él envuelto en flaqueza"*.

Luego, de manera un poco desesperada e imprudente, le solté una típica colombianada:

–Bueno, Aurita ¿y de qué me voy a confesar?; yo no robo, no mato, ni le hago mal a nadie.

Con sonrisa de mamá comprensiva, me contestó:

–Uno por dentro tiene muchos recuerdos dolorosos y defectos de los que no es consciente, y que son la causa de buena parte de los sufrimientos que padecemos. Por ejemplo, con la lengua ¿a cuántos hemos maltratado, herido o matado al criticarlos, juzgarlos, ridiculizarlos, humillarlos o burlarnos de ellos? Y los odios o resentimientos que tenemos guardados en el corazón contra aquellos que nos han causado un daño en la niñez o en alguna otra etapa de nuestra vida, ¿no cree que afectan a gran cantidad de personas, principalmente a uno mismo? Cuando uno tiene resentimientos contra alguien, ¿quién es el que sufre?, ¿uno o ese al que uno odia? Pues uno mismo, porque el otro ni se da cuenta de que uno lo odia. ¿Quién sale perdiendo, entonces? ¡Qué desgaste tan inútil! Por eso, el rencor es el peor negocio de la vida; uno de los trucos y astucias más grandes de Satanás es hacer que nosotros sintamos escrúpulos por los demás, que muchas veces les veamos tan solo sus defectos, los juzguemos, los critiquemos y finalmente los despreciemos.

"De manera, Iván, que debemos perdonar, así como Jesucristo en el momento de confesarnos siempre nos perdona las desobediencias, equivocaciones y metidas de pata. Un santo expresó que quien *per-dona* es persona que dona su sufrimiento, uniéndolo al sufrimiento de Cristo en la Cruz.

"¿Y los abortos? –continuó Aurita–. Aparentemente al niño es muy sencillo botarlo por medio de la **"pastilla del día después"** o sacarlo del vientre de la mamá, eso hoy en día con cien o doscientos mil pesos se hace; pero no se saca con facilidad de la memoria y de la conciencia la imagen de ese niño que asesinaron. Además, al ser el aborto un asesinato, los que lo practican quedan inmediatamente en pecado mortal y esto hace que se abra una puerta al demonio y sus espíritus, con lo cual se afectan la paz y la convivencia de su familia y el comportamiento de los demás hijos, quienes entran en crisis de rebeldía, depresión y hasta el mismo deseo de suicidio. El vientre de la mujer es un pesebre donde germina vida y los hombres con el aborto lo hemos convertido en un sepulcro de carne. Para muchos de nuestros gobernantes es legal. Iván, lo legal no es moral. ¡Cuántos problemas se evitarían si en lugar de asesinar a una criatura mejor esperáramos y decidiéramos darla en adopción!

"Piense, Iván, cuántos papás hay que en el pasado recomendaron o exigieron a sus hijos que abortaran. Hoy en día son odiados por esos mismos hijos que, con el paso del tiempo, cayeron en la cuenta de su error. Mijito, las consecuencias de un aborto son tan profundas que generalmente la mujer que lo comete queda con traumas psíquicos, neurosis, depresiones o deseos de suicidio, coincidencialmente alrededor de la fecha del aborto".

Las sabias recomendaciones de Aurita fueron reforzadas y complementadas por algunos que afrontaron situaciones similares a las mías y cuyas enseñanzas que cito a continuación me ayudarían a hacer un buen examen de conciencia para que, días después, por fin, buscara confesarme.

Las parejitas que viven en unión libre, viven igualmente en pecado, porque aún no tienen la bendición de Dios en el Sacramento del Matrimonio. Como su mismo nombre lo dice, unión libre, ¿unión-libre?, ¿al fin unión o libre? Ni unión ni libre, porque ni el mismo nombre sirve, es toda una contradicción. Simplemente se hace así por moda, porque todo el mundo lo hace; a uno no le gustaría que su hijita de trece o catorce añitos se fuera con el primer aparecido a vivir también en unión-libre, y que termine obligándola a buscarse otro y otro porque ni el primero ni los siguientes que consiguió le sirvieron, hasta terminar en una vida de fracaso afectivo. Entonces, los padres debemos empezar por darles un buen ejemplo a nuestros hijos. Dios no creó los mandamientos para incomodarnos ni mucho menos para robarnos la libertad; la obediencia de ellos nos deja como regalo el orden de las cosas y, por ende, de la vida. Los animalitos también viven en pareja, el león con la leona, el tórtolo con la tórtola; lo que nos diferencia de ellos es el Sacramento del Matrimonio, que es como firmar un contrato de trabajo cuyo supervisor es Dios, a quien hay que obedecer para que permanezca la honestidad y la transparencia en la pareja.

Las visitas a adivinos para consultar la suerte y el futuro, al igual que los riegos, los baños, los amuletos y tanta fetichería son también pecado, porque es creer en los hombres y no en el Mismo Dios. Lo que está haciendo el que dice creer en Dios al meterse por allá es prenderle una vela a Dios y otra al diablo. Eso es mentira que en la Biblia dice el tal "*ayúdate que yo te ayudaré*".

Las prácticas, cirugías y sesiones hechas mediante la invocación del hermano José Gregorio Hernández son también pecado. Gregorio Hernández no es ningún santo, ni beato aprobado por la Iglesia; fue un médico venezolano muy bondadoso cuya imagen es aprovechada por cada "médium" al servicio del demonio para hacerle creer a la gente con falta de conocimiento espiritual que es un santo de la Iglesia que viene a hacer milagros y cirugías. ¡Ojo!, todo eso son mentiras. Lo que realmente actúa es un espíritu del demonio que toma a esas personas o a cualquiera que lo invoque con ciertos ritos; eso sí, con el paso de los años el demonio, como siempre, termina cobrando su milagrito de varias maneras, tanto a quienes le han servido como a sus descendientes, por ejemplo, devolviéndoles la enfermedad en otro lugar del cuerpo o causándoles la muerte. Muchos hijitos nacen con alguna enfermedad o malformación como consecuencia de ese tipo de equivocaciones por parte de sus abuelos o papás o por la infidelidad de alguno de ellos.

Desde que estábamos en el vientre de mamá y desde la niñez, cargamos con desgracias, sufrimientos, temores o enfermedades como consecuencia de las maldiciones que heredamos por haber corrido en busca de todo tipo de adivinos, médiums, rezanderos, hierbateros, para encontrar alivio a males como la epilepsia o para protegernos del tal mal de ojo.

Otro de los engaños del mal que trae muchísima desgracia y tristeza a nuestra vida es la famosa tabla ouija, aunque parece inofensiva y divertida: más que "juego" resulta ser una trampa del demonio. Es cierto que algunas veces la tabla es dirigida por la persona de manera intencional. Sin embargo, con el tiempo se darán cuenta de que ésta comienza a guiar a quien tiene sus manos puestas en ella, indicando palabras con que se terminan formando frases sobre aspectos secretos o futuros de los que participan de este juego; esto es adivinación. Con esta "recreación", la mayoría de las veces los adolescentes y jóvenes, en respuesta o venganza al abandono o descuido de sus padres, como camino de solución de las desgracias o por mera curiosidad, resultan abriéndoles las puertas a Satanás y a sus espíritus y, sin ser conscientes de ello, pueden resultar haciendo un pacto con él. Lo mismo ocurre con otras prácticas como el juego de las tijeras, el cuaderno espiral, las famosas regresiones y los desdoblamientos.

La inclinación por la adivinación produce en las personas serios trastornos de tipo emocional y psicológico; estados crónicos de depresión, angustia, miedo, insomnio, incluso alteraciones de la salud física sin que los médicos y psiquiatras identifiquen la causa de la enfermedad, la crisis o el comportamiento agresivo. Acerca de estas prácticas, la Biblia nos advierte: *"Maldito el hombre que pone su confianza en otro hombre"*. Por su parte, Levítico 20, 6 y Deuteronomio 18, 9 nos prohíben invocar espíritus, recurrir a médiums, astrólogos, magos y adivinos. Ni qué decir de prácticas con cada vez mayor aceptación cultural en nuestros pueblos, tales como las magias blanca y negra, el vudú, la santería que en su esencia y por sus consecuencias resultan ser formas camufladas o sofisticadas de lo mismo: brujería. Es muy doloroso para mí ver cómo el demonio ha logrado seducir y engañar al pueblo haitiano, al hacer que practiquen el vudú como "religión" oficial. Por eso, si no nos incomoda lo que está de moda, con el tiempo se nos podrá volver pesadilla. ¡Tanto escrúpulo que manifestamos cuando vamos a un baño público!, ¡tanto asco por un inodoro que comparte todo el mundo y donde, por obligación, hace fuerza el más cobarde y caga el más valiente!, ¡tanta precaución para evitar infecciones en el cuerpo, pero tan poca o nula para con el espíritu!

Si uno recurre a Satanás no puede pretender que las cosas le salgan bien. ¿Cómo pretende uno librarse de supuestas brujerías de enemigos y ser feliz acudiendo al mayor de ellos? Uno sometido a brujería, si va a otro brujo para que se la saque ¿cómo pretende obtener bendición viviendo en maldición? No ocurre, entonces, lo que Jesús explica en el Evangelio de San Lucas 6, 39: *"¿Acaso puede un ciego guiar a otro ciego? ¿No caerán ambos en el hoyo?"*. Entienda, por favor, que en ocasiones cuando usted acude a alguien que es títere del mal, es más que natural que termine descrestado; nadie niega esto. Lo que pasa es que el espíritu de superstición del que va en busca del brujo se convierte en pararrayos de los espíritus de adivinación que este tiene, el cual es conducido por el espíritu de Satanás a quien adora, invoca y sirve; aunque es el príncipe de las tinieblas y el padre de la mentira, se reviste de Ángel de Luz.

¿Qué cree usted que le hacen por medio de las famosas limpias? ¿Realmente cree que lo limpian? ¿Cree usted que Dios actúa a través de personas que engañan? ¡No!, Dios es verdad y dista mucho de quienes engañan a otros con artimañas y mentiras. ¿Cree usted que Dios actúa en esos lugares sólo por el hecho de que en ellos se tengan cuadros e imágenes del Sagrado Corazón, el Divino Niño Jesús o la Virgen María? ¿No le han contado que estas imágenes las colocan en esos sitios luego de ser conjuradas en medio de rituales satánicos? Peor aún, ¿cree usted que porque vomita sapos, arañas, sangre, etc., lo están limpiando? ¡No!, quienes realmente nos liberan y nos limpian son los sacerdotes, especialmente los exorcistas, con el apoyo e intercesión de los laicos con carisma de discernimiento y liberación de espíritus; porque ellos sí trabajan en comunión con el único Dios verdadero. Estos servidores de Dios explican que aquellos que vomitan cosas en las casas de brujos no se están limpiando realmente; que más bien se trata de cosas engañosas que el mal y su propio pecado les hace ver para engancharlos con este tipo de consulta y para que se vuelvan dependientes de ellos. Esto mismo es lo que pasa cuando las personas dicen ver ovnis; en realidad, son espíritus de demonios caídos.

Mi deseo no es juzgar a nadie, sino compartir, motivar e invitar. El más engañado y al que menos quiero juzgar es a aquel que se presta para ese tipo de trabajos. Si el que trabaja engañando fuera consciente de las consecuencias fatales que conlleva para él y para toda su familia el comprometerse con el mal, jamás pensaría en ello como una opción de trabajo o de rebusque.

¡Qué tristeza! La mayoría de ellos viven engañados creyendo estar en lo correcto, pero es imposible estar en la verdad lejos de la luz de Dios, pues así nada termina bien. Lo digo porque casi siempre que una de estas personas completa su proceso de liberación me dice: "¡Ay, Iván, gracias!, yo pensé que lo que estaba haciendo era el bien". Lo que se esconde detrás de este tipo de respuestas es la ingenuidad con que actuamos en la vida; se lo cuento por la experiencia que he tenido al llevar a algunos de ellos al Sacramento de la Confesión y de las misas ofrecidas por sanación y liberación espiritual para que Dios los libere y los rescate de sus garras. Les pido que no los juzguen; la Biblia nos advierte que el espíritu del mal se reviste de Ángel de Luz que

puede engañar, incluso, a los mismos elegidos. Por esto Yahvé nos advierte a través del profeta (Oseas 4, 6) *"Perece mi pueblo por falta de conocimiento".*
El demonio es sagaz para el engaño. Por eso, se infiltra en todas las actividades humanas, especialmente en aquellas que forman parte de nuestra tradición e identidad cultural como los carnavales, los mitos y las leyendas, sin darnos cuenta de que en realidad son estrategias mediante las cuales nos ha venido utilizando a lo largo de los años y que al participar en ellas terminamos rindiendo un homenaje a él. Con la perversidad que lo caracteriza nos ha hecho llamar al bien mal y al mal bien, a lo esotérico y oculto, "cultural". Todo termina pareciéndonos normal e inofensivo porque todo el mundo lo hace, está de moda, a mí el diablo no me hace nada porque yo a todo le pongo buena energía y actitud positiva, eso es sólo una película, una leyenda, un mito, un *best seller*, ¡un clásico! Tampoco hay que exagerar, ni hay que satanizarlo todo.

Para colmo de males, cuando alguien que ha vivido en carne propia las acechanzas del demonio y sus consecuencias fatídicas nos comparte dichas vivencias para aleccionarnos y evitarnos problemas, desenmascarando ante nosotros la forma como se esconde y nos manipula en todo lo que nos rodea y lo que las tradiciones nos imponen, por lo general, incluso los creyentes y católicos, de manera ingenua lo tratan de fanático, loco, exagerado, retrógrado o trascendentalista: "Todo ese tipo de manifestaciones nada tiene que ver con el poder del demonio, sino que son una mera reacción psicológica, histeria, emocionalismo, desequilibrio, disfunción". Pero ni juzgarlas, esas personas simplemente no han tenido el privilegio de conocer lo que realmente es esa fuerza diabólica y perversa que se roba la verdadera paz, la libertad y la felicidad para la cual Dios nos ha creado, ni mucho menos conocen que es un ser vivo y concreto que se puede materializar. Todo esto ya lo había advertido el Papa Pablo VI en su catequesis del 15 de noviembre de 1972, cuando afirmó que **la mayor sagacidad de Satanás consistía en haberle hecho creer a la misma Iglesia católica que él no existe.**

Por eso, la Palabra de Dios con respecto al privilegio de conocer y creer acerca de los misterios del mal nos dice que Jesús reconoció a sus discípulos como sus amigos, porque cumplían sus mandamientos y les dio a conocer todo lo que Dios Padre le había confiado. Quizá sea esto lo que explica la exclamación de Jesús cuando los felicita: *"¡Dichosos los ojos que ven lo que veis! Porque os digo que muchos profetas y reyes quisieron ver lo que vosotros veis, pero no lo vieron, y oír lo que vosotros oís, pero no lo oyeron"* (Lc 10, 23 - 24).

El conocimiento del bien y del mal me fue llevando a querer cambiar de vida

Todo el conocimiento que fui recibiendo por medio de diferentes personas me condujo a reflexionar sobre la importancia de hacer un examen de conciencia profundo, el cual permitiera confesar mis errores y pecados ante el sacerdote y así comprometerme con un sincero y decidido cambio de vida. A tomar esta decisión me ayudaron de manera especial las palabras que Jesús le dijo a Ana Catalina Emmerich: *"Catalina, cuando ustedes están en obediencia, son un templo donde yo estoy con toda la Trinidad, corte celestial y mi madre. Y cuando ustedes pecan, el demonio me dice: 'levántate que tu hijito predilecto te ha sacado de ahí', y a mí me toca levantarme y pasar por el lado de mi enemigo"*. También conocí que cuando uno obedece a Dios lo acompaña un ejercito de Ángeles y una legión de virtud y gracia.

A través de este primer examen de conciencia Dios me quitó otro velo; caí en la cuenta de que yo me creía todo un verdadero católico, apostólico y romano; pero con toda la basura que conocí, resulté católico, apostólico y remalo.

Y, por fin, llegó el día en que arranqué para donde el Padre Isaac, aunque no muy animado. Como en otras ocasiones, lo hice más por interés, por la necesidad de sanarme. Pero Dios se vale de eso para recibirlo a uno, sin importarle las razones por las cuales uno lo busca.

Aurita y algunos integrantes del grupo me indicaron la forma más adecuada de prepararme para la Confesión: "Iván, prepárese bien, ojalá lleve todo escrito en un papel; recuerde lo que el demonio dijo una vez a San Juan Bosco con respecto a la Confesión de vida: *'En el momento de la Confesión oscureceré las mentes de los hombres'*. Por eso, cuando uno se confiesa, bastantes veces se le olvidan los pecados; de pronto uno se acuerda de la cantidad, 'que eran cinco pecados', o, después de la Confesión, uno también dice: *'¡Ah!, se me olvidó confesar tal y tal pecado; ¡ah!, después vuelvo'"*.

Con la fe puesta en Dios, a las cinco y cuarenta y cinco de la mañana de uno de los viernes que el Padre siempre dedica para confesar, sentado allí con ficha en mano, empecé a sentir un cólico muy fuerte y la sensación del chapaleo del pájaro en el estómago que terminaron por desesperarme y me llenaron de ganas de salir corriendo.

(Cuando a uno le toca esperar, especialmente las cosas de Dios, uno se desespera más que nunca; lo que uno no sabe es que, mientras esto pasa, Dios nos va sanando de lo impacientes que somos.).

Me llamó mucho la atención un muchacho homosexual que iba adelante, tenía puesto un vestido entero de mujer; cuando el Padre lo llamó para la Confesión, con voz femenina, le respondió: "¡Ay, gracias Padre!" Finalmente, fue muy bello ver salir del confesionario a esta personita; iba llorando, tal vez desahogando en Dios el dolor que cargaba a cuestas, y que nunca llegamos a imaginar.

Más o menos a las siete y treinta de la mañana me llegó el turno de la Confesión; y ¡ojo!, porque aquí comienza el gran milagro de sanación que el Señor realizó en mi vida. Yo le dije al Padre que iba de parte de la señora Aurita, en cuyo corazón había puesto el Espíritu Santo que a mí me habían hecho una brujería de la que él podía ayudarme a liberar.

Con mucha dulzura y seguridad, el Padre me fue diciendo de una manera lenta y susurrada:

–Tranquilo, hermanito, que así sea una brujería, un cáncer, un lupus, un sida, una esquizofrenia, una epilepsia, unas convulsiones, una depresión, un estrés, un miedo, una soledad, una penuria económica o cualquier cosa que parezca imposible de solucionar, eso mi Diosito, con una buena Confesión, comienza a sanarlo.

Me hizo varias preguntas sobre los síntomas que sentía y desde cuándo. Luego de analizar mi situación y discernir un rato, inició mi Confesión. Con lista en mano confesé todo lo que llevaba escrito. Más que hacer una Confesión de la lista que llevaba, en compañía de este sacerdote y durante casi una hora logré hacer una reflexión de vida. Vomité todas las embarradas que recordé y que había hecho desde pequeño, y la carga de conciencia que ellos me habían dejado. Caí en la cuenta de la vida tan mísera y despelotada que uno se acostumbra a llevar al vivir sin sacar tiempo para Dios.

"Una Confesión de vida". Terminada la Confesión me sorprendió ver gente entrando al Templo con agua, aceite y sal y colocarlos luego sobre una mesa. Pregunté el porqué de esto, y me dijeron que la Iglesia considera estos elementos como algunos de sus sacramentales, no como agüeros o mágicos; que el Padre Isaac los bendecía y exorcizaba y tenían mucho poder de bendición, liberación, sanación, cuando se consumían o se ungía al enfermo u oprimido por las fuerzas del mal, todo ello con un fin primordial: prepararlo y acercarlo a la vida sacramental.

A las ocho y treinta de la mañana, el Padre celebró una Misa a cuyo final ungió a todos en la frente con aceite. Pregunté qué era; me respondieron que para la unción de los enfermos que el Padre hacía todos los viernes luego de la Misa. Me acerqué, entonces, para recibirla y sí que sentí una fuerza como un calor que me bajaba por todo el cuerpo que se unió a la paz que había dejado en mí la Confesión.

Tuve que salir de la Iglesia corriendo en busca de un baño, pues me comenzó un cólico muy fuerte que se convirtió en una soltura de tres días, durante los cuales sentí mucho temor porque no sabía lo que me estaba sucediendo y porque pensaba que si seguía así me podía deshidratar. Como siempre, en seguida busqué ayuda médica y me mandaron droga para detenerme la diarrea, pero ella aún continuaba. Llamé luego a Aurita para contarle lo que me sucedía. Ella me dijo: "¡Tranquilo, Iván! Esos son síntomas de que el Señor lo está liberando, esa es la forma de empezar a expulsar todo el mal que tiene adentro". Otros síntomas se presentaron: dolores fuertes de cabeza y en otras partes del cuerpo, náuseas, sueño, bostezos, cansancio o desgaste muy frecuentes, hormigueo y sudor en manos y pies y escalofríos. He conocido casos de mujeres que sufren hemorragias vaginales en el momento en que reciben una oración de liberación.

Comencé a expulsar de mi cuerpo una sustancia de colores fluorescentes, verdes y cobrizos

Pasados los tres días de haber tenido el estómago suelto, en el baño sentí que la materia fecal se me había endurecido de nuevo. Me dio mucha felicidad, al pensar que a través de esa soltura ya había liberado todo el mal, como me lo había dicho Aurita. Me paré a mirar hacia la taza del inodoro y, ¡oh! sorpresa y susto, un color verde fluorescente extraterrestre cubría la materia fecal.

De inmediato me fui para donde Aurita a contarle el fenómeno. Ella me respondió que me tranquilizara, que igualmente eso era parte de la liberación de todo lo que me habían dado.

Salí de allí muy contento al entender por fe que se trataba de otra etapa más del proceso de mi liberación. Así continué alrededor de quince días, durante los cuales expulsé grumos verde–fluorescentes que se intensificaban a veces, y que en la quincena siguiente fueron reemplazados por grumos de un color cobrizo, igualmente fluorescentes. Al hacerme consciente de que se trataba de un proceso de restauración espiritual que me purificaba me fue disminuyendo el miedo y me acordé de que esto era lo mismo que expulsó Amanda, la del libro *La Bruja*. ¡Qué *Diosidencia*!; hasta en eso se parecen las dos experiencias.

El Padre Isaac me había recomendado que luego de la Confesión asistiera de seguido, por lo menos los tres primeros domingos de mes, a sus misas para la sanación y liberación del cuerpo y del alma; esas misas resultaron ser para mí todo un regalo y una sorpresa muy grande. La Misa se caracterizó por el ambiente de recogimiento y la fuerza de la oración, especialmente, el exorcismo de San Miguel Arcángel escrito por el Papa León XIII, mediante el cual rompía ataduras y maldiciones espirituales heredadas de las generaciones pasadas y las opresiones adquiridas por efecto de prácticas de brujería y ocultismo.

En medio de los diferentes momentos rituales de la Misa se fueron despertando en algunos oprimidos por el poder de las tinieblas todo tipo de manifestaciones sobrenaturales: mujeres con voz de hombre que gritaban vulgaridades, gente arrastrándose por el suelo vomitando y retorciendo sus cuerpos y, por mi parte, el acostumbrado chapaleo o aleteo de pájaro en el estómago y la posterior soltura estomacal que me obligó después de la Misa a pedir prestado el baño de la tienda vecina.

Al viernes siguiente visité al Padre de nuevo y le conté todo el fenómeno sobrenatural que había sucedido en mi cuerpo; él, con su dulzura y su humildad características, me dijo:

"Hermanito Iván, eso es que el Señor Jesús está empezando a liberarlo y a sanar de todos sus sufrimientos. Ahora tiene que empezar a orar por esa personita que le hizo

esos males, para que Dios tenga misericordia de ella, porque con seguridad todo mal que uno le hace a alguien termina devolviéndoselo".

El Padre me recomendó que me mandara a tomar una nueva endoscopia para que supiéramos con certeza qué había pasado dentro de mi estómago; obedecí con prontitud y acudí al médico en busca del examen, con el deseo de enterarme lo más pronto posible. Los resultados me los entregaron inmediatamente, y ¡oh! sorpresa, apareció el gran milagro.

Dios había colocado su mano entre mi cuerpo; dos de las tres llagas habían desaparecido por completo; sólo me quedó la gastritis química. Los cólicos, o mejor dicho, las puñaladas que sentía en el estómago, habían disminuido casi en un ciento por ciento, quedando reducidas a una pequeña molestia.

Mi vida y la de mi familia comenzaron a ser reconstruidas

El primero en quien pensé para contarle este gran milagro fue el Padre Isaac. De inmediato lo busqué con los resultados en mano; él me acogió, se puso muy contento y me felicitó por el regalo que Dios me había dado.

En el grupo de oración de Aurita me explicaron que las llagas eran el resultado de enfermedades postizas que el demonio le hace creer a uno que tiene, pero que **en la medida en que vayamos conociendo y obedeciendo a Dios, confesamos nuestros pecados y le confiamos al Sacerdote los antecedentes de pecado que traemos de nuestras generaciones pasadas y se ora por nuestra liberación y sanación, ellas van desapareciendo y empezamos a sanarnos de todos nuestros sufrimientos.**

Esta explicación me dejó muy sorprendido y cuestionado. Inmediatamente pregunté:

–¿Cómo así que uno debe contarle al Sacerdote los pecados de la familia?

Me enseñaron que Jesús nos dice en su palabra que los errores de los padres recaen sobre los hijos, y al igual que nosotros heredamos de padres, abuelos, bisabuelos y antepasados cosas buenas como la buena salud, la tranquilidad, la bendición material, el respeto, la honestidad... En el ADN y los genes también heredamos las cosas malas y tendencias negativas, repitiendo los malos ejemplos que al final se convierten en pecados, vicios, mañas, enfermedades y traumas que son la raíz de muchas de nuestras desgracias.

Todo en esta vida influye sobre nosotros, inclusive muchos de los dolores y conflictos que nuestros padres y antepasados no solucionaron, por tanto, se mantienen enterrados vivos en nuestro inconsciente. Por eso, debemos vigilar y sanar a tiempo nuestras heridas emocionales, porque la experiencia demuestra que la medicina y las terapias pueden eliminar síntomas y calmar sufrimientos, pero nunca logran curarlos desde su raíz. Un ejemplo de esto lo vemos en una familia donde el abuelo pudo morir de cáncer, en un accidente o se suicidó y luego un hijo, un nieto o un bisnieto acaba en la misma situación. A esta serie de desgracias en el área espiritual se les llama **ataduras intergeneracionales**[5].

El Padre John Hampsch C.M.F., en su libro *Sanando su árbol genealógico*, informa que en los veinte primeros versos de Ezequiel 18 está el fundamento para el proceso completo de curación del árbol genealógico.

Las siguientes son algunas citas bíblicas que sustentan tanto la transmisión de tendencias indeseables en los hijos a raíz del pecado de sus padres como de bendiciones, efectos del pecado de nuestros antepasados:

Éxodo 20, 5 *"...Porque yo, Yahvé, tu Dios, soy un Dios celoso. Yo castigo hijos, nietos y bisnietos por la maldad de los padres, cuando se rebelan contra mí"*.

Bendiciones heredadas:

Éxodo 20, 6 *"...Pero doy mi favor hasta mil generaciones para aquellos que me aman y observan mis mandamientos"*.

Salmo 112, 1-2 *"¡Feliz el hombre que teme al Señor, que encuentra placer en todos sus mandatos! La raza de los rectos será bendita"*.

Es muy importante aclarar que uno no confiesa pecados de los antepasados, pues se trata de una obligación absolutamente personal; lo que se hace es una especie de renuncia en nombre de ellos –acto llamado reparación– por si se encuentran en el purgatorio a causa de algún pecado que, por lo que ahora se sabe, cometieron y no confesaron; usualmente ocurre que tal situación tiene atado u oprimido a más de un pariente y no permite la bendición y sanación integral de algunos. Como resultado puede ocurrir que el ánima en pena logre la gloria eterna. Estos actos son maravillosos y extraordinarios porque, quizás suceda que como si se tratara de una cadena, el nuevo agraciado intermedie en el Cielo por nosotros.

De nuevo pregunté en el grupo:

–¿Y cómo se entera uno de todos los errores o tendencias de los antepasados que hemos heredado?

–Dios nos lo va revelando con la luz del Espíritu Santo que está dentro de nosotros, tal como le ha ido enseñando y concientizando de todos los errores que usted había cometido en el pasado y que no sabía que eran pecado, o de pronto, por lo que hacía mucho tiempo los había cometido, creía que no tenían repercusión y consecuencias sobre usted. El Espíritu Santo, ese del que tal vez lo único que usted conoce y recuerda es lo que le decían los papás por tradición o en el colegio en la clase de religión, que era la tercera persona de la Santísima Trinidad y que estaba representado por una palomita. Al parecer, esa palomita la habían dejado por allá encerrada en una jaula, porque no había vuelto a saber nada de ella.

---

5   Para profundizar en esto les sugiero hacer la lectura de los siguiente textos: "Sanación Intergeneracional", del Reverendo Padre Robert de Grandis y "Sanando la herida más profunda" de los Hermanos Lin, así como el folleto "Sanación Intergeneracional" del doctor Rafael Arango.

Pero ¿**quién es el Espíritu Santo?** *"El Espíritu Santo es quien derrama en nuestros corazones el Amor de Dios"* (Rm 5, 5); *"Es una fuerza que nos ha sido dada para ser testigos del Amor de Dios"* (Hc 1, 8). **Es una persona, todo un caballero, el caballero del amor y el perdón perfecto, que como fruto nace de la unión de Dios Padre y Dios Hijo.**

Por tratarse de una fuerza espiritual que viene de lo alto, es que es usual ver en las Misas de sanación o en los grupos de oración que algunos que la reciben no logran mantenerse en pie y resultan en el piso, viviendo una experiencia de descanso espiritual que les comienza a cambiar la vida. Bien lo dijo el Papa Juan Pablo II: *"Cuando el Espíritu Santo interviene, nos trae novedades asombrosas"*.

Como su nombre bien lo indica, el Espíritu Santo es un espíritu, una fuerza del amor perfecto de Dios que está dentro de nosotros, que se despierta en nuestros corazones y se apodera de nuestra mente y nuestro cuerpo cuando la invocamos en la oración; el demonio ha querido imitar esta fuerza para la destrucción de los hombres, como bien lo podemos observar en tantos que han jugado con la tabla ouija.

Es duro decirlo, pero si muchos tuvieran el privilegio de conocer y experimentar la fuerza y el poder del Espíritu Santo, y los dones y carismas que Él da para obedecer la plenitud de las enseñanzas de Jesús, no tendrían que recurrir a brujos, adivinos, "médiums" y demás supersticiosos, mediante quienes el demonio trata de imitar la acción divina, como ocurre con el ministerio de la imposición de manos que se sustituye por técnicas de sanación Pránica, el Reiki, el curso de milagros o la ciencia de ser uno mismo.

Por algo, el Papa León XIII designó al Espíritu Santo como el gran desconocido, el mismo desconocido que predicó el Apóstol San Pablo en Atenas (Hc 17, 23) y que los bautizados de Éfeso ni siquiera sabían que existía (Hc 19, 1). Es Aquel que se manifestó como una ráfaga impetuosa de viento en la casa donde se encontraban los discípulos, llenos de miedo al igual que nosotros, esperando que se cumpliera la promesa de Pentecostés; esa Gracia que se posó y se repartió sobre los Apóstoles en forma de lenguas de fuego.

Me decía un amigo: *"¡Iván!, es que muchos piensan que ser católico es simplemente darse la bendición, creer en el Papa o en la Virgen, tener un Cristo o una imagen colgada y, para completar, a los mismos católicos les pasa lo mismo que a uno cuando en el pasado le preguntaban si iba a Misa por lo menos los domingos: '¡No!, yo voy a misa cuando me nace'"*.

Hoy en día me pongo a pensar: "Qué tal que uno esté trabajando en una empresa y le dé por no ir a trabajar ni el lunes ni el martes, y se aparece bien fresco el miércoles en el trabajo; en esas llega el gerente y le pregunta: '¡Oiga Gutiérrez!, ¿usted por qué no vino a trabajar ni el lunes ni el martes?' y que uno, bien sonriente, le responda: 'Doctor, es que no me nació'. Pues, les cuento que lo mandan a uno al diablo".

El Espíritu Santo es la verdad plena, es quien nos da a los hombres el discernimiento de conocer qué cosas nos traen buenas consecuencias en esta vida, o qué se nos roba la verdadera paz y felicidad que Dios nos quiere dar, como el mismo Jesús nos lo confirma en el capítulo 16 del Evangelio de San Juan: *"Os conviene que yo me vaya; porque si no me voy, no vendrá a vosotros el Paráclito; pero si me voy os lo enviaré; y cuando Él venga, convencerá al mundo en lo referente al pecado, en lo referente a la justicia y en lo referente al juicio"* (...) *"Mucho tengo todavía que deciros, pero ahora no podéis con ello. Cuando venga Él, el Espíritu de la verdad, os guiará hasta la verdad completa"*. Muchos católicos, como yo en el pasado, conocen o viven la vida y obra de Jesucristo tan sólo hasta la ascensión a los Cielos luego de su resurrección, desconociendo la venida del Espíritu Santo sobre el mundo; en especial, ignorando la obra sanadora, liberadora, de enseñanza y de la madurez espiritual que se inicia en el momento en que Él nos conduce a una experiencia personal del Amor de Dios que nos transforma la vida y nos alegra el corazón.

Así, el Espíritu Santo es la luz que está dentro de nosotros, como un líquido revelador que finalmente desenmascara y desnuda con profundidad todos esos secretos y guardados que tanto daño nos causan a nosotros y a nuestra familia. San Pablo nos lo confirma de la siguiente manera: *"Porque a nosotros nos lo reveló Dios por el Espíritu, pues el Espíritu escudriña todo, hasta lo más profundo de Dios. En efecto, ¿Quién sabe lo más íntimo de cada uno, sino su interior, su propio espíritu?* (1 Co 2, 10).

Nosotros no mantenemos viva la llama del Espíritu Santo; lo dejamos apagar cuando desobedecemos a Dios, le damos rienda suelta al pecado y nos olvidamos de su amor, haciendo caso omiso a la advertencia de San Pablo: *"No apaguéis el Espíritu"*.

El Espíritu Santo es quien también nos da la gracia, el poder y la valentía de reconocer nuestros pecados, arrepentirnos y confesarlos, luego de que nos han carcomido en lo personal y familiar durante largos años. Mejor dicho, esto es parte del conocimiento propio que Dios nos va regalando como fruto del tiempo que le dedicamos para conocerlo hasta lograr dar el paso de creerle, amarle, obedecerle y servirle.

Hay muchas cosas de nuestra niñez que no conocemos y que nos han hecho mucho daño

De igual manera, la luz del Espíritu Santo es la que nos va haciendo conocer los detalles que rodearon los momentos en que fuimos engendrados por nuestros padres, durante o en nuestros primeros años; Él es quien nos va revelando toda la historia de nuestra vida con todas sus alegrías, tristezas y posibles consecuencias. Ahora nos podemos preguntar: ¿Concretamente, cómo se manifiesta esta sabiduría del Espíritu Santo en uno, para poder conocer así toda la historia de nuestra vida?

Primero que todo, Él se vale de lo que nosotros mismos podamos ir recordando, luego de los diálogos amorosos, prudentes o de manera delicada que se puedan tener con nuestros padres o allegados, en oración o el grupo donde haya sacerdotes o laicos que dentro de la sana doctrina de la Iglesia pongan al servicio de la comunidad los dones y carismas del Espíritu Santo, que están mencionados en la Biblia: *"A cada cual se le otorga la manifestación del Espíritu para provecho común. Porque a uno se le da por el Espíritu palabra de sabiduría; a otro, palabra de ciencia según el mismo Espíritu; a otro, fe, en el mismo Espíritu; a otro, carismas de curaciones, en el único Espíritu; a otro, poder de milagros; a otro, profecía; a otro, discernimiento de espíritus; a otro, diversidad de lenguas; a otro, don de interpretarlas. Pero todas estas cosas las obra un mismo y único Espíritu, distribuyéndolas a cada uno en particular según su voluntad"* (1 Co 12, 7-11) También, como ya lo expliqué, el Espíritu Santo puede orientarnos con la lectura de libros, charlas, seminarios o congresos de sanación y liberación, tanto del cuerpo como del alma, que realizan los diferentes grupos de oración.

Cómo sanamos verdaderamente los sufrimientos del pasado. Loro viejo sí aprende a hablar

El mismo Jesús se lo dice a un magistrado judío llamado Nicodemo en el Evangelio de San Juan 3, 3: *"En verdad, en verdad te digo: el que no nazca de nuevo no puede ver el Reino de Dios"*. Nicodemo le dice: *"¿Cómo puede uno nacer siendo ya viejo?, ¿puede acaso entrar otra vez en el seno de su madre y nacer?"*. Jesús respondió: *"En verdad, en verdad te digo: el que no nazca de agua y de espíritu no puede entrar en el Reino de Dios"*. Más adelante, Jesucristo les explica a sus discípulos que el Reino de Dios, es decir, el amor y la paz que queda en nuestros corazones por el conocimiento y la obediencia a Dios, está dentro de nosotros. Mucho más ocurrió dentro de la Virgen María, quien no sólo se sometió a la voluntad del Altísimo sino que, además, concibió en su vientre a nuestro Salvador. Es por eso que nos conviene meternos dentro del vientre virginal de la Santísima Virgen para así nacer de nuevo y a su vez como dice en la Biblia, poder ser en verdad imagen y semejanza de Jesús. Un modelo de oración de nacimiento desde el vientre de la Virgen María es el siguiente:

María: como a un embrión que se gesta en el vientre de su madre, vengo a colocarme en tu vientre bendito en un acto de amor y de obediencia a la voluntad del Padre. Bendice el momento en que fui engendrado por mi padre y mi madre, purifica ese espermatozoide y ese óvulo que dieron origen a mi vida, el momento en que mis padres y familiares se enteraron de mi llegada al mundo; de igual manera, sana y purifica el primer mes en el vientre de mi madre, el segundo y así cada uno de los meses con todos los problemas o conflictos que se hubieran podido presentar en alguno de mis padres o entre ellos y que, de igual manera, me hayan podido afectar a mí (miedos, secuelas de intento de aborto, por algún accidente, desprecios, o contaminaciones por prácticas de ocultismo o adivinación, entre otros.) Finalmente, mamita María, sana y purifica el momento de mi nacimiento. Amén[6].

Como bien lo hemos ido conociendo por el relato de esta experiencia de vida que Dios me ha regalado, para comenzar a sentir este amor y esta paz de Él en nuestros corazones es primordial realizar una muy buena Confesión de vida, un arrepentimiento por medio de un Sacerdote. Luego, debemos aprovechar todo acto que hagamos en nombre de Dios, ya sea cuando recibamos algún Sacramento, la práctica de los Mandamientos, la asistencia a la Misa, una visita al Santísimo, una oración, una obra de caridad, un ayuno o cualquier otro sacrificio, para ofrecerlo por la necesidad de sanarnos o liberarnos que tenemos. Así es que cuando uno ora no lo hace tan solo por costumbre, por orar, por cumplir, o como tantos opinamos en algún momento de nuestra vida, por fanatismo, mojigatería o por lamer ladrillos. ¡No! Se ora, entre muchísimas otras intenciones, para restaurar todos los daños producto de las equivocaciones del pasado y el presente, además de reparar por todos los pecados.

Volviendo al tema sobre el Espíritu Santo, debemos entender que es un ser personal con un obrar y un carácter propios que nos permite dirigirnos a las otras dos personas de la Santísima Trinidad, Dios Padre y Dios Hijo, con confianza y seguridad plenas de que nos estamos dirigiendo a un Dios que nos escucha y nos habla. El Espíritu Santo es en definitiva el que convierte nuestra oración, muchas veces mecánica, fría, tradicional, en un verdadero diálogo con un Dios cercano, con quien tenemos el encuentro vivo entre Papá e hijo, entre dos amigos de verdad.

Otra ayuda eficacísima en nuestro proceso de sanación tiene que ver con recurrir a laicos comprometidos con la oración de intercesión, para que intercedan por nosotros con oración de liberación, tal como lo autoriza la Congregación para la Doctrina de la Fe. De igual manera, varios textos bíblicos nos hablan de la importancia y eficacia de orar unos por otros:

"Oren los unos por los otros, para ser curados. La oración perseverante del justo es poderosa. Elías era un hombre como nosotros y, sin embargo, cuando oró con insistencia para que no lloviera, no llovió sobre la tierra durante tres años y seis meses. Después volvió a orar; entonces el cielo dio la lluvia, y la tierra produjo frutos". (St 5, 16 - 18)*; "Porque sé que esto servirá para mi salvación, gracias a las oraciones de ustedes y a la ayuda que me da el Espíritu de Jesucristo" (*Flp 1,19).

Sólo podremos ayudarnos mutuamente si conocemos nuestras cargas. Dios Padre permite que en nuestra vida eclesial y comunitaria se vayan rotando las responsabilidades y las pruebas; un día nos toca ser los débiles que necesitan ayuda, y otro día nos sentimos

---

6   Oraciones más completas y profundas con relación a estos regalos de sanación pueden encontrarse en los libros *Introducción a la Sanación Interior*, del Padre Robert de Grandis, *Bendice a tus hijos diariamente*, de Mary R. Swope y *Sanación desde el vientre materno*, de Beatriz Hincapié.

con fortaleza suficiente para ayudar a los hermanos que se han debilitado. Como dijera San Pablo: *"Ayudaos mutuamente a llevar vuestras cargas y cumplid así la ley de Cristo"*.

Por todo lo anterior, debemos aprovechar la ayuda de sacerdotes y laicos que obedezcan la sana doctrina de nuestra Iglesia católica para que oren por nosotros, especialmente mediante el ministerio de la imposición de las manos, como lo manda Jesús a todos los creyentes: *"Estos son los signos que acompañarán a los que crean en mi Buena Nueva: en mi nombre expulsarán demonios, hablarán en lenguas nuevas, agarrarán serpientes en sus manos y aunque beban veneno no les hará daño; impondrán las manos sobre los enfermos y se pondrán bien"* (Mc 16, 17) También como lo recomienda San Pablo: *"Por esto te recomiendo que reavives el carisma de Dios que está en ti por la imposición de mis manos. Porque no nos dio Dios un espíritu de timidez, sino de fortaleza, de caridad y de templanza"* (2 Tm 1, 6-7).

Son varias las citas bíblicas que aluden a la gracia sanadora y liberadora que Dios da a los hombres cuando se nos imponen las manos:

"Aconteció entre tanto que Apolos estaba en Corinto, Pablo, después de recorrer las Regiones superiores, vino a Éfeso, y hallando a ciertos discípulos, les dijo: ¿Recibisteis el Espíritu Santo cuando creísteis? Y ellos le dijeron: Ni siquiera hemos oído si hay Espíritu Santo. Entonces dijo: ¿En qué, pues, fuisteis bautizados? Ellos dijeron: En el bautismo de Juan. Dijo Pablo: Juan bautizó con bautismo de arrepentimiento, diciendo al pueblo que creyesen en aquel que vendría después de él, esto es, en Jesús el Cristo. Cuando oyeron esto, fueron bautizados en el nombre del Señor Jesús. Y habiéndoles impuesto Pablo las manos, vino sobre ellos el Espíritu Santo; y hablaban en lenguas, y profetizaban. Eran por todos unos doce hombres" (Hc 19, 1-7).

A diferencia de Pablo, quien era Apóstol (Obispo y Presbítero), Ananías era reconocido como un buen cristiano, al igual que Felipe el evangelista (no el Apóstol), que se asimilan a lo que hoy en día reconocemos como unos buenos laicos dentro de una sana doctrina:

"Ananías fue a la casa, le impuso las manos y le dijo: 'Saulo, hermano mío, el Señor Jesús –el mismo que se te apareció en el camino– me envió a ti para que recobres la vista y quedes lleno del Espíritu Santo'. En ese momento, cayeron de sus ojos una especie de escamas y recobró la vista. Se levantó y fue bautizado. Después comió algo y recobró sus fuerzas" (Hc 9, 17-19).

En el caso de Felipe, aunque su responsabilidad asignada se limitaba al servicio de las mesas, sin ser Apóstol llegó a convertirse en un gran predicador y hasta imponía las manos para que Dios obrara milagros, a la hora de seleccionar o encomendar a alguien a llevar la palabra o cumplir alguna misión en Dios (Hc 13, 3; 1 Tm 5, 22).

¿Por qué al imponer nuestras manos en nombre de Dios sobre la cabeza, en el corazón u otra parte del cuerpo de una persona entra tanto poder y gracia sanadora y liberadora del Espíritu Santo?

Primero que todo, porque cada uno de nosotros somos templo del Espíritu Santo; además, cuando usamos nuestras manos generalmente lo hacemos para causarles daño a los demás, a través de heridas, gesticulaciones, golpes, robos, asesinatos o actos de impureza sexual. Cuando perseverantes en la obediencia a Dios imponemos las manos en oración para bendecir a los demás, toda esta fuerza carnal y pasional que utilizábamos para el mal se transforma en gracia y unción por la acción del Espíritu Santo que se transmite a los demás no sólo para sanar el cuerpo, sino también el alma. Por eso, la Biblia nos dice que Jesús sanaba desde sus entrañas. A su vez, al imponer nuestras manos en nombre de Dios Padre, el Señor Jesús y María Reina y Madre, uno está tocando y transmitiendo al otro el amor, las caricias, los abrazos, las palabras de afecto, en fin, llenando todos los vacíos afectivos que, tal vez, sus padres, hermanos o demás allegados han dejado en su corazón, y que de forma equivocada buscaban en personas o cosas.

Dentro de la sana doctrina de nuestra Iglesia católica ya no debemos tener temor al imponer nuestras manos en nombre de Dios, y mucho menos los papás de abrazar y bendecir a los hijos, pues con ello éstos reciben de sus manos una bendición que opera como un exorcismo, al igual que el poder de sanación que reciben de las manos de su mamá. También son muchísimas las bendiciones que reciben los familiares y los esposos al orar y bendecir el uno al otro.

El significado que tiene este tipo de contacto físico a través de la bendición de las manos y los abrazos entre los miembros de la familia y de una comunidad es similar al sentido que tiene el tomarse de la mano para una pareja de novios enamorados bajo el agrado de Dios.

La fuerza, el poder y el amor que hay en el calor de las manos, como gracia del Espíritu Santo, es similar al momento en que una mujer encinta acaricia su vientre al lado opuesto al que se encuentra la criatura y siente cómo se mueve en busca de ellas de manera inmediata. Conozco muchísimos casos en que personas contaminadas u oprimidas por las fuerzas del mal se mantienen con sus manos muy frías.

En una ocasión me llevaron a una casa para que hablara y orara con un joven que estaba metido en prácticas y ritos satánicos. De pronto, éste apareció en la sala con su pelo chuzudo, traje y botas negras, cubierto de cadenas y anillos plateados, guantes negros a medio dedo, y al verme me dijo: "¿Qué quiere?".

Con mucha prudencia le respondí: "Tranquilo, manténgase tranquilo, hombre, que vengo solamente a hablar".

–Yo no tengo nada de qué hablar con usted.

Empecé a acercarme a él con mucho amor, y me decía: ¡No! ¡No! ¡No! ¡Quieto! ¡Quieto!

Comencé a orar con mucha fe al lado de su madre, mientras él seguía insultándome. Al cabo de un buen rato, cuando ya se había calmado un poco, debido a la gracia de la oración, levanté la mano y la puse sobre su corazón.

¡Quite esa mano de ahí, quítese de aquí! –me dijo.

Luego, con mucha fe y amor, lo abracé con todo mi corazón y le dije al oído que Dios lo amaba entrañablemente, tal y como era. Además, le pedí perdón en nombre de todas las personas que le habían hecho daño en su vida. De inmediato se desmayó. De manera inocente, su mamá, que estaba al lado, expresó:

–¡Ay!, ¿qué le pasó a Joaco, si había desayunado muy bien?

Después de haber orado alrededor de media hora por él, se levantó llorando como un niño y le pregunté:

–Joaco, ¿qué le pasó?, ¿qué sintió?, ¿por qué se desmayó?

Él, entre dormido, me respondió:

–Es que en la vida a mí nunca nadie me había abrazado y, mucho menos, alguien me había dicho que me amaba.

Luego la mamá me contó que su hijo nunca había conocido al papá, porque él desapareció desde que se enteró del embarazo. Por lo tanto, ella debía trabajar todo el día para lograr sacar a su hijo adelante, con la triste consecuencia de tener que dejarlo solo en casa.

Un paso supremamente clave, quizás el más importante para mí dentro de un proceso de sanación interior, consiste en pedirle perdón de corazón a quien le estamos orando a nombre de todos aquellos que le han hecho daño en su vida: papás, esposos, novios, familiares, allegados o demás.

En las librerías católicas, la misma Internet y en diferentes grupos de oración, encontraremos muchísimo material escrito y audiovisual que nos permitirá profundizar sobre estos temas para avanzar mejor en este proceso. Antes de cualquier oración, Eucaristía o lectura de la Santa Biblia, les recomiendo que pidan la fuerza, el poder, la sabiduría y la presencia del Espíritu Santo, para que vivamos la experiencia que San Pablo describe en su Carta a los Romanos: *"El Espíritu viene en ayuda de nuestra flaqueza. Pues nosotros no sabemos pedir como conviene; mas el Espíritu mismo intercede por nosotros con gemidos inefables y el que escruta los corazones conoce cuál es la aspiración del Espíritu, y que su intercesión a favor de los santos es según Dios"* (Rm 8, 26-27).

Estoy seguro de que esta cita bíblica da respuesta a muchos que se preguntan por qué llevan tantos años orando y orando y no logran ver los frutos pedidos o esperados.

Invocación al Espíritu Santo
(Repetir tres veces, despacio).
Ven, Espíritu Santo de Dios,
Tú eres todo un caballero,
El caballero del Amor y el perdón perfecto
de Dios Padre y de Dios Hijo.
Ven por medio
de la poderosísima intercesión
del inmaculado corazón de tu amadísima Esposa
la Santísima Virgen María.

Ven y penetra hasta
lo más profundo de mi alma,
mi mente y mi espíritu.
Espíritu Santo, te abro mi corazón,
regálame tu sabiduría,
te entrego toda mi voluntad,
toma autoridad sobre mí".

De la misma manera, como me sucedió a mí, muchos se estarán preguntando: "¿Por qué en el pasado nadie nos había hablado o enseñado todo este misterio del Espíritu Santo?"

La respuesta nos la da el Apóstol San Pablo en su Carta a los Efesios: *"Fue una revelación la que me dio a conocer este misterio, tal como acabo de exponérselo en pocas palabras. Al leerlas, se darán cuenta de la comprensión que tengo del misterio de Cristo, que no fue manifestado a las generaciones pasadas, pero que ahora ha sido revelado por medio del Espíritu a sus santos Apóstoles y profetas"* (Ef 3, 3 - 5).

Cabe anotar que les comparto acerca de la gracia y el poder sanador y liberador del Espíritu Santo a través de la imposición de las manos, antes de referirme a la plenitud restauradora que se esconde en la Eucaristía, porque pese a la revelación que tiempos atrás me regaló el Señor por medio de la visión sobre este Sacramento, aún entendía muy poco, o tal vez nada, de este misterio.

Antes de contarles acerca de cuándo me enteré de quién había sido la niña que me hizo la brujería y de la forma como me tocó ir a encontrarme con ella, les compartiré algunas de las raíces que afectaron mi vida desde la niñez y, de igual manera, pueden estar destruyendo la suya.

Comencé a conocer las raíces de la historia de mi vida. Cómo entró la cadena de alcoholismo en mi familia

Con todas estas enseñanzas también aprendí que la sabiduría, el poder y la gracia del Espíritu Santo nos hacen caer en la cuenta de lo fatal que pueden resultar todos esos vicios, mañas y pecados con los cuales convivimos por costumbre y tradición en nuestras familias, como es el caso de la vida de alcohol en la cual tantas veces me refugié. Al final, empezamos a luchar contra **la fuerza de la costumbre y nos damos cuenta de que ello es lo que nos impide encontrar la verdadera tranquilidad, paz y felicidad en nuestras vidas.**

Antes que todo quiero citar la respuesta de Jesús a sus discípulos cuando le preguntaron cuál de sus antepasados había pecado para que el ciego mereciera esa ceguera: *"Ni él pecó ni sus padres; es para que se manifiesten en él las obras (signos) de Dios"* (Jn 9, 1-3).

Así que Dios tal vez tiene un plan de vida más grande con nosotros en nuestro problema o sufrimiento. Muchas personas sorpresivamente resultan en una quiebra económica o alejados de quienes más aman o en una cárcel o en un hospital y, por más que buscan explicaciones, no entienden, se desesperan y reniegan; pero con el paso de los años llegan a decir "¡Ve!, Dios permitió ese problema para que mi familia volviera a encontrarse, reunirse y compartir, después de tantos años sin hacerlo, o para que ayudara a todos los que lo necesitaban en esa cárcel o en ese hospital".

El consumo de alcohol en extremo, utilizándolo siempre como epicentro tradicional y cotidiano de cualquier encuentro social, laboral o familiar al final puede acabar en raíz de descomposición. Hoy en día el demonio, mediante el consumismo, convierte todo vicio en moda, y cambia el nombre a todo aquello que lleva a los hombres a su misma desgracia; con razón, cuando alguien me criticaba o me cuestionaba al verme tomando trago tan de seguido, yo le respondía: "Respete que yo no soy alcohólico, yo soy bohemio". Hoy en día, ingenuamente, ponemos nombre a todas nuestras desgracias para poder justificarlas, como tantas veces lo escuchamos por boca de nuestras mamás, quienes nunca nos critican lo malo o son demasiado alcahuetas: *"¡Respete, mi nene no es ningún drogadicto, él consume alucinógenos!"*.

Este vicio del alcohol era heredado de mi padre, quien murió de apenas cuarenta y dos años, como consecuencia de una cirrosis. Pero las únicas víctimas de esta cadena de alcohol no fuimos mi padre y yo; algunos familiares también, entre ellos mi hermano José Alberto, quien es el mayor de los cuatro hombres.

Me puse en la tarea de averiguar dónde estaba la raíz de alcoholismo que condujo a consecuencias fatales a mi padre. Me enteré, por Andrés, mi primo salamineño niguatero, que mi abuelito Telésforo, quien era muy lindo, tierno y cariñoso y que en paz descanse, tenía en su finca un famoso alambique en el que se destilaba aguardiente casero de frutas y que todos los hijos lo consumían con la mayor naturalidad, generándose así la raíz genética de la adicción.

Nunca olvido que cuando era niño, durante las vacaciones en la finca de mi padre, en pleno amanecer y antes del cotidiano ordeño de las vaquitas, nos llamaban desde la cocina para darnos los famosos tragos para el frío, que era tinto con aguardiente. Ese era uno de los programitas.

De sobremesa, a veces a escondidas de mis papás y en compinchería con mis hermanos y los administradores, le echábamos brandy a la leche calientita, que salía directamente de la teta de la vaca al pocillo. Para rematar, en muchas ocasiones, cuando le pedíamos a la empleada de servicio de mi casa tinto para tomar, mi papá le decía: "No me les dé tinto a los niños que eso me les daña la memoria y me los vuelve brutos". Eso sí, cuando llegaba la vieja a ponerle la queja de que sus niños habían amanecido con dolor de estómago por un ataque de lombrices, de inmediato mi papá respondía: "Écheles un aguardiente con ajos en el tetero que eso es muy bueno para las amebas"; eso sin contar los helados de leche con aguardiente tan ricos que ingenuamente también nos hacía y nos daba mi mamá con el cuncho de aguardiente que sobraba de las fiestas.

Así como en mi familia heredamos esa atadura del licor, muchas veces en otras se heredó la tendencia a la droga, el homosexualismo, el divorcio, el machismo, el robo, la violencia o la adicción a los juegos de azar, entre otros. Eso me lo contaba un alto exoficial del ejército, a quien su papá le dio como regalo de primera comunión una pistola de verdad, manifestándole que esto lo hacía con el fin de que se volviera un berraco en la vida.

También la Confesión me ayudó a empezar a romper las cadenas de vicios

Como resultado de toda esta reflexión tuve una nueva Confesión con el Padre Isaac. Le conté acerca de todo este vicio heredado de mi familia, y siguiendo un consejo de la gente del grupo le pedí que también me hiciera una oración especial para comenzar a romper esas ataduras intergeneracionales, como ya lo expliqué, las tendencias indeseables, es decir, los comportamientos, hábitos, mañas, vicios, pecados y enfermedades que se repiten y se repiten en nuestras familias.

Después de esta nueva Confesión y oración, por recomendación de Aurita y de algunos compañeros del grupo, para lograr la sanación y reparación de mi pasado y el de mi familia, donde se encontraban las raíces de una gran cantidad de mis sufrimientos, comencé a ofrecer Eucaristías diarias, rosarios, visitas al Santísimo y ayunos, porque, según me explicaron, la Biblia dice que en nosotros hay espíritus que sólo se expulsan con oración y ayuno. También inicié en fe, no por agüero, el uso de agua, aceite y sal exorcizados, en medio de las comidas; les recuerdo, estos medios de bendición son conocidos en nuestra Iglesia católica como sacramentales; al ser utilizados para ungirnos o para consumirlos, van debilitando y alejando del corazón de la persona los espíritus de suicidio, resentimiento, agresividad o rebeldía.

Recordemos que el Apóstol Santiago, en las exhortaciones finales de su epístola, recomendó que cuando hubiera algún enfermo entre los miembros de la comunidad se llamara a los presbíteros para que oraran sobre él y le ungieran con óleo en el nombre del Señor. Mientras esta poderosa tradición se ha perdido en la Iglesia católica, el uso de sacramentales es imitado por los brujos, pero conjurados en el nombre de Satanás no precisamente para bendecir, sino para salar o arruinar a alguien.

Una de las trampas para destruir a las familias: el alcoholismo

El regalo que trajo consigo toda esta búsqueda de oración y conocimiento de Dios fue la paz que empecé a sentir en mi corazón; ella fue el fruto de superar los vacíos, las

ansiedades, las depresiones, la soledad y la desesperación que muchas veces trataba de olvidar con el consumo de licor; también noté que el tic en la nuca que me acompañaba desde la niñez empezó a disminuir. El licor me anestesiaba en el momento, pero, una vez pasado su efecto, se acentuaba todo aquello que buscaba superar con él.

Aún recuerdo esas épocas de beber en las que un día tomaba porque estaba feliz, otros porque me sentía solo, ansioso, estresado, despechado, con nervios y el otro porque me encontraba en una depresión tan tenaz que era capaz de llorar hasta despidiendo un avión de carga.

Muchas veces utilizamos el trago dizque para ahogar las penas; pero muchas de estas berracas saben nadar, y nunca logramos ahogarlas.

Algo muy curioso que me pasaba es que los domingos era el día que más me fascinaba beber, debido al silencio, la soledad y la monotonía con que usualmente se vive, con distintas excusas; entre ellas, "porque es el día en que se inicia una nueva semana de responsabilidades y de trabajo". Yo quería huirle a esta realidad refugiándome en el trago. Según la Secretaria de Salud de Bogotá, los domingos después del mediodía es cuando más se deprime y se suicida la gente. Hoy en día lo entiendo. Si uno no tiene verdaderamente a Dios en su vida y en su corazón, uno se desespera y se angustia.

La toma de trago cuando se convierte en vicio es como un *doping* permanente. Numerosos papás y esposos con dolores sin sanar son tímidos, fríos, avaros, antipáticos y hasta agresivos en sano juicio; cuando están tomados, abrazan, miman, consienten y hasta sueltan dinero más fácilmente; hasta provoca decirles: "Oiga, usted sí debería de mantenerse así borracho, porque es la única forma de verlo cariñoso, alegre, chévere…"

Y, ¡claro!, la publicidad, ni corta ni perezosa, aprovecha nuestra guachafita y desorden para ofrecer y vender el trago como el mejor epicentro de alegría de cualquier tipo de encuentro; uno nunca va a ver en una etiqueta de aguardiente, ron o whisky la foto de un borracho pegado a un poste y vomitando.

Hoy en día siento que Dios con su amor fue llenando todos estos vacíos. A veces me tomo unos traguitos para alegrar el espíritu, compartir en familia, con los amigos, a la luz de una buena charla o botada de corriente en medio de una rumbeadita, que manejada con mesura y sin excesos, no tiene nada de malo. Dice la Biblia que el vino alegra el espíritu, que todo concurre para bien de los que Dios ama. De manera equivocada creemos a veces que la vida en Dios es una cosa lenta, mojigata y sin dinamismo.

Un ejemplo de esta alegría que da la obediencia a Dios son las celebraciones de los matrimonios que se hacían en la época de Jesús; las fiestas llegaban a durar de dos a cuatro semanas; se aprovechaba el encuentro de la familia para compartir la buena comida, el buen vino y el baile con alegría y libertad, por la moderación y el equilibrio que Dios nos regala, a diferencia las fiestas de hoy en día, en que muchas veces nos despelotamos o ni disfrutamos porque los mismos abusos, ocupaciones, apegos o preocupaciones no nos dejan; las dificultades aparecen cuando utilizamos todo sin obedecerle a Dios. Él es el único que puede darnos equilibrio y moderación para hacerlo.

Por el trago terminamos enlagunados y perdemos la conciencia hasta el extremo de llegar a cometer actos de los que terminamos arrepintiéndonos por el resto de nuestras vidas. Es el típico caso de muchas familias que terminan sacándose los trapos al sol y mechoneándose, luego de desahogar agresivamente los recuerdos, las heridas, los odios y resentimientos que por largo tiempo guardaron en sus corazones; pero, eso sí, al otro día resultan avergonzados, arrepentidos y llenos de nuevos resentimientos, comienzan a lamentarse de la embarrada que cometieron y, lo peor, a distanciarse, lo cual divide más a la familia.

Debemos amar y tener en cuenta a Dios con oración, en todas las cosas y decisiones que tomemos a diario en nuestra vida, así sean aparentemente pequeñas, para que, de igual manera, Él nos pueda conceder sabiduría y fortaleza y no terminemos despelotándonos y metiendo las patas de nuevo; como le dijo el Señor en una aparición a Santa Margarita de Alacoque, ya que a ella le fascinaba el baile y la rumba de su época: *"Margarita, es que no es malo que bailes o te tomes un vinito, el problema es que tú no me invitas"*.

Recuerdo las historias que me han contado los compañeros del grupo de oración que en el pasado tuvieron discotecas; un buen número de ellos, por el afán y la ambición de vender bastante trago en sus negocios, realizaban allí, rituales de brujería antes de que los clientes entraran o colocaban altares bajo la pista para rezar oscuramente a quienes estaban bailando. Este tipo de testimonios también aparecen en el libro *El rastro del diablo*.

Las consecuencias fatales del trago son la constante de quienes asisten a las conferencias y charlas que dicto en diversos lugares, entre las que se destacan los matrimonios con deseos de separación, los divorciados y los presos en las cárceles. La mayoría de ellos manifiesta que la raíz de su conflicto se generó en medio de una calentura, ira o acelere, como resultado de una borrachera o enlagunada con licor.

Una mujer a la cual su esposo maltrataba cada vez que llegaba borracho a la casa pidió ayuda a la policía, pero en la estación le dijeron que para poder acusarlo necesitaban pruebas de la agresión; al tomarle la declaración a él en sano juicio, negaba rotundamente las acusaciones y comentaba que no se acordaba de nada. El maltrato se repitió por varias semanas, sin que ese hombre reconociera su responsabilidad.

Un policía propuso a esta mujer instalar cámaras de video en la casa, en los lugares donde él más le pegaba, a lo que ella asintió. En la nueva ocasión en que fue víctima de su esposo, dio aviso inmediato a los agentes, quienes se desplazaron rápidamente hasta su casa, donde, además del esposo ya dormido por la rasca, encontraron en la grabación de la cámara de video instalada la evidencia de la agresión que le causó a la esposa.

El agente despertó al esposo y en medio de la borrachera se lo llevó a la cárcel. Al amanecer, el hombre al abrir los ojos en el calabozo recorrió con su mirada todos los rincones del lugar. Aterrado, se levantó y preguntó: "¿Dónde estoy, qué estoy haciendo aquí?"; luego empezó a llamar gritando: "Por favor, alguien que me explique dónde estoy, por qué estoy aquí".

En ese momento apareció un policía que abrió la puerta de su celda; el hombre, desesperado, le preguntó:

–Señor agente, ¿por qué estoy aquí, qué pasó?

–Acompáñeme allí, por favor –fue todo lo que el agente le dijo.

Con la incertidumbre y el nerviosismo del guayabo, el hombre siguió al agente hasta una sala donde se encontraba un televisor apagado y en la cual el agente lo mandó sentar, prendió el televisor y colocó su vergonzoso video. El rostro del hombre se transformó en el de un ser desconcertado, lleno de pánico, ensimismado, incrédulo, en absoluto silencio, antes de exclamar:

–¡Ese no puedo ser yo, no, ese no soy yo! Señor agente, yo no me acuerdo de nada.

El agente, luego de quedarse en silencio, le respondió:

–Esas son las consecuencias de las enlagunadas que producen las borracheras; en segundos podemos perder lo que más amábamos; afortunadamente las lesiones no fueron fatales.

El hombre, agachado, con las manos en la cabeza, decepcionado de sí mismo, triste y humillado escuchó que el agente le dijo:

–De todas maneras, usted es muy afortunado porque alguien lo quiere ver. Siga, señora.

En eso aparece la esposa. Él de nuevo agacha la cabeza con la mirada perdida en el piso, sin ser capaz de enfrentar su rostro. Pasados unos segundos, pese a las lágrimas que bañaban su cara, se llenó de valor, se puso de pie y suavemente dijo a su esposa:

–Mi amor, perdóname, perdóname, por favor. Te juro que yo no sabía nada, yo no sabía que esto estaba pasando.

Superando la vergüenza, se le acercó a su esposa y la abrazó, diciéndole:

–Lo único que te pido es que me ayudes a sanar esta enfermedad que yo no sabía que a ambos nos estaba matando.

El alcoholismo es un problema que va más allá del simple hecho de embriagarse o ponerse agresivo: es una adicción que sirve de puerta de entrada a otros vicios. Las toxinas que produce intensifican en nosotros la ansiedad que tratamos de calmar mediante el consumo excesivo de cigarrillo y de droga, los juegos de azar o la promiscuidad; en fin, todo aquello que contribuye al desorden y la descomposición del ser humano, como si un minuto de pasión fuera suficiente para contrarrestar un resto de vida de lamentación. Mejor dicho, uno después de prendido, borracho o enlagunado, como cabra sin collar, por donde se asoma se tira.

El trago desinhibe a quien lo consume, desenmascara nuestra verdadera personalidad, nos enfrenta con situaciones y sorpresas que no somos capaces ni de imaginar en sano juicio. Dice la canción: *"Cuando Luchito toma trago, ¡ojo!, porque se le moja la canoa"*. He conocido casos de personas que son muy correctas cuando están en sano juicio pero a quienes, cuando están prenditas y en casa ajena, les da por echarse las cosas al bolsillo, meterse a los cuartos buscando tocar a las mujeres de la casa, cometer imprudencias, ser groseros y agresivos o que, en el peor de los casos, han llegado hasta matar.

De acuerdo con el contenido del profundo y misterioso libro *Los protocolos de los sabios de Sión,* el alcoholismo y el consumismo que vienen invadiendo al mundo en estas últimas décadas son las dos armas que el demonio más utiliza para poder entrar en la familia, dividirla y destruirla. En el libro también aparece explicado cómo el objetivo primordial del demonio es buscar destruir a la Iglesia católica, para lo cual empieza por ocupar en exceso a papá y mamá, que son los pilares de la familia o pequeña Iglesia doméstica, para que no les dediquen tiempo a los hijos y menos a Dios, con el fin de destruir la unidad y la armonía familiar y, con ellas, deteriorar la vida de la Iglesia.

La primera Misa donde se parte el pan es celebrada en la mesa de nuestras casas; de la mesa a la Misa, tal como lo realizó Jesús con sus Apóstoles. La primera Misa que se hizo en la historia de la humanidad, la última cena, la ofició el mismo Jesús, no en un templo sino en una casa, alrededor de la mesa con sus doce Apóstoles. En cambio, hoy en día, en la mayoría de los hogares de Colombia y del mundo, no se destina tiempo para comer ni dialogar y, ni siquiera, para orar en familia; tan sólo existe disposición para trabajar y trabajar, y ocuparnos excesivamente en entretenciones con todo tipo de aparatos y modas. Recordemos que en la Biblia no dice trabajar, trabajar y trabajar sino que nos enseña a sacar un tiempo para todo, para trabajar, orar y descansar.

Al buscar y buscar a Dios con el firme interés de sanar y reconstruir mi vida, sin darme cuenta, en los grupos de oración a través de enseñanzas bíblicas, testimonios sobre experiencias de vida, seminarios de crecimiento espiritual, sanación y liberación, muchísima oración y de lecturas de libros, entre otros recursos, el Espíritu Santo, con su luz y sabiduría, me fue enseñando el efecto que tienen en nuestra vida la forma como fuimos concebidos o el trato que recibimos desde que estábamos en el vientre de nuestra madre y en nuestra niñez. En estas etapas es donde se encuentran la mayoría de las raíces, que son sufrimientos en los hombres. Como ya lo cité, es tan sencillo como lo primero que uno construye para lograr que un edificio sea fuerte y resistente: las bases; pues aunque a este le construyan *suites, penthouse, spa,* en fin, por más que tenga privilegios si las bases no están firmes al final se derrumba. Me detendré un momento para compartir con ustedes con más profundidad este tema, el cual, estoy completamente seguro, enriquecerá su vida al igual que ha enriquecido la mía. Es por esta razón que debemos también aprovechar y buscar a Dios.

Para poder entender y vivir un verdadero proceso, y de igual manera sacarle el mejor provecho, es recomendable leer el libro hasta el final.

CAPÍTULO dos

¿Sabía usted que nuestra felicidad, o la de los demás, se pudo haber truncado desde la niñez e incluso desde nuestra concepción?

Para que una criatura sea fruto del amor, la relación íntima de los progenitores debe involucrarlos emocionalmente. No sabemos si en nuestro caso particular nuestra existencia fue fruto del amor o si, por el contrario, somos el resultado de la mera pasión desenfrenada desatada luego de una noche de borrachera o de consumo de sustancias alucinógenas, de una violación, de una relación sexual sin consentimiento.

Toda esta clase de actitudes y comportamientos equívocos de nuestros progenitores nos han dejado heridas en el corazón que, al no ser sanadas, pueden influir de manera permanente sobre el resto de nuestras vidas. Los rechazos de parte de mamá o de papá, cuando nos consideran un resultado accidental de una noche de placer o como efecto de las presiones ejercidas sobre ellos por nuestros abuelos o sus amigos, son los causantes de su desilusión frente a nuestra existencia y el consecuente desprecio hacia nosotros.

Pensamientos o expresiones de algunos padres o allegados como "¡Pero cómo es de bruta y se deja embarazar!" o "ese hijo no es mío", nos pueden marcar y etiquetar de por vida como una equivocación.

Muchas veces la criatura también siente rechazo como consecuencia de la confusión, la tristeza o el traumatismo que experimenta la mujer cuando queda encinta, porque sabe que no está preparada para asumir su nuevo estado o por el conflicto familiar que se le viene.

La frase que tantos (especialmente familiares) sueltan de manera imprudente y hasta agresiva, "Eso ella se dejó embarazar para poderlo agarrar", deja muchas veces en la criatura no sólo efectos psicológicos sino también físicos que influyen en el desarrollo positivo o negativo.

En relación con este tema he conocido muchísimos casos. Éste en particular es el de una psicóloga que llevaba muchísimos años realizando especializaciones e investigaciones, buscando entender y solucionar su crisis existencial. Me contaba que en la empresa donde laboraba tenía demasiados altercados con sus compañeros, que su ambiente de trabajo se había convertido en un infierno y, por lo tanto, sufría y lloraba mucho. Algunos la trataban de lambona, otros de intensa y otros de metida, porque imprudentemente opinaba en el trabajo que correspondía a los demás compañeros. Entre lágrimas y risas nerviosas por la exageración, me contaba que eran tales su activismo y ansiedad que al llegar a la casa cogía la escoba, levantaba las baldosas, barría por debajo y volvía a clavarlas en el piso.

Luego de varias conversaciones encontramos que la raíz de su ansiedad, su comportamiento desequilibrado y las ganas de llamar inconscientemente la atención se debían a su muy baja autoestima como resultado de que su madre en el momento en que se enteró de su embarazo, lloró de rabia porque no quería tener esa hija por varias razones, entre las que se cuentan las ofensas del novio y de su padre, los calificativos de bruta por dejarse embarazar soltera, el miedo al qué dirán y la difícil situación económica por la que estaban pasando.

De manera que, si cuando estábamos en el vientre de nuestra madre nos trataron como un gran error, normalmente sucede que decae y hasta se anula nuestra autoestima y la vida se nos vuelve un cúmulo de fracasos. Ese rechazo queda tan grabado en el subconsciente de la criatura, que a lo largo de su vida tiende a fracasar en sus proyectos, sin saber por qué lo hace o por qué le suceden estas cosas.

El rechazo ocurre también cuando nacemos con un sexo distinto del que nuestros padres esperaban de manera ansiosa y hasta obsesiva, por lo cual, sin ser conscientes de ello, empiezan indirectamente a enviarnos mensajes como estos: "Usted es una decepción", "anhelábamos un niño, pero bueno…esa fue la voluntad de Dios".

Esta actitud equívoca de nuestros padres puede hacer que en nuestra vida adulta la mayoría de las veces no vivamos ni asumamos el rol de género que nos corresponde por naturaleza, que resultemos confundidos frente a nuestra identidad sexual.

Por su parte, el rechazo y los resentimientos que hoy guardamos hacia nuestros padres, son muchas veces producto de un intento de aborto, un engaño o una agresión de papá a mamá, mientras impotentes buscábamos refugio en el vientre de ella.

Con todo este conocimiento que está encontrando a través del libro, lo que más busco es que le sirva como medio de identificación de esas posibles raíces de los sufrimientos por los que hoy en día está pasando, para que, de igual manera, tenga la oportunidad y el regalo de nacer de nuevo, tal como yo empecé a tenerlo un día.

Donde más se manifiestan los conflictos no resueltos entre nuestros padres es en la crítica etapa de transición de la preadolescencia a la adolescencia, debido a la serie de cambios muy fuertes que se suceden a nivel fisiológico y hormonal entre los 11 y los 14 años. Este periodo de choques de los jóvenes los hace vulnerables a la presión de diversos grupos y de nuestro mundo de consumo que cada día les exigen más y más y los lleva a que no se sientan seguros de sí mismos, a no querer su propia identidad, desestabilizarse y rebelarse contra todo tipo de autoridad, así como contra las demandas de protección y de control de los papás; "¡Huy qué oso que me vean con los cuchos!", "mami, qué oso, no me coja", "huy qué boleta que me llamen mis papás", "huy, qué ceba volverme a vestir así", "qué mamera ir a esos lugarcitos".

En esta etapa de búsqueda de independencia aparecen en los hijos, de manera inconsciente, el reproche, la cobranza y el grito de auxilio frente a esas sensaciones negativas que trae consigo la exteriorización de las heridas acumuladas por rechazos, maltratos, incomprensiones, burlas, desprecios, comparaciones, humillaciones e impotencia, que permanecen guardadas en su ser desde el vientre materno.

Es por todo lo anterior que se ha vuelto muy común el grito en el cielo que ponen los padres cuando los hijos llegan a esta crítica etapa de sus vidas: "¡Ay!, ¿qué sería lo que le pasó a este muchacho; si él era un niño muy juicioso, muy tierno, muy normal, hasta le gustaba orar, pero de unos días para acá cambió, se volvió rebelde, agresivo, contestón, grosero…, cayó en la droga o en el trago o hasta ha intentado suicidarse?".

Generalmente los padres y los adultos estigmatizan ese momento delicado y confuso que atraviesan estos jóvenes como "la edad harta, mamona".

La soledad de estos hijos adolescentes es un veneno adicional que genera en ellos cambios emocionales y hasta problemas psiquiátricos más profundos que los ya afrontados: desórdenes alimenticios, bulimia, anorexia, drogadicción, esquizofrenia, depresión…

Así, como bien lo expliqué al principio del libro sobre las consecuencias de desgracia, maldición o resentimientos que el uso violento, discriminativo o burlesco de las palabras por parte de nuestros padres o allegados trae sobre nosotros, de la misma manera lo hacen las actitudes hostiles, las agresiones físicas y los actos crueles que recibimos en la niñez.

Tal vez no sabíamos que nuestra felicidad pudo empezar a deteriorarse en el momento en que algún familiar, profesor o alguna persona cercana a nuestra niñez nos maltrató o ridiculizó en privado o en público mediante actos crueles como el amarrarnos o colgarnos a algo, encerrarnos en cuartos oscuros, sumergirnos en recipientes repletos de agua, acosarnos con manoseos, actos obscenos y morbosos, o de abusos sexuales de intento o de hecho. En este último caso, pueden generarse traumas tan tenaces como las equivocadas inclinaciones sexuales, las cuales en su mayoría son fruto de estas amargas experiencias.

Otras vías de escape bien sutiles son el trabajo, el estudio en exceso y la privación de necesidades vitales con sus respectivos desórdenes, tales como los orgánico–alimenticios que dan origen a la anorexia: "Quiero ser flaca a costa de lo que sea como la modelo de la televisión, porque así es que le gusta a la gente". Nos autoflagelamos porque no nos quieren como somos, como diciendo "Usted no me quiso, pues ahora yo no me quiero".

Las personas que fueron víctimas de alguna de estas formas de crianza y que muchas veces están buscando ser aprobadas, aparentemente son muy entradoras, llenas de energía, exitosas, charladoras o extrovertidas, pero cuando alguien se burla de ellas o las rechaza se les acaba la chispa.

Algunos defectos físicos pueden ser superados de muchas maneras (cirugías, tratamientos, terapias), pero un corazón resentido por la burla requiere de un proceso de sanación en Dios para perdonar esos desprecios.

Cuando recibimos un estímulo tosco (palabras o actos) nuestro cerebro puede llegar incluso a sufrir taras y manías, como la tartamudez y los tics nerviosos.

Las personas podemos heredar de nuestros antepasados tanto lo bueno como lo malo

Así como se pueden heredar de nuestros padres y antepasados los buenos ejemplos, los valores y las riquezas materiales, entre otros, también cuántos miembros de una misma familia cargan con patrones de comportamiento y tragedias que se repiten por generaciones, tales como la miseria económica, el desempleo, los matrimonios que no funcionan, los divorcios, las enfermedades, las muertes violentas, los suicidios, los intentos de suicidio, los abortos, la soltería, las depresiones, las histerias y los miedos irracionales, entre otros, desconociendo que todo ello es producto de palabras crueles o maldiciones que por lo menos uno de nuestros antepasados pronunció en contra de nuestros padres, de nosotros o de alguien cercano, en medio de una rabia, una angustia o un desespero que les produjo el sentirse desobedecidos o irrespetados. Un claro ejemplo de esto lo encontramos en la forma prevenida como nuestras abuelitas decían "Yo sé que usted nunca va a ser feliz con ningún hombre", "usted al paso que va no va a servir para nada", "con esa forma de ser suya no va a conseguir nada en esta vida", "usted qué va a poder, usted es un pobre desgraciado", "usted nunca va a salir de pobre", "usted sí es lo más lento que hay", "usted no da la talla, usted es un imperfecto ahí", "ah lágrimas de sangre que irá a llorar", "se la va a llevar el diablo".

Sin que seamos conscientes de ello, terminamos repitiendo los parámetros de conflicto y de dolor de generaciones anteriores, especialmente a la hora de entablar relaciones afectivas o sentimentales, cuando emprendemos un negocio, un proyecto, o cuando decidimos conformar una familia. Es por ello que también les comparto este libro, con un fin muy hermoso, para que le pidamos a Papá Dios que muestre la raíz de los traumas, ataduras heredadas y a la vez nos sane de sus secuelas, para que nuestra generación y las siguientes podamos vencer la inclinación a repetir los errores de nuestros antepasados.

Igualmente, gran parte de estos lastres, situaciones sin salida y desgracias, se originan en acciones equivocadas y tendencias indeseables de nuestros padres y antepasados, así pensemos que no repercuten por haber sido cometidas muchos años atrás. Por ejemplo, si un padre asesinó a alguien, robó la herencia a sus hermanos, se aprovechó ventajosamente de una persona en un negocio, derrochó sus bienes materiales, fue contrabandista, tuvo negocios de prostitución o juegos de azar, fue usurero (compraventas, pirámides, gota a gota), apostador, narcotraficante o lavador de dólares, todas estas actividades –muy de moda por estos días, plata maldita–, más adelante puede suceder que sus descendientes vivan situaciones de dificultad económica u otras desgracias, incluso sobrenaturales.

Algunas de las tendencias indeseables heredadas que más comúnmente encontramos en los ambientes familiares tienen que ver con infidelidad, divorcios, alcohol, juegos de azar, robos, chismes, mentiras, machismo, agresividad..., como consecuencia de todo esto, la aparición lenta o sorpresiva de enfermedades como la artritis, la insuficiencia renal, la trombosis, la epilepsia y el cáncer, entre otras que generalmente tienen como raíz un odio muy profundo del enfermo, una brujería, el propio pecado o las inclinaciones heredadas de los antepasados.

Ingenuamente fomentamos a diario este tipo de comportamientos con frases como "No se la deje montar de nadie y menos de una mujer", "no sea pendejo, si se la montan responda usted también", "nunca le agache la cabeza a nadie" o "dele cerveza al niño para que sea un berraco cuando esté grande", "camine lo llevo donde las niñas de vida alegre para que se vuelva un hombre", entre muchísimas otras.

Cabe explicar aquí que los hijos no reciben maldiciones, ni los errores de sus antepasados recaen sobre ellos como un castigo injusto, ¡no!, lo que sucede es que el hecho de ver y convivir con estas tendencias y ejemplos los maleduca, y en momentos de crisis ellos reaccionan refugiándose en los hábitos aprendidos, justificándose en el hecho de que **sus papás también lo hacían**. Recordemos que científicamente también el ADN y los genes de los padres son heredados por los hijos, el ser humano es el resultado de dos factores: herencia (genes) e influencia del ambiente (imitación); en esas dos fuentes se basa todo nuestro aprendizaje. Por lo tanto, debemos ser cuidadosos en la atmósfera que les proporcionamos a nuestros hijos durante su crianza.

Atrapamos más moscas con una gota de miel que con un barril de hiel

La ruptura en la convivencia y la frialdad de la familia se originan también en la violencia física, psicológica, emocional que se da cada vez más en el seno de los hogares: las famosas "pelas" o castigos; la incapacidad de dar y recibir afecto; las palabras "clichetudas" o cortantes; los abrazos congelados y mecánicos en los que ponemos los codos entre las personas; los besos en el aire; las miradas evasivas y la psicorrigidez.

Otras veces es el disfraz de "correcto y honesto", típica manera con la cual se justifican muchos de nuestros fríos o distantes padres: *"Yo los he criado con rectitud. En ningún momento les he dado un mal ejemplo o los he enseñado a ser deshonestos"*.

La pobreza de la convivencia familiar y laboral es cada vez más crítica. Tanto en la casa como en la oficina apenas sacamos tiempo para responder y transmitir lo básico, cumplir con lo que nos toca y listo. Ese tratarnos como extraños –sin calidez, con miradas de desprecio, con cara de revólver– ha creado entre nosotros un distanciamiento horrible, vacíos, frustraciones, opresiones, en fin, una monotonía eterna de vivir que nos abandona en una incomunicación total. Aquí recuerdo ese estado deprimente en que he encontrado a más de un familiar y conocido mío que he visitado en estos tiempos de tanta crisis de fe. De ellos, unos desde pequeños han sido así, pero lo más doloroso es que otros en el pasado fueron demasiado entusiastas y creativos, como se dice por ahí con mucha chispa y berraquera, pero que hoy en día viven sin esperanza. Ellos mismos me cuentan que es extraño pero que de un momento a otro la memoria como que se les bloqueó, incluso llegando a ser tratados por quienes los conocen como lentos o idiotas, al no lograr captar con rapidez lo que se les dice, además de que viven sin ilusiones, creyendo que en este mundo ya no tienen oportunidad alguna. Al compartir con ellos casi siempre encuentro que su crisis se debe a tantos momentos de soledad y tristeza que sufrieron en la niñez y se encuentran aun sin sanar.

Lo mismo pasa con el hecho de no haber tenido respuesta a las expectativas de aprobación, tal como nos ocurría cuando éramos niños, edad en que queríamos mostrar nuestra espontaneidad y creatividad, pero que por falta de comprensión y/o paciencia de papá o de mamá no éramos acogidos o apoyados, al igual que cuando con ansiedad los esperábamos en las reuniones del colegio y que por estar demasiado ocupados nunca llegaban; también con esas actitudes de evasión e indiferencia con que padres de familia y esposos alargan el regaño, el reclamo o los castigos, durante un tiempo prolongado sin dirigirnos la palabra o subestimando nuestra opinión.

¿Y qué decir de la tristeza, las heridas, la rebeldía, el odio, los traumas y hasta el deseo de suicidio que muchas veces encuentro en hijos, como consecuencia del abandono de uno de los papás o el divorcio de ellos, tan de moda por estos días?

Papás controladores y rígidos han formado en nosotros equivocadamente seres inseguros y dependientes

Cuando un padre corrige a su hijo con firmeza y de una manera justa –sin soberbia ni de forma inquisidora– que le permita entender el porqué de su actitud, contribuye a enseñarle el valor y la satisfacción que tienen las metas luchadas con sano esfuerzo. Por el contrario, respuestas como "porque sí, soy papá y punto" o "eso no se discute" no satisfacen las expectativas de nadie, frustra a las personas y las relaciones que deterioran el respeto y la confianza mutua.

Una disciplina rígida que a cambio del respeto infunde temor nos deja consecuencias enfermizas tales como manías, ansiedades y obsesiones –por el poder, el trabajo, la Internet, el celular, la vanidad, el orden, el aseo–, timidez, compulsiones, acartonamiento, tiesura y actitud robotizada en el lenguaje corporal, en la comunicación con el mundo, en sus relaciones interpersonales y en las actitudes ante la vida, limitando el pleno gozo de las cosas de su libertad y de su felicidad. Como consecuencia de todo esto muchos actúan de manera prevenida y negativa en relación con todo lo que tiene que ver con disfrutar y gozar los instantes de la vida, como quien dice "¿Para qué disfruto este momento si de todas maneras después van a volver a llegar sufrimientos?".

Un claro ejemplo de esta programación mental prevenida y negativa lo vemos en las respuestas que nos dan cuando salimos a disfrutar un día soleado en compañía de alguien, y expresamos:

–¡Huy no, es mejor no reírme porque de pronto me pasa algo malo!

–¡Huy mire, qué día tan hermoso como para salir con un escote, y qué rico!

–¡Ah!, eso es para un aguacero ni el berraco más tarde –nos responden. No falta la que entra a terciar:

–¿Y qué tal el frío tan tenaz que hace por la noche?

El autoritarismo o control en extremo, junto con la violencia, las rencillas familiares y, para colmo de males, las imágenes de estos temas en video generan una serie de consecuencias en la crianza de los hijos tales como aislamiento, angustia severa permanente desde temprana edad, comportamientos raros y hasta pesadillas. Sucede frecuentemente que las conversaciones, sueños y dibujos de estos niños suelen congestionarse de imágenes de brujas, diablos, monstruos y escenas violentas entre otras, como una manera de liberar tensiones emocionales que han cargado en su inconsciente y de expresar el terror que les producen la presencia y el trato opresor que sus padres o allegados les han dado.

Muchos resentimientos están guardados en el corazón de un(a) hijo(a) a quien sus padres le impusieron la carrera profesional, o el esposo(a) con quien se casara o le hicieron la guerra a su esposo(a) o a su novio(a), hasta que al fin los hicieron separar, y todo por guardar las apariencias sociales, por codicia o por vanidad, para que continuaran la tradición familiar, terminando con ello de frustrarle su vocación, sus sueños, sus metas, su libertad y su vida. Más adelante encontrarán un directorio con direcciones de eucaristías de unción de los enfermos, sanación, liberación y grupos de oración de todo el país.

En la única parte donde "éxito" está antes de "sacrificio"

es en el
diccionario

Una cosa es criar a los hijos con libertad; otra, muy diferente, ser alcahuetas.

También existe otro extremo que hace muchísimo daño a los hijos; la sobreprotección de los papás, es decir, una manipulación inconsciente de los miedos e inseguridades de un ser que quieren dependiente de ellos, incluso a la hora de enfrentar el futuro, como si se les transmitieran entre líneas "No tomes tus propias decisiones", "no te esfuerces", "tranquilo, bebé, no soluciones tus propios conflictos que yo lo hago por ti" y, lo que es peor, "Quédese quieto, papito, que usted no sirve para nada".

Con este estilo de crianza les estamos atando las manos a nuestros hijos impidiéndoles ser, construir y asumir individualmente su propio proyecto de vida, su propia historia, enseñándoles a buscar excusas infantiles para evadir responsabilidades, y ellos, ni cortos ni perezosos, en esta época tan *light* no tienen ningún problema en quedarse así manicruzados, porque nunca se les enseñó que cada acto en la vida tiene consecuencias para sí mismo.

Los hijos necesitan límites en la crianza para que más adelante no les suceda que los suban a una acera y lloren para que los bajen. Cuando los hijos no sienten la autoridad, parámetros y referentes de sus papás y de su casa, muchos de ellos pierden la noción de lo bueno y lo malo y la seguridad en sí mismos. Esa es la grandeza de Dios Padre, en Él uno encuentra autoridad, alguien a quien obedecer y respetar de verdad. Es esto lo que le da total sentido a nuestra vida.

Un papá forma hijos seguros cuando ama de manera firme. Los errores en la crianza se reflejan tarde que temprano en diversos comportamientos críticos, que en el fondo resultan ser un SOS al adulto por parte de sus hijos, una llamada de "por favor, ubícame".

Por el contrario, ser laxos al extremo en la crianza de los hijos es transmitirles inconscientemente un "no me importas", un "no tengo tiempo para ti" o un "te saliste de mis manos".

¡Cómo han cambiado los tiempos! La antigua y mejor psicóloga de la casa era la pareja chancla y rejo, que, aunque nos dejaron morados en las piernas, en el fondo nos quitaron un número considerable de resabios, mañas, caprichos, manipulaciones y rebeldías.

Después de haber dictado una conferencia en un club de la ciudad, inmediatamente se me acercó una señora desesperada y en medio de su angustia me dijo:

–¡Ay joven!, ayúdeme con mi bebé que está muy mal, no quiere comer, no duerme bien, no quiere salir a la calle.

–Señora, bien puede traerlo, yo hablo con él.

–¿No le dije pues que mi bebé está en la casa sin querer salir a la calle?

–Bueno, entonces vamos hasta allá, yo hablo con él.

–¡No!, la cosa es que mi bebé está encerrado, deprimido y sin querer ver a nadie.

¿Y qué edad tiene su bebé, entonces?

¡Ay, mi bebé tiene 38 añitos!

–Señora, lo que usted tiene es un mamón; destételo, mijita, porque ya se le fue el tren.

Lloré y lloré porque no tenía zapatos, hasta que vi un hombre que no tenía pies y era feliz

Cuando los papás no enseñan a sus hijos a ser independientes en todas las áreas de su vida, y mucho menos a amar, respetar y agradecer a Dios cada día por los privilegios, talentos y comodidades con los que cuentan y tampoco les enseñan a ser considerados con los demás, por lo general llegan más adelante a creer que ya lo tienen "todo" –familia, educación, novia, dinero, salud– y terminan malacostumbrados, malcriados, tendiendo a vivir de manera egoísta, caprichosa y exigente con los papás, a tal punto que algunos de ellos acaban chantajeándolos, manejándolos, dominándolos y manipulándolos con los *shows* en público y casi diciendo "Papi, mami, si no me dan o me hacen tal cosa, yo les juro que me ahorco con un espagueti".

Hay hijos que terminan viviendo de manera frívola y monótona ya que nada los satisface, porque supuestamente lo tienen todo y no han tenido que realizar ningún esfuerzo para obtenerlo; por eso creen "no necesitar de nadie".

A su vez, otros de estos hijos se convierten en personas utilitarias, manipuladoras, codiciosas, como es el caso de un importante número de nuestros políticos y empresarios, quienes nos gobiernan sin corazón y sin alma para fortalecer más su poder; actuando así como chiquitines que se la pasan jugando al famoso Tío Rico, Monopolio, Hágase Rico o Batalla Naval, sin que nada los sacie ni los llene. Ya no les interesa la plata sino el poder.

Esa frivolidad, falta de esfuerzo y monotonía que caracteriza a estos hijos unida a la soledad, en algún momento de sus vidas pueden llegar a desesperarlos de una manera tan fuerte que llegan a buscar diversas vías de escape, emociones fuertes que los saquen de esa vida rutinaria y que los vuelven adictos, viciosos, sexómanos o drogadependientes, consumistas de modas estrafalarias y aficionados fanáticos de deportes extremos, creados, como su nombre lo indica, para poner en extremo riesgo la vida, en respuesta a una tendencia inconsciente de autodestrucción. La tal adrenalina es una emoción en forma de calor que recorre nuestro cuerpo y que se vuelve una especie de éxtasis engañoso y nocivo que al final se hace imposible de equilibrar o controlar, más peligroso que una puntilla en un tobogán.

Por mero sentido común podemos entender lo que les estoy explicando. Anteriormente los deportes se practicaban dentro de una sana diversión y competencia, a diferencia de hoy en día; por ejemplo, me explicaba un médico que por lo fuerte del impacto, en cada jalonazo de la cuerda del *jumping* se va desprendiendo la capa cráneo encefálica, además de generar traumas en las articulaciones.

El parapente, por su parte, es la práctica con la cual se juega o se desafían las corrientes de aire. Aquí sí que recuerdo a un ingeniero que conocí y que en un campeonato de parapente en Flandes, Tolima, quedó como atontado, todo como consecuencia de un trauma en el sistema nervioso que sufrió al ver que su compañero fue agarrado por una corriente de aire que no pudo dominar y se vino en picada hacia la tierra, donde quedó muerto en el acto, con las rodillas enterradas en las orejas. Pero, mientras a uno no le pase algo grave no cree o no entiende.

No en todos los casos quienes han sido formados dentro de la sobreprotección se vuelven egoístas con los demás. Unos son muy solidarios, pero lástima que su motivación real llega hasta cierto punto; comparten o dan cosas a los demás, pero no se dan como personas, porque aún viven llenos de temores que fueron transmitidos por sus padres al sobreprotegerlos. Ellos, a su manera, buscan "ser buenos ciudadanos", dicen "respetar y tolerar" al otro, pero muchas veces no ven ni entienden las necesidades ni el verdadero valor de la solidaridad; un buen ejemplo de "buenos ciudadanos" educados bajo este ambiente son los niños que saludan sin espíritu, sin corazón, sin calidez, como robotizados, motivo por el cual a sus padres les toca recurrir a la típica y vergonzosa frase "salude, papito, que son sus primos" o "salude con ganas, mijo, que son sus primos". Estos niños son reflejo de una educación cargada de información, pero no de afecto.

Como bien nos podemos dar cuenta, insisto, todo extremo es malo. Si uno tiene mucho, malo; si no tiene nada, también; eso sí, muchas veces cuando uno tiene no se acuerda de agradecer, porque somos muy buenos para pedir, pero muy flojos para sacar tiempo y agradecer. Muchas personas a diario nos comemos los alimentos por costumbre, tan sólo por comer, sin agradecer a Dios por ellos, ni mucho menos considerar a todos aquellos que se encuentran secuestrados, comiendo tierra y rastrojo. De igual manera, muchos papás no se acuerdan de orar a Dios para encomendar a todas las personas encargadas del cuidado de sus niños en cualquier ambiente, pues no sabemos en esta descomposición en la que se encuentra la humanidad de las intenciones o manías que puedan tener.

A los seres humanos nos pasa que casi siempre estamos mirando todo lo que nos hace falta, y muchas veces no agradecemos todo lo que tenemos. ¡Cuántas veces nos ha pasado que comenzamos a valorar las cosas tan sólo en el momento en que las perdemos, cuando ya no están! "Hay que querer lo que se tiene y no tener lo que se quiere".

Si no tienes un amigo que te diga en verdad cómo eres, búscate un enemigo bien berraco que te haga el favor

Hay muchas personas a las cuales no les gusta que uno desnude estas cosas; les parecerá que soy muy exagerado, moralista, retrógrado, fanático o que pienso a la antigua, pero es con todo el amor del mundo que las estoy compartiendo. Además, si reflexionan sobre ellas no me van a hacer un favor a mí sino a ustedes mismos y a sus descendientes. **"A aquel que un día te hizo enojar por la verdad que te dijo, le agradecerás el día de mañana por el error del que te sacó".**

Como todo en esta vida, muchas personas no creen o son un poco escépticas de todo lo que aquí les estoy compartiendo, como en algún momento me sucedió también a mí. Esto ocurre como consecuencia de la terquedad, las mismas heridas, las decepciones o el orgullo que éstas traen consigo; ya no escuchan a los demás ni buscan ayuda; se resignan a quedar así como dicen esos famosos dichos que tanto nos roban el gozo y la esperanza de luchar y de vivir en paz: "loro viejo ya no aprende a hablar", "vaca ladrona no olvida portillo" o "quien no es, no deja de ser". Finalmente, los más soberbios: "Yo soy así ¿y qué? A mí nadie me cambia" o "Genio y figura hasta…" que uno termina jodido.

Las heridas en el alma son como una cortada que uno de pequeño se hizo en el cuerpo y que, por efecto del paso de los días y las curaciones que nos hicieron, dejó de sangrar, pero la cicatriz queda de todas maneras hasta que nos hagan una cirugía plástica que deje normal el cuerpo de nuevo. Es a esto a lo que llamamos **dolores enterrados vivos en lo más profundo de nuestro corazón.**

Recordemos que cuando uno sufre en esta vida, como humanos que somos, es normal que sintamos dolor, pero lo que no es normal es que nos volvamos seres amargados o sin esperanza.

De todas maneras, uno no es Dios para cambiar a nadie o ser el salvador de alguien. Además, como dice un amigo mío: *"Si en esta vida todos fuéramos iguales habría mucha competencia".* Lo que les recomiendo es que se queden con lo bueno que aquí estén encontrando, porque lo único que puedo hacer es sencillamente compartir la paz y la felicidad verdadera que hoy en día siento en mi corazón como fruto de la reconstrucción de mi vida, lo que es más aterrizado, y no he dejado de ser alguien normal como usted, con sueños, con deseos de amar, compartir, viajar, comer rico, rumbear, en fin con deseos de vivir, porque Dios me enseñó a darles vida a los años y no años a la vida.

Son bastantes los papás que luego de yo explicar estos temas me reprochan:

"¿Por qué si nosotros educamos a nuestra pareja de hijos cometiendo los mismos errores no salieron igual heridos y la niña sí es amorosa y juiciosa?".

Recuerden que los hijos heredan tanto lo bueno como lo malo de sus papás o de sus abuelos, unos heredan unas cosas y los demás otras, así como los dedos de una mano no todos son iguales.

Estos sentimientos han generado mucha desgracia, desdicha y fracaso en nuestra vida, especialmente porque no teníamos conocimiento del efecto o consecuencias de ellos, o porque no los exteriorizamos o desahogamos a tiempo, sino que, por el contrario, de manera ingenua los acumulamos por años y años, guardándolos ocultos como trapos sucios y viejos en el fondo de nuestros armarios. Lo que es peor, nos ponemos una máscara de apariencia y orgullo; levantamos un muro para seguir caminando heridos por la vida, aparentando o jugando a ser los más fuertes. Recordemos que Dios Padre como signo de desnudez y desprendimiento de todo lo que se es y se tiene, permitió que a su hijo Jesús le fueran arrancadas todas las vestiduras, incluso las que cubrían sus partes íntimas, y finalmente fue la Virgen María quien se quitó su velo para cubrirlo.

El científico colombiano Rodolfo Llinás explica cómo los seres humanos, en su mayoría, utilizamos solamente el 6% de nuestro conocimiento que se encuentra en el consciente y el 94% lo desestimamos. Dentro de este porcentaje se encuentran los recuerdos amargos, los dolores o los traumas de nuestro pasado que están en el corazón.

Nos ponemos una máscara para esconder nuestra cruda realidad, para disfrazarnos y aparentar estar bien. Tenemos miedo a perder lo que somos para el mundo –título, posición laboral, estatus– y lo que tenemos materialmente, sin entender que no somos lo que hacemos ni lo que tenemos. Lo que más tememos es el enfrentarnos y descubrirnos ante nosotros mismos y ante los demás en lo que realmente somos. Es por ello que terminamos por engañarnos y engañando a los demás, al caer en el error de mostrar tan sólo lo que tenemos de bueno como si fuéramos perfectos y avergonzarnos y ocultar así nuestras debilidades, tristezas y sufrimientos del pasado. *Dios no mira las apariencias sino los corazones*.

El vivir con apariencias y máscaras nos desgasta y aumenta nuestras inseguridades y la prevención frente a los demás, son tensiones no resueltas en nuestro subconsciente que terminan desequilibrando nuestro sistema nervioso y acaban afectando todos los sistemas vitales de nuestro organismo. Allí se originan toda clase de afecciones psicológicas, emocionales y físicas, así como defectos de carácter, producto de somatizar cargas y recuerdos amargos e insoportables, a tal punto que he podido presenciar la experiencia de muchos hijos que llenos de la fortaleza y la sinceridad que les regala el Espíritu Santo, se ven en la obligación de decir a sus padres que no quieren repetir su misma historia de mentira y engaño que han vivido durante tantos años, aparentando al resto del mundo que no tienen ningún problema, que son una familia perfecta.

Las heridas en el corazón son como un veneno, ya que nos matan tanto física como emocionalmente

Muchas estadísticas hemos recibido de sociedades médicas estadounidenses en las que se afirma que más del 90% de las enfermedades físicas tienen como raíz las enfermedades del alma.

La comida tiene mucho que ver con nuestra salud, ya que si la consumimos al encontrarse la mente y el sistema nervioso enfermos, inconscientemente el cuerpo estará contraído y tensionado. Por lo tanto, no hay un buen metabolismo o una buena digestión; por el contrario, con el paso del tiempo la comida comienza a acumularse por todo el cuerpo, especialmente la grasa que suele tapar las arterias que llevan la sangre del corazón al resto del cuerpo; también, la comida se puede acumular en el colon o el estómago, para luego descomponerse y generar el *helicobacter pylori*, o bacteria que produce la gastritis que más tarde puede degenerarse en úlcera y hasta en cáncer.

Con lo que sigue respondo a quienes me refutan con relación a este tema: "¿Cómo la raíz del mal de un paciente enfermo de cirrosis va a ser una herida en el alma si eso le sucedió porque tomaba trago en exceso?".

El consumo exagerado de licor sí lo hizo enfermar, pero la verdadera raíz que lo condujo a adquirir un vicio y refugiarse en algo, como es en este caso el alcohol en exceso, era una ansiedad producida por una herida o vacío en su alma. Muchos que tienen enfermedades de cuello o garganta y cuyas causas no han podido ser determinadas por la ciencia han caído en la cuenta de que tal vez su verdadero origen es el no poder sacar o desahogar con palabras el daño o el dolor que tanto lastiman su cuerpo, su alma o su vida; lo mismo sucede con aquellas mujeres a las cuales no se le han podido detectar las causas de sus tumores o enfermedades en los senos; muchas de ellas tienen una opresión, frustración o dolor que les carcome el corazón, el pecho. Por su parte, las enfermedades de los ovarios o de cuello uterino tienen que ver, por lo general, con frustraciones en el área sexual, uso de anticonceptivos, abortos o desorden sexual del pasado; los senos y los ovarios son órganos que generan vida y son demasiado sensibles a lo bueno o a lo malo. Los derrames, trombosis, parálisis cerebral o las crisis nerviosas, al igual que la artritis y las enfermedades de la sangre y la circulación, sí que tienen que ver con todos estos duros recuerdos y tristezas que guardamos.

Empezaremos a encontrar la felicidad cuando entendamos que todo lo que tenemos en esta vida es prestado; hasta nuestra misma vida se acaba

Un caso especial que quiero resaltar por ser muy común y fuente de neurosis permanente es quienes tienen las mismas tristezas como consecuencia de sufrimiento y enfermedad aunque de diferente raíz. Debemos desprendernos de personas muertas que fueron importantes para nosotros (papá, mamá, esposo, novio, hermano, hijo, inclusive embriones). Ello puede convertirse en una obsesión, una idolatría, o un estado de luto permanente por estos seres enterrados pero que permanecen vivos aún, lo cual nos atormenta. El no poder desprendernos de alguien sucede porque no pudimos elaborar un verdadero duelo, o sea, hubo una despedida que no se logró hacer con plena tranquilidad y, a su vez, aceptándola y ofreciéndola a Dios. Por lo general, esto deriva en enfermedades.

Muchas personas en este mundo no han caído en la cuenta de que el miedo que les tienen a situaciones como la oscuridad, la altura, la soledad, la angustia, la ansiedad, la intranquilidad, experiencias espeluznantes y, con ellas, sombras, pesadillas o insomnios, o aquellas enfermedades raras a las que los médicos no han podido encontrar su origen (epilepsia, convulsiones, alucinaciones, delirios de persecución, tumores malignos, esquizofrenia y su doble personalidad, bulimia, anorexia, tics nerviosos, enfermedades cutáneas, etc.) aparecieron en ellos o en sus seres queridos después de jugar con la tabla ouija, el "juego" de las tijeras o el cuaderno espiral, la aguja y el hilo, o luego de que por curiosidad, facilismo, codicia o venganza recurrieron a sitios oscuros de superstición, ocultismo, adivinación o espiritismo.

Buscamos y buscamos vías de escape sin fin, distractores que terminamos por endiosar, llámense personas (esposo, hijos, novios) cosas (poder, dinero, carro, perro) o actividades (trabajo, estudio, internet, celular, compras, gimnasio, orden y aseo obsesivos), alternando la dependencia a ellas en lapsos temporales e inestables, y a veces combinándolas todas simultáneamente, hasta decepcionarnos o saturarnos de tal manera que mandamos todo para el carajo, hasta fascinarnos con otro juguetito o entretención.

Es muy bello encontrarse con personas que, a pesar de que fueron criadas en ambientes de mucho conflicto familiar o social, cada día se esfuerzan y luchan por ofrecer a su cónyuge o hijos el amor y el cariño que nunca recibieron.

Como acabamos de ver, las anteriores son algunas experiencias y consecuencias traumáticas de la historia de nuestra vida, además de otras que encontraremos de las cuales tal vez no habíamos sido conscientes por mucho tiempo, y que Dios, por medio de la gracia y el poder del Espíritu Santo, está esperando para sanarnos y liberarnos. **"Uno de los problemas de la humanidad es que excelentes profesionales resultan pésimos seres humanos por no haber sanado su corazón adolorido y endurecido".** Pese a tantos sufrimientos que debemos afrontar, en este mundo todo tiene solución en Dios. Ocupamos mucho tiempo buscando afecto unos de otros con el fin de llenar nuestros vacíos afectivos, la mayoría de las veces de manera no inteligente e insana. Es que "generalmente nos acostumbramos a buscar en la calle lo que no tuvimos en la casa", como expresión de una necesidad natural propia de nuestra condición de seres humanos.

El dolor que nos dejan estas carencias afectivas nos puede llevar a comportarnos de una manera egoísta, especialmente con nuestros allegados. En esta autodestrucción sufren todos los que giran alrededor del rebelde o adicto.

En otras ocasiones justificamos terquedades y errores propios o ajenos con frases como "eso es normal, está quemando etapas", "debo recuperar mi autoestima", "en nombre del verdadero amor todo se vale". Al final de cuentas, al bien se le llama mal y al mal se le llama bien; pasamos mucha parte de nuestra vida utilizándonos unos a otros, jugando, engañando a los demás, destruyendo sus sentimientos. En una palabra, nos herimos con ese amor mentiroso, dejando así regadas enemistades por el camino. Muchos estamos necesitados de que Dios, por medio de la oración, nos libere de tantos falsos afectos, falsos sentimientos y falsas emociones que día tras día nos hacen equivocarnos.

Duras decepciones y heridas son las que dejan esos novios carretudos o engatusadores que ilusionamos a tantas y tantas niñas que lo único que buscaban en nosotros era un "amor verdadero" (ser valoradas y respetadas), pero que luego de utilizarlas y de saturarnos de ellas abandonamos o cambiamos por otras. Tristemente hemos caído en el error de dar solución a todos los vacíos y conflictos de nuestra vida de una manera *light*, justificándonos en la ya aludida fórmula que nos dejó el narcotráfico: "Rápido, fácil y bastante".

El corazón es lo más retorcido, no tiene arreglo. ¿Quién lo conoce? (Jer 17, 9).

Cuando sufrimos crisis de identidad y de amor propio intentamos superarlas adoptando comportamientos y apariencias ridículas de otras personas, como de un modelo, deportista, actor o personaje de moda. "Echar cosas a un corazón herido es como echar agua en una vasija rota". Todo pasa derecho, nada lo llena ni lo satisface plenamente. De la misma forma, por más que al corazón uno le eche el supermarido, la supervieja, el supertrabajo, la superplata, el superapartamento, el supercarro, el superbuffet y las superrumbas, *shoppings*, cirugías, etc., el principio es muy bueno pero después pasa el encanto y todo se vuelve monótono. Se puede ir uno para Europa a la Riviera Francesa, Cancún, Mónaco, lugares exóticos, pero después se acaban la sorpresa y el descreste, porque hasta allá nos toca trasladar también ese corazón herido, triste y desesperado. **"Uno aquí en la tierra con sus apariencias y sus vanidades puede engañar a todo el mundo, menos a la realidad que hay en su corazón"**. Jamás olvidemos que nuestro corazón fue hecho con manos divinas, por lo tanto, tan sólo lo llena el ser Divino. Tal nos lo dice el libro de Jeremías 17, 10: *"Yo, Yahvé, exploro el corazón, examino el interior de la gente, para dar a cada cual según su conducta, según el fruto de sus obras"*.

"Busquemos dentro de nuestro corazón lo que tanto hemos buscado fuera de él y lo encontraremos". Recuerdo que años atrás, por un dolor muy fuerte que tenía en la nuca me tocó ir al médico, pero con la droga que éste me recetó no me sané. Fui a terapia con un psicólogo y tampoco. Terminé en consulta siquiátrica y tampoco. Pasado un tiempo, una noche mientras descansaba en mi cuarto, un familiar que me acompañaba, sorprendido por el tamaño tan grueso de mi almohada, me preguntó: "¡Huy primo! Con esa almohada tan gruesa, ¿usted no amanece con dolor en la nuca?".

No me lo van a creer: finalmente, ahí estaba la berraca raíz. Casi siempre, por andar tan ocupados y acelerados sin sacar tiempo para nosotros mismos, nos congestionamos con demasiados problemas imaginarios que superan los pocos reales.

Reflexionemos: ¿Sinceramente usted cree que si se firma la paz entre el gobierno y los grupos insurgentes de nuestro país, Colombia, por fin usted también tendría paz en su corazón?

La paz es una gracia, una virtud personal que Dios concede. Una cosa es la paz en el país, otra es la de la familia y otra la de cada uno en su corazón.

Como bien podemos darnos cuenta, en algún momento de nuestra vida y en alguna medida casi todos hemos sido víctimas de humillaciones, maltratos verbales o físicos, maneras superfluas e irresponsables de crianza por parte de algunos de nuestros familiares o personas muy cercanas a nosotros, a las cuales hoy en día podemos estar odiando inconscientemente.

Desde el punto de vista médico (Neurología), las palabras y las agresiones tienen mucho más impacto en nuestro cerebro, a tal punto que la bioquímica cerebral se altera, cuando provienen de aquellos que más queremos y de los que más esperábamos y necesitábamos cariño y respuestas de afecto.

Pese a que convivimos o compartimos frecuentemente con nuestros familiares o allegados, con el paso del tiempo y a través de detalles nos vamos dando cuenta de que necesitamos reconciliarnos de corazón con ellos. Un ejemplo concreto lo vemos claramente cuando le preguntamos a alguien: "Bueno ¿y cómo es la relación que tienes con tu papá, o con tu cónyuge?, ¿te acercas a él con sinceridad a consentirlo, a abrazarlo a mimarlo, en fin, a amarlo sin prevenciones ni barreras?".

Por lo general, las respuestas son: "¡No!, yo a él le tengo como un respetico, como una cosita, como un miedo todavía".

"Es que como que no me nace".

"Siento como una barrera".

¡Ojo! Una cosa es tenerle respeto al papá por el reconocimiento a su buen ejemplo, a su rol y a sus virtudes, pero otra muy diferente y dolorosa es tenerle miedo, prevención o sentirse forzado a quererlo porque es el papá.

Estos dolores sí que salen a relucir y se hacen obvios cuando todo en el ámbito social y familiar aparenta estar bien, "divino", "color de rosa", "rico verte, querida". Inesperadamente aparecen gestos, risas irónicas, actitudes sarcásticas, odiosas, bruscas e hirientes, indirectas, que nos traen a la memoria vivencias desagradables del pasado, heridas, cicatrices hasta que nos hacen decir "yo sí sabía que esta dicha no duraba mucho", "yo sí sabía que de eso tan bueno no daban tanto", "está como sospechoso, porque tal y tal persona no es así".

¿Por qué las personas que tenían la misión de criarnos con amor, cariño y buen ejemplo no lo hicieron? ¿Por qué actuaron de esa manera?

En parte, las crisis que hoy encontramos en nuestras familias son el resultado de una descomposición social que viene dándose generación tras generación desde los mismos inicios de la humanidad, pero yo quiero citar las que vienen desde los años 1915 y 1940.

➤

La única manera de comenzar a entender a quienes han actuado así con nosotros se da cuando empezamos a conocer su tormentoso pasado, similar al que ellas brindan a su entorno, pues traen sobre sí mismas desde su niñez heridas, resentimientos, complejos, y un sinfín de traumas sin resolver. Muchos no sabemos que la mayoría de los de la generación de nuestros papás, abuelos o bisabuelos fueron criados en una época y ambiente de violencia intrafamiliar, producto a su vez de guerras y enfrentamientos políticos y económicos, tanto nacionales como entre países, que como consecuencia les dejó una profunda confusión y sed de paz frustrada.

Aprovechándose de este río revuelto de caos, desolación y sed de paz de la época, algunos de esos equivocados egoístas, insaciables y codiciosos grupos transnacionales, de manera oscura lanzaron y patrocinaron campañas y planes estratégicos mundiales que fueron acogidos ingenuamente por la necesidad de soluciones y desahogo de represiones de este periodo, que terminaron engañando y despelotando a nuestros antepasados. Al final, no resultaron ser otra cosa que intentos y remedos de falsa paz y falsa espiritualidad, prácticas paganas de Oriente, ciencias esotéricas y todo tipo de corrientes de nueva era; de una falsa revolución cuya rebelión propuesta pretendía defender principios supuestamente justos y equitativos, guerrillas, alzados en armas; falso amor, "haz el amor y no la guerra", que trajo consigo desbordamiento sexual, divorcios, uniones libres, uso de anticonceptivos, aborto, falsa hermandad, hipismo, droga, falsa libertad o libertinaje, "prohibido prohibir" y, con ello, el desequilibrio, el desorden de vida y la falsa liberación femenina.

Vemos entonces que este perverso remedio fue peor que la enfermedad, pues ellos, cegados e impotentes al haberle hecho el juego a ese desorden, con sus corazones rotos y sus mentes despelotadas, resultaron haciéndoles nicho a familias que terminaron en el mismo estado. Esa época oscura para nuestra humanidad coincide con lo que dijo en su aparición la Virgen en La Salette, Francia, y las visiones que tuvieron Santa Brígida en el siglo XIV y Santa Catalina Emmerick en el siglo XVIII, según las cuales el demonio con todo su engaño, división y desorden sería soltado sobre la tierra cincuenta o sesenta años antes del año dos mil.

En esa época y bajo esas circunstancias nacieron y se construyeron muchas de nuestras anteriores familias y, por ende, continuó desencadenándose, generación tras generación, la descomposición de los hogares y su incomunicación, y se perdió así identidad, armonía, buenas costumbres y valores cristianos, como núcleo vital y esencial para el hombre y la sociedad.

Fue de esa manera como se dio pie a un cáncer social y a un círculo vicioso en los cuales un grupo oscuro y codicioso inició un proceso permanente de descomposición de la familia, la sociedad y todas sus instituciones. Por eso venimos arrastrando a lo largo de nuestras distintas generaciones cadenas de violencia, división, abandono de los hijos, soledad, desgracias, infelicidad, miseria, pobreza y enfermedades que heredamos de nuestros familiares vivos o muertos.

Buena parte de los conflictos y resentimientos no resueltos por parte de nuestros padres y abuelos generalmente recaen sobre nosotros y están guardados como trapos sucios pudriéndose en el fondo del armario de nuestros corazones.

Cabe recordar aquí la época en que muchas de nuestras mamás por miedo, por "sostener el cañazo" y no regresar a las casas de sus padres, por idolatría o por sometimiento ciego, se tragaban todas las agresiones de nuestros papás. Pero como en todas las ideas y decisiones los seres humanos acostumbramos pasar de un extremo a otro, de pasivos o alcahuetas a acelerados y despelotados, ahora la mujer a la primera contrariedad o desacuerdo con el marido lo manda para el carajo y a coger café de noche con linterna.

El camino más falso para hallar la paz

La violencia y la guerra han demostrado históricamente su fracaso para conquistar al mundo siempre ansioso de paz y de tiempos mejores.

Generalmente, tras de cada hombre violento hay una infancia violenta que está anhelando y clamando a gritos amor, para lograr ser de nuevo alguien normal. En la época de la confrontación entre los años cuarenta y cincuenta en Colombia, al propio Manuel Marulanda una cuadrilla de aproximadamente veinte hombres le violaron a su madre y se la descuartizaron en su presencia cuando apenas era un niño. A los hermanos Carlos, Vicente y Fidel Castaño también la guerrilla les asesinó e incineró a su padre y hermano. A Efraín González, el famoso bandolero de los años setenta, le violaron a sus hermanas y las asesinaron. Eso es lo que ha hecho destruir a nuestro país y a sus familias, generación tras generación. De una persona herida, nace una cadena de venganzas. Hitler, en su época, dijo una frase que pareciera que la hubiera dicho también para el presente *"Por el odio y el resentimiento de un solo hombre pueden pagar varias generaciones"*.

Tales tragedias por nada justifican esa reacción violenta; la mayoría de las veces uno da de lo que recibe. Nada solucionamos con juzgar o maldecir y desconocer la sed con la que otros viven. Nadie comete errores porque sea malo, como si simplemente un día hubiera dicho para sí "¡Ve, a partir de hoy, voy a comenzar a ser malo!".

¿Pero hemos orado por los violentos? Ha ido alguien a hablarles del amor, del perdón y de la reconciliación que Dios concede al corazón del pecador que se arrepiente de sus errores con sinceridad? Dicho perdón es diferente del perdón imperfecto que solemos dar los seres humanos, que en cualquier momento nos cansamos o simplemente nos limitamos a juzgarlos para acabar enterrándolos en su desgracia y su miseria.

Ver el lado bueno de los otros nos hace ser agradecidos, y ser agradecidos nos hace ver y valorar el lado bueno de las personas. Los seres humanos somos ingratos por naturaleza. A veces caemos en el error de ver y pegarnos únicamente de los defectos y errores de nuestros familiares que han herido y marcado nuestra vida, olvidando agradecer la renuncia que tal vez tuvieron que hacer a sí mismos en varios aspectos (ideales, metas, sueños) y el esfuerzo que hicieron para darnos lo poco o mucho bueno que nos brindaron, ya que ellos quizá recibieron muy poco o nada.

Debido a la humanidad imperfecta y herida de nuestros padres y allegados, todos cometemos errores, que a todos, de una u otra forma, nos traen consecuencias dolorosas que poco podemos evitar. Por eso nadie se escapa de tener problemas y, por ellos, desesperarse, renegar y maldecir, lo cual daña nuestra vida.

No podemos quedarnos entonces en lamentos ni en plan de víctimas o mártires toda una vida, sin soltar las amarras del pasado y mimando nuestros recuerdos en autocompasión, porque de todas maneras con tal actitud los que más vamos a sufrir somos nosotros mismos. No nos quedemos en la incesante pregunta ¿por qué?, ¿por qué?, ¿por qué me pasó esto a mí?, ¿por qué no le pasó a tal y tal, que ha sido peor que yo?

Por el contrario, la pregunta que debemos hacernos es ¿para qué me pasó esto a mí?, ¿no será acaso esta situación un alto en el camino, para concientizarme y valorar muchas de las pequeñas cosas que enriquecen mi vida y que tal vez había dejado de ver y valorar?, ¿cómo puedo yo aprender, crecer y madurar con esto?, ¿no será que Dios quiere que caigamos en la cuenta toda mi familia y yo de los errores cometidos en el pasado y de los frutos de dolor que hoy recogemos como consecuencia de ellos, de modo que podamos asumir una nueva actitud para poder enmendar, sembrar y construir nuevas vidas, nuevas familias y un nuevo país?, ¿cómo va a ser Dios tan masoquista o sádico de crearnos tan solo para sufrir?, ¿no será que hemos recibido bendiciones envueltas en desgracias?

Cuando en una familia ocurre que la hija jovencita y soltera de la cual más esperaban sus papás de repente aparece embarazada, es rechazada, despreciada, humillada, abandonada y hasta maldecida, pero cuando nace el bebé todo se torna bendición y felicidad, e incluso hay un cambio de comportamiento de todos los allegados, especialmente de aquellos de los que la nueva mamá nunca esperó nada. Un bello ejemplo de cómo la tristeza se transforma en felicidad es el tremendo dolor que sufre una mujer en el momento del parto, que, después de nacida la criatura, se torna en la alegría y la esperanza.

De manera que tener conflictos en esta vida es algo de lo que nadie se escapa. Crecer en medio de tantas tensiones, imperfecciones e injusticias no sólo nos trae consecuencias a nivel individual, sino que nos afectan negativamente en una dimensión social universal. Los errores de mi familia, los míos y aún los de extraños nos ensucian a todos; ellos generan la **crisis** del mundo.

El mayor beneficio de conocerse a sí mismo es la paz que ello nos brinda. Es muy tranquilizador saber con qué cuento, de dónde vengo, dónde estoy, para dónde voy y por qué sólo cuando hallo la paz interior puedo irradiarla y compartirla con mi familia y los demás.

Uno se puede sanar de lo que sea, pero no con pañitos de agua tibia

Como bien podemos darnos cuenta, para poder esperar que Dios nos sane necesitamos entregarle a Él nuestra vida y nuestro tiempo, todo ello con el fin de conocerle y obedecerle, aunque al principio nos traten de fanáticos, mojigatos, retrógrados, lame ladrillos, lame sotanas, viejas camanduleras, beatas, locas o menopáusicas. Recordemos que el Apóstol San Pablo, según carta a los Tesalonicenses, actuaba pensando "no en agradar a los hombres sino a Dios, que sopesa nuestros corazones" (1 Ts 2, 4). Por ser perfecto y justo, nos pagará según nuestros merecimientos.

Además, ¿cuándo han visto que a un palo que no dé frutas le tiren piedras? Siempre le van a tirar piedras al que da frutas, no a un chamizo. La Biblia en 1ª Corintios 27, nos dice: *"Ha escogido Dios más bien a los locos del mundo para confundir a los sabios"*. Por consiguiente, sea astuto; si en su camino aparecen familiares o alguna otra persona que lo trata de loco, respóndales que lo respeten, que usted no es loco sino demente "de–mente abierta a Dios"; y que "es mejor entrar loco al Cielo que cuerdo al infierno", o sea estar loco con felicidad y paz, y no cuerdo pero con estrés, depresión o miedos. Porque como bien lo sabemos, el Cielo comienza aquí, al igual que el infierno.

Cuando uno hace las cosas en esta vida por agradar o darle gusto primero a la familia o a los demás es muy difícil, porque todos somos imperfectos y un día van a hablar bien de nosotros y al otro día amanecen estresados o de mal genio y van a hablar mal de uno o lo mandan al diablo. Por eso, es mejor actuar con el único fin de agradar a Dios, que sí es perfecto y al final no nos va a hacer quedar mal ni a pagar mal.

Lo peor de todo es que hasta ahora no se ha podido descubrir una pastilla cuyo efecto nos permita decir "listo, me llegaron la paz y la felicidad". Estos procesos no se dan de la noche a la mañana; están llenos de obstáculos; no es para menos. Es que estamos hablando del conocimiento de la verdad plena, la única que finalmente nos lleva a encontrarnos con el sentido de vivir la paz y la felicidad verdaderas que hoy en día, por gracia y misericordia de Dios, me tienen en un momento en el que atrás quedaron las depresiones, el miedo, la soledad, el estrés, la ansiedad, la desesperación y los complejos.

La Biblia ilustra en varios pasajes el sinnúmero de obstáculos que enfrentaron los personajes que quisieron ir al encuentro con Jesús. Es el caso de Zaqueo, rico cobrador de impuestos que por el tamaño tan pequeño de su cuerpo tuvo que humillarse subiéndose a un árbol para poder ver a Jesús en medio de la multitud. De manera semejante, los cuatro que llevaban al paralítico en la camilla, al verse impedidos a entrar a la casa donde Jesús estaba predicando porque la multitud taponaba la entrada, se subieron al techo, lo desentejaron y bajaron la camilla con unas cuerdas para que ésta quedara al lado de Jesús, quien después de asimilar la sorpresa les concedió el milagro.

A diferencia de esto, "cuando uno no lucha por vencer los obstáculos o no le dedica tiempo a Dios, el demonio le pone oficio", no el demonio de cachos y de cola, no, todos los sufrimientos que he venido citando, los cuales no vienen de Dios. Todo lo que Dios creó en esta vida para nosotros es bueno, pero debemos dedicarle tiempo a Él para que nos pueda dar las instrucciones de cómo se usa lo que Él creó. Por ejemplo, **Dios creó el agua, pero no la entubó;** esto nos toca a nosotros.

Este proceso de búsqueda y sanación que viví no sólo estuvo lleno de momentos de liberación, paz y felicidad; también, surgían en mí cuestionamientos que a veces me hacían entrar en crisis, tal como lo he venido planteando. Me preguntaba frecuentemente ¿por qué a mí, por qué yo, por qué?, ¿por qué no le pasó esto a otros compañeros de trabajo que eran más viciosos, más locos y más despelotados que yo?, ¿por qué yo era el único miembro de mi familia con semejante sufrimiento?, ¿por qué tenía que responder por los errores de mis antepasados?

Y en un grupo de oración Dios empezó a darme respuestas muy bellas con relación a estos cuestionamientos que tanto me hacían sufrir. Me dijeron que no le preguntara tanto a Dios por qué me había permitido todo eso, pues terminaría sintiéndome Su víctima o la de mi familia, de mi trabajo, de la sociedad y de todo el mundo. Como lo referí en página anterior, me enseñaron que más bien me preguntara ¿para qué a mí?

Dios me permitió vivir eso. Igualmente me dejó conocer el ¿para qué? de ello mediante algunas reflexiones que puso en mi camino, como que ni la hoja de un árbol se mueve sin Su voluntad, porque Él, en Su perfección, tiene un plan y un propósito con respecto a cada situación de nuestra vida y, como dice la Biblia, *"En todas las cosas interviene Dios para bien de los que le aman"; y eso lo reafirma San Agustín: "Y Dios es tan omnipotente y bueno que del mismo mal saca un bien... De manera que Dios permite el mal con vistas a un bien mayor"*.

Definitivamente, la palabra que más me consoló por esos días de tristeza, justo cuando quise tirar la toalla con más fuerza en mi proceso de búsqueda, fue la que recibí en la parroquia San Gerardo Mayela en Bogotá, cuando en una Confesión me le quejé al Padre porque a pesar de ver en mi vida y en mi cuerpo esos milagros tan grandes de Dios, a veces se me hacía difícil serle obediente, caía y caía siempre en los mismos errores y pecados, y esa incapacidad mía sólo me dejaba intranquilidad, vacío y tristeza por la ingratitud con Dios, quien había sido tan bueno conmigo. El Padre, con mucha dulzura y sabiduría, me dijo que esas tendencias y ataduras las había heredado de mis antepasados y que por eso me era tan difícil luchar contra ellas y romperlas por mi propia cuenta. Asimismo, sus palabras me llenaron de esperanza, porque me aclaró que Dios, a través de enfermedades y sufrimientos como los que yo tenía, iba a hacer una obra muy grande no sólo en mí, sino en toda mi familia, pero para ello tenía que continuar dedicándole tiempo y ofreciéndole esos dolores con amor, con el fin de conocerlo, hasta el día en que, si esa era Su voluntad, Él me sanara, cumpliéndose con ello la enseñanza Bíblica *"Ten fe en el Señor Jesús y te salvarás tú y tu familia"* (Hc 16, 31).

Más adelante, con un ademán, el Padre me invitó a la Casa Cural para mostrarme en su Biblia una palabra que el Señor quería regalarme, en la Carta de San Pablo a los Efesios 2, 1-10, la cual, palabras más o palabras menos, me enseñó lo siguiente: *"Dios me escogió a mí, para que en mí se rompiera tanta cadena de pecado que ataba el árbol genealógico de mi familia, y así naciera una nueva generación en Dios"*.

Dios cada día me iba sorprendiendo más y más; en cada persona de quien buscaba ayuda encontraba una palabra sabia de Él, un carisma o un don diferente, que me servirían para crecer en el conocimiento, la Gracia o la liberación de las diversas circunstancias de dolor, desgracia o contaminación con las que crecí. Esto me hizo entender cómo el Espíritu Santo va repartiendo Sus dones entre múltiples personas y comunidades, no los deja todos en una sola, porque Dios es un Dios celoso que sabe que, de pronto, vamos a terminar endiosando o idolatrando a esos instrumentos ungidos con el poder de Dios. Por eso mismo permite que a veces lleguemos a conocer hasta sus debilidades más íntimas, para que sólo nos aferremos a Él, pero muchos de nosotros, en lugar de ello, nos dejamos desanimar y entramos en crisis de fe.

Cómo entra el pecado y ensucia la historia de nuestras familias

Más adelante encontrarán una relación de vicios, mañas y pecados que de generación en generación causan desgracias, ataduras y maldiciones en las personas. Las malas costumbres y la cultura mal interpretada van volviendo todo moda, normal, natural y el pecado se vuelve tabú. Dice el Profeta Isaías (5, 20) *"¡Ay de vosotros, que llamáis mal al bien y bien al mal!"*. El motivo primordial por el cual presento la relación anunciada es que conozcamos dónde se encuentran las verdaderas raíces de nuestros males y sufrimientos siguiendo el consejo de San Agustín de no buscar fuera de nosotros el mal que llevamos dentro. Es dentro de nosotros donde está la felicidad que Dios nos quiere dar. Por eso, debemos primero cambiar nosotros si queremos ayudar a que cambien los demás.

Como ya se explicó, el causante de todas estas ataduras y conflictos entre los miembros de una familia en sus distintas generaciones es el demonio. Siempre aprovecha las heridas, los vacíos, los resentimientos, la soledad, los traumas, las carencias afectivas que traemos desde la niñez y la extrema vanidad que al final nos vuelveególatras y manipuladores. Nos utiliza incitándonos a buscar las soluciones de manera autosuficiente, haciéndonos creer que el poder está en una mente programada y llena de conocimiento. Su gancho es seducirnos y convencernos de que solos, sin Dios, podemos ser, hacer y tener, para lo cual se vale de todo este mercado "espiritual" tan complaciente de filosofías, movimientos, sectas, prácticas, energías y técnicas, en su mayoría orientales.

Es eso lo que nos ofrece el movimiento conocido como Nueva Era, con sus terapias de autosanación y autosuperación, que no resultan ser otra cosa que soluciones mágicas e inmediatistas que nos prometen éxito en la búsqueda del tener, el poder y el placer a partir de la desobediencia a Dios y de su desconocimiento como cabeza verdadera de nuestra vida. **Las terapias, cursos, técnicas, ciencias, sectas e ideologías nos enseñan a nadar como peces, a volar como aves, pero sólo Dios es quien nos enseña a vivir como verdaderos hermanos.**

Otras veces nos acostumbramos a buscar a Dios como el Dios bombero, exclusivamente en momentos difíciles, para que nos saque de una situación particular y al no ver los resultados esperados nos alejamos de nuevo de Él y, lo que es peor, lo traicionamos cayendo de nuevo en las trampas del demonio, como dice la frase: encendiéndole una vela a Dios y otra al diablo.

Con esta forma de tratar de solucionar nuestras crisis no nos comprometemos con Dios ni con nadie, Queremos y creemos que podemos comprar a Dios y manipularlo de acuerdo con nuestros intereses egoístas, dándole cabida a la primera mentira del libro Génesis, cuando la serpiente llamada Satanás sedujo y engañó a Adán y Eva para que desobedecieran a Dios: *"Seréis como dioses".*

Dios nos quiere realizados en todas las áreas de nuestra vida. No fue Él quien creó el dolor ni el hombre fue creado para el sufrimiento o Cruz; fue el pecado original el que introdujo en la familia humana el dolor con su larga caravana de torturas físicas y morales. Frecuentemente atribuimos a Dios nuestros sufrimientos o cruces y a cambio Dios nos da la oportunidad para encontrar en la solución el sentido de nuestra existencia y nuestra razón de ser. Por ello tenemos que determinar el origen humano, divino o satánico de lo que estamos sufriendo.

El caso concreto de cruces o sufrimientos buscados por nosotros mismos son las consecuencias de las prácticas mencionadas y otras que encontraremos más adelante, con las cuales lo único que logramos es abrirle puertas al enemigo, dándole papaya, quien, ni corto ni perezoso, aprovecha para contaminarnos y oprimirnos mediante un velo de engaño e ingenuidad. Nos roba las bendiciones que Dios nos quiere dar y nos debilita para hacernos caer de nuevo en el pecado que nos causa la infelicidad.

Todo lo anterior lo compruebo con mucha frecuencia, cuando personas conocedoras de la experiencia de vida que estoy viviendo se acercan buscando un consejo en Dios, ya sea porque están enfermos, porque piensan que su vida no tiene sentido y les quedó grande, porque sus buenos planes no se realizan y todas las puertas se les cerraron, porque tal vez se sienten solos, fracasados, frustrados, deprimidos, estresados, desvelados, temerosos, intranquilos, con cargos de conciencia, espíritu atormentado y viciosos. Son gente que ante los demás aparenta estar bien pero, en el fondo, sabe que su situación personal y familiar es crítica, hasta el punto de que en vez de reconocer su responsabilidad se sienten las víctimas de Dios, de su familia o de los demás.

El demonio no es el único culpable de nuestros males

El demonio no es, en sí mismo, el agente directo de nuestros males. Qué tal Dios creando y el demonio, con su poder de igual a igual, destruyendo lo creado por Dios como si tuviera su mismo poder. Generalmente, el demonio busca la oportunidad para aprovechar y entrar en esa herida abierta que no hemos podido sanar. La brujería sí existe; con su poder entra en uno tan sólo cuando tenemos puertas abiertas, como resultado de nuestros pecados o el de nuestros antepasados. Sería absurdo que estando en Gracia y obediencia a Dios el demonio hiciera de las suyas. El demonio va hasta donde Dios se lo permite.

Dicho de otro modo, si el demonio no nos molesta, no buscamos a Dios. Ignoramos que él es el agente corrosivo y destructivo que se mimetiza en la raíz de nuestros problemas. Yo me río al recordar esos momentos en que nuestras mamás nos hacían salir corriendo, llenos de miedo, para donde el cura, después de mucho tiempo de no visitarlo: "¡Ay Padrecito!, ayúdeme por favor, mire que de noche estoy teniendo unas pesadillas muy feas o estoy viendo sombras, algo se me sienta en la cama o en el pecho, a veces me jalan la cobija y al otro día aparecen en el suelo, me arañan de noche, en mi casa las cosas se caen solas o cambian de lugar, las dejo en una parte y luego aparecen en otra, el televisor o el equipo se prenden solos, y lo peor de todo es que del desespero he tenido deseos hasta de suicidarme".

Existen personas que, por la falta de conocimiento de Dios por parte de sus familiares, cuando son objeto de este tipo de ataques y opresiones terminan en un manicomio o en una clínica de reposo, tratados como locos a punta de tranquilizantes que sólo los dopan. Serían enriquecedores los frutos de un psiquiatra o psicólogo que permitiera conducir sus tratamientos por Dios.

Monseñor Alfonso Uribe Jaramillo decía que los posesos eran los mártires de este siglo ya que nadie, ni sus familias, ni los psiquiatras, ni los médicos, los entendían y mucho menos ellos mismos. Por eso los trataban de locos.

Hay un tiempo en que Jesús nos hace saber que es el demonio quien con el pecado nos roba la felicidad para la cual Dios nos ha creado. Es entonces cuando a nosotros nos corresponde decidir cuál de los dos caminos escogemos: el de la esperanza en Dios o el de la desobediencia y la derrota, tal como nos lo confirma en San Juan 15, 22: *"Si yo no hubiera venido, ni les hubiera hablado, no tendrían pecado; pero ahora no tienen excusa por su pecado"*.

Un padrecito que se hizo muy famoso por su humildad fue el ahora Santo cura de Ars. Él afirmaba que el demonio trabaja para Dios, pues sólo logra ir hasta donde Dios se lo permite. Hay un escrito sobre la vida de este Santo curita en el que se dice que llegó a agradecerle al demonio todos los méritos que le hizo alcanzar para llegar al cielo. Santa Teresita del Niño Jesús enseñaba que el demonio es la gracia de la que Dios se vale para hacernos caer en la cuenta de que por donde vamos, vamos en pecado. Por esto mismo es que Santa Teresa al referirse al demonio, lo llamó la mona o mica de Dios, y otros santos, el títere de Dios.

Cuenta una historia que cuando Santa Teresa se sentaba en la taza del baño aprovechaba para sacar su camándula y rezar el rosario, y constantemente el mismo demonio se le aparecía y le decía:

—Cochina, desaseada; ¿cómo se pone a orar mientras está haciendo eso?

La monja, señalándose su cintura, le respondía:

–Es que lo que salga de aquí para arriba será para Dios, pero lo que yo vote de aquí para abajo es para vos.

¡Insisto! Como seres humanos no somos perfectos. Por eso el Señor permite que nuestra humanidad se vea enfrentada a aquello que el Apóstol San Pablo denomina "un Aguijón en la carne", el cual, visto con los ojos de la fe, es el dolor o la situación que más nos cuesta entregarle y ofrecerle a Dios, lo que nos mortifica para que no nos volvamos autosuficientes, para bajarnos el moño, para purificarnos y perfeccionarnos hasta que dependamos tan sólo de Él, quien es fuente Divina de perfección en el amor, que es nuestra meta: *"Y por eso, para que no me engría con la sublimidad de esas revelaciones, me fue dado un aguijón a mi carne, un ángel de Satanás que me abofetea para que no me enorgullezca"* (2a Cor 12, 7).

En otras palabras, Dios permite el "aguijón" en nuestra humanidad para que crezcamos en la humildad, es decir, en la misma virtud o arma que, sumada a la obediencia, permitió al Arcángel San Miguel arrojar a Satanás del Cielo y vencerlo.

Este sí es el verdadero culpable que hoy en día acaba con las familias

Me imagino al diablo diciendo en medio de su perversidad e ironía, muerto de la risa al ver que nosotros los hombres lo acusamos de todos nuestros errores:

"Ya estoy cansado de que me estén echando la culpa de todo. Si se va un marido con otra, es culpa de esa porquería de demonio. Las viejas no se fijan en cómo se mantenían de ocupadas en sus trabajos sin tiempo para el marido, cómo son de jodonas y cantaletosas con ellos, por el contrario, cómo lo habían idolatrado; que si el marido cayó en quiebra o se enfermó fue por culpa de esa cochinada de demonio. Pero no se fijan si en el pasado obtuvieron dinero mal habido, derrocharon o qué tan sinvergüenzas fueron, y que cuando tuvieron no se acordaron de agradecerle a su tal Dios o de compartir con los demás".

Por favor, no le demos tanto poder al demonio, les hablo con el corazón, con base en mi experiencia de vida. Más bien esforcémonos por perdonar y por obedecer a Dios, de esta forma sanaremos.

No debemos buscar otras causas de nuestros males y mucho menos fuera de nosotros mismos. Las verdaderas raíces de nuestros males y puertas abiertas a las fuerzas del mal son las heridas emocionales que nos marcan el alma con recuerdos dolorosos. Es como cuando una vaca tiene una herida y los insectos se le prenden para ahondar más la llaga. Asimismo, los recuerdos dolorosos son el blanco perfecto para que el demonio nos oprima hasta el punto de desear morir de desesperación.

El poder sanador de Dios es más grande que todos nuestros sufrimientos. Él nos lo manifiesta por medio de la única terapia efectiva: perdonar por amor con el amor de Dios. Amamos de manera imperfecta, temporal y pasajera porque somos imperfectos; un día estamos de buen carácter y el siguiente día no. El amor de Dios sí es perfecto, incondicional y todo lo tolera, para que se cumpla la verdad más importante que hay en el Evangelio, es decir "Dios es amor" y "donde hay amor no hay temor porque el amor echa fuera el temor". Dar ese paso se nos hace más fácil si contamos con la intercesión maternal de la Virgen María, quien todo lo soporta y lo tolera porque sólo ve lo bueno que hay en nosotros.

Cuando el amor de Dios se encarna en nuestro corazón, el mal no tiene cabida porque no tiene dónde aferrarse

Es fácil ver que la belleza y la esperanza de vivir se basan en que a pesar de que nuestra concepción o niñez haya tenido dificultades o traumas ocasionados por nuestros familiares, allegados u otras personas, Dios desde la Eternidad nos conocía, soñaba y amaba antes de ser concebidos en su amor de Perfecto Papá Creador, y nos sigue demostrando su fidelidad de Padre a través de permanentes gestos de amor y protección. Lo que pasa es que muchas veces no entendemos Sus caminos, acabamos cuestionándolo todo y resultamos resentidos con Él por muchas razones, entre las que se cuentan las siguientes:

Es muy difícil pedir a alguien que no haya tenido un buen ejemplo o una buena imagen de su papá por haber recibido de él solo negligencia, agresividad y abandono, que crea en Dios, pues la primera imagen que tenemos de Dios en la tierra es nuestro papá. Si quien no respeta y ama al que ve, es muy difícil y complicado que al crecer obedezca y ame al que no ve. Por lo mismo no se puede exigir a un joven, cuyos papás y abuelos no dedicaron tiempo para hablarle de Dios o para orar con él y, además, se divorciaron. Un acto de mal ejemplo de su papá fue el que vivió el filósofo Carlos Marx, ya que luego de muchos años de ir con el a la Iglesia judía, un día recibió de su padre la noticia de que ya no pertenecerían más a esa religión sino que se trasladarían al protestantismo. Al preguntarle Marx el porqué de ese cambio si para su familia la fidelidad a su religión era sagrada, su padre le respondió: "Por negocios, hijo, por cuestión de negocios". Esa decepción fue una de las razones que dio pie para que en su momento el filósofo llegara a opinar que la religión era el opio del pueblo.

De igual manera, ¿cómo puede esperar uno que un indígena glorifique al Dios Uno y Trino, o que vaya a la Misa y comulgue, a sabiendas de que al único Dios que conoció por sus taitas o antepasados fue al Dios del maíz o de la chicha? Solamente cuando adopte la fe.

Con el paso del tiempo he ido descubriendo cómo una buena parte de aquellas personas que trabajan en los medios de comunicación y que se confiesan públicamente ateos o ridiculizan las cosas sacras de la Iglesia son gente resentida con la vida, a la cual le causa urticaria todo lo que tenga esencia de verdad, de justicia y de bondad. A causa del desamor y el abandono que sufrieron por parte de su padre en la niñez, quien los dejó para irse con otra mujer, se les hace imposible confiar en toda figura masculina que represente la paternidad (Dios, el Sacerdote, etc.). Pero, como siempre, la Virgencita María a estos hijos huérfanos de papá los trata de pescar de nuevo; ya sea por sus propias mamás, sus esposas, sus hijas, sus amigas o alguna allegada, para así meterlos en su corazón y luego llevarlos a Dios Padre en su Hijo Jesús.

Hay muchísimas personas resentidas o tienen miedo a Dios porque su papá o su mamá cayó en el error de hablarle de un Dios castigador y le exigía rezar a punta de amenazas o en forma agresiva o lo condicionaba con frases como: *"Eso es un castigo de Dios por ser tan desobediente"*.

Otras están resentidas con Dios o sin fe al culparlo de una tragedia familiar, una quiebra o de un familiar o allegado enfermo o "especial". Lo que nadie se detiene a pensar es que las personas especiales se convierten en la luz de la familia, ellos son quienes más nos sensibilizan en la transparencia y en la humildad con el ejemplo de sus vidas. Muchas familias, por orgullo y vanidad, caen en el error de ocultar a estas creaturas, sin saber que más tarde la vida todo lo cobra y terminarán con un sentimiento de culpa muy grande. Estos seres especiales vienen a este mundo con el tiquete listo bajo el brazo para irse al cielo porque siempre van a ser niños inocentes.

Dios no castiga a nadie. **Desgracias, enfermedades, pobreza, tristezas, temores e infelicidad no vienen de Dios, sino de vivir sin conocerle, ni obedecerle.** Porque si no sería un Dios sádico y masoquista. Somos nosotros quienes recogemos las consecuencias de todos los errores del pasado o el presente. Dios permite nuestros sufrimientos para que por fin lo busquemos, conozcamos y realmente nos comprometamos con Él, de modo que nos muestre su amor y su gloria a diario con sus milagros. **Detrás de cada problema material hay un problema espiritual.** La Biblia en Génesis 3, 17 nos cuenta cómo los primeros habitantes de la tierra, Adán y Eva, en el momento en que desobedecen a Dios al comer del fruto prohibido pierden la inocencia y se llenan de temor; entonces los hombres comenzamos a perder la luz y la sabiduría que a diario necesitamos para encontrar las bendiciones de Dios.

Profesores que guardan algún tipo de decepción, resentimiento o rebeldía con sus padres, autoridades religiosas o sus mismos maestros, transmiten esos sentimientos a sus alumnos en forma de inconsistencias, dudas, cuestionamientos o contradicciones acerca de las sanas enseñanzas cristianas inculcadas por sus padres o familiares, así como su misma crisis de fe.

Vemos minada nuestra fe como consecuencia del contenido de programas de televisión, radio, películas y novelas que muestran de una manera distorsionada todo lo que es la verdad del amor perfecto, sanador y salvador de Dios. Dejarnos ocupar o distraer en extremo por tantas cosas al final nos hace olvidar que Dios existe, hasta que los dolores, los golpes de la vida o las equivocaciones nos ponen "el tate quieto".

Estas son algunas de las cadenas humanas y espirituales con las cuales ingenuamente nos transmitimos unos a otros tantos errores.

Como bien vemos, quien vino a pagar aquí los platos rotos fue el mismo Dios, pero quienes salimos perdiendo fuimos nosotros. Dios no dejará de ser Dios. En el mundo lleva todos los años de vida reinando, pero nosotros sin Dios no somos nada. "Él que te creó a ti, sin ti, no puede hacerte feliz sin ti". Cuando buscamos a Dios no estamos haciéndole un favor a Él, es Él quien nos está beneficiando a nosotros, porque el tiempo que Le dedicamos para conocerlo y obedecerle nos lleva a cambiar los discos duros del corazón y los recuerdos.

Un nuevo estilo de vida, una nueva forma de vivir

Encontrarnos con este nuevo lenguaje y ambiente de amor, de perdón, de reconciliación, de diálogo, de tolerancia, de compartir, de orden, de equilibrio, de esperanza, de paz, de felicidad, de calor de hogar va sanando en nosotros las huellas de dolor y vacío producto del ambiente de desamor, agresividad o manipulación en el que fuimos formados y en donde se crearon los primeros traumas y bloqueos de nuestra mente, cuerpo, alma y espíritu.

Esto no es fanatismo, eso es para los locos. Dios es amor y actúa en nuestra vida llenando la falta de ese amor, de caricias y palabras de afecto que no recibimos de papá, de mamá, de nuestros hermanos, de nuestro cónyuge, de nuestros hijos o demás familiares o allegados, que hemos estado buscando equivocadamente en otras personas y cosas a lo largo de nuestra vida. En la medida en que Le vamos dedicando tiempo a Dios, Él nos va haciendo conocer nuestra propia historia y caemos en la cuenta, a través de alguien o de alguna circunstancia, qué nos trajo o nos trae buenas o malas consecuencias.

Jesús, en Mateo 11, 28, nos dice *"Venid a mí todos los que están cansados y agobiados, y yo los aliviaré"*. Si crees que no eres importante para nadie, para Dios sí lo eres; Dios te ama tal y como eres, debes abrirle tu corazón; no temas darle el sí.

Por esa misma razón, la Santísima Virgen en Medjugorie nos recomendó no despreciar al que está alejado de Dios sino aceptarlo y comprender que no ama a Dios por no conocer su amor; es nuestro deber presentarle ese amor infinito y misericordioso. Esa es la misericordia del Señor; Él no vino a juzgarnos sino que siempre está esperándonos con sus brazos abiertos; tal como lo recomienda esta cita: *"Los que somos fuertes en la fe, debemos aceptar como nuestras las debilidades de los que son menos fuertes, y no buscar lo que a nosotros mismos nos agrada"* (Rm 15, 1).

Lo primero que debemos hacer para evangelizar a quienes carecen de sólido conocimiento espiritual es presentarles a Dios Amor, que los acoge por nuestro mismo amor y **ganarnos primero sus corazones.** Ese es el llamado que siempre lucho por sentir cuando se me acercan con alguna inquietud espiritual, que me mueve a transmitirles un mensaje de esperanza, presentándoles un Dios que se hizo hombre por amor a nosotros, para redimir nuestra naturaleza perdida por el pecado. Él, que vino a amarnos y a salvar a los que estábamos enfermos y a rescatarnos del pecado, tal como lo hizo conmigo, a quien por su mediación divina restauró mi salud física y me ha ido quitando el barro de suciedad, la contaminación y rompiendo las cadenas con las cuales llegué a Él. Esto mismo es lo que Dios puede hacer con ellos, con usted y con toda su familia.

Nunca olvido la experiencia de una joven que echaba de menos que sus padres nunca le hubieran hablado de Dios, por lo cual no sabía nada de Él. Ella me contó que la dependencia del consumo de drogas alucinógenas, el desprecio por su cuerpo y el lesbianismo la llevaron a una desesperación y a una crisis existencial tan horribles que un día en su cuarto se tiró de rodillas al piso y comenzó a gritar, una y otra vez "¡Dios!, si de verdad usted existe deme una prueba!", "¡Dios, quien quiera que usted sea y donde quiera que esté, si de verdad existe, deme una prueba!".

En ese estado permaneció la joven invadida por la angustia, llorando inconteniblemente, de rodillas, con el rostro desvanecido sobre la cama, de repente comenzó a sentir un calor muy fuerte que se fue tomando su cuerpo, arrullándola suavemente, hasta que se quedó dormida. Era la fuerza fascinante del amor de Dios en el Espíritu Santo que la envolvía y desde ese mismo instante sembró en el corazón la inquietud e interés por el conocimiento Divino. Esta bella experiencia ratifica la certeza del salmista frente a la misericordia que Dios tiene con el pecador: *"Un corazón arrepentido y humillado, oh Dios, no lo desprecias"* (Sal 51, 19).

Los planes de Dios son diferentes de los nuestros; lo aparentemente negativo para nosotros es edificación y vida en abundancia para Él, en su perfecta e infinita sabiduría. *"Dios escribe derecho en renglones torcidos"*, dice la Sagrada Biblia, pero necesitamos acudir a Él para conocerlo en su palabra, para saber quiénes somos y qué Le significamos. **Tan sólo cuando el hombre conoce a Dios puede empezar a conocerse a sí mismo, porque el ser humano no puede ir más allá del conocimiento que está en la Biblia.** El llegar a conocer a Dios para amarle y servirle requiere de tiempo, pero vale la pena porque cuando persistimos en buscarlo obtenemos en nuestro corazón para toda nuestra vida el Reino de Dios, el cual es la paz, el amor, la justicia y la tan anhelada libertad.

Una vez entendamos esto, iremos por el camino correcto, pero esto no será posible si no nos acogemos a la asistencia de la Tercera Persona de la Santísima Trinidad, el amor y la sabiduría perfecta y plena de Dios Padre, Dios Hijo y el Espíritu Santo. Sólo de esta forma podremos vivir en carne propia la experiencia amorosa y transformadora que hizo de esta joven una creatura nueva que una vez más entre miles de millones en la historia humana, hizo realidad la promesa de Jesús a sus discípulos: *"Mucho tengo todavía que deciros, pero ahora no podéis con ello. Cuando venga Él, el Espíritu de la verdad, os guiará hasta la verdad completa"* (Jn 16, 12-13).

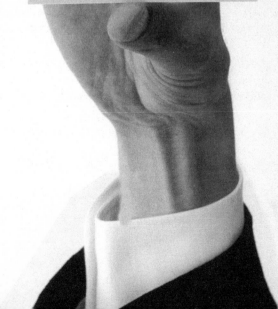

CAPÍTULO
tres

Dios no castiga ni con palo ni con rejo, sino, en cualquier momento, uno mismo con su pellejo

Después de este proceso de conocimiento con sacerdotes, integrantes de grupos de oración, lecturas y muchísimos otros recursos que me ayudaron, sentí la necesidad de empezar a ponerlo en práctica. Ahora faltaba lo más duro: hacerlo una realidad.

Fui nuevamente en busca de Aurita. Me pidió permitir que una niña muy especial compañera del grupo orara por mí y así lo hice. La oración transcurrió en un ambiente de absoluta paz y fue intercalada con una intensa conversación en la cual ella me empezó a decir una serie de cosas que me tomaron por sorpresa y hasta llegaron a asustarme:

–A usted le hicieron una brujería con una sustancia en polvo que le echaron en un jugo de naranja. Fue tal y tal niña. Para hacerlo se valió de tales y tales amigas que ustedes dos tenían en común y que usted muy bien conoce; usted sabe muy bien de qué le estoy hablando, Iván. Esto no es lo duro; lo más difícil es que para que Dios lo pueda liberar y sanar totalmente tiene que empezar por ir a pedirle perdón a esa niña.

–Y ¿qué le voy a ir a pedir perdón yo a esa... si trató de matarme?

–Usted no pensó en todas estas consecuencias que está viviendo antes de abandonarla y desaparecer sin decirle nada, luego de tenerla de novia por año y medio. Ella es una niña buena que valoraba y respetaba toda esa relación, pero usted con esa actitud le dañó sus sentimientos. Si hubiese sido una niña mala habría pensado: "Otro hombre perro más que pasó por mi vida; así son todos", pero había confiado en Iván, se había ilusionado, había creído que en verdad era el hombre de su vida y, claro, se llenó de odio y resentimiento por el engaño y la forma como usted la utilizó. Y para completar, entraron las amigas a echar más candela al fuego y acabar de envenenarla: "¿Cómo, a ti, que eres tan buena, ese hombre te hizo eso?".

Toda mi actitud agresiva se fue desvaneciendo en la medida en que esta niña me explicó todas las razones por las cuales esta exnovia reaccionaba así. También, comencé a entender cómo más tarde que temprano empezamos a pagar todos los daños y embarradas que hacemos a los demás y a nosotros mismos.

Comencé a sensibilizarme y a cuestionarme acerca de muchas cosas en la vida, no sólo por el hecho de descubrir las posibles raíces de la brujería o tener que ir a pedirle perdón a la mujer que trató de matarme, sino porque no entendía de dónde sacaba toda esa información o cómo hacía para saber todo eso. De manera que la interrogué con el fin de disipar mi confusión, y ella, muy amablemente, me explicó que no era ningún tipo de adivinación mágica o superstición, que eran dones que venían del Espíritu Santo, tal como se explica en la 1.ª Carta de San Pablo a los Corintios, 12, 9, donde dice que Él les concede a unos el don de hacer curaciones maravillosas, a otros el don de hacer milagros y a otros el don de profecía.

Como hojas atrás lo leyeron, en el grupo me habían aclarado las dudas que tenía sobre el Espíritu Santo y su acción. Ahora estaba comprobando que todo eso era cierto porque esta niña me lo estaba haciendo entender de forma práctica. En ella el Señor se manifestaba a través de los dones de visión y de conocimiento, entre otros. Se trataba de gracias o regalos sobrenaturales que el Señor le había regalado para el servicio de los demás y que hasta ese día empezaba a conocer y entender.

A Dios a veces no lo buscamos ni le creemos, porque no cobra la consulta

Mi ignorancia respecto de estas manifestaciones del Espíritu Santo hizo que me asustara, quizá porque no esperaba encontrar aquí situaciones similares a las que había presenciado donde los brujos, espiritistas, adivinos, astrólogos, maestros de ángeles y gitanas. Más tarde, por fin entendí que lo que pasaba era que el demonio regalaba a esas personas poderes de adivinación, mediante los cuales imitaba los carismas de ciencia y de palabra de conocimiento, como estrategia para manipularlas a ellas y a nosotros y volvernos idiotas útiles del engaño y del reino de las tinieblas.

La imitación demoníaca también se da en torno al don de curación. Cuando usted va en busca de un brujo lo primero que le pregunta es si necesita plata, traer de regreso a su ser querido o curarse de una enfermedad; si tiene buena o mala suerte; si tiene suerte en el amor. Pero, ese personaje casi nunca pregunta por las heridas y tristezas del corazón; en su mayoría lo hacen por dinero o negocio y, como cosa rara, le dicen a uno que les pague lo que le nazca; lo hacen con el fin de atraer como clientes a la familia y amistades.

A diferencia de esas estrategias del demonio, Dios nos invita a que en primer lugar vayamos en pos de su Reino de perdón, paz y amor por medio de la obediencia a Su Palabra, como camino seguro para sanar nuestro corazón herido por el desamor y el pecado; también como paso ineludible para iniciar nuestro proceso de liberación espiritual, sanación física y material.

La Palabra de Dios también nos dice que para uno discernir si estos dones tan especiales vienen de Dios o del demonio hay que mirar en la vida de las personas que los tienen la forma como alimentan su relación con Dios, es decir, si frecuentan los sacramentos de la Eucaristía y de la Reconciliación, la oración y el rosario, si hay coherencia entre lo que predican y su vida privada o, por el contrario, llevan una doble vida, a Dios rogando y con el mazo dando, si su corazón está lleno de odios o resentimientos o si el servicio que prestan lo hacen por mero negocio.

El cuestionamiento de Aurita me previno aún más. Mis dudas persistían e insistí en la justificación de mi rencor:

–¿Cómo voy a pedir perdón a la mujer que trató de vengarse de mí? Así yo haya tenido la culpa, no puedo.

–Iván, dígale eso mismo al Señor en oración: *"Señor, yo no puedo perdonar, pero el poder de tu amor sí lo puede hacer por medio de mí"*.

Aurita me recomendó ir de nuevo donde el Padre Isaac a confesar ese resentimiento que se me había despertado contra la chica que me hizo la brujería y le contara todo lo que el Señor les había mostrado a ella y a la niña para que orara por esas causas. Yo le pregunté:

–¿Otra Confesión?, pero si ya me confesé de todos los pecados de los que me acordaba. ¿Para qué más?

–Sí, pero debes entender que una sola Confesión no es suficiente porque el Espíritu Santo cada día te va mostrando muchas faltas y pecados de los cuales no sabías que dañaban la relación con Dios y contigo mismo. Por ejemplo, muchos pecados que tenemos guardados desde la niñez, al igual que sus consecuencias, como cuando de niño jugabas con una cauchera tirando a matar los pajaritos, o los juegos entre niños con pistolas de pólvora y balines, y que aunque en ese momento esos actos no parecieran algo muy trascendental, más tarde pudieron haberte llevado a ser un asesino. Igualmente, como cuando de niño le contestabas groseramente a tu mamita hasta hacerla enojar y llorar. Pero, ¡tranquilo, Iván! El Señor por Su infinita misericordia va a continuar sanándote y limpiándote mediante la Confesión, la Eucaristía y la oración de sanación y reparación, por medio de los sacerdotes, los laicos y en los grupos de oración.

Allí entendí que para avanzar en mi proceso de curación era necesario empezar a echar la película de mi vida para atrás e indagar con detenimiento en los comportamientos, tendencias y conflictos que me caracterizaban desde niño. Supe que al esforzarme por recordarlos y concientizarme de ellos, empezaría a encontrar las raíces de los traumas y debilidades con los que lucho aún hoy en día. Esa etapa de exploración –en la que comencé a conocerme, reconocerme y aceptarme con la ayuda de Dios– fue muy útil para reconstruir mi autoimagen y mi estima propia. Fue ello lo que hoy en día me permitió vencer el egoísmo y contar con la gracia de asumir como propia la oración de San Agustín *"Señor, calma primero mi sed para poder ir a calmar la sed de los demás"*.

Y es que *"si uno quiere que Dios le dé lo que le está pidiendo, debe orar hasta que se le pelen las rodillas, es ahí donde está la solución, mijo"*. El obstáculo está en la mentalidad facilista que se nos impone, porque hoy en día todo lo queremos *light*, *fashion*, rapidito y sin mucho compromiso; no falta sino que esta sociedad de consumo extremo nos salga con el cuento que próximamente los embarazos serán ya no de nueve sino de cuatro meses.

Cada día aparecían más situaciones de mi pasado que requerían de un proceso de oración para poderme sanar totalmente. Pero al fin y al cabo esa era mi prioridad en la vida. Hubo tiempos en que me desesperé, hasta el punto de querer abandonar la batalla. Una frase que el Señor puso en mi camino me calmaba y me ayudaba a asimilar lo que estaba viviendo: **"Todos esos años que construiste tu vida sin mí no los puedes reconstruir en tan corto tiempo"**. Aquí sí que comprendí que una sanación es un proceso que sólo termina cuando uno se muere, porque Dios, aunque puede, no va a ser tan ingenuo de curarlo a uno de una vez del todo; si uno no tiene problemas se relaja y se va de nuevo del lado de Él.

De manera que tenemos que esperar en Dios un buen tiempo mientras se sanan todas las consecuencias y secuelas que dejaron tanto en nosotros como en otras personas nuestras equivocaciones y pecados. El Padre Gabriel Amorth, exorcista de la Arquidiócesis de Roma, recomienda que para recibir de Dios una verdadera sanación y liberación de alma y de cuerpo, una persona requiere de cinco a seis años de conocimiento y oración permanente; qué *Diosidencia*, similar al tiempo que dura una carrera universitaria.

El único camino para sanar el cuerpo y el alma es el perdón en Dios; con ello comenzaremos a encontrar el cielo aquí en la tierra

Sólo podremos dar inicio a un verdadero proceso de sanación cuando asumamos una actitud de perdón ante aquellos que nos ocasionaron esos hechos dolorosos en nuestra vida. Si insistimos en masticar resentimientos del pasado, los únicos que salimos perdiendo como unos tontos somos nosotros mismos, pues eso nos estanca y bloquea emocionalmente. No nos permitimos ver las virtudes que nos caracterizan, ni tampoco disfrutamos los pequeños regalos que Dios a diario nos concede.

Muy humano es negarse a sí mismo hechos dolorosos. Sin embargo, ya sea por el desgaste que nos causa el haberlos vivido o por instinto de supervivencia, terminamos reconociéndolos y superándolos; comenzamos así un nuevo proyecto de vida.

Además, el tener un proyecto o el proponernos una meta y luchar por ella con una actitud de fe y oración en Dios nos motiva, nos llena de esperanza y nos ayuda a desprendernos y olvidarnos de nuestro pasado tormentoso, así sea temporalmente. El hecho de darnos oportunidades de luchar por nuestros sueños hace que resurjan en nosotros sentimientos de satisfacción que afirman nuestra autoestima, pues de nuevo nos sentimos útiles y le encontramos sentido a la vida. "Cuando uno no sabe para dónde va, eso cualquier Transmilenio le sirve".

Las ganas de tirar la toalla y desaparecer del mapa aún continuaban. La vida es una permanente lucha por encontrar el sentido de nuestra existencia, y eso tan sólo lo logramos cogidos como niños de la mano de Dios, en obediencia, para que no nos sintamos abandonados por Él. Esto nos lo confirman las Sagradas Escrituras en Isaías

30, 20: *"Aunque el Señor te dé el pan del sufrimiento y el agua de la aflicción, Él, que es tu maestro, no se esconderá más. Con tus propios ojos lo verás"*.

El paso más importante dentro de este proceso es reconciliarnos con los vivos y con los muertos que nos hicieron daño. Debemos pedir a Dios que ensanche nuestro corazón para poder aceptar a los demás tal y como son, con sus vicios y virtudes; de lo contrario, caemos en sentimientos negativos, luchas desgastantes, estériles e inútiles. En este caso, sí que es Dios nuestra única esperanza frente a la limitada, mediocre y egoísta capacidad para amar y perdonar que nos caracteriza.

El amor pleno, transparente y desinteresado de Dios es el único que tiene el poder sobrenatural de lograr traspasar nuestros dolores y orgullos, llegando hasta las heridas más profundas del alma.

"La única oración que no sirve para nada es la que no hacemos", Dios siempre nos responde.

Sólo luego de recibir ese amor incomparable podemos perdonar realmente y de corazón como lo dice la palabra en 1 Juan 4, 10: *"El amor de Dios consiste en esto: no en que nosotros hayamos amado a Dios, sino en que Él nos ama a nosotros..."*. Esa es la verdadera sanación, primero recibimos el amor de Dios para poder luego ir a compartirlo con los demás. **"El auténtico amor del hombre únicamente comienza cuando empieza a conocer el perfecto amor de Dios"**. Algo clave que debemos tener en cuenta para poder perdonar perfectamente a nuestros agresores es el acto de reconocer que todos somos valiosos ante los ojos de Dios por nuestra dignidad y condición de hijos. Esto no es fácil. Normalmente vemos al agresor como a alguien malvado, pero no vemos ni entendemos el porqué de sus actos, ni su pasado.

El perdón promovido por sectas y movimientos de línea *new age* es mediocre o inexistente. Las técnicas que utilizan no incluyen para nada la caridad con el otro. Se busca flotar entre nubes, evadir la realidad con la fantasía, desconectarse y escapar de lo que no nos agrada, asociarse con otros según las conveniencias sin permitir que nos cargue su tragedia, su amargura o su mala energía. Además, justifican los actos evasivos con frases como "Yo no me puedo descomponer porque soy un ser de luz; por eso no dejo ver mi debilidad".

Para ganarse la confianza de los consumidores potenciales, estas técnicas afirman no tener inclinación religiosa alguna. Se excusan en que respetan el credo de cada persona, lo cual no es cierto, pues tienen una fuerte inclinación religiosa y espiritual no solo a una sino a varias corrientes, filosofías y religiones (sincretismo religioso).

Si los seguimos sin darnos cuenta nos volvemos seres egoístas, autosuficientes, solitarios, melancólicos, ansiosos y, lo peor, acabamos reduciendo a Dios a un muñequito que manipulamos en la palma de la mano, a nuestro antojo.

Perdonar no es olvidar,

es recordar
sin dolor y
desearle lo
mejor a la
otra persona

Así, la vida se nos convierte en una falsa paz, una falsa fraternidad y una falsa espiritualidad, en un paraíso de papel. Los miedos y las heridas ocultas del pasado permanecen aún vivos dentro de nosotros saturándonos de incapacidad de integrarnos socialmente, y nuestra identidad, historia y familia no dejan de ser un peso de dolor, ya que continuamos evadiéndolos sin procurar el perdón, sin sacar esa rabia que nos ha amargado la vida y nos envenena.

No pretendo juzgar a quienes promueven o participan en esas técnicas porque sé que al igual que yo han sido engañadas por una fuerza oscura que le puede a cada uno; es una cuestión técnica.

En la mayoría de los casos, desde mi experiencia lo digo, vamos detrás de conseguir paz para el espíritu por medio de una mercancía o religión *light* que no nos exija y comprometa mucho con la oración y la obediencia a Dios, y que podamos amoldar y hasta manipular a nuestro acomodo y desorden de vida. Este mercadeo se basa especialmente en la práctica de técnicas bizarras y sobrenaturales, supuestamente mentales, cuyo propósito es conducirnos a unos estados alterados de conciencia que se constituyen en una riesgosa contaminación para el cuerpo y el alma con fuerzas espirituales oscuras que nos hacen vulnerables.

Me refiero a las prácticas fomentadas por el tan mencionado y cotizado movimiento *nueva era*, que pretenden hacernos olvidar mágicamente los sufrimientos del pasado y sus consecuencias. Uno de los maestros líderes en este mercado mundial muy conocido en Occidente es Deepak Chopra, quien cobra altísimas sumas por un boleto de entrada a sus conferencias y sus descrestadores cursos de prosperidad y de milagros, los cuales terminan por contaminarnos mucho más o aumentando nuestra desgracia. ¡Qué tal Jesucristo repartiendo facturas por el pago de la gente al entrar a la sinagoga a escuchar su sabiduría y sus enseñanzas!

También, debemos tener sumo cuidado con las terapias que, justificadas en enfoques psicoanalistas, se llevan a cabo para inducir regresiones a la niñez o regresiones a otras vidas, a través de medios oscuros o espíritus de adivinación que estos profesionales, con todo su conocimiento y experiencia, no tienen claro.

En contraste, existen terapias no riesgosas de exploración de nuestras vivencias mediante las cuales se induce al paciente a regresar su memoria hacia la niñez, sin que deje de permanecer en estado consciente. Este tipo de terapias son realizadas por psicólogos con ética profesional y sentido humano que, como expresión de una sólida fe católica, acompañan su trabajo con oración.

Toda herida o vacío en el alma produce una ansiedad en la persona que, de manera equivocada, solemos llenar con una adicción, una vía de escape o un mecanismo de distracción, o con alguna terapia o práctica metafísica que al final acrecientan más el estado lamentable en que nos encontramos.

El único que nos puede llenar a plenitud es el Espíritu Santo, con su amor y su perdón perfectos. Toda terapia en la cual Dios no sea tenido en cuenta tan sólo nos sirve para cambiar una situación temporal por otra; por ejemplo, si la persona era drogadicta o ansiosa por comer ya después se puede llegar a refugiar de una manera exagerada en el licor, los juegos de azar, el sexo desordenado, el trabajo en extremo, el aseo obsesivo, las compras compulsivas, la televisión o hasta la misma Internet.

Para que esta fuerza sobrenatural del Espíritu Santo pueda obrar con fluidez y plenitud sus dones y carismas se requiere un proceso de oración de sanación interior y de liberación espiritual que sólo puede lograrse a través de nuestra humilde disposición y persistencia en esta búsqueda.

Cada vez más psicólogos afirman que nadie es salvador de nadie, ni siquiera ellos mismos. En esto tienen toda la razón, pero en el fondo les falta conocer a Aquel que sí nos salva de verdad, Jesucristo. Él, por el poder y la fuerza del Espíritu Santo nos puede hacer de nuevo, porque Él es el mismo, ayer, hoy y siempre.

Cuando el terapeuta católico está tratando con información que normalmente no es fácil de encontrar, sólo el Espíritu Santo, que examina las mentes y los corazones, puede discernir nuestras carencias más profundas y puede saber lo que está listo para ser sanado (Rm 8, 27). La verdadera terapia consiste en presentar el origen del problema al Señor Jesús, único verdadero sanador, para que el Espíritu Santo, por los dones de consejo, visión y de conocimiento, nos dé imágenes, revelaciones o sensaciones de esas emociones o conflictos internos no resueltos.

Cuando las cosas son gratis casi nunca las valoramos. Mientras iba profundizando mi conocimiento acerca del perdón, yo frecuentaba el grupo de Aurita. Éste iniciaba a las siete de la noche, pero mi necesidad era tal que llegaba con anticipación y mucho afán para que me hiciera una oración por todo lo que me faltaba liberar y sanar. Eso era lo único que me interesaba. Ella nunca se negaba, pero me sugería que esperara hasta que finalizara la alabanza y la enseñanza Bíblica. A mí, como a tantos, me daba mamera tener que esperar dos horas que duraba la reunión para que me hiciera la oración, por lo tanto, no me faltaba la disculpa mentirosa para evadir quedarme: "Ay, no, ahora que me acuerdo, Aurita, es que me tengo que ir a bajar una leche que dejé en alto".

Pero como la necesidad tiene cara de perro, al final me tocaba quedarme. Todo se transformaba en algo muy grande y hermoso, pese a la desesperación con que llegaba. Salía de allí muy renovado y lleno de ganas de seguir viviendo.

Iba entendiendo cada vez más que uno no ora o le dedica tiempo a Dios por fanatismo. ¡No! Cada vez que uno ora está buscando el amor y la sabiduría de Dios en esa oración, llenándose así de esperanza y fortaleza para poder entender que lo que le está sucediendo hoy es para algo mejor en el mañana.

Mientras buscaba mi sanación, sin darme cuenta empecé a conocer a Dios en su Palabra, cosa que nunca le pasa a uno por la mente. Veo que Dios se valió de ello para que comenzara a conocerlo de verdad, para que me diera cuenta, así fuera también por interés, porque lo necesitaba y por los milagros que me había hecho, de que Él en verdad está vivo, que es Cristo de carne y hueso.

Uno no puede enamorarse del novio o la novia que no conoce. Lo mismo pasa con Dios; si uno no conoce su Palabra pues no lo conoce a Él.

Recuerdo esos momentos en que mientras dedicaba todo mi tiempo a buscar y buscar curarme y reconstruir mi vida, mi familia me reclamaba por la ausencia y los amigos preguntaban por qué no había vuelto a verlos y a actuar en la televisión. De manera astuta, para que no me tildaran de fanático o loco, para que no se burlaran de mí o para que no me dijeran que estaba perdiendo el tiempo en cosas que no servían para nada porque no daban plata, les respondía: "Es que he estado estudiando con mucha entrega, haciendo unas especializaciones con relación a mi carrera sobre el comportamiento, el carácter y la personalidad del ser humano, ya que todo esto está asociado con la construcción y elaboración de los personajes en el mundo de la actuación y el arte".

A mi respuesta, ellos para presionarme me replicaban: "¡Heee!, ¿pero usted ya no estudió pues ocho años de arte? Con tanta estudiadera se va a enloquecer. Además, ¿cuándo va a empezar pues a producir billete, a devengar?".

No era mentira lo que yo les respondía por quitármelos de encima, porque eso es lo que Dios hace en nuestra vida. Nos enseña a que primero lo conozcamos a Él para poder conocernos a nosotros y así poder conocer a los demás. El problema es que en este mundo de consumismo el conocimiento de Dios es gratis; por esto no lo valoramos. "A quien espera en Dios le toca lo mejor", fue una frase que me enseñó un amigo y que me ayudó mucho devolviéndome la esperanza en esos instantes de presión o de burla.

Uno de esos días aproveché que era primer domingo de mes y madrugué temprano a la Misa de Sanación del Padre Isaac. Era muy simpático encontrarme con que cada vez que iba, estaban allí los mismos clientes de Dios de la primera vez que fui; como que todos estábamos matriculados, no en diferentes carreras, pero si en distintos dolores.

Al terminar la Misa me encontré en el atrio del templo con Carlos Aljure, un viejo amigo de rumba, y me contó que había tenido una experiencia semejante a la mía. Venía acompañado de una mujer amiga suya, a quien me presentó contándome que tenía el don de orar por otros; se llamaba Bertilde.

Luego de un rato de compartir con estos amigos, ella, muy amablemente, me llamó aparte, me miró a los ojos y, de una manera muy prudente, me dijo: "A usted le hicieron una brujería en un jugo de naranja; ¿alguien se lo había dicho antes?".

Casi me desmayo al ver la casualidad de que una mujer que apenas acababa de conocerme supiera la situación por la cual yo estaba pasando y, asustadísimo, le dije: "Señora Bertilde, precisamente estoy aquí asistiendo a las misas de liberación por eso, porque alguien ya me lo había dicho. Pero, cuénteme, ¿usted por qué también lo sabe si apenas nos acabamos de conocer?".

De una manera discreta y tímida me respondió: "Porque Dios me ha regalado unos dones para que los ponga al servicio de los demás. Y si ya Él le había hecho saber por medio de otra persona el daño que le hicieron, ahora se lo confirma para que usted no dude de esa revelación.

Lindos misterios y grandes secretos los que Dios me estaba revelando. Bien dice Jesús que tenemos ojos pero no vemos y oídos pero no escuchamos. El orgullo, la autosuficiencia y el no luchar por obedecer a Dios no nos dejan ver los regalos que Él gratuitamente tiene preparados para nosotros.

Mi amigo Carlos me invitó a la Fundación Los Santos Ángeles, grupo al cual asistía, ubicado en el barrio Nicolás de Federmann. Allí conocí a Eliodoro Prada, su director, y a María Victoria Ángel, su esposa, junto con otros predicadores como Rafael Arango, Martha Guerra y Martha Peña, en ese entonces servidores del grupo, quienes me motivaron a superar el resentimiento que traía contra la joven que había causado mi opresión mediante la brujería. Carlos también me presentó a Antonio Triviño, un laico muy comprometido con el Señor, quien contribuyó a que yo pudiera entender otros misterios acerca de mi proceso. No fue fácil creer que Carlos, el mismo que un día me patrocinó tantos pases de perico que me pusieron a volar, ahora me daría pases para volar hacia la verdadera felicidad.

El poder y la misión de los Santos Arcángeles

En dicha Fundación conocí a los tres Arcángeles de la Corte Celestial y a contar con su asistencia para mi sanación y conocimiento espiritual dentro de la misión específica que Dios ha delegado a cada uno de ellos. San Miguel es el Príncipe de la Milicia Celestial, quien expulsa a Satanás; también, el Arcángel que se debe invocar en el momento de la muerte para que nos defienda del demonio al querer llevarse nuestra alma. San Gabriel es la fortaleza y sabiduría de Dios, el de las buenas noticias, el patrono de los periodistas; es el gran asistente de quienes no pueden tener hijos, por ser quien le dio el anuncio a la Virgen María. En oración y fe, uno puede enviar a San Gabriel a que le hable del amor de Dios al subconsciente de alguien de corazón duro o herido, mientras aquel duerme, así esta persona se encuentre lejana. Monseñor Alfonso Uribe Jaramillo decía que para Jesucristo el subconsciente correspondía al fondo del corazón. San Rafael es la compañía y medicina de Dios, cuya asistencia podemos invocar en los viajes, en la liberación de ataduras afectivas, sentimentales, financieras o de negocios o para que consolide nuestro proceso de curación física; de manera más específica, para que nos ayude en la petición a Dios y escogencia del novio(a) o esposo(a) que más nos convenga, tal como nos lo enseña el libro bíblico de Tobías, donde San Rafael acompaña a Tobit en el viaje en busca de la esposa que Dios tenía elegida para él.

Un libro que nos revela con más profundidad el poder, la sabiduría y la misión de estos ángeles es el *Devocionario de los Santos Ángeles*[7], que contiene las respectivas novenas a cada uno de ellos. Jesús, en una aparición le dijo a un Santo que si no fuera

---

7   Este libro, se puede adquirir en la Fundación Los Santos Ángeles de la ciudad de Bogotá.

por la protección permanente que cada uno de los hombres recibimos de nuestro Santo Ángel de la Guarda, más de uno estuviéramos ya muertos, y que sí los conductores se encomendaran a los Ángeles y a las almas del purgatorio, el 80% de los accidentes automovilísticos no sucederían y las compañías de seguros quebrarían. Jamás olvidemos que nuestro Santo Ángel de la Guarda nos acompaña hasta el purgatorio.

Antes de que vayamos a participar en una Eucaristía, un rosario o una oración podemos aprovechar para implorarle a nuestro Santo Ángel de la Guarda que se comunique con el Santo Ángel Guardián de la persona por la que estamos intercediendo para que, igualmente, venga y reciba a su nombre las gracias y bendiciones fruto de estas oraciones.

Para quienes sufren de miedos, temores, timidez o complejos al encontrarse con otros o cuando van a entrar a un sitio, entre los grandes regalos que Dios nos concede están, por un lado, el de poder enviar a nuestro Santo Ángel de la Guarda, donde el Santo Ángel de la Guarda de la persona con quien nos vamos a ver y pedirle que nos haga entrar en simpatía divina con ella; por otro lado, frente a la misma situación, podemos invitar a Jesús en la imaginación y decirle: *"Sigue Tú primero, Señor"*. De igual manera podemos atar con la Sangre de Cristo cualquier fuerza oscura de resistencia que haya dentro de esa persona.

El poder de la humildad del Arcángel San Miguel. Hélder "el Chocolatín" Acosta, quien en ese entonces era servidor de la Fundación Los Santos Ángeles, me sugirió que para alcanzar la salud plena que Dios quería darme, comenzara por implorarle la gracia de reconocer mis errores con humildad y coraje, y de ser capaz de perdonar a la niña que me hizo la brujería. Para ello me recomendó que empezara a repetir todos los días, de rodillas y frente al Santísimo, setenta veces las oraciones de San Miguel Arcángel y del Magníficat (Lc 1, 46-56); que con la ayuda de la camándula, como si se estuviera haciendo el rosario, en lugar de diez avemarías repitiera diez veces la oración a San Miguel y que donde se rezaban los padrenuestros hiciera la oración del Magníficat.

Transcribo a continuación la oración al Arcángel San Miguel:

San Miguel Arcángel,
defiéndenos en la pelea.
Sé nuestro amparo contra la maldad
y las acechanzas del demonio.
Reprímale, oh Dios,
como rendidamente se lo suplicamos,
y tú, oh Príncipe de la Milicia Celestial,
armado del poder divino,
precipita al infierno a Satanás
y a todos los espíritus malignos
que para la perdición de las almas
andan por el mundo.
Amén.

La recomendación de Hélder me hizo caer en la cuenta de que debía perdonar por obediencia y gratitud a Dios, Quien ya había dado una muestra de su poder en mi cuerpo, haciendo desaparecer las llagas de mi estómago.

Sinceramente lo cuento. La sugerencia de ir a pedir perdón a quien se vengó de mí con brujería me llamó la atención porque me explicaron que tan sólo con esa actitud Dios acabaría de sanarme, no porque me naciera del corazón. Mejor dicho, como siempre lo hice, por interés. Como acostumbraba hacerlo en esa etapa de mi vida, joven e ingenuo, negocié de nuevo con Dios, Quien volvía a alcahuetearme. Él, con su mansedumbre y tolerancia, se vale de todo con tal de no dejar perder el alma de su ovejita descarriada.

Empecé a hacer los setenta San Migueles frente al Santísimo, los cuales resultaban produciéndome de inmediato debilidad, borrachera y hasta deseos de vomitar. Me tocaba parar entonces, sentarme y recomponerme con mucha dificultad para retomarlos y concentrarme de nuevo.

En una visita a la Fundación, aproveché y le pregunté a Eliodoro la razón por la cual me ocurrían estas cosas. Me respondió que por ser esta oración tan fuerte y poderosa las reacciones del cuerpo y del espíritu no podrían ser otras. Fue entonces cuando Dios, por medio de Elito, como cariñosa y gratamente lo llamamos, me dio la gracia de conocer que, antes de iniciar los San Migueles, debía hacer una oración de protección y sellamiento con la oración de la preciosa sangre de Cristo. Esa oración llegó providencialmente a mis manos en la librería de la Parroquia del Padre Isaac.

Después de estar en estado de gracia y obediencia a Dios, al disponer del tiempo para ir a la Misa o hacer el rosario, la oración de sellamiento hecha diariamente en el momento de levantarnos es nuestra mayor arma. Al hacer esta oración, tanto nosotros como nuestros seres queridos nos estamos bañando, cubriendo, sellando y protegiendo frente a las acechanzas, tentaciones, engaños y ataques de Satanás, especialmente en estos tiempos de tanta crisis existencial y en el que nos estamos destruyendo unos a otros, por lo general sin saber por qué.

Sustentado en la Sagrada Biblia, explico un poco la razón del poder de la preciosa sangre del Señor y la importancia de protegernos con ella diariamente. Esta sangre derramada hasta su última gota es el precio que Nuestro Señor Jesucristo pagó por nuestra salvación (1 Pedro 1, 18-19). Gracias a ella fuimos redimidos, pero Jesús aún continúa derramándola diariamente en todos los altares del mundo; ella lava nuestros pecados.

"La ceniza de ternera con que se rocía a los que están contaminados por el pecado los santifica, obteniéndoles la pureza externa, ¡cuánto más la sangre de Cristo, que por obra del Espíritu eterno se ofreció sin mancha a Dios, purificará nuestra conciencia de las obras que llevan a la muerte, para permitirnos tributar culto al Dios viviente!" (Hb 9, 13-14).

Una sola chispa o gota de la sangre de Cristo tiene el poder de protegernos, sanarnos y liberarnos, ya que todo en Él es de un valor infinito.

Oración de sellamiento para protegernos de las fuerzas del mal y los ataques del demonio

Señor Jesús, en tu nombre y con el poder de tu Sangre preciosa yo sello, cubro, baño y purifico toda persona, hechos o acontecimientos a través de los cuales el enemigo nos quiera hacer daño. Con el poder de la Sangre de Jesús sellamos toda potestad destructora en el aire, en la tierra, en el agua, en el fuego, debajo de la tierra, en las fuerzas satánicas de la naturaleza, en los abismos del infierno y en el mundo en el cual nos moveremos hoy. Con el poder de la Sangre de Jesús rompemos toda interferencia y acción del maligno.

Te pedimos, Jesús, que envíes a nuestros hogares y lugares de trabajo a la Santísima Virgen, acompañada de San Miguel, San Gabriel, San Rafael y toda su corte de Santos Ángeles.

Con el Poder de la Sangre de Jesús sellamos nuestra casa, a todos los que la habitan (nombrar a cada uno de ellos), a las personas que el Señor enviará a ella, así como los alimentos y los bienes que Él generosamente nos envía para nuestro sustento. Con el Poder de la Sangre de Jesús sellamos tierra, puertas, ventanas, objetos, paredes, pisos, el aire que respiramos, y en fe colocamos un círculo de su Sangre alrededor de toda nuestra familia.

Con el Poder de la Sangre de Jesús sellamos los lugares en donde vamos a estar este día y a las personas, empresas, o instituciones con quienes vamos a tratar (nombrar a cada una de ellas).

Con el poder de la Sangre de Jesús sellamos nuestro trabajo material y espiritual, los negocios de toda nuestra familia y los vehículos, las carreteras, los aires, las vías y cualquier medio de transporte que habremos de utilizar. Con tu Sangre preciosa sellamos los actos, las mentes y los corazones de todos los habitantes y dirigentes de nuestra patria y de nuestra Iglesia católica Universal, a fin de que tu paz y tu corazón al fin reinen en ellos.

Con el poder de la Sangre preciosa de Jesús yo sello todas las bendiciones pasadas, presentes y futuras que me has concedido; sello todo aquello que necesite ser sellado y que no tenga conocimiento o que se me haya olvidado.

Y en tu nombre, Señor Jesús, y con el poder de tu Sangre preciosa yo reclamo todas las bendiciones que el demonio, sus ángeles y sus secuaces me han robado a mí y a toda mi familia, y le pido que me las devuelva setenta veces siete filtradas y purificadas en tu Sangre preciosa.

Te agradecemos, Señor, por tu Sangre y por tu vida, ya que gracias a ella hemos sido salvados y somos preservados de todo lo malo. Sangre poderosa de salvación, combate al enemigo. Amén.

No sienta pereza de hacerla si le parece extensa, tan solo le tomará dos minutos; además, luego de repetirla durante algunos días la aprenderá de memoria.

Esta oración la recomiendo en las conferencias a aquellos padres de familia que manifiestan tanta angustia y preocupación por la crisis de rebeldía y descomposición en la que se encuentran sus hijos y todas las situaciones de riesgo a que están expuestos, especialmente en la rumba nocturna desordenada, chiquitecas, vicios, violencia, por medio de Internet, videojuegos, revistas y televisión, entre otras. Esta oración tiene un poder muy grande de protección sobre el ser humano, pero ahora no es para que la utilicen como fetiche o agüero porque no es una oración mágica.

Con el tiempo aprendí una segunda oración a través del Padre Isaac, cuando le pregunté por qué quedaba cargado, oprimido y con cansancio en la espalda y la nuca luego de compartir el testimonio, orar por otros o acompañarlos a la Confesión. No entendía por qué me sentía tan mal, si yo estaba haciendo una buena obra para Dios; nunca olvido que el Padre me hizo la siguiente pregunta: "¿Y el hermanito Iván se está limpiando con la sangre de Cristo después de ayudar u orar por alguien?".

El Padre me explicó que así como se hace el sellamiento para protegernos al iniciar una oración, también al terminarla era necesario hacer una oración para limpiarnos y purificarnos de cualquier contaminación que haya quedado rondando, tanto en nosotros como en nuestra familia y nuestro entorno material. De la misma manera, más tarde aprendí que, como nos lo menciona la Palabra de Dios, luego de hacer la oración de liberación y de limpieza la casa queda vacía y que, por lo tanto, es necesario pedir al Espíritu Santo venir con sus frutos, dones y carismas a llenarla. A todos nos hacen bien estas oraciones, pero especialmente a aquellos que oran por los demás. Muchos de ellos desconocen que con el solo hecho de hablarle a otros de Dios llevándoles su conocimiento los están liberando de la ignorancia y oscuridad espiritual en que se encontraban.

Oración de limpieza

Señor Jesús: en tu Nombre y con el poder de tu Sangre preciosa, yo limpio y purifico toda interferencia y toda acción del maligno, toda contaminación de la fuerza de la oscuridad del mal, toda presencia directa o indirecta de Satanás que haya quedado contaminando mi vida espiritual, familiar, física, laboral, material, social, en fin, terrenal; y la envío a los pies de tu Cruz atada y encadenada, amordazada, enceguecida y ensordecida con la cadena del Santo Rosario, y que por favor desde el Sagrario más cercano, vengan rayos eucarísticos con la unción y la gracia del Espíritu Santo, a llenar los vacíos que hayan quedado en cada una de estas áreas de mi vida, para gloria tuya y salvación nuestra. Amén.

Retomé mi lucha

El batallar valiéndome de las setenta repeticiones de la oración de San Miguel Arcángel continuó con la nueva recomendación de hacer el sellamiento con la sangre de Cristo y me empezó a ir mucho mejor. Sentía más paz al hacerlos en medio del dolor y de la lucha contra el resentimiento que tenía contra la niña que me hizo la brujería. Pasaron alrededor de veinte días y sentí que, en medio de mi nerviosismo, Dios había empezado a darme el valor de llamarla y así lo hice. La llamé varias veces a su apartamento y no logré encontrarla; le dejé varios mensajes en el contestador hasta que, de tanto insistir e insistir, llegó el día en que por fin contestó: "¿Aló?".

El susto mío, ya se lo pueden imaginar, fue grandísimo. Pero lleno del valor y la gracia de Dios respondí: "¿Aló?, ¿Sí?, ¿Catalina?".

Apenas oyó mi voz colgó. De nuevo le marqué varias veces luego de ese rechazo y ya no me contestó más. Me vi obligado a dejarle un nuevo mensaje donde le decía que quería hablar con ella con el fin de reconocer el daño que le había causado y poder tener la oportunidad de pedirle perdón.

Varias personas de la Fundación que habían recibido de Dios por esta oración milagros muy grandes para ellas y sus familiares me recomendaron continuar con los San Migueles frente al Santísimo o el Sagrario hasta que Dios hiciera este milagro y no declararme vencido.

Es muy grande el misterio liberador de esta oración; en la medida en que los iba haciendo, Dios me daba la gracia de comprender el gran poder que ella esconde.

San Miguel Arcángel, nadie más y nadie menos, fue el primer defensor de la causa celestial en virtud de la humildad, obediencia y fidelidad con que enfrentó a luzbel o luz bella cuando éste se sublevó contra Dios en el cielo. San Miguel se enfrentó a Satanás diciendo "¿Quién como Dios?".

Las virtudes con que San Miguel Arcángel venció a Satanás fueron las mismas con que la Santísima Virgen María, quien se hizo la esclava del Señor para que viniera a nosotros la Salvación, aplastó la cabeza de la soberbia y el engaño de esta misma serpiente. Ahora entiendo la palanca que ante Dios Padre vienen a ser San Miguel Arcángel y la Santísima Virgen María.

Insistí, persistí y no desistí en la búsqueda de la reconciliación, hasta que por fin lo logré

Continué insistiendo, persistiendo y no desistiendo en la búsqueda de encontrar el valor de la humildad para reconciliarme, hasta que luego de llamadas, colgadas y rechazos, por fin ocurrió un milagro. Fue así como un día me contestó, eso sí de una forma muy brusca, y no era para menos:

–¿Bueno, qué es lo que quiere?

Muy nervioso, pero de manera noble y sincera, respondí:

–No, Catalina, es que sólo quiero pedirte perdón.

–¿Ah sí?, ¿y después de seis años es que decide venir a pedirme perdón? –contestó, de forma agresiva.

–Mira, es que en esa época yo no entendía nada; el egoísmo sólo me hacía pensar en mí, sin darme cuenta del daño que te causé –le dije humildemente.

La forma distinta como le hablé en esta ocasión generó una actitud diferente a la usual. Ella se sensibilizó, fue mucho más receptiva y yo me sinceré a tal punto que a ella se le quebró la voz. El cambio de actitud de los dos me desconcertó; lo cierto es que recordando los antecedentes de nuestra relación y conociendo cómo es cada uno, por simple motivación personal ninguno de los dos habría sido capaz de dar el brazo a torcer.

Así entendí el poder de la intercesión de San Miguel Arcángel, la cual desenmascaró la intención de conveniencia que me motivaba a buscar ayuda espiritual, por el simple interés de encontrar tan sólo la sanación de mi cuerpo. El Señor conoce nuestros corazones, por eso Él sabía que en el mío aún existían heridas y resentimientos que hacían que me sintiera la víctima de Catalina y que a veces pensara en tomar venganza contra ella y agredirla. Por esto, Jesús postergó ese encuentro con ella hasta que yo estuviera listo para perdonar al ciento por ciento y no utilizara esas familiares frases trilladas, en las cuales nos escudamos durante años y que tanto daño nos hicieron "Yo perdono, pero no olvido", "Yo la mastico, pero no la paso", "Yo no es que me alegre, pero siento un fresquito…". Si al perdonar al otro no lo saludamos o lo abrazamos, el amor o el perdón que tenemos o del que hablamos es pura teoría.

El día que me encontré con la mujer que se vengó de mí con brujería; des-gracias por tus desgracias

La Palabra de Dios dice que el Señor todo lo permite, tanto lo bueno como lo malo, para bien de los que Él ama. Su Reino igualmente consiste en aceptar con humildad las cosas buenas y malas que nos suceden, como dice la Biblia *"Todo lo ha creado Dios con un propósito, incluso al hombre malo para el día fatal"* (Pr 16, 4).

En la conversación telefónica con Catalina le pedí el favor de hablar personalmente. Ella vaciló mucho, pero finalmente accedió, diciéndome que tan sólo me daría quince minutos. Su respuesta produjo en mí un gran alivio de conciencia, como cuando a uno se le quita una carga muy grande de encima. Es esto lo que sucede al decidirnos a reparar el daño que hicimos o nos han hecho. **El acto de reparación es posterior al de perdón, porque una cosa es perdonar y otra muy distinta es ir en nombre de Dios a buscar a esa persona con la que tenemos cualquier clase de conflicto y explicarle con amor el porqué de nuestra actitud;** no importa si a este le agrada o no, lo bello es que sea para la gloria de Dios.

El hecho de que ella me diera así fuera cinco segundos para vernos me indicaba que esa muralla de rencor comenzaba a caer. No obstante, pese al alivio que me producía el tener la oportunidad de reconciliarme, tuve que pedir mucha fortaleza al Espíritu Santo para ir a ese encuentro.

No fue nada fácil ir a darle la cara a quien me hizo daño. El pecado del resentimiento, como cualquier otro, nos llena de miedo y cobardía.

Mientras la esperaba en el café acordado como lugar de encuentro pasaban por mi cabeza todas las heridas que les había causado a ella y a otras mujeres, a quienes en algún momento de mi vida había ilusionado calentándoles el oído para luego desaparecer.

Cuando llegó yo no supe cómo reaccionar: si saludarla de beso, si mirarla o no a los ojos, si darle la mano o no. Tenía miles de sentimientos encontrados. Me imaginaba su situación cuando acudió al brujo para pedirle ayuda en su revancha. El cuadro que yo veía era oscuro, veía a esta pobre mujer diciéndole algo como "Quiero que ese bebedizo lo vaya secando lentamente, que sufra mucho hasta verlo muerto".

No recuerdo cómo iniciamos la conversación. Todo lo que sé es que terminé contándole toda mi tragedia, la enfermedad y el dolor que había vivido durante todos esos años, sin mencionar para nada aquello que yo sabía acerca de su culpabilidad en todo esto. Me limité a explicarle simplemente a manera de experiencia lo que me había sucedido. Mientras tomábamos algo, ella escuchaba atenta con sus ojos fijos en mí. Le dije que todo lo que me sucedió había sido producto de una brujería de la que comencé a ser liberado por mi Dios a través de una Confesión, luego de la cual resulté defecando una sustancia de colores extrañísimos.

Justo ahí ella me interrumpió. Me dijo que en su vida también habían acontecido situaciones muy extrañas, nada normales, más bien sobrenaturales que la habían obligado a recurrir a alguien experto en el tema que le dijo que estaba siendo atormentada por fuerzas extrañas o espíritus malignos que habían hecho que su vida laboral y profesional se fuera a pique.

Le pregunté en qué época le había empezado a suceder todo esto, y no me lo van a creer... La fecha que me dio coincidió con la misma en que el Padre Isaac me dijo que Dios había empezado a liberarme y que orara por la persona que me había hecho el maleficio, porque el demonio, que es traidor por naturaleza, estaba empezando a cobrarle el favorcito.

Yo me quedé ensimismado, en silencio, por varios minutos, tratando de asimilar esa coincidencia que confirmaba que ella había sido la autora del mal que viví, tal como me lo había dicho en el grupo de oración de Aurita la niña que oró por mí.

Le hablé sin juzgarla. De ninguna manera le enrostré su culpabilidad, esperando más bien que fuera ella quien reconociera su falta y me pidiera perdón, tal como yo lo había hecho.

Los quince minutos se prolongaron a tres horas. Las palabras se fueron tornando cada vez más amables. En mi interior, no me cansaba de darle gracias a Dios y de ver el poder de esta oración de San Miguel. Al final, lo más sorprendente es que ella llorando y de una manera muy profunda me dijo:

–Bueno, a la final, estos sufrimientos que ambos tuvimos sirvieron para cosas muy grandes, porque lo noto más maduro, más aterrizado. En cambio, cuando fuimos novios usted no estaba en nada. Yo iba a diez cuadras, comprometida con la relación. Además, fui demasiado ingenua. Imagínese, ilusionarme con alguien que a la final no me garantizaba nada.

Empecé a llorar. Le pregunté que si podía darle un abrazo, a lo cual ella aceptó respondiéndome con otro. Entonces, sucedió algo inesperado. Sin darme cuenta le dije: ¡Gracias, Catalina, gracias! Si no hubiera sido por todo esto que me sucedió, nunca habría buscado ni conocido a ese Dios vivo que hoy siento en mi corazón. Tal vez jamás habría podido conocer todas esas luchas entre el bien y el mal. Fue así como Dios me dio el regalo del llamado **"perdón perpetuo"** para con Catalina.

"El sufrimiento cambia la psicología de la persona". Si no fuera por esta niña de cuya venganza Dios se valió para acercarme a Él no estaría compartiéndoles esta experiencia de vida tan maravillosa que le dio verdadera alegría y paz a mi vida. Bien dijo el filósofo Séneca que los sufrimientos descubren en el alma destellos de luz, sabiduría y gratitud, que los momentos de prosperidad no permiten percibir. Les pido un favor: ·no cuenten que incluí esta grosería en el libro: **"Definitivamente en esta vida, hasta que uno no come estiércol no valora el arequipe"**.

Una cosa es creer en Dios, pero otra muy diferente es creerle a Dios

Una cosa es la fe o el conocimiento en Dios que uno tiene por tradición familiar, ya sea que se lo hayan trasmitido a las buenas o a las malas. Pero otra cosa muy diferente es la fe por gratitud y amor con Dios; esa fe que nace del encuentro personal con Él mediante una experiencia de vida.

Es esta la verdadera manera en que en verdad uno siente y comprueba que Dios está vivo, al tomar conciencia del milagro que ha operado en nuestra vida. La Biblia dice *"Dichosos los que crean sin haber visto"*, pero en un mundo tan materialista como éste es muy difícil que uno crea sin ver. El mayor ejemplo de lo que es el valor del sufrimiento o de la Cruz nos lo da el mismo Dios, pues, aunque su Hijo Jesús no debía nada, por amor a nosotros lo mandó por aquí a que lo humilláramos, lo torturáramos, lo crucificáramos y, finalmente, lo matáramos. No porque hubiera hecho nada malo, sino tan solo para perdonar nuestros pecados.

Finalmente, di algunas recomendaciones a Catalina para que buscara liberarse y sanarse espiritualmente de aquellas cosas extranaturales que la atormentaban. Le recalqué mucho que acudiera a los sacramentos como prioridad y le di datos de algunas de las personas que me habían ayudado a mí y que le podrían ayudar en ese proceso también a ella. Nos despedimos, al fin, de una manera muy cordial, que nunca esperé.

Las pocas veces que nos hemos re-encontrado nos hemos tratado con la misma cordialidad.

Con todo este proceso de perdón y reconciliación que viví con Catalina, sí que caí en la cuenta de que mientras uno no tenga la humildad de tomar conciencia y reconocer que se equivocó, es muy difícil que se pueda lograr un perdón sincero de corazón. Como lo he repetido insistentemente, **no tenemos por qué andar buscando fuera de nosotros el mal que hay dentro de nosotros.**

Casi siempre buscamos a Dios por necesidad e interés; pero, al final, nos enamoramos de Él

Dios a todos nos llama de una manera diferente. Usa una pedagogía específica con cada uno de nosotros; generalmente es durante el padecimiento de una enfermedad, una crisis nerviosa o económica, el engaño o abandono del cónyuge, la muerte de un ser querido, un suicidio, un secuestro, la falta de trabajo, una depresión severa, un miedo, una angustia, un estrés profundo, la soledad, un defecto de carácter, una brujería, el estar sumidos en un vicio, en fin, por el sufrimiento o Cruz propios o de un allegado o como resultado de nuestro proceder pecaminoso y no de un castigo divino.

Mas el fin para el cual Dios nos llama siempre es el mismo; para bajarnos el moño y así volvamos a ser humildes reconociendo que sin Él no somos nada. "Antes de tomar una decisión pregunta primero a Dios qué opina". Él quiere que comencemos a amarlo por sobre todo, tal como nos lo manda en su primer mandamiento; que recuperemos la inocencia, la sensibilidad y el asombro con los cuales fuimos creados para que empecemos a caminar de nuevo de Su mano, en obediencia, como el niño de la mano de su papá.

Es así como podemos conocer, amar y servir a Dios en los demás, buscando su rostro en el de nuestros hermanos. Cuando amamos a Dios en primer lugar y dejamos a un lado el egoísmo, nosotros somos quienes más salimos ganando, ya que en todo vamos a ir a la fija y no vamos a errar tan frecuentemente.

La santa Biblia nos enseña el para qué de todo lo que Dios permite en nosotros los hombres, de la Cruz, del sufrimiento, de las tribulaciones: *"Más aún, nos gloriamos hasta en las tribulaciones, sabiendo que la tribulación engendra la paciencia..."* (Rm 5, 3). Nosotros le pedimos paciencia a Dios, pero se la pedimos a golpes "Señor, dame paciencia, pero dámela ya".

De manera que si no fuera por los dolores que sufrimos, estaríamos desubicados o extraviados, tan solo preocupándonos por aparentar ante los demás la felicidad que no tenemos. En últimas, por medio de la paciencia y calma que Dios nos regala por medio de los problemas, descubrimos los errores que cometimos en el pasado cuando éramos más tercos que una burra, de modo que caigamos en la cuenta de que cada hombre debe seguir un proceso para pedir perdón a Dios, a los demás y a sí mismo.

Esa es nuestra común realidad. Todos nos acercamos a Dios buscando soluciones sin ser conscientes de lo mucho que Lo necesitamos, como dice la Biblia *"Pues el oro se prueba en el fuego, y los hombres gratos a Dios, en el crisol de la tribulación"*. Papá Dios, cuando nos ve llevados, nos saca de la cochera de donde terminamos, nos coge de los cuatro pelos de la cabeza que nos quedaron buenos y sopla de nuevo con su Espíritu Santo de amor sobre nosotros así como nos lo confirma el Salmo 34: *"El Señor está cerca para salvar a los que tienen el corazón hecho pedazos y han perdido la esperanza"*. Generalmente, "uno se la pasa media vida dañándola y la otra media recomponiéndola".

En esa etapa de búsqueda podemos ver la luz y encontrar consuelo y descanso en el Señor, pero no debemos conformarnos con eso. La transformación es un camino con reiteradas pendientes y bajadas, persistencia y sacrificio, y sólo podemos alcanzarla exitosamente con la sabiduría que pedimos todos los días a Dios.

Hoy en día pregono al mundo el poder de los setenta San Migueles, contando que es la oración de autoliberación y autosanación más poderosa que para mí existe, porque conocí su poder en la nueva vida que me dio el Señor y en la de un gran número de personas sin esperanza ni salida a sus conflictos y dificultades, llámense drogadictos, alcohólicos, prostitutas, homosexuales, adúlteros o enfermos del cuerpo.

Con razón el mismo Señor Jesús se le apareció a Monseñor Octavio Michelin y le dijo que al retirar la oración de San Miguel Arcángel que se hacía después de cada Misa le quitaron trescientos mil exorcismos diarios.

Pero ¿quiénes son los más indicados para acelerar el vencimiento de las seducciones y engaños del demonio y, a la vez, lograr triunfar en este encuentro que Dios quiere de nosotros? Nadie más ni nadie menos que la capitana de los Ejércitos Celestiales, Esclava del Señor con su pureza, la Virgencita María, y el príncipe de las milicias celestiales con su espada de humildad, San Miguel Arcángel (Dn 12, 1). Las Sagradas Escrituras nos confirman de una manera poderosa que al final de los tiempos aparecerán Miguel y María, quienes nos acompañan a nosotros en nuestros hermanos a vencer al Dragón: *"Gracias a la sangre del Cordero y a la palabra de testimonio que dieron, porque despreciaron su vida ante la muerte"* (Ap 12, 1-11).

Así es que si en usted o en su familia existe una persona con una Cruz, un sufrimiento, un pecado, un vicio, un problema o una crisis que le roba la tranquilidad y la felicidad, le recomiendo que tenga muy en cuenta la oración de los setenta San Migueles frente al Santísimo porque si me sirvieron a mí para reconocer y pedirle perdón a quien trató de acabar con mi vida, de ahí para abajo, ¿qué otra situación no podría liberar y sanar?

Le respondo de una vez lo que creo que usted se debe estar preguntando, porque en cada conferencia siempre lo hacen: *"¿Y por cuánto tiempo debo hacerlos, Iván?"*. Usted mismo empezará a sentir en su corazón paz y esperanza; confiará en que Jesucristo ya se apropió de sus dificultades; sólo que Él ha dispuesto de un día y una hora para responderle, esa es la fe. Mientras tanto, Él le va dando la luz de sabiduría y conocimiento para que no siga preguntándose por qué le pasa eso, por qué a usted, si no por el contrario para qué Dios lo permitió, porque si no le hubiera pasado no lo habría buscado a Él.

Con el pasar de los días y en medio de la oración, entendí el porqué de mi costumbre de ilusionar mujeres por un tiempo y luego desaparecer sin darles respuesta alguna. Cuando uno no ha tenido amor o afecto de mamá, generalmente anda buscando por ahí a ver qué mujer le calienta el oído, para colmar así esa falta de amor. También uno puede heredar este vicio producto de un papá adúltero, infiel o picaflor.

Después de que por gracia y misericordia de Dios logré ir a pedir perdón a quien me aplicó la brujería, sentía cada vez más paz y tranquilidad en mi corazón. Por esos días fui a compartir ese testimonio de perdón con los compañeros del grupo de oración de los Santos Ángeles. Recuerdo que quien más se alegró en ese entonces fue el amigo, papá mío y de tantos, Rafael Arango. Me explicó que cuando alguien se humilla en nombre de Dios y reconoce sus errores, debilidades y pecados, Él lo premia con bendiciones abundantes.

Rafael, junto con Martica Guerra, oraba por mí semanalmente; pedían a Dios que continuara sanando otras áreas de mi vida, especialmente mi cuerpo. Unos días después, milagrosamente, éste comenzó a aumentar su volumen, y recuperé trece kilogramos de peso de los veintidós que había perdido.

"Algunas veces las bendiciones vienen envueltas en desgracias", pero se desempacan y se entienden a punta de oración y paciencia.

A Martica Guerra, a quien también el Señor emplea en el ministerio de sanación, liberación y palabra de conocimiento, Jesús le mostró luego que yo tenía unas calaveras pequeñas en el estómago por liberar aún y que éstas eran secuelas de la brujería. También veía cadenas que me ataban los pies utilizadas para cerrar los caminos en el campo profesional y sentimental. Recibí con preocupación el hecho de que aún quedaran rezagos de contaminación por brujería adheridos a mi estómago en forma de lama verde. Por esta razón, me recomendaron trasladarme de inmediato a Duitama, donde el Padre Jairo Ricaurte y su grupo de servidores ministraban el carisma de liberación, dirigidos por esa mujer especial a quien cariñosamente todos llamábamos Elenita, personaje que en 2007 el Señor llamó a su presencia. Que sea éste un mínimo homenaje y recuerdo para su comunidad.

Cuando pensé que ya había pasado lo más fuerte de todo el proceso de liberación, llegó otro poquito de purificación de manera más dolorosa. El Padre y todo su equipo oraron por mi liberación intergeneracional y por todas las secuelas que aún quedaban de la brujería dentro de mi cuerpo. La liberación se hizo un sábado durante una noche de vigilia que terminó en una purga espiritual a través de los sacramentales –agua, aceite y sal– exorcizados. Esa purga resultó eterna, pues estuve expulsando todo tipo de impurezas por vía rectal cada quince o veinte minutos.

El uso continuo del papel higiénico rápidamente irritó y peló mi recto. Sentía un ardor tan terrible y crónico, que lloraba apretando los dientes cada vez que me movía para entrar al baño, y peor aún, cada vez que salía de él. Le pedía a Dios que me diera la gracia de expulsar todo esto por vía oral, para así poderle dar descanso al recto, pero todo salía por la misma vía. Para completar, nunca jamás olvidaré la escena que apareció a eso de las dos de la madrugada; casualmente habían organizado un concierto de vallenato en el coliseo de la ciudad y la histeria y gritería de los asistentes se alcanzaban a oír desde el lugar de mi tortura, el baño de la Casa de Jesús Liberador.

No sé por qué el concierto empezó en las horas de la madrugada, justamente cuando más adolorido me encontraba. No sé si fue casualidad, pero, ¡qué cosa tan berraca!, cada que intentaba ahogar los gritos de mi dolor mordiendo el rollo de papel higiénico, un ¡*Ay hombe*! de felicidad y algarabía desde el coliseo me cogía la delantera. Toda esta casualidad se convirtió en la más dolorosa tragicomedia en que he actuado en mi vida.

Ya hacia las seis de la mañana, cuando no fui capaz de soportar más dicho ardor, por fin me llegó la luz y me nació la idea que desde un principio debí tener, la de bañarme con agua y un trapito a cambio del papel higiénico, que ya a estas alturas me parecía que era papel de lija. En esas primeras horas del amanecer del domingo, lo único que acompañaba mi sufrimiento y mi desaliento era la burla de los borrachos que iban saliendo del concierto. Hoy en día entiendo que aquello que llamé casualidad, no era nada más ni nada menos que la desintoxicación de todo ese humo, perico y licor que en noches de bohemia, bulla y farra extrema yo utilizaba para llenar vacíos que sólo Dios podía llenar.

Retorné a Bogotá caminando como pato agotado y muy adolorido. Lo más lindo de todo y que más satisfacción me traía es que había vuelto muy lleno de fe, y aunque hubiera peregrinado hasta Duitama también por interés, sabía que Dios estaba realizando una obra muy grande conmigo y me iba a bendecir en todas las áreas de la vida.

Dios no nos da lo que queremos sino lo que necesitamos

Aurita me dijo que pese al nuevo escalón que había ascendido en mi proceso de liberación, todavía tendría que recorrer un tramo igualmente importante. Me aconsejó reconciliarme del todo con mi hermana Janeth, por quien estaba adolorido por las duras vivencias que afronté en la convivencia con ella, tal como lo referí al principio.

Como siempre, rechacé y refuté la recomendación que Aurita me hacía en nombre de Dios: "¿Por qué debo ir a pedirle perdón? Ella fue quien me trató tan duramente y me juzgó y usted bien sabe que a mí eso me hizo mucho daño".

Aurita me respondió: "¿Y quién es el que está aprendiendo eso tan bonito acerca del amor y el perdón y es testigo de los milagros de Jesús en su mismo cuerpo?

"Usted al menos tiene tiempo para estar aquí conociendo de Dios, que es una gracia que Él le dio, mientras que su hermanita está ingenuamente esclavizada en sus ocupaciones y trabajos sin sacar tiempo ni para ella misma. Iván, nunca olvide que usted comenzó a buscar a Dios por su hermana, por las presiones de ella, y mire la tranquilidad, el conocimiento y la sanación que usted ha recibido para su vida, o sea que finalmente ella le hizo un favor enorme".

Con el paso del tiempo iba comprendiendo que cada persona que nos atropella la vida, es un faraón que Dios permite para que nos incomode y así nos veamos en la obligación de buscarlo a Él; esa es la enseñanza que nos da el Antiguo Testamento, cuando Yahvé le advierte a Moisés el endurecimiento que permitirá en el corazón del Faraón egipcio y el hostigamiento a su pueblo elegido (Israel), para manifestar en ambos su gloria: en su pueblo para que se vea en la necesidad de recurrir al auxilio del Señor, de rodillas como signo de humildad, y en los egipcios para que reconocieran Su potestad y señorío como Dios de los Ejércitos, Señor de señores y dueño de todo *"Yo haré que el Faraón se obstine y os persiga; entonces manifestaré mi gloria sobre el Faraón y sobre todo su ejército, y sabrán los egipcios que Yo soy Yahvé"* (Ex 14, 4).

Además, oí lo que le dice San Pablo a Timoteo acerca del perdón y la práctica de las obras de misericordia para con los familiares como prioridad: *"Si alguien no tiene cuidado de los suyos, principalmente de sus familiares, ha renegado de la fe y es peor que un infiel"* (1 Tm 5, 8).

La enseñanza bíblica de Aurita me desarmó totalmente. Adicionalmente, si lograba perdonar a mi hermana ella no era la que iba a salir ganando sino yo. Aquí sí que cabe citar de nuevo esta frase **"A aquel que un día te hizo enojar por la verdad que te dijo, el día de mañana le agradecerás por el error del que te sacó"**. El proceso de ir a buscar a mi hermana para perdonarla y para que me perdonara fue muy similar al que tuve con Catalina, pero ahora con la ayuda del rosario, la perseverancia en las misas de los viernes y los primeros domingos donde el Padre Isaac.

Logré ir por primera vez en busca de Janeth, con quien para romper el hielo y limar asperezas, compartí las obras que Dios estaba haciendo en mi vida. Pese a mis buenas intenciones, la conversación no fluía como en el caso de Catalina. Fueron tres las ocasiones que lo intenté sin encontrar la respuesta esperada. Este propósito sólo pudo lograrse en el cuarto intento, pero, luchándolo, luego de varias eucaristías, ayunos, y de pedir intercesión por ello en los grupos de oración. Le conté una vez más el testimonio, eso sí, **pasito, al oído y con amor**, con armonía y paz en el corazón.

Muy conmovida, preguntó:

–¿Qué es todo eso que le pasó? Y qué bonito lo que Dios está haciendo en su vida.

–Pero ¿cómo así?, ¿no he venido pues como cuatro veces a contarle lo mismo?

–Ah, sí, pero usted siempre viene a hablar resentido, como regañando y dándoselas de que sabe muchas cosas.

Con esta respuesta entendí que estaba cometiendo el mismo error que con Catalina, el de ir a pedirle perdón por el interés de sanarme, mas no con el corazón arrepentido. Le dije que la perdonaba por la forma como me había presionado cuando yo vivía en su casa, y al tiempo le pedí excusas porque reconocí que yo tampoco había sido una perita en dulce con ella.

Su reacción fue la misma que la de Catalina, lo único que me pudo responder fue:

–Iván, yo no recuerdo haber actuado de esa forma con usted. Palabra que no me acuerdo. Pero si lo hice, de todo corazón le pido que me perdone usted a mí.

Ante estas dos reacciones, la de mi exnovia y la de mi hermana, empecé a preguntarme: "¿Cómo así?, ¿aquí nadie se acuerda de nada?, ¿o sea que el malo en todo soy yo?".

No entendía por qué decían no saber de qué ofensas les hablaba. Pero Dios, en su infinita sabiduría y perfección, con el tiempo me hizo comprenderlo todo por medio de este comentario de un Sacerdote: "Qué tal después de haber confesado a diez personas bien vagabundas y pecadoras, acordarme cuando les estoy dando la Eucaristía de todo lo que me dijeron en su Confesión. Imagíneme a mí diciendo 'No, a esta vieja tan vagabunda sólo le doy la cuarta parte de Jesús Eucaristía, porque esta fue la que me dijo que tuvo cuatro amantes'".

Como bien podemos darnos cuenta, Jesús, luego de cumplir su perfecto plan en nosotros, nos hace olvidar todo lo malo, así como lo hace con lo malo que hemos hecho nosotros. "El único que tiene la lista de errores de nuestro pasado para podernos mortificar es Satanás", por ser el gran acusador.

En la medida en que iba avanzando en procesos de perdón y reconciliación me iba llenando de una paz cada vez más profunda, me sentía más liviano y ello me motivaba para ir en busca de otras personas con las cuales había tenido conflictos o a quienes les había hecho daño, tal como ocurrió con algunas exnovias y exsuegras. Terminé yo dando explicaciones y justificaciones a todos los que en un momento de mi vida había herido al jugar con sus sentimientos.

Con la vara con que midamos, con esa misma nos van a medir

Reconciliarnos es más que cumplirle a Dios; es tratar de ayudar, si a nuestro alcance está, a esa persona con la cual tuvimos diferencias, para que también reconstruya su vida en Dios. Debemos arrastrarla con nuestra conducta y ejemplo de vida, y de hacer en lo posible comunidad, tal como Dios nos lo pide, especialmente si se trata de un familiar. Dios, en su divina perfección, es quien sabe por qué y para qué escogió para nosotros ese papá, esa mamá, ese esposo, esos hermanos, esos hijos, esos tíos, esos suegros, esos cuñados… que nos causaron daño.

Debemos reconocer que Dios siempre ha tenido paciencia y misericordia para con nosotros. Pese a nuestras faltas y equivocaciones contra Él y los demás, Él nos busca para que perdonemos, para que volvamos a ser sus hijos fieles reconstruyendo familias y relaciones. Ese es nuestro deber, además de amarlo.

Qué tal que Jesucristo se le apareciera descolgándose de la Cruz, cuando usted no quiere perdonar, y le sacara su lista de pecados, pidiéndole cuentas y diciéndole:

–Bueno, ¿y yo sí tengo que estar aquí clavado por sus pecados, metidas de pata, desórdenes, embarradas, equivocaciones…, y usted sí no hace nada por perdonar a los demás?

Jesús, en Mateo 18, 32-34, denomina siervo malvado a un hombre al cual Él había perdonado, pero que, en cambio, no hizo lo mismo con el hermano que lo ofendió. Esta cita nos enseña que el Reino de Dios es semejante a reconciliarnos de corazón con nuestros hermanos.

De manera, pues, que Dios nos perdona y nos acepta en la medida en que nosotros perdonemos y aceptemos a los demás tal y como son, ese es el negocio, el mejor negocio de la vida. La Palabra de Dios termina diciéndonos en Mt 6, 15 esta media sentencia *"Si no perdonáis a los hombres, tampoco vuestro padre perdonará vuestras ofensas"*, y por lo tanto no nos sanará de nuestras enfermedades y sufrimientos.

Como ya lo cité, quien *per-dona* es persona que *dona* su sufrimiento uniéndolo al de Cristo en la Cruz. Perdonar es un mandato que Dios nos da por medio de la oración del Padrenuestro, pero nosotros lo hemos convertido en una fórmula mecánica, que realizamos por mera tradición. Debemos terminar amando y aceptando a los demás tal y como son, con errores y virtudes como Cristo lo hace con nosotros. Qué tal que Dios enviara el sol nada más para los buenos; ¡No!, Dios lo envía para todos, buenos y malos.

En esta vida una de las cosas que más nos cuesta a los seres humanos es perdonar, de ahí que enfatice tanto en ello. Pero el perdón no es algo mágico, es un proceso en el cual cada vez que uno ya creía haber perdonado, a veces, aparece de nuevo el dolor. El dolor de una herida o un resentimiento es similar a un absceso en la piel que produce pus; duele hasta decir no más y puede llegar a infectarse, por lo cual, aunque nos duela muchísimo hay que punzarla para que salga, y esperar un buen tiempo para que sane. Luego viene un proceso complejo, lento y delicado para borrar las cicatrices. En el caso del resentimiento, ese proceso de curación, cierre, cicatrización y borrado de las huellas de dolor, se da una vez que el Espíritu Santo nos llena del amor perfecto de Dios, reconstruyendo nuestra vida.

¿Sabe por qué el perro es tan buen amigo del hombre? Porque perdona muy fácilmente cuando lo agreden; debe ser que es muy desmemoriado. Con mayor razón a Dios se le olvida cuando uno de corazón se arrepiente de los pecados.

A todos nos corresponde obedecer este llamado de reconciliación sincera que Dios nos hace para que vivamos de nuevo en familia. No olvidemos que en ningún pasaje de la Sagrada Biblia dice *"Y Jesucristo vino a sanar únicamente a los menores de cuarenta y cinco años"*. ¡No! Jesús vino a sanarnos a todos, a quitarnos las mañas a todos, para que no salgamos con las excusas y disculpas con las que casi siempre responden las personas mayores: *"Ah, loro viejo no aprende a hablar"*; *"A uno tan viejo y mañoso no lo cambia nadie"*; *"Vaca ladrona no olvida portillo"*; *"Quien es no deja de ser"*; *"Árbol que crece torcido nunca su tronco endereza"*; *"Yo soy así y no hay nada que hacer"*; *"Eso es de familia"*; *"Esa es la cruz que nos tocó"*.

Cuando no le obedecemos a Dios ciento por ciento y mantenemos resentimientos o mañas en el corazón es porque tampoco le creemos ciento por ciento. Cuando luchamos, perseveramos y hasta nos mortificamos por obedecer a Papá Dios, le estamos mostrando con ello que somos humildes. Pero, a diferencia de esto, nosotros a veces somos muy orgullositos y desobedientes, pues no hacemos lo que Dios nos pide. En lugar de decirle *"Habla, Señor, que tu siervo escucha"*, tal como nos lo dice tu palabra, tercamente le decimos: *"Escucha, Señor, que tu siervo te va a hablar"*.

Tenemos a veces una visión y un sentir muy pobres de lo que significa verdaderamente obedecer la Palabra de Dios para hacerla viva en nuestra vida. A veces nos consolamos diciendo *"No, esos mandamientos y, en general, lo que dice la Biblia eran para los que vivían en los tiempos de Jesús"*.

Hoy en día comprendo que la gasolina con la cual he logrado mantener esta perseverancia en Dios son las tres virtudes teologales, la Fe, la Esperanza y la Caridad.

La fe es una gracia que recibimos en el Sacramento del Bautismo cuando el Señor nos acoge como sus hijos adoptivos, un don que Dios nos concede a diario y no venden en ninguna parte. Por eso debemos pedírsela a diario con insistencia. La fe es el don de Dios que introduce en lo más profundo del hombre y por eso, suscitar la fe es la finalidad primordial de toda evangelización, como nos lo recuerda San Pablo Apóstol: *"¿Cómo invocarán a Aquel en quien no han creído? ¿Cómo creerán en Aquel a quien no han oído? ¿Cómo oirán sin que se les predique? Por tanto, la fe viene de la predicación, y la predicación, por la Palabra de Dios"* (Rm 10, 14-17).

Uno, a veces, encuentra a alguien con mucha fe y dice *"Ay, qué dicha uno tener la fe en Dios que tiene tal y tal persona"*.

Si eso es lo que anhelamos, digámosle a Dios de rodillas esta oración espontánea para que veamos cómo nos cambia la vida:

"Señor Jesús, regálame, por favor, por la fuerza de tu Espíritu Santo el don de la fe. Yo creo en ti, pero aumenta mi fe; tú lo sabes, Señor, la paz y la felicidad que sentiría en mi vida si pudiera confiar más y más en ti. Gracias, Señor, por escucharme. Amén".

La fe y la conversión son gracias. El Señor trabaja en nosotros de acuerdo con nuestra voluntad, cuando nos sometemos seriamente a un cambio interior, decidiéndonos por aquello que nos hace bien y separándonos de lo que nos aleja de Él. Dios nos ayuda a progresar en ese cambio.

Tenemos que perseverar en la fe para creer y entender que somos más privilegiados que los mismos Apóstoles, pues aunque ellos tuvieron a Jesús cerca, lo vieron y lo tocaron, hoy en día nosotros lo podemos comer por medio de la Eucaristía; además, tenemos que educarla y cultivarla mediante el estudio de la religión.

En esta vida la lucha humana es inútil sin Dios

Caminar en obediencia a Dios es entender que si en todas nuestras empresas tenemos en cuenta a Dios, éstas prosperan. Bien lo afirma el salmista: *"Si el Señor no construye la casa, en vano se cansan los albañiles; si el Señor no guarda la ciudad, en vano vigilan los centinelas. En vano madrugáis y coméis pan de fatigas, cuando Dios lo da a sus amigos mientras duermen"* (Sal 126).

Cuando a Dios le agrada nuestro proceder, Él nos consuela y va de nuestra mano. Para mí la fe es la seguridad de que Dios no me va a fallar y mucho menos a abandonar, ya que yo lucho y lucho, en medio de mi imperfección, por obedecerle lo poco o mucho que conozco de Él.

La clave de la transformación interior es entonces la perseverancia; en ella crezco y maduro como ser y alcanzo la talla que Dios quiere para mí. **Él se hizo hombre para que yo llegue a ser imitación suya.** Es en los frutos u obras donde podemos reconocer a una persona transformada en Dios, no tanto en lo que dice. Porque si lo que dice no lo obedece, tan solo le sirve para los demás.

No basta orar para dejar un mal hábito; debemos enfrentarnos a éste con decisión para cambiar.

Por ejemplo, rezar oraciones y novenas para dejar vicios y hábitos como la droga, el alcohol, la lujuria, la infidelidad, las apuestas, las rabias, el criticar o el chisme; frecuentar gente o lugares en los que estos se promueven es algo absurdo, es alimentar y provocar la debilidad.

Entrenarnos y estar concentrados con el fin de lograr esta transformación interior que Dios quiere en nosotros, requiere de un proceso práctico. La psicología propone tres pasos para lograr cambios en nuestro comportamiento que pueden adaptarse al proceso espiritual:

1) Repetir acciones que me lleven a mi ideal; 2) lograr hábitos o costumbres y 3) convertirlos en actitudes o comportamientos.

Para dejar un hábito conviene hacerlo gradualmente, no se puede quitar o castrar mágicamente. Conviene reemplazarlo por otro hábito contrario al que quiero alcanzar, por ejemplo, cuando me propongo una dieta no debo hacerla con propósitos inalcanzables y exagerados como suprimir comidas importantes que me generen ansiedad por comer o gula, o termine aplacándola con otra adicción extrema. Por el contrario, debo hacerlo de manera gradual y balanceada, más bien reemplazando las comidas insanas por sanas.

La psicología de Jesús nos ayudará muchísimo. Él dijo: *"Así que no os preocupéis del mañana: el mañana se preocupará de sí mismo. Cada día tiene bastante con su propio mal"* (Mt 6, 34).

Otra manera práctica de lograr esta transformación de nuestra vida la encontramos en el deporte. El ejercicio físico ayuda a eliminar las toxinas que resultan de la acumulación de sustancias insanas en nuestro organismo como los fármacos y el alcohol, estimulando las pasiones desenfrenadas que nos enceguecen, embrutecen y desordenan. Además, el deporte oxigena el cerebro, estimula las endorfinas u hormonas que eliminan el dolor, aumentan la felicidad y el dinamismo y despiertan y motivan a los jóvenes para que se les quite esa pereza tan berraca que mantienen.

Al fin logré entender y amar a mi madre con todo el corazón

Cuando me aburría, me desmotivaba, me deprimía o me sentía triste, como sin esperanza, solía caminar por largos ratos, hacer deporte, ir a algún grupo de oración, entrar en alguna iglesia o buscar personas que despertaran esperanza y ganas de vivir. No le "daba papaya" a la ociosidad en la que uno cae cuando está mal. A pesar de ello, en ocasiones me dediqué a beber por varios días. Eso ocurre porque cuando uno está con problemas, deprimido o preocupado y no le dedica tiempo a Dios, el demonio le pone oficio y hasta lo desespera con pensamientos trágicos. No olvidemos que "camarón que se duerme, se lo comen en ceviche". Debemos ocupar los sentidos, la mente y la imaginación en cosas que nos alimenten y nos den verdadera paz para no distraernos, porque "si uno come cebolla queda oliendo a cebolla" y, como dice Santa Teresita del Niño Jesús, "la imaginación es la loca de casa".

Una tarde, al visitar las palomitas que adornan la Plaza de Bolívar de Bogotá, aproveché que la Catedral Primada se encontraba abierta y entré en dirección al Sagrario, pero me interrumpió la presencia de un Sacerdote que se encontraba en un confesionario. Me dirigí hacia él con el deseo de desahogar toda la tristeza que traía acumulada y de contarle al Padre sobre todo mi proceso de vida. El Padre, con mucho amor, me respondió como si me conociera de toda la vida:

–Lo primero que debes hacer, joven, es realizar un proceso que te permita llegar a entender y amar a tu mamá con todo el corazón.

–¿Y eso por qué, Padre? Yo a mi mamá la quiero, le ayudo económicamente y estoy pendiente de comunicarme con ella con frecuencia.

–Sí, pero usted nunca le da un beso o un abrazo con verdadero cariño y amor, ni le dice un "te quiero, mamá", un "gracias, mamá, por todo lo buena que has sido conmigo" o un "perdóname, mamá, por no agradecerte el esfuerzo que has hecho por mí".

¡Es extraño¡ Entonces comencé a llorar, un poco adolorido:

–Pues sí, Padre, eso es verdad, pero ella casi nunca nos dio un beso o un abrazo. En medio de una rabia o un desespero conmigo, aprovechando que de pequeño yo era muy flaco, me soltaba frases muy hirientes que me llenaban de complejos: "Este es mucho tripa seca, macho flaco, esqueleto, tuntuniento".

–Es muy raro que una mamá no dé a sus hijos aunque sea lo más mínimo de afecto, ¿cómo fue criada ella entonces?

Llorando, empecé a contarle:

–Padre, mi mamá viene de un hogar de doce hermanos; seis se quedaron solterones y, de los seis, tres con afecciones psíquicas; todo ello como resultado de la violencia intrafamiliar y el palo con que mi abuelito José, que en paz descanse, los crió. Además, mi mamá fue la más afectada cuando murió mi papá sin tener la precaución de dejar organizados con papeles algunos de los negocios que tenía, lo que facilitó que varios miembros de nuestra familia, bajo amenazas, burlas y engaños, la obligaran a negociar y firmar documentos para quitarle parte de la herencia. Fue así como comenzamos el curso de pasar de ricos a pobres, Padre.

–¡Ah, no hijito!, **usted no le puede pedir a su mamita de lo que no le dieron,** eso es falta de misericordia para con ella. **Simplemente está dando de lo que recibió.** Los criados en medio de violencia la mayoría de las veces lo único que pueden dar es dolor, frialdad y brusquedad. Mire, hijito, pídale más bien a Dios que le dé a usted mucho amor para que pueda ir y hablarle a su mamita con cariño, a decirle palabras de amor, a abrazarla y a acariciarla, para que reciba de usted el amor de papá que no tuvo.

–Padre, pero ¿por qué yo tengo que buscarla a ella, si yo soy el hijo y ella como mamá es la que primero me tiene que dar ejemplo de cariño y amor?

–Acuérdese de que es usted el que es testigo del amor infinito de Dios a través de la sanación y la liberación que él ha hecho en su vida; de que Jesús a quien más le da más le exige. ¡Vaya más bien, hombre, y busque a su mamita!

Esto es muy fácil contarlo, pero otra cosa es tener el valor y la fortaleza de ir a romper el hielo de tantos años de crianza y relación fría y distante.

Continué en esta lucha insistiendo con las armas espirituales para poder resistir y enfrentar las dificultades de cada día, con la esperanza de poder lograr mi curación definitiva. Resulté nuevamente asistiendo donde el Padre Isaac a las Misas y la unción de los enfermos de los viernes y primeros domingos y seguí frecuentando el grupo de oración, con el fin de pedir intercesión y consejería por esta intención. Por otra parte, personalmente ofrecí visitas al Santísimo, ayunos y rosarios.

Pese a que mi proceso iba madurando cada vez más, me quedaron rondando en la cabeza las palabras del Padre: "No le pidas a tu mamita de lo que no le dieron".

Lentamente, la vida de oración personal y la búsqueda de ayuda espiritual habían ido abonando el terreno para que esta frase del Padre calara en lo más profundo de mí y cumpliera su objetivo. Se esclarecieron esas sombras de depresión, dolor, soledad y vacío que me aplastaron por tanto tiempo. Fui sintiendo que de mis recuerdos se iba quitando el velo de egoísmo y sentimiento de víctima que no me dejaba encontrar la paz que Dios me quería dar y que comprendiera a mi madre.

Por la gracia de Dios me las había jugado todas en fe con la firme intención de sacar de mi corazón el dolor que habían dejado los sufrimientos del pasado, especialmente los que se habían generado en la relación con mi madre. La verdad es que yo no quería continuar como otro más de los que por el traicionero orgullo nunca tienen la dicha de decir "mamá, nunca te lo había dicho, pero yo te amo" o "sabes una cosa, me siento orgulloso de ti", "madre, ven que te quiero dar un abrazo y agradecerte todos los sacrificios que hiciste para que yo saliera adelante".

Como se pueden dar cuenta, tuve que hablar y sanar lo de mi mamá, porque aunque había sucedido hace muchísimos años, aún estaba ahí guardado. Por eso es mentira la máxima de que "el tiempo todo lo cura". Esta situación casi siempre se da, así hoy en día uno conviva con la persona que le hizo daño y aparentemente se tenga una buena relación.

Como fruto de mi experiencia, quiero advertirles a todos aquellos que experimentan resentimientos, rencores u odios contra alguno de sus familiares o allegados, que no esperen a que se encuentre en una cama ya a punto de morir o en el cementerio para buscarlo y reconciliarse. Recuerdo el día en que vino en busca de mi ayuda un familiar con un estado de depresión severa que lo tenía al borde del suicidio; le pregunté la causa que había desencadenado la crisis y, en especial, si se debía a alguna decepción sentimental, pues conocía la hipersensibilidad característica de las personas con fuertes inclinaciones homosexuales, que era su caso, y me respondió:

–No, Iván, lo más duro es que no es nada que tenga que ver con eso. Este dolor y este cargo de conciencia me aparecen cada vez que me acuerdo del momento en que mamá estaba agonizando en la cama y no fui capaz de pedirle perdón por todo lo que la había hecho sufrir.

Comencé a sentir paz en mi espíritu y una luz en mi mente. Por primera vez en toda mi vida estaba entendiendo las palabras que me repitió por años mi madre cada vez que yo le reclamé cariño, abrazos, atención, amor, en fin:

–**Pero, cómo lo voy a consentir o cómo le voy a dar cariño y amor si a mí tampoco me lo dieron. Mi papá nos crio con violencia y con frialdad.**

Me da vergüenza y dolor tener que contar esto, pero era tan fuerte el impacto que causaban sobre mí los rechazos o agresiones de mi madre que, por el disgusto, llegué a responderle con un insulto soez y vulgar:

–Usted nunca nos da un beso ni un abrazo.

La voz de Dios por medio del sacerdote se hizo viva para que yo aprendiera la lección: "Aprenda a escuchar, Iván; métase en los zapatos del otro, **las actitudes y la forma de ser de las personas no son gratuitas, todos tenemos un pasado que nos pesa para bien o para mal**".

Pasaron varios días hasta que, después de una nueva oración que recibí en persona a través de Eliodoro y Aurita, quienes con profundo amor colocaron sus manos en mi corazón, acabé de entender que muchos de nuestros abuelos trataron a las esposas como hijas hasta anularlas, sin respetar su dignidad de mujeres y seres capaces. Como consecuencia del machismo y la violencia, el resentimiento anidó en ellas. Algunas, por no sanar las secuelas de su tragedia, repiten esos comportamientos, y hacen que aprendamos y nos acostumbremos a vivir sin comunicación afectiva.

En uno de esos días, impulsado por la gracia de Dios, tuve la valentía de tomar el teléfono para llamar a mi madre con una nueva actitud:

Si Dios
para nada
nos pide
cuentas por
los errores
de nuestro
pasado,

con qué
derecho le
pido cuentas
a quien se ha
equivocado
conmigo

–¿Sí?, ¿aló? ¡Hola, mamá!

–¿Con quién hablo?

–Con Iván, mamá, qué bueno escucharla.

–¡Ah, bueno!

–Mamá, es que quería decirle que la he pensado mucho, y le mando un beso y un abrazo.

–Ya, ya, déjese de tanta bobada y tanta melosería.

Como todo lo que he vivido en mi proceso, con el paso de los días continué insistiendo, persistiendo y no desistiendo. Además, ya había dado el primer paso, el más difícil. Así que la llamé por segunda vez:

–Hola mamá, ¿Cómo le va?

–Pues, ahí bien, y a éste, ¿por qué le dio por llamar?

–Mamá, es que la llamo para decirle que la quiero mucho.

–Oiga, ¿usted donde es que se está metiendo que le están enseñando tantas pendejadas? Si sigue con eso, le voy a colgar.

Y colgó. Esta actitud de mi mamá me entristeció y desmotivó un poco, hasta deseé tirar la toalla y mandar todo al diablo. Pero en nombre de Dios, recordando la paz y tranquilidad que me dejó la reconciliación con Catalina, continué luchando y esperando, ofreciendo de nuevo eucaristías y orando en el grupo por la sanación de nuestra relación.

Les comparto una frase que en esos momentos el Señor me regaló: "No olvides en la oscuridad lo que te he dado en la luz". No olvidemos en dónde y cómo estaba nuestra vida cuando empezamos la búsqueda de Dios; pero, como nos fijamos en todo lo que nos hace falta sin tomarnos el trabajo de agradecer a Dios todo lo que nos ha dado y, peor aún, como la pasamos comparándonos con los demás, siempre vamos a encontrar a alguien que está mejor o peor que nosotros.

Como Dios no es sordo, llegó el día en que de nuevo me dio valor y fe para llamar a mi madre de nuevo:

–Hola, mamá, qué bueno oírla.

–¿Qué es esa llamadera? ¿No dice que se mantiene muy ocupado estudiando?

–¿Oiga mamá, usted por qué es tan fría y tan cortante? ¿Qué cree, que a uno no le hace falta una palabra de cariño de parte suya o qué?

–Ya deje de estar cansando con pendejadas, que así fue como nos criaron a nosotros también. ¿Qué cree, que nos dieron muchos mimos y afecto? No, a nosotros nos criaron a punta de palo y rejo. En esa época eso era lo que se usaba.

–Por eso, mamá. Es que no podemos seguir tratándonos así, en forma fría. Debemos empezar a tratarnos mejor, con cariño, con amor.

Colgó. Esta vez no me sentí tan mal porque al menos pudimos desahogar los dos el dolor que habíamos heredado. Además, al justificar mi madre la raíz de su fría actitud con tan desafiantes respuestas, despertó en mí el deseo de pedir por la restauración de su corazón, implorándole misericordia a Dios, ya no por mí sino por ella.

De pronto el Señor no viene, pero eso sí, siempre manda a sus angelitos

Por esos días vino a Bogotá el predicador Niel Vélez, de Nueva York, a un congreso de sanación en el coliseo El Campín, al cual asistí. Cuando él se encontraba haciendo una oración de perdón, me emocionó mucho la coincidencia de su testimonio con el mío y sentí una presencia muy fuerte del Espíritu Santo. En medio de la alabanza imploré insistentemente a Dios, con toda la fe y la fuerza del mundo, que le hiciera sentir el poder de esa oración a mi madre en el lugar donde estuviera y le sanara la dureza de su corazón. No me van a creer: Eran las nueve y treinta de la noche y en ese momento me entró una llamada al celular. No sabía si contestar o no, por respeto al lugar donde me encontraba y para no distraerme de la oración. De nuevo sonó el vibrador, pero tampoco contesté. Sonó cuatro o cinco veces más, y ahí sí me causó inquietud. Me fijé en el número para saber quién era y me llevé la sorpresa de que se trataba de una llamada hecha desde el número de mi casa en Pácora.

Suponiendo que se trataba de una llamada para informarme alguna mala noticia, porque con los antecedentes que les he contado para una buena no me iban a llamar, contesté de inmediato.

Era mi hermana Lucero, para decirme que se habían llevado en una ambulancia a mamá para Manizales, gravísima, vomitando y defecando sangre; me pidió ir pronto.

Cobijado por la esperanza y serenidad que me daba la oración, le respondí: "Bueno, bueno, mañana veré cómo hago. Tranquila, que ni la hoja de un árbol se mueve sin la voluntad de Dios. Bueno, que Dios los bendiga y proteja mucho, tengo que colgar, Luce. Chao, chao, que estoy en un sitio en donde no se puede hablar mucho".

Tampoco me lo van a creer; en ese momento miré para el cielo y levantando las manos grité: *"¡Gracias, Señor, yo sabía que me estabas escuchando!"*.

Ese rato lo viví con mucha fe y esperanza porque me di cuenta de que así como Dios había utilizado mi enfermedad para sanar mi corazón y mi espíritu, estaba haciendo lo mismo con la de mi madre. Como siempre, Dios estaba escribiendo derecho en renglones torcidos.

Al día siguiente me trasladé con mucha tranquilidad a Manizales y encontré a mi mamá muy preocupada y angustiada por su situación. Traté de darle mucho coraje, compartiéndole el testimonio de mi enfermedad y para qué Dios la había permitido.

Mi mamá respondía a mis consejos con su frialdad característica, pero eso ya no me importaba porque sabía que Dios tenía un día y una hora escogida para hacerle entender que toda esa sangre que botó era el resultado de todas esas heridas y dolores que tenía guardados en lo más profundo del corazón.

Con el paso de los días, bajo los cuidados médicos y en medio de varias oraciones que le hice, mi mamá se recuperó y yo retorné a Bogotá, ese gran lugar en donde Dios me puso a florecer y al que tanta riqueza le debo. Allí continué orando por ella, durante varios días estuve pendiente, llamándola muy de seguido, hasta que se logró sanar la úlcera que se le había estrangulado.

Habían pasado varios meses y el cambio en la actitud de mi mamá aún no era muy notable. Como el que no llora no mama, en un puente festivo fui a visitarla y avanzar así de manera personal en el proceso de rompimiento del hielo.

Mi visita la tomó por sorpresa y la contrarió de tal manera que al abrirme la puerta me dijo:

–Ay, Iván, ¿y usted que está haciendo por aquí? –y me saludó, por variar, con un beso muy mecánico.

–Mamá, pues me vine a pasar el puente y a visitarla! Y aquí le traje estas cosas para que coman y estos regalos.

Pasado un buen rato de haber llegado a mi casa, contando con la compañía de mi hermana Lucero, Diego, su hijo, y la visita de mi paisano José Restrepo, "José Miel", caí en la cuenta de que a las mamás también les fascina el dinerito. La llamé a mi cuarto y sacando unos billetes del bolsillo, le dije: "Ah, mamá, es que aprovechando esta venida le regalo esta platica". Reaccionando como una niña cuando le dan un bombón, lanzó la mano para agarrar los billetes y dijo:

–¡Ay, Iván!, ¿qué es esa maravilla, qué es esa belleza? Harta falta me estaba haciendo la platica.

–Espere, mamá –le dije y retuve los billetes en la mano–; esta vez va a ser distinto. Le voy a dar estos diez billetes si me da un beso y un abrazo y me dice "¡Te quiero mucho, hijo mío!".

–¡Ah!, ¡Ya me va a chantajear con unos billetes!

–Bueno, entonces voy a dárselos a Diego.

–No, no, no le vaya a dar a él esa platica, mijo, que es un derrochón y no sabe qué hacer con ella. Yo sí la necesito para pagar el mercado.

–Bueno, entonces si tanto la necesita, deme pues ese beso, ese abrazo y ese "¡te quiero, hijo mío!" que le estoy pidiendo. Y es más, le doy estos otros.

–Ay, mijito, ¿cómo viene usted a hacerme esto? –dijo, mirando los billetes de reojo, casi suspirando–. Usted sabe que yo soy muy tímida para esas cosas.

–Bueno, a la una, a las dos, y a las… ¿Lo va a hacer o se los doy al sobrino? Y le voy a encimar otros tres. A la una, a las dos…

–Ay, Iván, usted no cambia, ¿no? –Miró con un suspiro profundo los billetes y a los asistentes, luego dijo–: ¡Ay, no sé qué hacer! ¿Ah? Necesito la platica, pero usted sabe que yo no sirvo para eso…, Te qui…ero mmm ucho, ¡Ay! yo no soy capaz, usted sabe que a mí eso me cuesta mucho, ¡yo soy muy fría para esto! –Continuó sufriendo para soltar una palabra de amor, hasta que por fin lo logró–: ¡Te quiero mucho! ¡Ay, este bobo cómo me pone en estas situaciones!

Con mi ayuda y la de mi hermana, el sobrino y José Miel muertos de la risa, le dije: –¡Suéltese, mamá, suéltese a querer, que eso no duele!

Mi madre logró darme un abrazo y yo le respondí con otro y, además, aprovechando el desorden, la cargué. Ella sonrió como una niña y contagió a todos un ataque de risa, acompañado de lágrimas de emoción y alegría, las cuales iban lavando muchas de nuestras heridas.

A partir de entonces, si no la llamo frecuentemente y no soy cariñoso y mamagallista con ella, siempre me reclama diciendo: "¿Y este perdido dónde estaba que no me había vuelto a llamar?".

Hoy en día le hace falta que yo la trate como una niña y la haga sonreír. Aparentemente esta estrategia utilizada para sanar la relación con mi madre parece un juego de niños. Fue el mismo Jesús quien llegó a advertir que si no nos hacíamos como niños no entraríamos en el Reino de Dios; de la inocencia de los niños aprendemos sobre la actitud que debemos tener al reconciliarnos con los nuestros para hacer de nuevo familia y así experimentar la paz y la alegría que regala el Espíritu Santo. Esa actitud es contraria al juego del materialismo en que caemos con frecuencia la mayoría de los seres humanos y con el cual resultamos maquillando y escondiendo nuestros dolores, temores y prevenciones. Cada división o conflicto familiar o social requiere que alguno de los involucrados pida a Dios la humildad para dar el brazo a torcer, y así se logra pedir perdón o perdonar a quienes lo necesitan.

Otro camino bien práctico que nos ayudará a perdonar

Les recomiendo una lista de actos de amor, de los cuales he conocido cantidades de experiencias de perdón y reconciliación por parte de personas que no habían podido hallar un verdadero camino en este sentido:

• Reconozca las ofensas y agresiones verbales y/o físicas que haya tenido para con otras personas, así como también lo que deseó hacer por ellos y no hizo; esto pudo crear distanciamiento, frialdad, desconfianza o resentimientos, tanto en ellos como en la relación.

• Realice una profunda Confesión pidiendo perdón a Dios con corazón sincero, reconociendo la forma dura, negligente, indiferente o equivocada con la que actuó.

• Ofrezca con frecuencia Misas, rosarios, obras de caridad y ayunos con la intención de ir preparando el terreno para el siguiente acto.

• Pida a Dios, por la intercesión de la Virgen María, que disponga los corazones y el momento propicio para ir en busca de aquel con quien necesite reconciliarse, y que el Espíritu Santo le regale la humildad, la fortaleza y las palabras sabias y eficaces para que, aceptando sus fallas y equivocaciones, puedan tener un diálogo profundo.

- Con mucha discreción, si está a su alcance, use los sacramentales (agua, aceite y sal) en las comidas de la persona por la cual se encuentra orando; también, bendiga y rocíe en fe con agua bendita su ropa, la toalla con la cual se seca y su cama; imponga o coloque las manos en fe y oración sobre la almohada implorándole al Señor de la siguiente manera: "Señor Jesús, bendice a la persona que descansa su cabeza en esta almohada, toma su mente, sus pensamientos, sana sus recuerdos dolorosos, llena sus vacíos afectivos". Si la persona por quien se encuentra orando está dormida, envíele el Arcángel San Gabriel al subconsciente para que le hable del amor y el poder de Dios Padre, del Espíritu Santo y de la Virgen María.

- En el momento en que tenga la oportunidad de encontrarse con quien tiene el conflicto, aproveche la apertura de corazones y espíritu para que, llenándose de la gracia de Dios, empiece el proceso de reconciliación. Comience por pedirle perdón al otro por sus fallas –llámese hijos, cónyuge, papás, hermanos, amigos, etc.– de modo que la persona entienda los motivos de su equivocación. Por ejemplo, si usted hizo con él lo mismo que en medio de su imperfección humana sus padres hicieron con usted, o él no pudo contar con su presencia y compañía cuando más la necesitó, ya que igualmente se encontraba ocupado trabajando para sacarlo adelante. De este modo Él podrá comprenderlo y perdonarlo.

- Como ya lo he venido explicando, la mayoría de los conflictos de nuestros hijos tienen su origen en el vientre materno. Por tal razón, un ejercicio muy sanador para las madres es, en el momento en que tengan la oportunidad de orar por sus hijos, cogerle una mano y llevarla hacia su ombligo, teniendo en cuenta que es ese el sitio que los comunicaba durante la gestación a través del cordón umbilical.

- De igual manera, si el hijo está ausente, la mamá en fe puede colocarse alguna de sus manos en el vientre y orarle a Dios y a la Virgencita por él, y clamarles las gracias y bendiciones del Espíritu Santo que por los sacramentos del Bautismo, el Matrimonio y el mismo cordón umbilical los une.

- Recuerde que aquello que más fortalece todo proceso de sanación es la modificación, quizá lenta pero progresiva, de las actitudes y de la vida, o sea, el nuevo ejemplo que va a dar a esa persona. Para mejorar sus relaciones en el futuro, busque alcanzar un perdón mutuo perdurable para poder disfrutar el amor, el gozo y la paz que provienen de la unión familiar. Debe procurar hacer efectivo su propósito de cambio, para que no sea un acto aislado o incoherente con las palabras y que permita que los otros recuperen la credibilidad, el afecto y el respeto por usted. Por último, les recomiendo la gran variedad de buenos y hermosos libros espirituales, que sobre este tema encontraremos en todas las librerías católicas[8].

---

8   *Introducción a la Sanación Interior*, del Padre Robert de Grandis, que contiene las oraciones y los pasos para sanar las etapas de nuestra vida y los recuerdos dolorosos desde el vientre materno *Bendice a tus hijos diariamente*, de Mary R. Swope, y *Sanación desde el vientre materno*.

La primera vez que compartí esta experiencia de vida

Tuve la dicha de compartir por primera vez esta experiencia que Dios me ha venido regalando en la Fundación Los Santos Ángeles, grupo de oración con el cual continúo vinculado. Allí he recibido el regalo de encontrar y conocer con más profundidad a un Espíritu Santo vivo, cuya acción poderosa y transformadora me ha llevado a un punto de madurez espiritual muy superior al del día aquel en que llegué, no dispuesto a compartir la alabanza a Dios, sino a una "quejabanza".

De la sencillez, la prudencia y la capacidad inagotables de servicio de Eliodoro Prada aprendí a valorar muchísimo lo que representa para la vida interior de un ser humano el silencio en el Señor Jesús. A él y a todos los laicos que oraron por mí y de quienes Dios se valió para darme conocimiento, confianza y fortaleza en lo que al ministerio de liberación y batalla espiritual contra el engaño del demonio se refiere, agradezco la ayuda que permitió que no me quedara en esa etapa de sufrimiento y de Cruz.

El mejor negocio del día

No puedo dejar de recordar también el fervor y compromiso profundo para con Dios, del asesor espiritual de esta Fundación, el Padre César Rozo, Sacerdote de quien aprendí el valor y el poder que tiene para la vida de una persona luchar por procurar ir en pos de Jesús Eucaristía en las primeras horas de la mañana, mucho mejor sin haber desayunado, como una de las mejores formas de cumplir el mandamiento de amarlo verdaderamente por sobre todas las cosas, recibiéndolo y comiéndolo antes de cualquiera otra actividad, para que en el resto del día tenga la plena convicción de que todo lo que nos suceda, bueno o malo, es para bien en Dios. Como se afirma en el salmo 112 *"la persona que se recrea en el cumplimiento de los mandamientos de Dios y le obedece, tendrá éxito en todo lo que emprenda y no temerá las malas noticias"*. **"Siempre habrá tiempo para todo, si primero hay tiempo para Dios".**

Ya hizo **el mejor negocio del día**; introdujo en su vida a Jesús por delante. Es también por esto que he descubierto la gracia de completar cerca de siete años, en los que hice la escritura de este libro con mi amiga Íngrid Corredor, quien hizo la primera redacción de este texto; es este lapso que llevo en la aventura de poner por escrito mi experiencia del amor y del poder de Dios sin que me dominen el miedo, la depresión o la soledad. Así como el almuerzo que comemos cada día tan solo nos sirve para alimentar y fortalecer nuestro cuerpo esos periodos de 24 horas, lo mismo pasa con la Eucaristía y la oración para alimentar y fortalecer a diario nuestro espíritu; la de sólo el domingo también nos sirve, pero, con el paso de los días, por la falta de alimento eucarístico y oración diarios, nuestro espíritu se va debilitando, hasta que reincidimos en los traumas, los estados depresivos, los miedos, la falta de paz y perdemos la esperanza. **El mejor negocio del mundo entero es invertir en Dios tiempo y Dinero.**

Algunos se preguntarán cómo hago para poder ir a la Misa entre semana si tengo que atender a mi familia o tengo que trabajar. Como ni la hoja de un árbol se mueve sin la voluntad de Dios, pídale con fe que le conceda el tiempo o un trabajo en el que pueda sacar ese espacio para Él. En el salmo 126 nos dice que de nada nos sirve trabajar de sol a sol y cosechar el pan con lágrimas, sacrificios y fatigas, mientras que Dios provee el sustento de quienes confían en Él durante su sueño. Esto no es para que nos vayamos todos a dormir, no; es la moderación en todo, un tiempo tendremos para trabajar, un tiempo para orar y un tiempo para descansar.

Una disciplina que por experiencia personal sé que nos trae incontables frutos de bendición en todas las áreas de la vida es el hecho de levantarnos todos los días diez minutos antes de la hora habitual y dedicárselos a Dios en oración de acción de gracias por la noche que pasamos y de entrega del nuevo día que vamos a vivir nosotros y nuestros allegados, al igual que antes de acostarnos. Mejor dicho, **"al despertarnos debemos orarle al Perfecto y pedirle que nos dé sabiduría, astucia y coraje para poder enfrentarnos a los imperfectos"**.

Mucho agradezco también a la Fundación la oportunidad de haber conocido al Padre José Guillermo, quien en la actualidad es su asesor en Bucaramanga, con su entrega por Jesús y María, nos hace despertar enamoramiento, respeto y gozo ante su presencia. Esa experiencia viva del Espíritu Santo que Dios nos hace sentir por su unción y sus carismas es muy valiosa.

También agradezco a Dios por ese puñado de mamás que en esa Fundación me ha regalado por medio del grupo de servidoras, empezando por María Victoria, la esposa de Eliodoro, quien con su berraquera y empuje de espíritu paisa me animaba constantemente en ese estado de caos en que me encontraba; y no sólo a mí, sino a todo aquel que llega allí necesitado de una bendición que le devuelva la esperanza.

Una mujer muy especial ha sido la doctora Martica Peña, de la cual Dios se ha valido en esa Fundación para darle mucha luz a mi caminar espiritual; Él le ha regalado a esa psicóloga unos dones muy especiales que quiso compartir conmigo un día. Esa etapa con ella fue la última parte fuerte en todo este proceso, hasta ahora.

Martica un día me explicó con mucha delicadeza que a veces notaba en mí una risa y unos comentarios muy inoportunos e imprudentes. Me decía que sonreír es algo muy lindo, pero que cada cosa tiene su momento y su lugar indicado y que, sin darme cuenta, yo utilizaba esta actitud como mecanismo de defensa de una herida, un vacío, un temor o un complejo que quedaban aún de mi pasado. Era un comportamiento que hería a los demás, rompía la armonía o la seriedad de un compartir, buscando con ella llamar siempre la atención. Recuerdo que nadie podía meterse conmigo para mal, porque sabía ponerle el freno fácilmente.

Inicié con su ayuda un proceso semanal de terapia psicológica católica acompañada de oración de sanación interior desde el vientre materno, recorriendo conmigo mes a mes mi crecimiento y desarrollo. Oró por la relación entre mis padres, la ausencia de caricias por parte de mi mamá, la infidelidad de mi papá con mi mamá, las decepciones, rabias y temores de mi mamá recaídas sobre mí y otros dolores.

Pasados ya dos meses y finalizando las terapias con esa psicóloga, comencé a sentir muchísima paz y plenitud en Jesús y nuestra Madre María. Lo más novedoso para mí y lo que más me quebrantó fue la experiencia personal que tuve al sentir en mi corazón la presencia de Dios Padre Celestial; caí en la cuenta de que hay ocasiones en que los que nos decimos creyentes acostumbramos a dirigir nuestra oración a Jesús, porque lo vemos como el amigo que es, pero que muy pocas veces tenemos en cuenta en oración o en nuestra mente la imagen de Dios Padre, en general como consecuencia de las heridas causadas en nosotros por una relación difícil con nuestro papá terrenal o de su ausencia. Sentí que mi compromiso con Dios a partir de ahí era en serio.

Cada día sentía que el Señor estaba cambiando todo en mi vida

Hablando de recompensas, luego de esa otra etapa de restauración desde el vientre de mi madre con la ayuda de la psicóloga, de dejar de pedir a Dios cosas para mí y de empezar a pedir para los demás, el viejo tic en la nuca y las manchas de la piel desaparecieron del todo, sin que fuera necesario el uso de alguna crema. No hay más desmanchadores y purificadores que recibir diariamente y a primera hora a Jesús Eucaristía en la Misa. Por algo dijo hace poco el Papa Benedicto XVI que si la píldora de la eternidad existiera la tierra sería un infierno en el cual los viejos ocuparían todo el mundo y los jóvenes vivirían relegados. El "verdadero fármaco de la inmortalidad es la Eucaristía", concluyó.

Insisto en que una sanación nunca termina. Aún continúo encontrando ataduras que han recaído sobre mi familia, situación que me obliga a no decaer en la oración frecuente. Agradezco al Padre Wilson Salazar, quien fue el Párroco del Municipio cundinamarqués La Florida; él es un siervo predilecto de la Virgen María que en su verticalidad, con sus dones y cara de niño juicioso, lucha por la santidad; por eso el Señor se vale de él para devolver la salud espiritual y física a muchas personas.

Hay preguntas que sólo las entendemos en Dios al orar y con el paso de los años

Todos los días el Señor me sorprende con algo acerca de la historia de mi familia, a tal punto que hasta encontré respuestas a interrogantes que tenía desde la niñez: *"¿Por qué le pasan cosas malas o tristes a las personas buenas?"*, ¿por qué al haber quedado viuda mi madre tan joven y con seis niñitos huérfanos para criar, Dios permitió que unos familiares nos robaran la mayor parte de la herencia de mi papá y nos dejaron casi en la quiebra? o, mejor dicho, ¿dónde estaba Dios cuando eso ocurrió, si la Biblia dice que Dios no abandona a las viudas ni a los huérfanos?

En esa época, año 1981, la crisis económica de mi casa llegó a un extremo tal que mi mamá entró en un estado de nervios y desesperación muy profundos. Los familiares que nos visitaban decían que hablaba con las paredes. Además, sus venas varices estallaron en ambos pies. Nuestras tías, en medio del caos y la crisis, llegaron a proponer que mi madre fuera enviada a un convento y los seis hijos repartidos entre ellas.

Aún recuerdo las palabras con las que ingenuamente mi madre expresaba su rechazo a la comida que con generosidad llevaba en abundancia a la casa mi papá: "¿Más comida? ¡Qué extravagancia!". Mi abuelita Julia, con santa prudencia y dulzura, corregía esa actitud: "Mijita, no diga esas palabras, que la palabra tiene poder, y la lengua lo traiciona a uno en cualquier momento". La Biblia ratifica esas sabias palabras de mi abuela: *"Tú solo te pones la trampa: quedas atrapado en tus propias palabras"* (Pr 6, 2).

Finalmente, fue el sacrificio laboral de mi hermana Janeth quien sostuvo a nuestra familia por varios años; que sea este reconocimiento un mínimo homenaje de gratitud para con ella.

La respuesta que recientemente conocí acerca de toda esa desgracia, así hayan pasado muchísimos años, fue el conocimiento de lo siguiente: un familiar me enteró de que, recién casados mis padres, mi abuelita Teresita entregó a mi papá Alberto una finca para que la administrara, con el compromiso de que mensualmente distribuyera de manera equitativa las ganancias entre los hermanos.

Al principio mi papá respondió de forma correcta; es más, jamás olvidaré que en muchos paseos y fiestas en que se reunía la familia, él era quien corría con los gastos; tampoco cómo se esmeraba por colaborar económicamente a varios de sus hermanos y también a gente pobre del pueblo cuando buscaban su ayuda. Un detalle muy bello de su caridad, ya que tenía un gran corazón, era que llevaba en su propio carro a las fincas a muchos pobres con el fin de devolverlos con costales llenos de productos de la tierra.

De mi papá guardo los mejores recuerdos, ya que conmigo fue muy cariñoso, a diferencia de cómo fue con mis hermanos. Me dedicaba muchísimo tiempo y yo era su compañía a donde él fuera. Incluso en medio de mi inocencia infantil y la ingenuidad bruta de él, hasta a su amante me llevó; sobra decir que esa pobre mujer me detestaba. A mis ocho años yo peleaba con él, porque quería sacarlo de esos lugares que lo separaban de mi madre y de la familia. Creo que esa relación tan profunda que tuve con mi padre, en las buenas y en las malas, ha sido el motivo por el cual hoy tengo una imagen tan grande de Dios, Padre Celestial.

Entre los aciertos y desaciertos de mi papá, con el paso del tiempo no cumplió el compromiso adquirido con mi abuelita y se apoderó de la finca, hasta que olímpicamente se la robó: es de aquí que nace la fortuna de nuestra familia. Lo más doloroso del cuento es que el patrimonio que aparentemente había unido a nuestra familia durante tanto tiempo fue el mismo que acabó dividiéndola por cerca de treinta años. Definitivamente, *lo que por agua viene por agua se va.*

Eso no es todo; al morir mi abuelo materno, mi mamá recibió lo que le correspondía en herencia. Como mi papá era tan antojadizo de las chicas, el juego, la rumba y el derroche, pidió esa platica a mi mamá con el fin de administrársela. Y, como ya se imaginarán, esa platica se perdió donde sabemos. Hoy en día entiendo que con la muerte de mi papá Dios empezó a podar el árbol de nuestra familia, a purificarnos del pecado y de los errores del pasado y a quitar los falsos ídolos para que buscáramos en Él la única seguridad. A esto llamo una transfusión, no de sangre sino de estrato.

Pero hay situaciones en las que uno no entiende los llamados de Dios. Por más que viva experiencias tristes o violentas, al principio uno siempre busca soluciones que poco o nada lo comprometan con Dios.

Vemos que habiendo gente muy buena y caritativa, que asiste a misa a diario, se generan preguntas: "¿Por qué si yo soy yo tan bueno, me pasan tantas situaciones malas?", "¿por qué si esa persona es tan buena y tanto que lucha y lucha, no le salen las cosas?", "Sí ve, unos nacen con estrella y otros nacemos estrellados".

Como podemos ver, no sabemos qué pasó diez o treinta años atrás, o cuáles fueron los errores y pecados de nuestros antepasados que hacen que nuestra generación tenga tantas ataduras. Lo cierto es que hoy en día estamos recogiendo el fruto de lo que sembramos nosotros o de lo que sembraron ellos. Es un hecho que la pobreza, la desgracia, la enfermedad…, en fin, los problemas y la infelicidad, no vienen de Dios sino de vivir sin conocerle ni obedecerle, porque si no andaríamos con un Dios sádico y que nos trajo tan solo a sufrir.

Toda injusticia, trampa o pecado la pagamos; si no, allá están los hijos esperando para pagarla, tal como nos pasó a nosotros. La vida, al final, por algún lado le cobra a uno; de ahí viene la frase *"En esta vida no hay plazo que no se cumpla, ni deuda que no se pague".* De la misma manera, las Sagradas Escrituras en Lucas 12, 2 nos enseñan que *"Nada hay encubierto que no se descubra, ni oculto que no haya de saberse".*

Una experiencia ilustrativa. Hace tiempo una comunidad católica de Bogotá se trasladó al deprimido sector Ciudad Bolívar, ubicado en el sur y comenzó por llevar mercados y la Palabra de Dios a alrededor de dos mil campesinos desplazados por la violencia, quienes vivían allí de manera ilegal, resentidos y renegando de las guerrillas, las autodefensas, el Gobierno y Dios, pues habían sido sacados de sus tierras de manera violenta y sin poder traer con ellos alguna de sus pertenencias.

Luego de un trabajo de dos años de evangelización, oración y reconstrucción en valores de familia con ellos, sucedió algo muy lindo: se celebraron alrededor de ciento veinte matrimonios colectivos. Al preguntarles cómo les parecía lo que vivían allí en comparación con la forma de vida que llevaban en el campo respondieron: "Lo que es la vida, tuvimos que salir de nuestras tierras para caer en la cuenta de que al vivir en unión libre, rejuntados no más, teniendo hijos con la una y con la otra, estábamos viviendo como animalitos" y "anteriormente los campesinos nunca faltábamos a las rogativas, las misas para pedirle a Dios si había mucho invierno o para que lloviera y hubiera una buena cosecha y, especialmente, al mercado de San Isidro para la Iglesia y los demás pobres; pero nosotros también caímos en la adivinación, los riegos y los agüeros para la 'buena suerte' que nos ofrecen por la radio y la televisión".

Sí, podemos librarnos del sufrimiento nuestro y de nuestros antepasados

A quienes en este momento están cayendo en la cuenta de algún error, injusticia u ofensa a Dios que cometió o cometieron sus antepasados –no importa si ello ocurrió hace poco o muchísimo tiempo–, los invito en nombre de la Misericordia de Dios a que hagan suyo el proceso de reconocimiento y reparación personal e intergeneracional que les compartí en páginas anteriores. Para ello, pueden empezar ofreciendo una buena Confesión en la cual, de manera especial se reconozcan la reincidencia en las inclinaciones de pecado de los ascendientes y luego ofrezcan por ellos, por su descendencia y por todas los que resultaron afectados, todo tipo de actos espirituales, tales como Misas, obras de misericordia espirituales y corporales y sacrificios que podemos hacer con fe.

Dos tipos de ofrecimiento muy grandes que podemos hacer a Dios como actos de reparación son el diezmo y el ayuno.

El diezmo bíblico consiste en devolver a Dios con el apoyo al crecimiento de las obras de nuestra Iglesia católica (formación de vocaciones religiosas, parroquias, comunidades, grupos religiosos, etc.) el 10% de las ganancias mensuales por nuestro trabajo.

Muchas personas, como yo en un tiempo, piensan o dicen "yo qué le voy a dar plata a esos curas para que se la roben o se la derrochen quién sabe en qué". Hoy les digo que uno da el diezmo con fe como si se lo estuviera dando a Dios por medio del Sacerdote; allá ellos, que le rindan cuentas a Él por lo que hagan con ese dinero; lo importante es que uno le cumpla a Dios. La Biblia (Malaquías 3, 10) nos dice:

"Lleva el diezmo íntegro a la casa del tesoro, para que haya alimento en mi templo; ponedme así a prueba, dice Yahvé Sebaot, y verás cómo os abro las esclusas del cielo y derramo sobre vosotros la benéfica lluvia hasta que se agote". Este es uno de los pasajes de la Biblia en el que Dios Padre nos reta a ponerlo a prueba. He visto gente que tenía una gran cantidad de deudas y luego de empezar a dar el diezmo comenzaron a abrírseles los caminos de solución. Ya lo cité: **El mejor negocio del mundo entero es invertir en Dios tiempo y dinero.**

En cuanto al ayuno –el ofrecer a Dios privarse de la comida durante un tiempo en particular, ojalá compartiendo con el prójimo que la necesite–. Quiero compartirles la experiencia especial que tuve con un ayuno que ofrecí al Señor, precisamente el día en que fui desahuciado por los médicos. Con fe, ya cansado de no lograr una recuperación con sus tratamientos y recomendaciones, incumplí la orden que me dieron de comer cada hora luego de formárseme la tercera llaga y ayuné durante tres días, manteniéndome tan sólo con suero oral que tomaba de noche.

Al segundo día, ofrecí a Dios el sacrificio de estimular mi apetito y no satisfacerlo, yendo al restaurante Carbón de Palo, a oler por media hora las carnes a la parrilla que allí preparaban; esto era un verdadero martirio, pues me torturaba ver pasar los platos. La pelea era con la tentación de consumir una alta cantidad de ese banquete, pues los billetes me hacían cosquillas en el bolsillo. Y no era por masoquismo que lo hacía, sino por despertar y fortalecer mi fe en el Señor. Jamás olvidemos: "El ayuno no es ausencia de comida sino presencia de Dios en uno".

Recordemos que el demonio logró seducir y engañar a Adán y Eva por la boca, tentándolos con la comida (el fruto prohibido), mientras que Jesús fue tentado por él en el desierto y logró vencerlo con el ayuno.

La Iglesia habla de tres clases de reparación:

1) Reparación negativa, que consiste en dejar de lado el pecado, comenzando una nueva vida en obediencia a Dios.

2) Reparación afectiva, que reside en amar al amor y a Dios, especialmente por los que no le aman, le ofenden, le son indiferentes, los ingratos, los autosuficientes, los rebeldes y los que no tuvieron la oportunidad de tener un familiar o un allegado que les enseñara sobre Jesús y María, así como nosotros la tuvimos.

Unos buenos actos de reparación afectiva son: el rosario de la Misericordia que hacemos diariamente a las tres de la tarde, la bella tradición de saludar a la Virgen María con el Ángelus a las seis de la mañana, las doce del día y las seis de la tarde, y la oración que la Virgen de Fátima les reveló a los tres pastorcitos y que se reza después de cada misterio en el rosario. "Dios mío, yo creo, os adoro, os espero y os amo y os pido perdón por los que no creen, no adoran, no esperan y no te aman".

3) Reparación aflictiva o comunión con Cristo en la Cruz. Nuestro sufrimiento sólo tiene valor de reparación cuando es ofrecido a Él, especialmente en la Eucaristía a Dios Padre. Para ello, recomiendo que en el momento del Ofertorio se apoyen en la oración que les expliqué cuando les hablé sobre cómo aprovechar en fe cada una de las partes de la Misa, en especial cuando el Sacerdote presenta el pan sobre la patena: "Padre, me pongo sobre tu patena y coloco también mi Cruz (especificar su sufrimiento), unida a la vida, pasión, muerte y resurrección de Nuestro Señor Jesucristo, como una ofrenda de unidad y amor".

Puedes complementar el conocimiento sobre este regalo de sanación con el numeral 618 del Catecismo de la Iglesia católica.

Así como heredamos lo malo también heredamos lo bueno

Insisto en que nosotros heredamos las consecuencias de las equivocaciones y pecados de nuestros antepasados. Pero, igualmente, no olvidemos que podemos clamar en la oración a Dios, con fe y humildad, las bendiciones que se heredan de las Misas, rosarios, oraciones, sacrificios y obras buenas hechas por nuestros antepasados. Para ello utilizamos las mismas armas espirituales que nos sirven para el proceso de la reparación; simplemente, cambiamos la intención.

Pongo énfasis en la oración por sanación y liberación de ataduras intergeneracionales, porque todos siempre tenemos algo para sanar o pedirle a Dios como consecuencia de ellas.

Resulté dando gracias a quien en el pasado le hizo tanto daño a mi familia

Meses después tuve la oportunidad de encontrarme con el familiar que más se había aprovechado de la condición en que había quedado mi mamá. Fue un momento muy bonito porque Dios me dio la gracia de saludarlo, acogerlo y agradecerle. Él, con su simpatía característica y una actitud de naturalidad que hacía suponer que no había pasado nada, con un caluroso abrazo me preguntó: "¿Gracias por qué, mijo?". Simplemente le respondí: "¡Gracias!".

Me tomé algo con él y le compartí parte de mi experiencia, aunque nunca le aclaré por qué le agradecía. Yo lo hacía porque el Señor me hizo comprender que se trataba de una persona a la que Él permitió interponerse en nuestro camino con el fin de romper las ataduras que traía ese dinero mal habido por mi papá. Además, si no hubiera pasado esto en nuestra vida muy posiblemente todos habríamos terminado con esa plata en el alcoholismo, los juegos de azar, la infidelidad o el derroche, tal como sin proponérselo terminó mi padre. También, pudo suceder que hubiéramos endiosado el capital heredado, perdiendo el regalo de conocer al verdadero Dios.

Ese momento de perdón y reconciliación con este familiar parecía absurdo, porque mi mente se trasladó veinticinco años atrás, cuando en nuestra niñez mi adolorida mamá, en medio de esa quiebra tan espantosa, nos decía "Pero ese hombre cómo es de cínico, nos saluda pelando el diente, como si no hubiera hecho nada".

Aquí se cumple la Palabra de Dios: *"Todo lo permito para el bien de los que me aman"*. Todo, tanto lo bueno como lo malo; por nuestros caprichos, desesperaciones y orgullos, quisiéramos hallarle respuesta inmediata a lo que nos sucede, de manera humana, sin orar, sin sembrar, sin sacrificios, sin saber esperar, sin tener paciencia, sin compromisos, sin contar con Dios ni doblarle la rodilla, pretendiendo que las soluciones lleguen inmediatamente y olvidando que los tiempos de Dios son distintos a los nuestros.

Recuerdo las palabras que Jesús hacía sentir años atrás en el silencio de mi corazón, pues así es como más lo sentimos: *"No juzgues a tu familia, no la critiques, no la cuestiones, no la desprecies, ni caigas en la trampa y en el error de rechazar el lugar que yo un día escogí para que nacieras".*

Hoy en día oro por esos familiares que tiempo atrás nos fallaron, porque pasaron y están pasando con toda su familia por situaciones muy dolorosas y trágicas. Esa es la tómbola de la vida, la justicia; todo va dando la vuelta; ayer a unos nos tocaron los dolorosos y hoy les tocaron a otros. A todos nos llegan las buenas y las malas, la época de las vacas gordas y la de las vacas flacas, la teta de miel y la teta de hiel, como dice una frase: *"Saluda cuando subas, para que te reciban cuando bajes".* Con seguridad, Dios a este pariente, así como a nuestra familia, también lo sacará de esto que está viviendo, si él lo busca y le abre el corazón.

Mucho me costaba y torturaba seguir la recomendación de pedir perdón y de reparar por los que me habían causado tanto daño, aunque me lo estuvieran sugiriendo para mi sanación, mi paz y mi felicidad verdaderas por parte de Dios. Claro que al fin de cuentas eso no me parece nada raro, porque estoy completamente seguro de que perdonar, especialmente a los de nuestra propia familia, es lo que más nos cuesta de los pedidos que Dios nos hace.

Para acabar de completar, las primeras veces que conté mi experiencia de vida al recibir los agradecimientos, las felicitaciones y los aplausos del público, animados por la esperanza y la alegría que Dios les concedía como fruto de lo que escuchaban, la voz de la conciencia martillándome me decía: "Esa esperanza y alegría que estás despertando en estas personas también hacen falta en tu casa; en tu familia también te necesitan".

Yo, por las heridas y dolores que aún tenía con algunos de mis familiares, respondía al Señor con una pereza enorme: *"Ah, eso, después, Señor, después, más adelante, más bien yo sigo hablando de Ti por aquí donde nadie me conoce".*

Hoy en día, por tantos y tantos regalos que Dios me ha dado, entiendo que a la Iglesia, al Santísimo y al grupo de oración se debe ir por convicción y no por costumbre, y mucho menos a calentar bancas. Tampoco podemos salir corriendo cuando nos comprometen y retan a romper verdaderamente y de raíz con nuestras mañas, resentimientos, odios y pecados del pasado; finalmente, quienes salimos perdiendo somos nosotros mismos.

¿Por qué yo sí comencé a buscar a Dios y por qué otros no?

La siguiente es una pregunta que las personas suelen hacerse cuando participan de mis charlas y conferencias, en las que cuento esta bella experiencia de vida que Dios me regaló. "¿Por qué cuando usted tuvo depresión, soledad, miedo y dolor comenzó a buscar a Dios?" y "¿por qué tantos compañeros suyos de la televisión, amigos e incluso familiares no lo hacen verdaderamente?".

Desde pequeño, en mi memoria quedaron grabados los gestos, ejemplos y buenas tendencias, regalo que me dio la gracia de Dios por medio de profesores, allegados y parientes, en especial mi abuelita Teresita, quien convivió muchos años con nosotros y brindó a mi mamá ayuda en la crianza de sus propios hijos. Además, vi la entrega de mi madre a Dios desde cuando enviudó, pues tomó a Jesús Eucaristía como nuevo esposo, a quien visitaba a diario, y su santa devoción del Rosario.

Dios hace lo que quiere con quien quiere, en donde quiere y a la hora que quiere. El mismo Jesús dijo a sus discípulos: *"No me elegisteis vosotros a mí, sino que yo os elegí a vosotros"* (Jn 15, 16).

Aprovecho esta ocasión para compartirle lo que me sucedió en un retiro espiritual al que asistí en Ibagué. Mientras visitaba a Jesús Sacramentado, sentí una voz interior que me decía: "Voy a mostrarte las personas de tu familia que oraron e hicieron obras de caridad con el prójimo, para que comenzaran a romperse todas las ataduras que traía tu generación pasada, de las cuales me valí para que estés hoy frente a Mí lleno de paz, libertad y gratitud".

De inmediato vino a mi mente la imagen de mi abuelita Julia Gaviria en su casa reprochando a mis tíos cuando juzgaban o criticaban a alguien: "Cállense la boca, que todo lo que uno critica es lo primero que llega a la casa". Recordé igualmente la dulce respuesta que, según me contaban, daba a los hijos cuando alguno iba a ponerle una queja por el maltrato recibido de parte de mi abuelito: "Ofrezca a mi Dios todo lo malo de él, que de todas maneras es un hombre muy bueno, pues aquí no nos falta nada". ¡Cómo ofrecían nuestros antepasados al Cielo todos sus dolores y desgracias, a imitación de la Virgen María! Mi abuelita conocía muy bien las heridas y dolores que mi abuelo José traía en su corazón a consecuencia de la violencia vivida en el Norte del Valle, la tierra donde nació.

La otra imagen que llegó a mi mente fue la de una tía abuela, Lucía Gaviria, quien murió de una depresión que se le desarrolló como resultado de asumir como propios los sufrimientos de los demás. Por su misericordia fue toda un alma víctima. Nunca olvido las palabras del médico que la atendió hasta el final: "Lucía, lo que te está matando es una depresión que tienes de ver sufrir tanto a las demás personas". En ella la caridad y la devoción no eran gratuitas, ya que cuentan quienes conocieron a mi bisabuela mamá Mercedes que iba continuamente a las casitas más pobres de Pácora repartiendo mercado y amor de Dios. Que esta alusión sea un pequeño homenaje, en mi nombre y en el de toda nuestra familia, de agradecimiento a mamá Mercedes, a mis abuelitas Teresita y Julia y a Lucía por sus oraciones, sacrificio, amor y caridad por los demás, todo lo cual hizo llover tantas bendiciones a nosotros sus descendientes. Me imagino que usted debe estar cayendo en la cuenta de todos esos antepasados suyos que fueron semejantes a los míos al sembrar tan amorosamente el amor a Dios.

Jesús fue entrando en mi vida desde la niñez, así yo no lo entendiera. Páginas atrás le conté cómo mis padres me enseñaron a rezar el rosario en familia, así fuera a veces acompañado de aguardiente. De otra parte, los fines de semana mi papá nos decía que si no íbamos a la Misa el domingo no nos daría plata para gastar ese día, una sutil forma de chantaje.

Como yo era muy coqueto, resultaba muy afectado con esta determinación, ya que tenía tres amiguitas o noviecitas y el domingo en un pueblo generalmente era el día de salir con la nena, de gastarle al pequeño pichón; mejor dicho, yo iba a la Misa por interés, porque me pagaban. Dios como es perfecto, se vale de todos los medios para atraer a los hijos.

Por pura gracia y misericordia conmigo cuando recibía la Eucaristía, luego de unos instantes sentía que atravesaba mi cuerpo hasta el vientre y me daba una fuerza en el cuerpo que me inflaba; llegué a lograr vivencias tan profundas que a veces me desmayé.

Hoy en día, por tener un poco más de uso de razón y discernimiento, siento que esa fue la primera experiencia espiritual que Dios me regaló y de la que tengo memoria. Sin duda, en este instante usted, al igual que yo, recuerda la inocencia en el sentir espiritual; puede ser cuando soñaba con la Virgen María o con el Santo Ángel de la Guarda, volando sobre un prado o jardín que para usted significaba el paraíso o el Cielo, etc. Una representación muy bella e inocente que por esa época me pasaba por la mente era ver a Dios como un palito de helado al cual estaba amarrado un pedazo de pita que yo tenía en la mano, o sea, Dios era el eje sobre el cual yo ponía a girar mi vida.

Una imagen de la Virgen que llegó a mi pueblo, en el cual permaneció durante mucho tiempo y que marcó mi niñez, produjo revuelo entre los habitantes y contagió a toda una región que mostramos nuestro cariño y veneración por la Madre del Cielo. Todo esto despertó un enardecimiento de la fe lo cual dejó como frutos una gran cantidad de milagros en almas y cuerpos que fueron ampliamente divulgados. Con el paso de los años, el efecto mencionado de la "Virgen del Misterio", como en su momento fue llamada, se fue difuminando hasta llegar al olvido, pero sorpresivamente resurgió al cabo de veinticinco años. Es inimaginable la emoción y la ilusión tan grande que se despertó en mí cuando de labios del mismo Rafael Arango oí que aquella imagen era la misma que había obrado como primera piedra del grupo de oración al cual estuvo vinculado en Zipaquirá por esa misma época. Sin duda alguna, esta "*Diosidencia*" fue la que me condujo a unirme con algunos grupos de oración de la capital, como está referido atrás, y fue la ocasión de iniciar esta nueva etapa de mi existencia.

El primer impacto social que sentí en mi niñez fue con mis amiguitos, que eran los *play*, los acomodaditos del pueblo. Cuando éstos se dieron cuenta de la quiebra que vivimos luego de la muerte de mi papá empezaron a rechazarme y a burlarse de mí. Recuerdo que al llegar al escaño del parque donde se reunía mi gallada, a la que llamábamos "la Fox", algunos de mis amigos al ver que ya no usaba ropa ni tenis de marca me criticaban y ridiculizaban haciendo comentarios burlescos de forma directa e indirecta. Decían: "Miren cómo viene a dárselas con nosotros, sabiendo que ya no tiene ni dónde caer muerto".

Hoy en día ellos recuerdan estas actitudes de burla con vergüenza. La clave para no alejarme de ellos ni acomplejarme fue recordar la fuerza y la fortaleza que sentía al recibir la Eucaristía; ese fue un gran regalo divino en mi vida. Cada vez que iba a encontrarme con ellos asistía antes a la Misa a comulgar; luego salía al atrio del templo y sentía esa fuerza hermosa que me tomaba de nuevo, después los veía en la banca del parque reunidos e iba hacia ellos; no sentía ningún temor, me sentía lleno de coraje y los enfrentaba, los saludaba sin dar importancia a sus actitudes de rechazo y me paseaba por entre ellos, saludándolos con alegría. Era nada más ni nada menos que el fruto de la presencia viva de Dios en mí, que me permitía superar sus burlas y comentarios.

Cuando mi padre murió, yo contaba con apenas once años. Fue a mí a quien más afectó su ausencia, pues era su niño más apegado, consentido y a quien más gusto afectivo y material le daba. Siempre iba a buscarlo a los sitios o bares donde se encontraba bebiendo o parrandeando y resultaba compartiendo con sus amigos. Más adelante empecé a rodearme de gente, en su mayoría adulta; con ellos tomaba trago desde muy joven, pues era a eso a lo que ingenuamente nos acostumbraban.

Menos mal, por misericordia de Dios en medio de la rumba y la desubicación, lo que nunca dejé de hacer en esa época fue asistir los domingos a la Misa. De esos amigos adultos con los que andaba no sólo vi el trago como ejemplo; también empecé a oír y conocer desde muy niño sus experiencias de casados, sus equivocaciones, dificultades y conflictos. Siento que lo más grande y provechoso fue haber memorizado sus historias, experiencias, testimonios, en fin, muchos conocimientos de la vida a tan temprana edad, una especie de "madurar biche", pero gracias a Dios para bien.

Cómo influyeron positivamente en mí mis profesores de colegio. En el colegio fui muy loco, mejor dicho lo que llamamos "avispado", muy bueno para la lúdica y el deporte y, la mayor parte del tiempo, perezoso y dejado. Recuerdo que, por sacarle el cuerpo al estudio, envolvía y conquistaba "a carreta" a don Ovidio, a don Bonel, a don Luis Eucaris, a Rubén Darío Restrepo, más conocido como "Maturro", y a "Llaverito", entre otros profesores del colegio Marco Fidel Suárez.

Con las nenas era igualmente muy carretudo. Por más que las quería o que deseara tener algo serio con ellas me quedaba en puro tilín tilín, y no porque quisiera ilusionarlas y "chao, pescao", no, sino por la falta de recursos. Cuando sí me daba garra y como niño me lucía, era cuando llegaban las izadas de bandera y actos culturales que le correspondían a mi grupo; me fascinaba buscar entre las agendas, libros y calendarios, frases célebres o máximas de grandes autores como Séneca, Napoleón, Nietzsche, Platón, Aristóteles y luego las leía y reflexionaba sobre ellas durante el evento. Esa fue una virtud de la que Dios se valió en esa época para que algún día lograra canalizar para bien lo que en otro tiempo utilizaba para mal: la palabra.

Hoy en día este libro y este estilo de llevar el conocimiento que Dios me ha dado es el resultado, además de la formación profesional, de todo lo que en mi niñez habían inculcado mis familiares y amigos. Recuerdo cómo ese puñado de profesores que mencioné, junto con el rector Rubén Darío Chica; sus secretarias, la dulce Lucía y Judith Mejía; Ramón García, Jairo Cardona y mi primo Floro "Cacho", entre otros, fueron una influencia muy grande en la construcción de mi autoestima. Ellos supieron corregirme positivamente y continuamente me repetían delante de mis compañeros: "Hombre, Iván, usted es una caspa, muy malito y perezoso para estudiar, pero tendría grandes posibilidades por allá en la televisión, en un programa de humor, así sea en *Sábados felices*".

Dios tenía un día y una hora señalados para ello, y ahí voy perseverando, pidiendo a Dios que no me equivoque muy de seguido, porque cada instante es un milagro Suyo inexplicable. Todo es gracia, y si uno no está pegado de Dios pidiéndole sabiduría, pueden cambiar las cosas para mal.

Por eso a los padres de familia les aconsejo que no se desesperen con sus hijos jóvenes y rebeldes; ellos simplemente están pasando por la bíblica etapa ingrata pero necesaria del hijo pródigo. Más bien oren, oren y oren, así como mis padres, tías y mis abuelas oraron por mí, que Dios tarde o temprano nos cambia, porque "ni Dios es sordo ni el cielo es de cobre".

El paso por el ejército me enseñó a valorar el tiempo, la libertad, y también a descubrir el actor que había en mí

Al terminar el bachillerato fui seleccionado para el ejército, pese a que mi familia y mis amigos me decían que no fuera bobo, que cómo me iba a ir a regalar el tiempo que podía aprovechar trabajando y estudiando. Sin embargo, terminé prestándolo en el Batallón Guardia Presidencial. Después de unos quince días me di cuenta de no tener vocación para el encierro. Me sentía secuestrado, encarcelado, en medio de una crisis muy fuerte que, luego de los permisos de fin de semana, al retornar al batallón, se acrecentaba de tal manera que acababa llorando, con pereza, al borde de una depresión inimaginable –en esa época todavía la llamábamos tristeza–. Estar en la milicia era toda una tragedia que luego se convertía en angustia y desespero, se me alborotaba inconscientemente el tic nervioso de Tyson hasta que me sacaban de las formaciones y las paradas militares, ya que en éstas tenía que quedarme en total quietud, pero el dolor en el cuello no me abandonaba, además de que por mi alta estatura aquellas sacudidas de cabeza resaltaban mucho entre mis compañeros.

Más adelante se despertó y apareció el niño picarón que desde pequeño había en mí, y la mañita o tic me sirvió de trampolín en el batallón para hacerme la víctima y aprovecharme de dicha condición. Comencé por quejarme de dolores de cabeza. Una vez acostados, a eso de la una o dos de la mañana, cuando entraba el oficial de servicio a pasar revista por el alojamiento, me tocaba el cuello para hacerle creer que con ello buscaba aliviar los fuertes dolores que fingía sentir; lloraba, me revolcaba como si estuviera en medio de una pesadilla y a veces era tan intensa la tragedia que montaba, que hasta llegaba a echarme jabón en la boca para poder así botar espuma por ella y lograba con ello mi cometido.

El oficial, en medio del caos con la cara más asustada que un mico en un acuario, ordenaba de inmediato mi traslado a la enfermería del batallón. El enfermero de turno, en medio del desconcierto, terminaba inyectándome en la cola un medicamento; me imagino que eran tranquilizantes, porque al final quedaba dormidito como un bebé.

Esos engaños se volvieron reiterativos durante largo tiempo. Un día, sin saber ya qué hacer conmigo, me remitieron al Hospital Militar, donde el programita se complicó porque me pusieron bajo observación psiquiátrica. La médica observó mi apellido sobre el bolsillo izquierdo de la camisa de mi uniforme caqui y me interrogó de manera mecánica:

—Soldado Gutiérrez, ¿por quiénes está compuesta su familia?

—Pues mi papá, doctora, murió hace siete años –le respondí–. Yo vivo con mi mamá y mis cinco hermanos, y todos nos queremos mucho… Lo que más me fascinaba, era cuando estaba subido en las ramas de ese palo de mandarinas allá en la finca y luego de comérmelas, le tiraba las pepas a mi hermano en la cabeza, aunque a él le daba rabia y no me prestaba después el columpio que estaba colgado en el palo de guayabas y al final eso a mí me importaba un bledo, doctora.

Luego de un tiempo de exámenes generales en los órganos de los sentidos y de responder con todo tipo de incoherencias y artimañas los intensos interrogatorios con el fin de enredar a la psiquiatra, mirándome fijamente a los ojos y superando en desconcierto y susto al oficial de servicio del alojamiento, escribió en la prescripción su diagnóstico. "Luego de un riguroso examen y diálogo con el soldado Gutiérrez, he llegado a la conclusión de que no coordina sus ideas".

Ni corto ni perezoso, aproveché ese diagnóstico para pasearme con una copia del mismo por todo el batallón, cual pordiosero con la fórmula médica subido en una buseta. Lo exhibía como arma de defensa ante todos los oficiales, suboficiales y compañeros frente a los cuales pretendía hacerme la víctima en los planes que tenía en mente.

De manera atrevida e irrespetuosa, me perdí del batallón durante unos días, después de los cuales aparecí con la fotocopia del diagnóstico en la mano, como si nada hubiera pasado. Me paseaba de nuevo por las filas de la banda de guerra y por mi compañía, y como no se reportaban novedades ni contaban conmigo para nada, llegaron a acostumbrarse a vivir sin mí. Luego me perdía otros días, en cuyo transcurso llamaba por teléfono a preguntar por mí mismo cambiando la voz, haciéndome pasar por un hermano mío, con el fin de averiguar qué pensaban de mi ausencia, así: "Hágame un favor, el soldado Gutiérrez Rodríguez, de la banda de guerra, al que llaman Pácora, ¿se encuentra allí?". Luego de consultar por el soldado en cuestión me respondían: "No, ese soldado está perdido porque anda como mal de la cabeza".

Esta respuesta me servía "de papaya" para estar más tranquilo en medio de mi pícara evasión. Con el paso de los días aparecía de nuevo con el arma mortal en mi mano, la fotocopia del diagnóstico. Jamás olvidaré que en una ocasión, después de varios días de evadido, al ir llegando al batallón alcancé a ver que el sargento Nieto, que era de un temperamento muy fuerte y agresivo, con fama de ejercer castigos muy severos a soldados indisciplinados como yo, se encontraba de comandante de Guardia. De inmediato quedé paniquiao, trastornado y sin saber si devolverme para mi guarida o enfrentar con valentía la situación como todo soldado lo debe hacer; reflexioné un rato sin tener claro qué decisión tomar; al final, combinando dos sentimientos, la malicia y la ternura, me la jugué. Fui a una cigarrería cercana y le compré un yogur y un ponqué Ramo. Cargado con esta munición de regalo y con el diagnóstico en la mano, me lancé al ataque hacia la Guardia y al encontrármelo de frente llegó el momento de abordarlo: "Mi sargento Nieto, muy buenas noches". Queriendo tragarme con los ojos, agresivamente me respondió: "¿Usted dónde estaba, soldado?". "Pues, por ahí, mi sargento, yo ni sé –le respondí–. Pero con mucho cariño, le traje este ponquecito y este yogur".

El sargento se puso histérico, me cogió de un brazo –porque en el otro llevaba el yogur y el ponqué– y de inmediato me llevó al coronel Manosalva, comandante del Batallón, y puso la queja: "Mi coronel, este soldado llevaba como quince días perdido, evadido y es tan conchudo, mi coronel, que vino y se me apareció en la Guardia con un yogur y una maldita tortica", dijo, señalando con la mano el tamaño de la torta.

Mi coronel, conociendo ya mis antecedentes psiquiátricos y sin saber cómo reaccionar ante semejante escena, lo único que pudo decirme en ese momento fue: "Lárguese de aquí, soldado, antes de que pierda la paciencia con usted". Para completar, el día domingo en que nos visitaban nuestros familiares, yo pasaba por el lado de mis compañeros y alcanzaba a oír que decían susurrando: "Mire, mami, mire, papi, ahí va el soldado Pácora, del que les he contado que está loquito". De inmediato, me reía maliciosamente.

El concepto y la fama de loco en que allí me tenían me sirvió para perderme de nuevo durante otros días, después de los cuales me cayó de sorpresa la justicia a la casa de mi hermana, donde me encontraba. Un grupo de soldados de la Policía Militar tocó la puerta de forma violenta y preguntó si me encontraba. Mi hermana, ya cansada de verme vagando y sin cumplir a la patria como debería de ser, optó por echar al agua a este corderito y dijo: "Él me ha dicho que se mantiene de permiso. Pueden seguir, que él está allá arriba". De milagro no le meto a mi hermana que era que el ejército estaba en paro.

Al escuchar yo el alboroto y la entrada de la PM en la casa, salí en pantaloneta llorando del cuarto donde me encontraba y aparecí en la sala frente a frente con ellos. Mi sargento me preguntó:

–Usted es el soldado Gutiérrez, ¿no?

–Sí, mi sargento, yo soy.

–¿Y usted, soldado, dónde se ha metido todos estos días que ha estado perdido del Batallón?

–¿Yo, mi sargento?

–No, mi abuelita, idiota.

Yo, entre nervioso y abandonando "la locura" porque la cosa pintaba en serio, respondí:

–No, mi sargento, la he pasado debajo de la cama, porque estando ahí no me da miedo.

–Pues, camine, métase entonces debajo de la cama del calabozo del Batallón, imbécil.

De castigo me llevaron al sitio anunciado, donde pasé tres días con sus noches durmiendo sobre un pedazo de cartón. Pasado este lapso, apareció mi capitán Umaña a pasar revista, a averiguar si esto me había servido de escarmiento y si había reflexionado con ello. En verdad, había sido así.

Mi capitán procedió a notificarme que mi coronel me estaba esperando en su oficina, a donde me dirigí en el instante. Al encontrarme en posición firme y frente a él, me dijo fríamente: "Soldado, como faltan solamente dos meses para que el contingente que llegó con usted termine de prestar su servicio militar, nos encontramos realizando los trámites de las libretas militares y en vista de que aquí al ejército usted llegó bien y luego se nos enfermó, hemos pensado en tomar la decisión de dejarlo en Sanidad Militar hasta que esté de nuevo completamente sano".

De manera inmediata, en la mente hice cuentas de que sólo faltaban dos meses y me podía someter al castigo que fuera, con tal de que no me llevaran allá. Sentí que se me pasó la locura. Con una actitud melancólica y de quejumbre, como bala de guerra le respondí: "No, mi coronel, estos días me he sentido mejor, me he sentido muy bien, mi coronel; me parece que ya estoy sano, mi coronel".

Ah sí, respondió, con que está muy sano, sinvergüenza, holgazán, pues entonces ahora va empezar a pagar su servicio militar a la patria, como debe ser, como un varón, como un soldado de verdad.

Dirigiéndose a mi capitán, ordenó: "Capitán Umaña, hágame el favor de hacer que este soldado amanezca de guardia todos los días que le quedan de servicio militar a la patria".

Acepté con tranquilidad el castigo impuesto. Y el veintiocho de diciembre a las once de la mañana, día de la clausura de mi servicio militar, terminé con el rostro quemado por el viento del trasnocho bogotano y más acabado que la honradez, pero eso sí, con libreta de primera.

Cuento todo este testimonio de mi pasado con detalles, con la más seria intención de mostrar cómo a veces utilizamos para mal, en charlatanerías, mañas y trampas, los dones y talentos que Dios nos ha dado como regalo para nuestro bien, al final las consecuencias pueden ser fatales.

Las universidades de la vida. Hacia el año 1989 me trasladé a Medellín e ingresé a trabajar en la Corporación Davivienda, donde laboré año y medio. Me retiré seducido por el ambiente de rumba y derroche a todo dar que giraba en torno a la bonanza del narcotráfico y que se me insinuaba a través de las invitaciones de farra de varios de mis amigos, ya que el orgullo y la vanidad o, mejor dicho, las aspiraciones de un joven en ese momento, eran decir en su grupo y familia que andaba o trabajaba con "un duro", o sea, un mafioso. Esa era la época en la que a uno a veces le daba vergüenza decir a las nenas que trabajaba sanamente en una empresa, pues la moda era hacerlo en algo que económicamente nos solventara de manera "rápida, fácil y bastante", o sea, la secuela que dejó el cambio de la bonanza del café por la bonanza del narcotráfico.

A pesar de las ofertas y seducciones de este medio, por gracia, misericordia e iluminación de Dios no terminé metido en él. Un día, en una Misa dominical, sin esperarlo, comencé a caer en la cuenta de que los mafiosos con los que yo andaba en medio de la rumba tenían plata, poder, mujeres y carros, pero carecían totalmente de paz y tranquilidad. Esas personas vivían llenas de miedo porque el fondo de este negocio consiste en vender la libertad a cambio de lo pasajero. Pedí a Dios que me mostrara un camino nuevo por el cual pudiera salir adelante, una profesión en la cual gozara y, además, **me pagaran por divertirme**. Fue entonces cuando luego de orar en varias ocasiones, Dios me iluminó. De nuevo, de un mal sacó un bien. Recordé el *show* actoral que tuve en el Ejército y ello me impulsó a armar planes para retornar a Bogotá, a estudiar arte dramático y actuación. De esta manera, en Medellín alcancé a convivir alrededor de dos años con mi hermano Fabián, mi tía paterna Bertha y Orlando, su esposo, a quienes de todo corazón les agradezco la ayuda, el tiempo y las enseñanzas que con tanto amor y sacrificio han compartido con toda mi familia.

CAPÍTULO

cuatro

Nuestra felicidad la encontraremos buscando en Dios la felicidad de los demás

Como siempre al ser humano no lo entiende sino la perfección de Dios, uno está inconforme si tiene dificultades y si no las tiene, como una forma de sortear lo monótona que se vuelve la vida. Tristemente, es en los países desarrollados donde más jóvenes se suicidan, pese a que entre otros beneficios y comodidades, hay subsidio para todo, hasta para el vicio, lo mismo que en los estratos altos de cada ciudad. Se trata de muchachos cuyos padres no les enseñan a agradecer a Dios por su bienestar y, mucho menos, a compartirlo con los demás. Como ya lo tienen "todo", ¿con qué motivación, deseos de lucha o esperanza de vivir se levantan a diario?

Por lo tanto, al final, todo en esta vida se les vuelve una eterna monotonía, como dice esta simpática frase: *"Pobre del que no sabe lo que se siente al pagar la última cuota inicial de la nevera"*. A mí no me sucedió lo contrario; me deprimí porque ya no me pasaba nada; hasta me daba pena ir a los grupos de oración porque creía que todo lo que allí decían lo sabía. No era por soberbia; en oración me explicaban que la pena se debía a que ya había recibido de Dios grandes bendiciones y conocimiento y que era la hora de retribuirle compartiendo con otros lo que me había regalado. "Quien no vive para servir, no sirve para vivir".

El aprendizaje por medio de todas las reflexiones y la oración que hice me motivó a aceptar la invitación a dirigir y formar en los valores de familia a un grupo de jóvenes en La Calera. El flautista Darío Montoya y la dulce violinista Memé, su esposa, intérpretes de música clásica, son los fundadores de esa misión de Dios. Esa pareja, además de una compañía inigualable en este caminar espiritual, se ha convertido en otros amigos o padres adoptivos.

Llevar un poco de luz a mi medio artístico

He tenido la oportunidad de compartir mi experiencia a compañeros del medio artístico y logrado despertar en ellos inquietud por el misterio del conflicto entre el bien y el mal. Lo más bonito de todo es que cuando alguno se encuentra angustiado, con "malpa" existencial o cuando vive alguna crisis como la mía, termina pidiéndome el favor de llevarlo al Padre Isaac o a los grupos de oración, o que le consiga una cita con alguien que lo pueda acoger y guiar espiritualmente.

A veces nos equivocamos creyendo que en el África mucha gente no tiene zapatos porque no les gustan o porque carecen de dinero para comprarlos, sin saber que eso ocurre porque no los conocen, pues nadie ha ido hasta allá a vendérselos.

Algo similar ocurre con la vida espiritual, muchísimas personas han necesitado un guía que los inicie y han comenzado la amistad con Dios por medio de alguna espiritualidad, especialmente en varios grupos de oración católicos. Algunas de ellas cuentan su propia experiencia de cómo esos momentos de debilidad les han hecho reconocer, como a mí, que el ser humano no sólo debe preocuparse por llenar el bolsillo, la mente y el cuerpo sino también el alma y el espíritu con Dios, "la oración es la respiración del alma". *"La vida buena cansa y la mala amansa"*, aunque a veces en unos medios, por la vanidad, apariencia, autosuficiencia y felicidad a medias que trae la fama, existen compañeros que creen no necesitar nada de Dios. En realidad, es lo contrario. Estoy completamente seguro de que debido a tanto vacío, superficialidad y desorden de vida, Dios es imprescindible. Una vez oí decir al actor John Travolta *"Nadie sabe cuántos artistas, actores o modelos buscamos en la fama el protagonismo que no tuvimos en casa"*, profunda reflexión sobre quienes permanecemos muchísimo tiempo solos, sin afecto, abandonados, porque papá y mamá están muy ocupados consiguiendo poder, éxito, dinero, fama, o simplemente estaban con sus amantes o se habían separado.

En un programa de televisión preguntaron a una muy reconocida actriz de nuestro país por qué al haber llevado una vida de pareja con tantos hombres diferentes más bien no se casaba; ella, con toda su espontaneidad e ingenuidad, respondió: *"¡Eche!, pero yo para qué me caso si mi mami ya se casó tres veces por mí"*.

Los seres humanos fuimos creados por Dios con un vacío existencial al que tan solo puede entrar Él, en espíritu y en verdad. Por lo tanto, una persona que no crea en Dios jamás podrá ser completa y verdaderamente feliz. En una encuesta que hicieron en Estados Unidos a cerca de dos mil niños sobre el concepto que tenían de Dios, todos lo veían como un ser superior; unos lo sentían con más poder que otros; lo más curioso es que todos contaban con Él en su interior. La pregunta es: ¿en qué momento de nuestra vida matamos ese niño inocente que estaba dentro de nosotros desde el nacimiento?

Un día me llamó un actor amigo, a quien meses atrás, durante el rodaje de una película, le conté lo que Dios había hecho en mi cuerpo y en mi vida, sin lograr que me pusiera atención. En la llamada me dijo desesperadamente: "Iván, por favor, dígame dónde es que hacen las tales misas de sanación o el grupo de oración donde le ayudan a uno; estoy pasando por un problema tenaz".

Jesús, en varios pasajes de la Biblia nos dice que debemos hablar a otros de Él, a tiempo y a destiempo y que si no hablamos de Dios las piedras hablarán por nosotros.

Por eso, "el que nada sabe de Dios es porque no ha tenido quién se lo enseñe pasito, al oído y con amor". No temamos hablar de Dios o de orar en público, porque por culpa de ese temor o esa vergüenza, que en el fondo es causada por el mismo demonio, muchos de nuestros familiares, amigos, conocidos y demás andan por diversos caminos dañinos, metidos en actividades que solo les traen desgracias, tristezas y miedos, por no encontrarle sentido a la vida, con deseos de morir o suicidarse.

Eso, finalmente, es lo que quiere ese pérfido demonio; que la gente pierda la esperanza que encuentra en Dios para vivir. Aquí cabe la fuerte frase de Santa Catalina de Siena, *"Católicos que por tener las bocas cerradas hacen que el mundo esté podrido"*. Nadie tiene nada comprado eternamente. La estadía aquí en la tierra es apenas una preparación para lo que se nos viene en la vida eterna, un luchar con el fin de lograrnos ganar ese tiquete. Cuando menos lo esperamos Dios nos llama a rendirle cuentas.

Una vez el Señor me hizo sentir, mientras me cuestionaba sobre la forma como debería hablar a las demás personas para que me hicieran caso: *"Simplemente ve y cuenta lo poquito o mucho que sabes de Mí, sin preocuparte por quién te va a hacer caso, que de eso me encargo yo"*. Cuando uno se angustia, pierde la paciencia o está de mal genio porque los demás se burlan, lo critican o no le hacen caso de lo que les dice; aflora nuestra vanidad y falta de que aún se nos baje más el moño. Yo molesto mucho a esos compañeros de los medios y les digo "no te creas tan estrella, que más tarde sale el sol y te desaparece", "no trepes tanto buscando alcanzar a Dios, que de pronto sacuden el palo y más duro es el golpe", "y saluden cuando suban, para que los reciban cuando bajen".

Napoleón, en su decadencia mientras se lo comían los gusanos, ya después de haber sido uno de los hombres más prepotentes y perversos de la humanidad, fue entrevistado por un hombre, que le preguntó:

–Napoleón, ¿por qué si tu familia te formó alrededor de tantos principios y valores católicos, te convertiste en un ser tan cruel y pervertido? (Napoleón tuvo varios familiares al servicio de la Iglesia católica, entre ellos su tío, el famoso Cardenal Fresh).

Curiosa y sabiamente, el emperador dio estas tres respuestas:

• Mi mayor debilidad fue no haber puesto en práctica los principios católicos que me inculcaron mis padres desde la infancia.
• El orgullo es el arma de los débiles.
• El poder distorsionó mi mente.

Yo creo que si Napoleón resucitara hoy en día, por pura coincidencia terminaría de socio con varios gobernantes y empresarios.

Regalo maravilloso es el que recibe el artista, es el ser humano que más se asemeja a Dios Padre, ya que mientras Dios tiene el poder de crearlo todo, a aquel le dio por gracia la sensibilidad en su corazón, con la cual crea sentimientos y estados de ánimo en los demás gracias a su talento recreador, para que así alimenten y enriquezcan el deseo de disfrutar esta vida llena de esperanza que Dios nos concedió.

Es una lástima que resentimientos en tantos artistas con la Iglesia y sus representantes o con cualquier miembro de ella los lleven a romper la relación con Dios que es quien nos da la luz, fuerza, sabiduría y conocimiento para poder llevar la misión lúdica creativa con orden y equilibrio a la humanidad.

Algunos todavía se dejan arrastrar por esa mala imagen que el mismo demonio propaga por grupos protestantes y sectas, generación tras generación, sobre los representantes más directos de Dios en la tierra. Está bien que a través de la historia, como en toda actividad humana, se presenten imperfecciones y equivocaciones, tal como ha ocurrido con miembros de la Iglesia católica. Además, por ese instinto agresivo de juzgar a otros, sólo nos centramos en lo malo de las cosas y de las personas. Los medios de comunicación, cuando un cura o una monja se equivocan, por lo general, se van encima de ellos con todo su poder, pero muy poco resaltan la labor de aquellos que realizan tantas obras de amor por el mundo. No olvidemos que *"el que come caldo de cura, muere hinchao"*.

Bien recordamos a la Madre Teresa de Calcuta, esa viejecita tan tierna, compasiva y amorosa que muchos conocimos. Otros no caen en la cuenta de que quien cuida en este momento en Colombia a los enfermos de sida es la Iglesia católica por medio de la Fundación Eudes; lo mismo que está haciendo con los desplazados y la gente de escasos recursos desde la Casa del Migrante y el Banco de Alimentos.

Fue sublime la vida de la madre Laura Restrepo, quien se gastó y se desgastó por socorrer y evangelizar hasta recientemente a varias tribus indígenas con su comunidad de monjas. ¿Y qué decir de San Pedro Claver, Sacerdote que en nombre de Dios dedicó su vida por la rehabilitación física y moral de los negros esclavos en Cartagena? Así como Dios nos perdona y nos acepta tal y como somos, nosotros también debemos saber perdonar; luego de que el Papa Juan Pablo II en el año 2000, en un acto de humildad y de grandeza, públicamente pidió perdón de todo corazón a la humanidad por todos los errores de nuestra Iglesia primitiva.

Entendamos que no es fácil renunciar a tener un hogar, una esposa, una familia y unos bienes económicos y materiales, para ir a encerrarse durante tanto tiempo a un seminario con el fin de prepararse para multiplicar el Reino de Dios, anunciar con su vida y servicio que Jesús está vivo y dar así lo mejor de sus años por el bien de los demás. Como en toda familia, no falta el llamado hijo calavera, nada hay perfecto en esta vida, sólo Dios.

En medio de su imperfección, a los sacerdotes Dios les concede la gracia de perdonar pecados, sacando de nuestro cuerpo y alma la podredumbre que nos destruye y nos roba la esperanza y alegría de vivir y la de sostener en sus manos el cuerpo de Cristo, así como bendecir con ellas.

Jamás olvidemos que la Biblia en Gálatas 6, 7 nos dice *"No te engañes, de Dios nadie se burla, por que todo lo que el hombre sembrare, esto también cosechará"*, John Lennon expresó: *"Nosotros somos más famosos que Jesucristo"*, y tristemente a los ocho días fue asesinado. El constructor del *Titanic Thomas Andrews* al ver su obra terminada gritó a cuatro vientos: "Este barco no lo hunde ni Dios". Marilyn Monroe dijo: "Yo no necesito de Dios", y pasados quince días se suicidó.

Un fruto del Espíritu Santo: la paz como resultado de darse a los demás

Cuando después de recibir uno tantas bendiciones por parte de Dios se da y se da a los demás con misericordia, tolerancia y generosidad, sin esperar nada a cambio, sólo buscando agradar a Dios, siente, como fruto en su corazón, esa paz de la cual nos habla San Pablo, *"esa paz que sobrepasa todo entendimiento humano"* (Flp 4, 7). Todo esto es el resultado de sentirse útil porque se está trabajando para Dios, prestándole, como Él nos pide, un servicio al prójimo, el cual impide que nuestro actuar se vuelva monótono, esclavizante, angustioso.

Lo más satisfactorio de toda esta entrega es poder llegar a lo más profundo del corazón de las personas, a donde no llegan ni el dinero ni las demás cosas materiales. Dios es perfecto y sabe recompensarnos ese servicio; Él nos devuelve el ciento por uno.

Aquí aprovecho para dar un consejo a todos aquellos que tienen un corazón muy grande y amoroso y a quienes además les fascina ayudar y compartir con otros. Cuando uno ayuda a las demás personas y lo hace simplemente porque le nace hacerlo o porque es bueno, chévere o generoso, casi siempre va a haber alguien que va a ser desagradecido y hasta podrá herirlo porque los seres humanos, debido a nuestra imperfección, somos ingratos por naturaleza.

Lo mejor es ayudar y hacer las obras de caridad buscando agradar única y exclusivamente a Dios, sin esperar nada de nadie. "Nosotros ponemos los esfuerzos y Dios los resultados". Muchas veces no nos sucede que cuando hemos ayudado a alguien durante un tiempo y llega el día en que dejamos de hacerlo por algún motivo, generalmente esa persona recuerda lo último y no los favores que le hicimos durante un tiempo. Una cosa es dar a los demás y otra, muy diferente, es darse en Dios, sin orgullo, ni vanidad, sin esperar nada a cambio, ni tan sólo por cumplir o para que nos vean.

El Señor también mira la intención y la entrega con que servimos, como dice San Juan de la Cruz: *"En la tarde de la vida nos examinarán en el amor"*. En "la tarde de la vida" no nos van a preguntar a cuántas misas fuimos o cuántos rosarios rezamos, sino cuánto amor en nombre de Dios dimos. Resulta que para lograr que este amor sea verdaderamente de Dios, necesitamos primero recibirlo a Él en espíritu y en verdad por la Sagrada Eucaristía, el Espíritu Santo y su esposa, la Santísima Virgen María.

Por haberme permitido esta experiencia de vida, de dar a conocer la pelea entre el bien y el mal, me siento muy agradecido con Él, pero, a la vez, también muy comprometido porque, como ya lo dije, Dios a quien más le da más le exige. Nuestra misión en la tierra es ser multiplicadores de su Reino, de su Palabra; por lo tanto, debemos luchar cada día por ser más reflejo de Él.

Diariamente ofrezco mi oración para no caer en juzgar a otros, especialmente en el momento en que se presentan situaciones de conflicto. Cuando eso ocurre, me es de mucha ayuda preguntarme: "¿Qué tragedia traerá desde la niñez, así como yo traía la mía y Dios tuvo misericordia conmigo?". El Señor nos hace sentir que si queremos triunfar a su lado jamás debemos enojarnos por nada ni con nadie; simplemente debemos luchar por ofrecérselo todo por amor. Cada persona, pese a sus inclinaciones y defectos, quiere ser buena, tiene virtudes, es una obra creada por Dios y, como bien lo sabemos, Dios no crea basura, Dios la saca de nuestra vida.

Otra actitud que me ayuda para no juzgar a otros es tratar de ver a Jesús en el rostro de cada persona, teniendo claro que cada acto de caridad lo realizo sabiendo que es el mismo Jesús quien lo está recibiendo. Decía la Madre Teresa de Calcuta: *"Ese borracho que me está insultando debe ser Jesucristo vestido de borracho buscando ver si yo puedo amarlo"*. Resentirse ante las ofensas de los demás es humano, pero quedarse en la amargura es renunciar a la gracia de Dios que perdona, sana y santifica.

El Señor, en su palabra, nos dice "misericordia quiero, no sacrificios". Un hombre que observaba detenidamente a la Madre Teresa de Calcuta mientras ella socorría con comida y medicinas a varios enfermos y abandonados en la calle, se le acercó y le dijo: "Señora, yo soy ateo, yo para nada creo en Dios".

La monjita guardó silencio y lo observó con amor, mientras que luego de estar un rato pensativo el hombre, considerando su actitud, le dijo: "Señora, pero si Dios existe, yo creo que se debe parecer a usted".

Rico y feliz en Dios no es el que más tiene, sino el que menos necesita

De nuevo Dios seguía transformando mi vida en la medida en que Le iba sirviendo en los demás, Él le dio esa paz a mi espíritu y fui conociendo las raíces de los conflictos, las historias de vida de las personas que me permitía conocer y servir en ellas. Así caí en la cuenta y reflexioné cómo el demonio entra con su arma el alcohol, y para estos tiempos modernos con más fuerza llega con otra más astuta y seductora a destruir la Iglesia católica, empezando por acabar primero con la familia, como ya lo he mencionado en páginas anteriores y que nos advierte el libro de *Los protocolos de los sabios de Sión*. **De la época de 1915 y 1945 a la actual la situación de la familia no ha variado mucho, tan solo cambiaron las dinámicas, como veremos a continuación.**

Un consumismo desbordado o equivocado nos crea necesidades, nos ocupa, nos desvía y la mayoría de las veces al final nos roba el tiempo que debemos dedicarles a nuestras familias, a Dios y a nosotros mismos. Ser consumistas en extremo nos lleva a ser vanidosos y ególatras, al preocuparnos casi exclusivamente por nuestra apariencia externa y material, entrando así en la codicia y el orgullo. Más tarde podemos caer en el error de vivir comparándonos con los demás, sin darnos cuenta, compitiendo de manera envidiosa, insatisfechos con lo que somos y tenemos.

Insisto; no es que sea malo darnos algunos gustos o querernos a nosotros mismos; a todos fascina lo bueno, ¿a quién no? Dios nos creó para que tengamos una vida digna;

es grato ir a un centro comercial y degustar ese orden, variedad y abundancia de ropa, comida, diversiones, en fin cosas y más cosas; todo requiere moderación, equilibrio y ante todo gratitud a Dios para poder encontrar el sabor y el sentido a todo, para que al final las satisfacciones no se vuelvan monótonas y terminemos perdiendo la capacidad de sorpresa y gozo que tienen los niños. Por eso, a veces sentimos que ya nada nos llena ni descresta y empezamos a buscar emociones fuertes, adrenalina pura, y cayendo en vicios que pueden resultar fatales para nuestra vida.

Dios nos sana primero el alma para que, como resultado de ello, ofrezcamos una buena imagen. Como dice Su Palabra, *"busquemos primero el Reino de Dios que lo demás se añadirá"*. No olvidemos que el Reino de Dios es esa paz en el alma que sólo Él nos puede dar cuando Le obedecemos, una paz que sobrepasa todo entendimiento humano; la añadidura son la atención de las necesidades y esos regalitos externos que Dios también nos quiere dar en su momento; Dios no puede dar una cuchilla a un niño, porque se corta; las bendiciones de Dios llegan cuando estamos preparados para recibirlas y tener una vida digna en Él.

Pertenecemos a una generación que pasó de tener miedo a los papás, a tener miedo a los hijos

La ausente y defectuosa intercomunicación, tanto en la familia como en la socie-dad, es una de las raíces de la mayoría de nuestros actuales problemas emocionales y de los conflictos interpersonales.

En mi experiencia de vida, otra de las épocas que fraccionó la historia de la familia colombiana fue el final de la década de los noventa, en la que por la codicia de algunos transnacionales a los que *"la ambición y el egoísmo les rompió el saco"*, se desplomó la economía y eso trajo consigo la recesión que se agravó con la caída de la falsa prosperidad con que el contrabando y el narcotráfico alucinaron al país, embolatando y engatusando incluso a familias prestantes. A partir de entonces, en unos casos a papá ya no le alcanzaba lo que ganaba mensualmente para sostener el hogar; de sobremesa, papá y la familia no quisieron bajarse de estrato o "apretarse el cinturón". En lo que concierne a la mujer, la situación llevó a la mayoría de mamás a tener que salir de la casa a trabajar para poder ayudar a papá con sus gastos; de esta astuta manera el poder del mal continuó avanzando para sacar a la madre del hogar. Y así como la primera imagen de Dios en la tierra es el papá, de la misma manera la primera imagen de la Virgen María es la mamá.

¡Ojo, papá y mamá! No caigan más en la trampa que nos pone ese bombardeo extremo del consumismo y la codicia de esos grupos que los han venido ocupando y que los van absorbiendo con exceso de trabajo, para poder dividir la familia, todo con la justificación ingenua de que lo hacen por el éxito de cada uno, lo que es más duro para los hijos. Esa es un arma de doble filo al no haber tiempo para compartir con ellos; con esa actitud les están diciendo: **"Hijo, todo este sacrificio lo hacemos por ti, porque te amamos; pero, para ello, necesitamos estar esclavizados en el trabajo, por lo que no podemos estar contigo para dialogar, compartir, rodearte, acompañarte, apoyarte, consentirte, en fin, disfrutarte"**.

¡Qué trampa tan grande, en la que están cayendo hoy en día miles de padres de familia, especialmente las mamás! Sus hijos, ante la falta de tiempo y demostración de afecto para con ellos, perciben un mensaje bien contrario a sus buenas intenciones. Por eso, muchas veces se refugian en malos hábitos y cosas que los desconectan aún más de su realidad, expresan su rebeldía metiéndose de cabeza en el uso inadecuado del computador, los videojuegos, el iPod, la televisión (que nos divierte y nos ofrece un espectacular servicio cuando la usamos con moderación) y, lo que es peor, **salen a la calle a buscar en vicios o sensaciones extremas la compañía y el amor que no encuentran en casa.**

Muchos hijos hay en los "hogares" que la única compañía con que cuentan para abrazar y contarle los problemas y secretos es la almohada. Anteriormente, los padres herían a sus hijos con su frialdad, el distanciamiento y su violencia con actos y/o palabras. Hoy en día, a raíz de tantas campañas de prevención y tutelas con respecto al tema junto con las ya citadas ocupaciones, se hieren por la soledad y el abandono.

Es muy triste ver a esos papás que llegan al extremo de tener que ver a su hijo chorreando sangre para poder creer y entender que está mal, y que deben dedicarle tiempo y prestarle atención. Algunos de esos papás son tan ingenuos que ellos mismos justifican esta actitud con la palabra de moda "trabajadictos".

La liberación femenina no es tal; es más bien la esclavitud femenina, como todo engaño del demonio. Muchas mamás, al entrar a competir de manera ingenua con papá para demostrarle que son más exitosas que él, no sólo se tienen que encargar de la casa, del marido, de los hijos sino también del chicharrón de trabajo extremo que se consiguieron.

No es que la mamá o la mujer no deban realizarse profesional o económicamente; claro que si están preparadas ciento por ciento para ello, el problema es que esa fuerza oscura de codicia, egoísmo y avaricia transnacional tan sólo busca mantenerlas bien ocupadas, aislándolas y robándoles el tiempo de disfrute del hogar, el esposo, los hijos y hacer del matrimonio una total hartera y monotonía.

Un claro ejemplo es el contacto y la relación que se ha perdido entre esposos. Lo notamos en la manera como anteriormente se acariciaban y relacionaban por medio de masajes que el uno le hacía al otro en el cuerpo cuando llegaba cansado o estresado a diferencia de hoy, cuando cada uno va a relajarse por su lado para el gimnasio o el *spa*.

Como bien podemos darnos cuenta, con esta trampa resulta perjudicada toda la familia. Por un lado, están los mismos esposos que terminan en un divorcio involuntario antes del voluntario, ya que no tienen tiempo para dialogar, compartir y disfrutar; por el otro lado están los hijos que quedaron en casa acompañados de los aparatos eléctricos, como ya lo mencioné, o de la nana del servicio doméstico, quien lo hace porque ese es su oficio, o una abuela o tía.

Aunque personas como la empleada de la casa nos den mucho amor, todos sabemos que el amor y la sensibilidad de una mamá no lo reemplaza nada ni nadie; por eso los hijos muchas veces salen desesperados a la calle a contar sus problemas a los amiguitos de la misma edad, quienes también tienen los suyos, formando así un corto circuito ni el berraco.

Mi papi y mi mami tienen trabajo, tienen amigos, pero parece que no tuvieran hijos

También existen jóvenes que ante la carencia de afecto y el abandono de sus papás, por sus múltiples ocupaciones o como reflejo del ambiente frío y agresivo en que se criaron, tragándose como candela sus problemas agrandan más las grietas y heridas de sus corazones y volviéndose personas calladas, frías, solitarias, tristes, inseguras, resentidas, hurañas, egoístas, monosilábicas, que, generalmente cuando uno les pregunta algo o quiere entablar una conversación con ellos, responden sí, no, por ahí, bien, rebién, tenaz, qué mamera, chévere, rico, marica, men, te quiero resto, qué ceba, eres espesa, qué chimba, estás out, hagamos algo, marica, etc.

Todo lo anterior explica cómo cada vez son más frecuentes las tendencias suicidas y violentas en la juventud y lo que hoy ocurre con jóvenes en colegios y calles, a quienes vemos a la defensiva, agresivos, armados hasta el punto de que un alto número de profesores ya no saben qué hacer con sus alumnos; hace ya tiempo se les salieron de las manos. Es deprimente que muestren ante los ojos del mundo las peleas entre las barras de los equipos de fútbol de nuestro país, y no precisamente entre barras de diferentes seleccionados; un claro ejemplo lo tenemos en los hinchas de un equipo de Bogotá.

Lo más doloroso y preocupante es que muchos jóvenes ya perdieron la esperanza, pues no quieren saber nada de proyecto de vida, ni de relaciones estables, ni de compromisos. Nada más miremos cómo algunos caminan por la calle con la cabeza agachada, mirando todo el tiempo hacia el piso, con los calzones caídos y el bóxer afuera; en estos días encontré un primo de este corte y le pregunté:

–Oye, Javi, ¿por qué siempre caminas mirando para el piso?

–¿Ah?

–¿Que por qué siempre caminas mirando para el piso, hombre?, ¿por qué no miras para arriba, con la cabeza levantada hacia el cielo, como signo de esperanza?

–¿Qué por qué siempre camino mirando para el piso? Ah es que hace dos años me encontré un reloj.

Recordemos que anteriormente los rostros de las personas o las modelos que aparecían en la publicidad, las carátulas de discos, las portadas de revistas y las pasarelas, trasmitían alegría, calor, goce, fiesta. Eran caras de hombres y mujeres llenas de vitalidad y energía, muy distintos de la mayoría de los que vemos hoy en día, que por los maquillajes oscuros que hacen aparentar invulnerabilidad –soy el duro, o la dura, soy lo fuerte, lo perfecto– nos trasmiten antipatía, prevención, dureza, desafío, amargura, tristeza.

Por curiosidad no se ha fijado en la forma como miran desafiantes muchas de las modelos en la pasarela, como diciendo *¿qué miran, idiotas, no me conocen o qué?* No podemos culpar ni juzgar a nadie por estas actitudes, en su mayoría postizas. Toda máscara es en el fondo un mecanismo de distracción, un SOS para conseguir el reconocimiento que no fue posible obtener de otra manera, una compensación de nuestras inseguridades y nuestros miedos.

La mayoría está reclamando el amor, el afecto y los elogios que faltaron en el hogar de parte de papá, de mamá y quizá de los hermanos. Es eso lo que reflejan cuando van por la calle; les da vergüenza ser tiernos y cariñosos porque eso les parecen cosas de *nerds*, de bobos, de estúpidos. Es explicable, pues un número considerable de ellos no están acostumbrados al amor, la ternura y la unión de sus familias.

Jamás podré olvidar el día en que al terminar de dictar una conferencia en un ancianato me acerqué a un señor de unos ochenta años que se encontraba arrinconado en un extremo de la sala; me impresionó que no hubiera levantado la cabecita en toda la charla. Lo saludé con mucha prudencia y prevención: "Buenas, ¿cómo me le va?".

Aún sin levantar la cabecita, entrecortado me respondió: "Ahí, llevándola con esta soledad". Luego, inclinándome para poder verle la carita, le pregunté: "¿Y por qué se siente tan solo, dónde está pues su familia?". El anciano, con angustia, me dijo: "Mis dos hijos viven aquí mismo, en Bogotá. Hace más de dos años no han venido". "¿Y por qué lo tienen abandonado?", le pregunté. "No sé. Esa es la ingratitud de los hijos", me contestó.

Me interesé muchísimo por el estado de ese anciano, a tal punto que me ofrecí para hablar con sus hijos. Y así fue; al comentar a uno de ellos sobre el estado tan lamentable en que se encontraba su papá en ese ancianato me respondió con dureza e ingratitud: "Dígale a mi papá que no se queje tanto de soledad y abandono porque, al fin y al cabo en su juventud así se portó con nosotros".

Es muy triste ver cómo de manera equivocada existen papás que se limitan a cumplir la función única y exclusiva de cajeros automáticos en sus casas, en lugar de ser los verdaderos formadores de hogares-hogueras, como lo indica su etimología; se redujeron a desiertos entapetados.

Aquí cabe contar la lamentable historia de un niño de colegio. Percibí su tristeza y soledad al terminar una charla y lo interrogué sobre su actitud. Me contestó: "Es que mi papá y mi mamá tienen trabajo, plata, amigos, pero parece que no tuvieran hijos".

El colegio enseña materias, pero no educa; los padres son los que deben educar y formar en valores a sus hijos. Hay muchos papás que se equivocan y responden a los hijos de manera brusca y agresiva en medio de una decepción o problema: "Nosotros nos esforzamos y trabajamos duro para tenerlos en un buen colegio o universidad y no nos corresponden". ¡Ojo, papás! Ese esfuerzo está bien, pero recuerden que el colegio y la universidad tan solo enseñan; son ustedes los llamados a formarlos.

También hay padres de familia que se esfuerzan por pagar horas extras, para que les cuiden a sus hijos o los ocupan con sobrecarga de actividades en los cursos extracurriculares. Sin darse cuenta, con ello están diciendo: "Ocupemos a nuestro hijo en algo, porque nosotros también estamos ocupados y no tenemos tiempo para disfrutarlo; más bien le pagamos a alguien para que se ocupe de él".

Hoy en día las familias casi no dialogan, sino que "di-alegan"

La sala y el comedor eran los lugares de la casa donde anteriormente se comía, se dialogaba, se miraba, se escuchaba, se compartía y se comunicaba la familia. Allí lo normal era intercambiar vivencias, proyectos o preocupaciones como "hijo, ¿cómo vas tú y cómo van tu estudio y proyectos?, ¿cómo están tus sentimientos?", "Hijo, te noto preocupado o angustiado, ¿en qué o cómo te puedo ayudar?". Eso sin hablar del amor, el calor, la compañía, el juego y la alegría que se sentían al estar los hijos metidos en la mitad de papá y mamá en su cama matrimonial. ¿Y ahora? Si está el uno, no está el otro o no está ninguno.

Era alrededor de la mesa de la sala donde, al caer la tarde, los miembros de la familia cerrábamos el día rezando u orando el rosario. Allí, nuestros papás o los abuelos nos referían sus historias, cuentos y anécdotas o nos hablaban acerca de la obediencia y el respeto a Dios para que conociéramos Su infinito amor y sabiduría que bastante nos servirían en las crisis que se nos presentaran.

Era allí donde, desde pequeños, aprendíamos por lo menos a asistir los domingos a la Santa Misa a agradecer a Dios por la semana recién terminada, a pedirle por la próxima y a bendecir los alimentos antes de comerlos. Triste y desgraciadamente, la mayor parte de los principios y valores de familia desaparecieron de la mayoría de las sociedades y, como consecuencia, este mundo se desordenó.

Era tan grande el poder de la oración en los hogares que las familias llegaban a conformarse con doce, quince y hasta veinte hijos. En medio de la sencillez de las cosas, nada faltaba en casa, cada hijo venía con el "pan bajo el brazo", a diferencia de hoy en día, cuando el hecho de traer un hijo al mundo ha pasado de ser una dicha para ver en él un problema enorme, por culpa del consumismo exagerado que llegó a ocupar y dividir a tal extremo a papá y a mamá, que la mayoría optó por tener pocos hijos o ninguno, sin darse cuenta de que son ellos, con sus matices, conductas y sorpresas, quienes como bendición del Cielo y al lado de la oración diaria, quienes llenan de alegría el hogar y logran sacar a un matrimonio de la monotonía, la soledad y la frustración. Y ni qué decir del gozo y la fiesta que se vive al reunirse una familia numerosa.

La procreación es uno de los fines del matrimonio. Por engaños del demonio, cada vez más esposos quieren privarse de los hijos con excusas de temor que no se pueden tener más de uno o dos hijos por la situación económica, que eso daña la figura a la mujer y estropea su vanidad y que no hay tiempo para criarlos. Así, terminan por someterse a la trampa de la vasectomía y la ya acostumbrada ligadura de trompas.

Otra sana y bella costumbre de comunicarnos y relacionarnos desde la niñez y que también se perdió en la familia por las ocupaciones, especialmente de las mamás, fue la manera como se dormían anteriormente los niños. Recordemos al abuelo o a nuestro papá al lado contándonos cuentos o historias, dialogando con nosotros y mamá cantándonos canciones, orando al Santo Ángel de la Guarda mientras nos dormíamos. Esas bellas experiencias ayudaban a conservar ese niño inocente y sensible con el cual Dios nos había creado y que vivía dentro de nosotros.

Sin darnos cuenta, en nuestras casas cambiamos el comedor por el televisor

Hoy en día en un sinnúmero de hogares cuando la mamá o la empleada del servicio llama a la mesa cada quien va por el plato y para el televisor, lo cual aísla a los miembros de la familia y cada uno va por su lado, ensimismado; muchos no se dan ni cuenta de lo que se comen y pasan la comida entera, casi sin masticar. Le tengo una buena noticia: próximamente Sony va a lanzar al mercado televisores con baño incorporado para que no saquemos tiempo ni para ir al baño a hacer chichí.

Se perdió esa sabrosa costumbre de ver a todos unidos en familia y ver la programación en el televisor de la sala, compartiendo y tomando del pelo; la tendencia actual es que cada uno tenga su televisor en el cuarto. ¡Ojo! No es que la televisión sea mala en sí misma; es más, uno de los Papas de la Iglesia declaró a Santa Clara de Asís, monjita del siglo XIII, la patrona de ese medio. Esa religiosa, por no poder estar presente en la Eucaristía que se celebraba diariamente a varios kilómetros de su convento pedía a Dios la gracia de poder participar en ella espiritualmente desde la distancia; y como todo lo que pedimos a Dios para el bien de nuestras almas Él lo concede, Santa Clara captaba por visiones sobrenaturales todo lo que estaba sucediendo en la Misa.

Lo que ocurre con la televisión es que muchas veces las familias le damos un uso exagerado. Nos refugiamos en ella, como paraíso desestresante al final de la jornada cotidiana, fatigados y desgastados, hasta quedarnos dormidos. Esto ocurre con algunos esposos y esposas que terminan como las hojas del calendario, separados, diciembre para un lado y enero para el otro.

Por lo visto, la televisión se convirtió en el epicentro de nuestras familias. Recomiendo a las mujeres casadas que **si quieren enloquecer a sus maridos en la cama, escóndanles el control remoto.**

La televisión, como todo arte, es un espectáculo que entretiene. Es muy agradable y sano dedicar un tiempo para relajarnos y divertirnos, pero el sentido común nos dice que todo en extremo es nocivo. Es eso lo mismo que ocurre con un bufé en el que todo se ve rico, del cual si uno no come moderadamente, lógico que se indigesta y hasta soltura le da.

En el caso de la televisión, por el exceso con que la estamos utilizando, muchas veces terminamos en una monotonía de vida, vivir por vivir y seguimos en la misma depresión, el mismo estrés y la misma ansiedad hasta cuando aparezca otra moda.

Además de ver televisión en las noches, es bueno dedicar tiempo también para comer, jugar, amar, orar, compartir y dialogar en familia con el fin de buscar solución a los conflictos que a diario se nos presentan; si los acumulamos, al final estallarán como una bomba de tiempo. En un colegio pedí a un niño hacer una oración o una reflexión al terminar una conferencia, en la que pidiera a Dios lo que más anhelaba en su corazoncito, e imagínese con las que salió: "Diosito, lo único que Le pido es que me convierta en un televisor".

Sorprendido, de inmediato lo miré, y pregunté: "¿Para qué?", a lo cual respondió: "Yo sé que así mis papitos se van a fijar más en mí".

Anteriormente algunos programas traían un mensaje profundo en formación de valores; quizá los más locos y angustiantes de nuestra televisión en una época fueron la *Abeja Maya* y *José Miel*, en la programación familiar, *Charlas con Pacheco* y *Enviado especial,* entre otros, eran programas que nos traían testimonios de vidas de personas con un mensaje que nos ponía a pensar y reflexionar, nos creaban estados de ánimo que nos recreaban sanamente y nos trasmitían esperanza en medio de los problemas; en fin, nos despertaban de nuevo el ánimo, las ganas de vivir y de salir adelante, que es la finalidad que debe tener como misión la verdadera formación artística. Es bueno que en su mayoría las novelas reflejen nuestro sano sentir y vivir en medio de nuestra imperfección, que otras sean costumbristas, con calor, sabor, música e identidad que despierten en nosotros sentido de pertenencia al igual que valor y respeto por lo nuestro.

No hagamos a los demás lo que no queremos que nos hagan a nosotros y a los nuestros

Hay que tener en cuenta que cada día la ciencia, la tecnología y el mundo práctico avanzan y evolucionan; que los hombres debemos prepararnos y adaptarnos a nuevos escenarios, pero no podemos ser tan ingenuos de enterrarnos nosotros mismos el cuchillo. Digo ingenuos porque los dueños, directivos, creadores, productores, actores y en especial **los libretistas** de ese tipo de entretenimiento, que ahora gira, en su mayoría, alrededor de la violencia, la venganza, el desorden sexual, el terror y la superstición, también tienen hijos, familia y seres que aman, por quienes se preocupan, y tarde o temprano pueden llegar a verlos afectados por las consecuencias fatales de los desórdenes, desequilibrios, divisiones y caos que ellos mismos promovieron, si no es que tristemente ya les llegaron y los están tapando con cosas materiales, para que más tarde las consecuencias sean aún peores. **"No hagas a nadie lo que no quieras que te hagan a ti ni a los tuyos"**, lo que reafirma el mismo Jesús en una de sus reglas de oro: *"Por tanto, todo cuanto queráis* *que os hagan los hombres, hacedlo también vosotros a ellos"* (Mt 7, 12). Un joven estadounidense a los 21 años ya ha visto más de treinta mil homicidios en televisión, hoy en día nosotros no nos quedamos atrás.

Generalmente, la vida nos cobra donde más nos duele; a mí me tocó pagar un precio muy caro. Pero "los golpes en los dedos de los pies, nos enseñan a andar más pausadamente". Uno tiene que cometer errores antes de caer en la cuenta de muchas cosas en la vida, porque por naturaleza somos tercos y caprichosos como una cabra sin collar.

Por algo vemos a tantos productores de los medios, empresarios y profesionales que, por estar tan ocupados buscando estrategias de mercadeo sin sacar tiempo para más, terminan con estrés al ciento por ciento, con la tal "malpa" existencial o cósmica que los llenan de ansiedad, histeria, monotonía, soledad o depresión. Por eso, encuentra uno matrimonios separados, solitarios y tristes como perros viejos y abandonados, refugiándose en el trabajo extremo en su crisis, al lado de hijos en quienes muchas veces recaen esas consecuencias que se manifiestan con rebeldía, antipatía, desorden sexual, alcohol, droga, tristeza y enfermedades cuyas raíces los médicos no encuentran, y sólo hay deseos de suicidio.

"Todo en esta vida se devuelve como un bumerán, tanto lo bueno como lo malo". Muchas veces he oído exclamar a colegas del medio artístico frases como la siguiente: *"¿Por qué mi hijo saldría así tan desubicado en la vida y con tantos conflictos?"*. Llegará el día en que tristemente ellos les responderán: *"Pero, papá o mamá, si ese es el ambiente en que tú me criaste"*.

Los hijos en medio de la soledad en el hogar no encuentran en sus papás la figura guía con quien poder dialogar acerca de los contenidos de una programación; lo más duro es ver a los mismos papás la mayoría de las veces que los esquivan o los evitan, por las mismas dificultades que tienen a la hora de interpretar su papel, sin darse cuenta de que los niños son pequeños autómatas que repiten gestos y actitudes cuyos significados en verdad ignoran.

Los colombianos vamos en el mismo avión y nos estamos robando la gasolina entre nosotros mismos

Estamos atentos a las modas y los gustos internacionales de una manera tan extrema, que muchas veces despreciamos y subestimamos lo propio. "Si uno no parte de quererse a sí mismo y lo de uno, nadie lo va a querer afuera". ¡Ojo!, las intenciones de esa fuerza demoníaca, egoísta y codiciosa transnacional consisten en que nosotros despreciemos nuestros valores colombianos de unidad, calor y júbilo familiar, nuestra descomplicada forma de vivir y perdernos nuestro folclor, la identidad y el sentido de pertenencia. Es eso lo que está pasando con buena parte de la programación infantil de algunos de los canales internacionales que nos llegan por el servicio de suscripción por cable e incluso en algunos de los programas de la televisión nacional. Muestras de esto son los canales Jettix y Cartoon Network, entre otros, en los cuales los componentes principales de sus programas son la venganza por la violencia japonesa y la invocación del poder de la magia, los hechizos y de entidades malignas, todo a través de muñecos con formas agresivas y diabólicas; esto, a diferencia de los superhéroes que se pusieron de moda en nuestras infancia y adolescencia: el Chavo del Ocho, el Chapulín Colorado con la ternura de su Chipote Chillón, Los Superamigos, etc.

La televisión es un medio excelente para hacer cosas profundas, bellas, útiles y agradables, independientemente de su contenido, que cuando se usa en extremo, satura los sentidos. Por lógica, todo entra por ese medio, de lo que uno ve, oye, siente, más tarde da. No se puede pedir fresas a un limonero. Quien ve algunos noticieros de televisión observa cómo, presionados por la descomposición social del país, se acostumbraron a presentar en sus titulares asesinatos, secuestros, atracos, extorsiones, robos, suicidios, accidentes, corrupción y todo tipo de desgracias y tragedias.

De esta manera nosotros, ya saturados de tanta tragedia y repetición, y si a esto le sumamos los propios problemas, podemos resultar como multiplicadores de la desesperanza, utilizando frases como: *"A este mundo ya se lo llevó el chiras, esto ya nadie lo cambia, aquí ya no hay nada más que hacer; apague y vámonos"*.

Una cosa diferente es la sabiduría, la fuerza y la esperanza que Dios nos regala en medio de los problemas cuando en verdad se le dedica tiempo para conocerlo, para preguntarle con qué fin nos trajo a esta vida y qué plan y misión tiene con nosotros. Muchas veces nos ha pasado que cuando no alcanzamos a ver el noticiero pedimos informes a alguien que lo vio; éste, al ver que no pasaron noticias trágicas, nos responde: "Nada de raro, lo mismo de siempre".

Sería excelente que, así como la programación de televisión pretende mostrar de manera objetiva nuestra cruda realidad, también fomentara los valores y principios necesarios para evitarla, aunque muchas personas del medio afirman que son los mismos televidentes los que piden que los contenidos de la programación tengan este tipo de ingredientes. Por lógica y sentido común, si uno acostumbra a su niño a que tan sólo tome Coca-Cola y Coca-Cola, cuando le dé un tetero con leche para alimentarlo mejor, con seguridad no se lo toma.

Parece absurdo, pero hay que reconocer que en algunas ocasiones, si no fuera por esos aparatos de comunicación que Dios nos ha dado a los hombres para que nos acompañen y diviertan en casa, varios de los hijos no habrían podido soportar la angustia y el desespero que les causa la soledad y ya se habrían suicidado.

Para evitar la división en los hogares, cada uno de los esposos debe dedicar tiempo en el día a día para desarmar su corazón, enfrentar y amortiguar los conflictos del hogar y buscar la paz interior a través de la oración.

Esta tarea en el hogar es más grande si nace de mamá, cuya condición femenina de dulzura y amor la hace más sensible a la espiritualidad. Si una madre no se preocupa por buscar paz y equilibrio para el hogar, termina desesperada, histérica y hasta violenta en una guerra de poderes con nosotros los hombres, machistas "por sí", entrando en una competencia malsana, escudándose en que por orgullo ninguno se la deja montar del otro, ninguno da el brazo a torcer.

Cuando se dan esas calenturas en nuestros hogares, cada uno, de manera equivocada, busca desahogo o sacarse el clavo con el otro con palabras agresivas e hirientes, sin darse cuenta de que "una palabra se dice una vez pero puede herir al otro para toda la vida". Esto pasa de manera especial con las mujeres, al ser tan sensibles tanto para el bien como para el mal; por eso se dice que "cuando una mujer está herida o brava es capaz de plancharle la ropa al marido a punta de palmadas", o que "se le arrodilla pero para sacarlo de debajo de la cama con un palo".

"Lo que crea el conflicto entre dos personas no es la palabra que se dice sino la que se responde"; "para pelear siempre se necesitan dos". A muchos divorciados, tristes, nostálgicos, en medio de su soledad, les he oído preguntarse en qué momento de su vida se destruyó el sueño que un día tuvieron de formar un hogar con ese ser que tanto llegaron a amar y respetar.

Insisto: ¡Cuando los hijos están desocupados el demonio les pone oficio!

Muchos hijos y esposos buscan a diario soluciones a esa carencia de afecto en fármacos, en lo científico, en terapias diversas con las cuales pretenden justificar el sufrimiento, pero sólo les sirven para cambiar de adicción o como vía de escape, sin solucionar el problema.

Muchas veces todas estas entretenciones se vuelven monótonas, un simple placebo o una sin salida, ya que no trascienden el placer de los sentidos, la razón, la periferia, ni la banalidad. Es alarmante el efecto del consumismo; juega con la ingenuidad y los vacíos del ser humano; ayer era el ekeko, el indio amazónico, Regina Once, el noni, la ridiculez de Walter Supermercado y hoy es el profesor Salomón y su kit, los "astrolocos", la colocación de los espejos, las energías y las babas de gorila y caracol.

De igual manera muchos mensajes de los medios de comunicación o entretenimiento ya no son subliminales; ya son directos y van a la llaga. Debido a las experiencias que he conocido, de nuevo lo digo, **"de lo que uno más produce, fomenta o promueve, más tardecito le llega también a la casa".**

A continuación cito otras de las entretenciones en que se refugian los hijos en medio de la soledad, el descuido y el abandono.

Existe un tratado sobre la historia e influencia de la música en el cual se lee, entre muchas cosas, que dos personajes tan extremadamente opuestos como el antiguo Platón y el reciente Lenin opinaron tan coincidentemente lo que podría resumirse en esta máxima: **"Si quieres destruir a la juventud, hazlo a través de la música".**

Sin tener en cuenta el rock metálico o pesado, porque sobre las consecuencias de éste ya se ha escrito mucho, anteriormente las letras musicales describían lugares y cantaban al amor y los grandes sentimientos; las canciones estaban llenas de instrumentos musicales, guitarras, trompetas, sabor y tumbao.

Cuando sonaba una canción, uno sentía nostalgia de la buena, como el olor de un perfume conocido, uno sentía alegría, aroma, brillo, sentido de pertenencia, identidad; de inmediato uno decía: *"Ese disco, ese tema, esa melodía, me recuerda las fiestas con mi familia o con el combo de amigos, de tal y tal mujer o de tal sitio, de los paseos a la finca de la familia o de los amigos; de esa época tan chévere"*.

Pero hoy en día ¿cuál letra, cuál música, cuál sabor, cuáles instrumentos, cuál nostalgia? Todo son golpes, *beats*, bulla y decibeles altísimos, simples sonidos o ruidos elaborados electrónicamente.

El *trance*, el *tecno*, la música electrónica y sus frutos

Después de que al mundo entraron el *trance*, el *tecno* y la música electrónica, la juventud cambió drásticamente.

Frecuentemente, cuando las parejas de jóvenes se van a una rumba electrónica, por más linda y chévere que vaya la niña y por más guapo que esté el muchacho, con el pasar de las horas, el sonido reiterado y el golpeteo del ritmo, cada uno termina bailando por su lado, como zombi, descontrolado por el estado de trance en que va quedando su sistema nervioso central. En medio de la monotonía, lo único que se oye decir con una voz robótica o tiesa es *"Huy, qué chévere la estamos pasando"*.

Es en ese depresivo estado o bajonazo cuando aparece en estos jóvenes la ansiedad de consumir algo que los despierte y les devuelva sus cinco sentidos y vitalidad, lo que no se hace esperar: éxtasis, *popper*, perico, marihuana, heroína o lo que sea, eso una persona llevada "por donde se asoma por ahí se tira".

Esos *beats* o golpeteos alimentados por los altos decibeles van directamente al sistema nervioso central hasta afectar el cerebro. Con esos mismos golpes o *beats* torturaban y enloquecían a los soldados en Vietnam en la Segunda Guerra Mundial, como la famosa tortura china, que no era otra cosa que una gota de agua que le caía al soldado de manera continua en la cabeza hasta desequilibrarlo y enloquecerlo en dos días.

Ese tun, tun, tun, tun del trance ha hecho un enorme daño a la juventud. Esa crítica situación en que tales sonidos y los del reggaetón dejan a los jóvenes es otro ingrediente más de las raíces del autismo en que se mantienen hoy en día.

El reggaetón y sus frutos...

El reggaetón no va al sistema nervioso sino directamente a la pelvis de la persona "y ton, y ton, y ton".

Los jóvenes lo reciben allí ¿y en la pelvis qué queda? Los órganos genitales, que de tanto moverse y sacudirse de un lado a otro, no con una canción, eso sería fanatismo de mi parte, es después de media o una hora de mover la pelvis repetidas veces sin descanso, y como de tanto batir el chocolate éste se sube, por lógica, los genitales se estimulan y se excitan, y de sobremesa el uno mete la rodilla entre las piernas de la otra, candela, morbosidad y chispas es lo que sale, ¡puro raspe y gane!

Y luego, en medio de esta explosiva excitación, aparecen letras sugestivas, vulgares y de tan mal gusto que por respeto al lector no transmito literalmente, pues se ruborizaría y hasta se enfurecería con el autor, por lo cual me limito a decirle que son órdenes de una y otra y viceversa, con palabras directas y acuciosas muy variadas de llegar cuanto antes a la relación íntima.

Así, por ese despertar sexual que produce el reggaetón o "restregón", unido al morbo que promueven los medios y los programas institucionales como el pernicioso Proyecto Nacional de Educación Sexual, irrumpió esa época de desespero, despelote y traumáticos desórdenes sexuales, con embarazos no deseados, abortos, traumas familiares, decepciones sentimentales y fracaso profesional y matrimonial. Con todo ese bombardeo que de por sí seduce e incita a los jóvenes, ¿cómo va a esperar uno que ellos tengan la capacidad de hacer caso cuando se les aconseje que valoren su cuerpo, que lo cuiden y que lo hagan respetar?

Por eso, dentro de ese ambiente, a muchas jóvenes sus novios terminan buscándolas tan solo para sexo, y a ese mismo novio, porque no-vio con quién se metió, al otro día le van a gustar los pechos de su amiga o la cola de la prima y termina seduciendo a todas y también rumbeándoselas. Al final, también él, como yo, "por perro se llena de pulgas".

Muchos jóvenes hay que al conocer a alguien confunden el verdadero amor con la mera fusión de genitales, a tal punto que uno los escucha diciendo "es que fue amor a primera vista; cuando lo vi sentí un mariposeo en el estómago". El amor a primera vista no existe; la lógica y el sentido común nos advierten que uno no puede enamorarse de quien no conoce. Se trata apenas de una sensación, una atracción o un despertar del gusto y de los sentimientos.

En todo ese ambiente también aparecieron los nuevos tipos de relaciones: "Amigovio y con todos los servicios", "tinieblo", "puyón", "rumbeo" y el último grito de la moda: "sopita en bajo", o sea, sólo piquitos y caricias.

Jóvenes: si primero no se quieren, ni se valoran, ni respetan, estén seguros de que pocas personas se comportaran con ustedes como debe ser. Por eso no nos conviene comernos las onces antes del recreo; recordemos que Dios creó el sexo no para el amor, ni para el noviazgo sino para el matrimonio. Jesús ha revelado a muchas personas que, cuando una parejita que no está casada tiene relaciones sexuales, la una contamina a la otra con todas las cadenas y ataduras de pecado con las cuales esta luchando, y viceversa; que todo esto se pega a nuestro cuerpo como una babaza.

Jamás olvidaré cuando, en 2005, alrededor de 50.000 personas, en su mayoría mujeres, se reunieron en horas de la noche en el Parque Simón Bolívar de Bogotá para disfrutar de un concierto de reggaetón bajo el mando del cantante puertorriqueño Don Omar. Después de tres horas de alto voltaje, en medio de la rumba, la histeria colectiva y sus cuerpos despiertos de pasión, el cantante gritó:

–¿Dónde están las que más amo?

–Aquí estamos –respondieron muchas.

–Pero ¿saben cuáles son las que más amo? Las casadas infieles, levanten la mano.

De inmediato, casi toda la plaza respondió saltando y gritando histéricamente.

¡Ojo! ¿A usted le gustaría llegar a la casa y encontrar a su mamá en la cama con otro hombre que no sea su papá? Eso puede ser agradable cuando lo hacemos a los demás, pero cuando uno lo experimenta es terrible. Definitivamente somos muy buenos conductores, pero muy malos pasajeros.

Por su parte, las mamás por el desconocimiento de ese seductor ritmo, al ver a sus niñas pequeñitas bailándolo en sus casas dicen "mire cómo baila la niña de hermoso, mire cómo mueve de bien las caderitas".

Así pues, toda esa promoción de sexualidad desenfrenada por los diferentes medios ha contribuido a desnudar a la mujer en la cotidianidad, por eso es muy común ver que muchas de ellas ya ni siquiera usan ombligueras sino teteras. No queda nada para la poética imaginación de los hombres. Y después las niñas rechazan los deseos, miradas y comentarios morbosos y depravados, que de manera ingenua ellas mismas despiertan en quienes las están mirando. Hasta los curas resultaron perjudicados; un clérigo me contó de manera coloquial que muchas veces los sacerdotes, como humanoss que son, cuando ven a esas niñas tan exhibidoras y provocadoras que muestran los senos en el momento de recibir la Sagrada Eucaristía, en lugar de decirles "Cuerpo de Cristo", casi se equivocan diciendo "Cristo, qué cuerpo".

Cuenta Bill Carrascal que en una ocasión, cuando en unión de un sacerdote oraba por una mujer que estaba oprimida por unos espíritus de seducción y de lujuria que le hacían contorsionar el cuerpo y jadear (de excitación como si estuviera en relaciones íntimas), el Señor les mostró en discernimiento de espíritus la necesidad de pedir al Espíritu Santo suscitar en ella la gracia de la castidad, a lo cual se opuso uno de los demonios que la atormentaba con gritos en un tono de voz diferente del de ella que de manera engañosa inspiraba compasión y lástima gritando "castidad noooo, ¡castidad noooo!

Al final, como siempre, la autoridad conferida por Cristo al Sacerdote para reprimir las fuerzas infernales, lo mismo a quienes en virtud del Sacramento del Bautismo hayan sido revestidos del Sacerdocio común de los fieles laicos ejercido en estricto orden, decoro, prudencia y obediencia al Magisterio de la Iglesia católica y a la autoridad y discrecionalidad sacerdotal, lograron que esa hermosa mujer quedara libre de las cadenas que la oprimían.

Otro amigo de oración me refirió que meses atrás le pidieron el favor de ir a orar en una casa por una niña de trece años a quien sus padres tenían encerrada en un cuarto y bajo tratamiento psiquiátrico. Hablando en términos sencillos, le habían diagnosticado trastornos mentales y una excitación severa. La niña tenía que estar bajo asistencia médica durante las veinticuatro horas del día, ya que sus reacciones eran permanentes y de inmediato había que darle una pastilla o inyectarla para tranquilizarla. Cuando le abrieron la puerta del cuarto, la encontraron frotando sus partes íntimas contra la pared para excitarse, mientras gritaba: "Chimbo, chimbo, chimbo".

Este amigo empezó a pedir discernimiento al Espíritu Santo con el fin de encontrar el origen de este tipo de excitaciones tan vulgares en una niña tan joven y de tan buena familia. Al escuchar despacio y con cuidado varios discos de reggaetón, encontró que una cosa es la letra que uno oye y que de por sí es bien vulgar y otra es la que uno no entiende, unas palabras subliminales todavía más vulgares que se repiten de manera continua entre dientes.

Luego de una oración de sanación y liberación que este amigo le hizo y con la ayuda de los sacramentales –agua, sal y aceite exorcizados–, la niña pudo liberar ese espíritu de lujuria que la tenía atormentada.

No juzguemos ni ofendamos a los que hacen o bailan esos ritmos; la mayoría de ellos no sabe con qué veneno y candela está jugando. "El que no sabe es porque no ha tenido quién se lo diga, pasito, al oído y con amor". Para no ir tan lejos, los mismos cantantes de reggaetón son muchachos ingenuos de poca cultura, en su mayoría de estratos marginados, a quienes el consumismo seduce y manipula con fama, rumba, placer y poder.

Si en esta descomposición musical que llaman reggaetón –ritmo muy alegre, fiestero y pegajoso que hace que hasta mamás muevan sus caderas en la cocina mientras pican la cebolla–, caemos tantos como yo, que supuestamente hemos vivido, errado y somos maduros, con mayor razón caen esas generaciones llenas de soledad, curiosidad y desenfreno. Se dice que *"los jóvenes viven de ilusiones, y los viejos de arrepentimientos"*. Es una pena que la mayoría no utilicemos para bien los ritmos que Dios con tanto amor nos regala a los hombres.

No podemos censurar, pues así como nosotros disfrutamos y hasta loqueamos con tantas modas y desaciertos, las nuevas generaciones están viviendo las modas que hoy les tocaron, aunque hay niños hasta de sesenta años y adolescentes de más de sesenta, qué berracos para nunca madurar. Pero si los padres no dedican a los hijos una buena cantidad de tiempo para rodearlos, orar con ellos y enseñarles lo que les trae buenas o malas consecuencias, ellos irán siempre de mal en peor, más desordenados que nunca; ese es el pan de cada día de la vida moderna. Todos estos conceptos y afirmaciones son el resultado de varios estudios médicos y testimonios de jóvenes que atiendo a diario.

Qué cosa tan absurda, hasta el pobre viejito dueño de la *Playboy*, Hugh Hefner y sus conejitas salieron perjudicaditos con la competencia que les montaron algunas de las revistas de farándula. ¡Qué pecao!, me van a quebrar a las pobres blancanieves y su viejito morbosito.

De sobremesa, el Proyecto Nacional de Educación Sexual que se implementó en la educación escolar entre los años 1990 y 1994, en el cual cifraban sus esperanzas esos papás tan ocupados, tan solo llevó a los estudiantes a volverse unos expertos en el uso del condón y de métodos anticonceptivos. Ese proyecto fue creado e impuesto dizque para ayudar a las nuevas generaciones a superar los tabúes y el moralismo infundido en los hogares, y ofrece el uso de cartillas, material audiovisual y prácticas autoexploratorias y de palpación mutua de las partes íntimas entre niños y niñas en algunos colegios públicos y privados. Acabó transformándose en una clase–taller de perversión sexual de menores.

Lo que se logró con ese despertar temprano de la actividad sexual de los niños fue destruir la inocencia de la mayoría, convertirlos en adultos inmaduros que empezaron a mirar sus genitales con malicia y morbo y hacerles confundir las relaciones de amistad y de noviazgo con las relaciones meramente genitales con sus compañeros de colegio, como animalitos.

Como efecto de todo ello, la actividad sexual pasó a ser para muchísimos jovencitos una práctica tan sencilla como fumar un cigarrillo, y ahí vemos las consecuencias: jóvenes que a los escasos catorce, quince o dieciocho años ya están saturados de placer porque no vivieron el amor de corazón sino el mero placer sexual, el genitalismo, que cuando ya no los satisfacen se les vuelven monótonos, los lleva a explorar nuevas experiencias de placer sexual y los conduce a otras formas de autosatisfacción y autocomplacencia, a costa de otros que se degeneran en orgías, sadomasoquismo, fobias por el sexo contrario, bisexualismo y en muchos casos, en hastío, asexualidad y desprecio por el propio cuerpo.

Con esto entiendo por qué cuando voy a colegios y universidades a dar conferencias hay jóvenes que se acercan a pedirme ayuda y me cuentan de una manera muy confundida, fría y triste que su homosexualismo, bisexualismo o su problema de identidad sexual despertó ante la necesidad de lograr que sus compañeros y amigos les dedicaran el tiempo, la compañía y el afecto que no tenían en casa, porque era lo que a toda hora promovían y bombardeaban los medios o porque abusaron de ellos o los manosearon sexualmente en la niñez.

Hay muchos jóvenes que en medio del desespero producido por la soledad, el desorden sexual, la irresponsabilidad de la edad, y peor si están bajo el efecto del licor, olvidan utilizar en sus relaciones sexuales los métodos anticonceptivos que les enseñan en el colegio, y sin estar preparados para ser padres o madres terminan en un embarazo no deseado, madurando biches y llegando incluso hasta frustrar sus metas profesionales, su proyecto de vida y su realización como personas o esposos. Las consecuencias hablan por sí solas: más mamás solteras, más madres cabeza de hogar luchando y desgastándose solas con hijos tal vez no deseados, más abortos y más enfermedades de transmisión sexual.

La violencia de los videojuegos y sus consecuencias

Los videojuegos tampoco se quedaron atrás. Son modernísimos y se pusieron a la par de los llamados cambios de la humanidad, ya que logramos interactuar con ellos. Con el avance de la tecnología, la industria del video pretende proporcionar más realismo al jugador a través de los sentidos, sin medir las consecuencias tan traumáticas que puede dejar a sus adictos. No es que un juego o dos sean malos, no; yo también de vez en cuando juego; lo malo es su uso extremo, cuando las personas pasan horas y más horas jugando.

Ejemplos de ello son el juego llamado *Scarface*, cuyos actores son el terror y la violencia en todos los campos, el secuestro, el tráfico de drogas, el robo, el jugador que más cabezas humanas corte (la tristemente famosa "corbata" colombiana); el *manhunt* o cazador de hombres en sus cuatro versiones, cuyo protagonista es un asesino en serie que enseña a sus adictos a utilizar cualquier método de la imaginación para asesinar. *Het-man* es un asesino cobrador de cuentas que se vale de lo que sea para cobrar y matar al estilo de los de la oficina de Envigado; o más sangriento que en la vida real es *Years of War* o Años de Guerra, entre otros juegos incuantificables que van apareciendo día a día. Son tan perversos y fatídicos estos juegos que han sido prohibidos en los mismos países en que fueron creados, como Japón e India.

Y qué tal la joya *carmageddon*, en el cual, por medio de un carro que se conduce a altas velocidades, se busca arrollar y matar al mayor número posible de peatones luego de desmembrar los cuerpos sobre partes del carro y por los sitios que transita.

Nunca olvido la noticia que transmitió el canal RCN acerca de los dos niños estadounidenses que, luego de incinerar con gasolina a una ancianita habitante de la calle que se encontraba durmiendo dentro de un cajero automático, cuando fueron interrogados por la policía luego de su captura sobre el porqué de su atrocidad, sencillamente respondieron: "Es que queríamos divertirnos".

Lo peor es que cuando los papás comenzaron a investigar en torno a las raíces que despertaron ese tipo de comportamiento en sus hijos, encontraron que esas horas y horas que pasaban frente a ese tipo de videojuegos eran para ellos el único aliciente que los acompañaba en las largas jornadas de soledad y vagancia. En esos juegos priman la violencia y la venganza; por repetición permanente a través de los sentidos, van mandando órdenes con emociones fuertes que estimulan el cerebro con advertencias de alto riesgo que dicen peligro, hasta distorsionar los pensamientos; por ende, pueden ir programando la mente y el comportamiento de quienes juegan a matar; asesinar es ganar, triunfar, ser exitoso. Todo esto es lo único que muchas veces los hace sentir importantes, héroes y con estima propia.

Muchas personas ingenuas desconocedoras de las consecuencias de esos juegos hacen creer a los demás que se trata de tan solo eso, juegos, películas, leyendas, diversiones, fantasías o mitos; pero como bien podemos darnos cuenta, las consecuencias hablan por sí solas. Ni la mayoría de los médicos, psicólogos, y mucho menos los psiquiatras, logran dar con la raíz de esa contaminación espiritual que deja como consecuencia para los niños y jóvenes una rebeldía o agresividad que nadie en casa logra entender, todo traducido en mal genio, pesadillas terroríficas o violentas, traumas, pánico a estar en público, doble personalidad (esquizofrenia), miedos a dormir con la luz apagada, levantadas a media noche sonámbulos y en actitud de combate imitando a sus violentos personajes, permanentes dolores de cabeza y hasta deseos de suicidio.

Lo triste es que por la falta de conocimiento sobre el misterio que rodea esos videojuegos, como solución médica para sus víctimas les dan sólo remedios para doparlos, dormirlos o anestesiarlos en las crisis, pero no logran descubrir la verdadera raíz supernatural de los espíritus diabólicos que las generan.

Papá, mamá: ¿Cuánto crees que debe ser tu capital para creer que eres rico y poder empezar a disfrutar de ello? Si el trabajo en extremo fuera tan bueno, los burros en la costa también tendrían chequera, porque a esos pobres les toca aguantar de todo. Claro que los hijos también dan de lo que reciben, hoy en día, ni cortos ni perezosos, no obedecen gratuitamente sino que negocian: "Papi, yo hago lo que tú me estás pidiendo, pero si me das tal y tal cosa".

Los hijos con el corazón roto, la mayoría de las veces son el resultado de un hogar roto

"Nadie sabe lo que verdaderamente sucede en un hogar después de que se cierra la puerta de entrada", ni lo que verdaderamente pasa en una pareja debajo de sus cobijas.

Como bien nos damos cuenta, el país no se dañó en el monte con la guerrilla, ni con los paras, ni con los narcos, ni con la pobreza, ni con la injusticia, ni con la corrupción; todo esto son consecuencias. El país realmente se dañó en los hogares, porque familia que no ora unida no permanece unida.

La astucia de Satanás por medio del egoísmo, la codicia y la avaricia de tantos equivocados grupos transnacionales consiste sencillamente en **ocuparnos** para que no le demos tiempo a Dios o para que nos avergoncemos de Él; así, olímpicamente lo sacamos de nuestra vida personal, familiar y pública.

Sometidos bajo el yugo de la ocupación extrema, el demonio logra mantenernos alejados del amor, la sabiduría, la obediencia, la esperanza, la paciencia, la paz y la felicidad de Dios. La crisis y la descomposición en que hoy en día anda el mundo habla por sí sola. Es sabia la frase "divide y vencerás".

Había un hombre que vivía con su esposa y sus cuatro hijos en una finquita a una distancia de seis horas caminando desde Bogotá. Allí cultivaba frutas, verduras y árboles de todas las especies de los cuales colgaban columpios naturales. En el piso tenía un tapete verde natural que servía de casa a sus animales y un riachuelo bordeaba su casa; cada seis meses venía a Bogotá a los centros comerciales a mirar todo lo que no necesitaba para ser feliz. El eje sobre el cual giraba a diario su familia lo constituían el trabajo, el compartir y la oración.

Es bueno que no tengamos que perder las cosas para poder valorarlas. Papá y mamá: ¿creen que vale la pena sacrificar los espacios de tiempo que tienen para compartir y disfrutar con los hijos, abrazarlos y consentirlos, desgastándose con el trabajo excesivo, los postgrados y la búsqueda compulsiva de éxito, para luego tener que invertir el fruto de ese éxito en las terapias de un hijo lleno de conflictos? No olvidemos que el hijo en sus momentos de crisis lo que necesita no es tanto que lo escuche el psicólogo, sino que lo escuchen sus papás.

Por eso hoy en día vemos a tantos papás disfrutando a sus hijos en los nietos, y a los hijos llenos de nostalgia, celos, tristezas y resentimientos al observar a sus papás gozando y desquitándose con ellos, y anhelando una de esas caricias que nunca recibieron. Se oye a muchos papás, en medio de la nostalgia o el dolor, hacerse la incesante pregunta: ¿pero dónde nos enseñaron a ser padres? Sería una estupenda idea la creación de un Ministerio de la Familia.

No olvidemos que pese a ese comportamiento equivocado e ingenuo de nuestros padres debemos agradecerles lo poco o mucho que humanamente han hecho por nosotros. Si somos objetivos, consideremos que un número cuantioso de ellos, a su vez, han recibido el mismo trato por parte de sus padres.

Lo primero que hago a diario es cargar baterías

Debo enfatizar que durante todo este caminar no he dejado de asistir a las misas con el Sacerdote que tanto me ha ayudado y que me ha dirigido espiritualmente, el Padre Isaac. Algunos viernes y primeros domingos, voy a la Misa de liberación y a la unción de los enfermos a limpiar y cargar baterías.

Qué hermoso es comparar el estado físico, anímico y espiritual en que hoy en día me encuentro con el del día en que llegué allí a confesarme por primera vez. Lo más grande que he visto en milagros sucedió un viernes mientras participaba en una de estas misas. Me puse a observar bien a un hombre que estaba en el templo, pues lo veía como conocido; lucía corbata y estaba recién motilado y con afeitado de barbera; era nada más y nada menos que el muchacho homosexual que estaba confesándose la primera vez que fui al templo. No resistí la curiosidad de preguntarle en la calle, sobre el cambio tan brusco que había dado su vida desde aquella ocasión que llegó a la iglesia vestido de mujer. Para resumir, Oscar, como es su nombre, me contó que durante dieciocho años había estado atado al homosexualismo, como consecuencia de las violaciones de su padrastro cuando era niño. También me dijo que el Padre le estaba haciendo un proceso de liberación y sanación para poder perdonar a su mamá, por quien sentía un odio muy grande, ya que nunca le creía ni hacía nada cuando le contaba lo que su padrastro le hacía, justificándose en el miedo a que éste les quitara el apoyo económico o los abandonara.

Todo santo tiene su pasado y todo pecador su futuro

Pero, definitivamente, una disciplina diaria que nos alimenta, fortalece y recrea muchísimo es la lectura de la vida de los santos, pues en ella encontramos vidas de seres humanos muy normales, personas comunes y corrientes como nosotros y algunos hasta más equivocados pecadores y vagabundos, que llegaron a ser grandes amigos de Jesús. Si ellos, a través de su lucha y ofrecimiento, lograron obedecer a Él hasta la muerte, nosotros también podemos intentarlo. En tales lecturas, cada día vamos encontrando la Palabra de Dios aplicable a nuestra historia hecha vida, personas que traen el amor de Dios a nuestros días. Esto es un regalo para quienes es difícil leer la Biblia y entenderla.

Este es el caso de la vida del filósofo, literato y orador San Agustín, quien en su pasado había sido afecto al alcohol, tuvo un hijo con una mujer de *mala reputación*, perteneció a la secta de los maniqueos, quienes afirmaban que el mundo no lo había hecho Dios sino el diablo y, para cerrar con broche de oro esta historia, cuya madre sufrió hasta su purificación por toda la tristeza y el sufrimiento acumulados que la vida vagabunda y desordenada de Agustín le había producido. Este hombre es considerado el más sabio de la Iglesia católica; en el se cumplió la Palabra bíblica y también la misericordia de Dios para que ninguno de nosotros se sienta con derecho de juzgar a nadie: *"Donde abundó el pecado, sobreabundará la Gracia de Dios"* (Rom. 5, 20).

Es que uno, después de haber conocido y experimentado tanto en esta vida y darse cuenta de que nada le dio la felicidad, no va a ser tan tonto que luego de que Dios le dio la oportunidad de conocerlo mediante la paz y la verdadera felicidad vuelva a untarse del estiércol del pasado. La Palabra de Dios nos advierte con respecto a una actitud ingrata e ingenua por parte nuestra: *"Como perro que vuelve a su vómito es el necio que repite su necedad"* (Pr 26, 11); *"La marrana lavada vuelve a revolcarse en el cieno"* (2.ª Pe 2, 22).

Por eso no debemos juzgar a nadie, ni podemos matar a la gente con nuestra lengua. El mismo Jesús dio a María Magdalena, semejante expecadora, el honor de aparecérsele en primer lugar, para darnos ejemplo de no juzgar a nadie.

De todos los santos, después de Jesús es la Santísima Virgen María el único santo sin un pasado oscuro y de pecado. No en vano San Agustín la llamaba *"el molde perfecto de Dios"* y *"la santa de todos los santos"*; y aquello que la Santísima Virgen recibió por gracia, San José, por ser su esposo, lo recibió por reflejo. Igualmente, a San José Dios le concedió todas las virtudes, castidad, pureza, nobleza, sencillez y humildad, que lo convirtieron en modelo de papá, esposo y novio y nos lo regaló como gran intercesor;

en cada oración que hagamos durante el día no olvidemos invocarlo de esta manera: *"Amado San José, haz crecer en mí la fe, que en ella buscaré la esperanza y caridad"*. Obediencia a Dios es sinónimo de desapego. Un santo digno de mención, a quien se le conoce históricamente como "el loco de Asís", fue San Francisco de Asís. Ese hombre, aunque hijo del magnate de las telas en su ciudad, un día, ya cansado de fiesta va y fiesta viene y nena va y nena viene, en el momento en que se encontraban las máximas autoridades reunidas para condecorar a su soberbio y vanidoso padre en la plaza principal de la ciudad, en medio de la ceremonia se desnudó frente a su papá y señalando su ropa en la mano le gritó: "Nuestra familia no es sino esto, apariencia y vanidad". El obispo, frente a semejante escándalo, se quitó la prenda con que cubría el resto de los ornamentos (casulla) y humildemente lo cubrió; el padre, con su típica arrogancia y luego de haber sido desenmascarada su vida, lo hizo encarcelar hasta nueva orden. En un gesto hermoso se postró de rodillas Francisco, miró al Cielo y gritó a Dios: "A partir de hoy Tú serás mi verdadero padre".

De similar manera, hubo un hombre de contextura gigantesca y fornida que era temido por muchos y ganaba todas las competencias de lucha libre en que participaba. Sin embargo, se sentía desilusionado de la vida. Nada le producía verdadera satisfacción para el espíritu. Arrastrado por su vanidad, se propuso un día llegar a servir al ser más fuerte que encontrara. Al principio se puso al servicio del Gobernador de Canaán, pero luego supo que éste dependía del rey; esto se le convirtió en toda una decepción y decidió dedicarse al servicio del monarca y un día notó que el rey, al oír hablar del demonio, se estremecía; le preguntó entonces:

–Su Majestad, y usted siendo el rey, ¿tiene miedo al demonio?

–Claro que sí –respondió el monarca–, ese es un ser muy temible.

Desde aquel día ese hombre se propuso dedicarse a servir al diablo. Un brujo le dijo que lo llevaría a presentarlo al demonio y se fue con él por un camino solitario, pero cuando iban llegando junto a una Cruz el brujo se desvió del camino para no pasar junto a ella. El hombre le preguntó:

–¿Es que usted teme a la Cruz?

–No tanto a la Cruz –dijo el brujo–, pero sí al que murió en la Cruz, Jesucristo, el que vence y aleja a todos los demonios.

–¿Y el diablo también le tiene miedo a Jesucristo? –inquirió el hombre.

–Claro que sí –contestó el brujo–; el demonio tiembla cuando tiene cerca una manifestación de Cristo.

Desde ese momento, el hombre ya no buscó al diablo; se fue entonces en busca de un monje que vivía en el desierto, se hizo instruir en la religión por él y fue bautizado. Luego le preguntó qué podría hacer para dedicarse a servir a Jesucristo y el monje le propuso dedicarse a ayunar copiosamente y a una vida intensa de oración. El hombre confesó no sentirse todavía capaz de todas esas cosas. Entonces el religioso le hizo una propuesta que le agradó sobremanera, al decirle: "Mire, allá en Cilicia hay un río muy tormentoso que en cada creciente se lleva los puentes que le hacen y la gente pobre, los ancianos y los niños corren mucho peligro al tratar de atravesarlo por entre el agua; usted, que es tan corpulento y tan fuerte, dedíquese a pasar gratis al otro lado a todos los pobres, los niños y los ancianos; ese es su mejor modo de ofrecerse a servir a Cristo, porque Él dijo 'todo el bien que le hacen al otro, aunque sea el más humilde, yo lo recibo como si me lo hubieran hecho a Mí mismo'" (Mt 25, 40).

Desde entonces el hombre se fue a la orilla de aquel río y cuando veía llegar un pobre, un anciano o un niño a atravesar esas aguas peligrosas, él, apoyado en un fuerte bastón de roble, echaba a la persona a sus espaldas y la trasladaba al otro lado, sin cobrarle un centavo, sólo por amor a Jesucristo y por servirle. Y sucedió que un día llegó un niño muy pobre y muy amable e inocente a pedir que lo llevara al otro lado del río. El hombre aceptó con mucho gusto y lo colocó sobre su hombro pero cuando estaban en la mitad del río empezó a sentir que el agua subía y subía y que el peso del niño crecía y crecía hasta casi doblegarlo y hacerlo hundir. Sólo con inmensos esfuerzos logró llegar hasta la orilla, y al descargar el niño sobre la arena le preguntó, emocionado: "Dime, niño, ¿por qué pesabas tú solo, como el mundo entero?". Y el niñito le respondió: "Es que yo soy el creador del mundo. Yo soy Jesús, que he tomado la forma de niño para que tuvieras el gusto de llevarme sobre tus hombros. En adelante te llamarás Cristóbal, porque tú has llevado a Cristo".

¡Qué misterio! Fallecieron hace muchos años, pero sus cuerpos permanecen incorruptos

La Iglesia, antes de beatificar o canonizar a alguien estudia a profundidad su vida, obra, milagros y su compromiso con la construcción y multiplicación del Reino de Dios, apoyándose en testigos que los conocieron de cerca. Cuántos que nos decimos católicos no tenemos conocimiento de la historia de ningún Santo y, mucho menos, que los cuerpos de algunos de ellos se encuentran incorruptos, o sea que se llevaron la sorpresa de encontrarlos enteros cuando los exhumaron, sin descomponerse, como si en vez de morir se hubieran dormido eternamente. Ese fue el caso de santos como Teresita del Niño Jesús, Catalina de Siena, Juan Bosco, Francisco Javier, Bernardette y el Papa Juan XXIII, entre muchísimos otros santos[9].

Son muchos los santos cuyos cuerpos se mantuvieron incorruptos por años después de su muerte; algunos de ellos siguen incorruptos, algunos también han despedido olor

---

9   Incorruptos: Padres Jordi Rivero, Miami y Fray Pío de Jesús Crucificado, Franciscano, Cocula, México (http://www.corazones.org/santos/santos_temas/incorruptos.htm) Ver el video realizado por History Channel en www.ivangutierrez.org

a rosas y tenido otras manifestaciones milagrosas. Estos son reliquias extraordinarias que manifiestan el favor divino sobre estos santos.

Dios dijo a Adán: *"Con el sudor de tu rostro comerás el pan, hasta que vuelvas a la tierra, pues de ella has sido tomado, ya que polvo eres y al polvo volverás"* (Gén. 3, 19). Se trata del castigo por el pecado que padecen todos los hombres. Pero Dios ha querido preservar por un don sobrenatural que desafía las leyes de la naturaleza a algunos hombres y mujeres de extraordinaria santidad. Ha querido así manifestar claramente su gloria, su absoluta potestad sobre la naturaleza y testimoniar la santidad que Él mismo comunica por su Iglesia a los hombres, templos del Espíritu Santo.

¿Puede haber incorruptos fuera de la Iglesia católica? Hemos recibido noticia de un pentecostal chileno cuyo cuerpo fue encontrado incorrupto. Es de creer que Dios permitiera esto con algunos de sus hijos que, aunque no hayan tenido los medios de la Gracia, han aprovechado de todo corazón las gracias recibidas. Sin embargo, el fenómeno ocurre casi siempre con personas que vivieron intensamente unidos a Cristo Eucarístico, a su Madre y a su Iglesia.

Diferentes fenómenos: pocos están incorruptos, otros lo son por un tiempo, otros se van secando muy lentamente pero sin las propiedades de la corrupción. Por eso algunos están recubiertos de cera para preservarlos de la negrura propia del tejido externo. Es el caso, por ejemplo, de Santa Bernardette Soubirous, Santa Catalina Labouré, San Vicente de Paúl, Santa Vittoria, etc. Otros se conservan con escaso tratamiento de este tipo, como los de Santa Catalina de Bolonia, Santa Margarita Redi, el Beato Sebastián de Aparicio (que se conserva en la ciudad de Puebla, México) o San Francisco Xavier (que se conserva en Goa, India, y fue muy "maltratado" por la "caza de reliquias").

En el caso del cadáver del Papa Beato Juan XXIII, he sabido que se le realizó cierto tratamiento de embalsamamiento para que soportara el velorio y las ceremonias, y hay testimonios del médico científico que lo realizó. Sin embargo es extraordinario que se preserve tantos años.

Veneración: al venerar tales cadáveres reconocemos la gloria de Dios, el único que puede hacer un milagro y honramos la santidad que deseamos de corazón imitar.

Hay que distinguir tres tipos de preservación: 1) milagrosa (incorruptibles), 2) deliberada por medios científicos, 3) natural y accidental.

La incorruptibilidad es la preservación milagrosa y como tal no obedece a ninguna ley natural ni depende de ninguna circunstancia (humedad, temperatura, tiempo, cal u otros elementos); no fueron embalsamados o tratados de ninguna forma. Algunos exudan aroma como perfume. No todos los cuerpos incorruptos se mantienen sin cambio indefinidamente.

La incorruptibilidad no es momificación. Los cuerpos momificados están rígidos y secos.

Nosotros los católicos veneramos a los santos porque la Iglesia los considera intercesores ante Dios por nosotros; en particular, he hecho muchas novenas a varios de ellos, que me han sido de muchísima ayuda para ir alcanzando madurez en la obediencia a Dios. La devoción a los santos debe ser equilibrada; primero, Cristo; debemos siempre ser cristocéntricos, y mucho mejor si lo somos a través de la Virgen María. Mostremos respeto y delicadeza con las súplicas que hacemos a los santos, pues ellos no son objeto de nuestra manipulación y caprichos y, sobre todo, nunca conceden favores a nadie sin que la voluntad de Dios prime. Esta explicación es la que doy a los hermanos separados, cuando quieren calificarnos de adoradores o idólatras de hombres o de imágenes.

Una recomendación muy especial es que antes de venerar un Santo que no sea de conocimiento muy popular o del que tengamos duda, consultemos con una autoridad eclesiástica para no caer en falsas devociones como la que hacen a Gregorio Hernández y tantos otros, ni caigamos en prácticas y ritos que no tienen nada que ver con la Santa Iglesia católica, como es la costumbre de atar los ojos del niño que San Antonio tiene en sus brazos o colocar a San Antonio boca abajo o quitarle el niño de sus brazos cuando algo se pierde. Todo esto es un engaño de espíritus del demonio y producto de la mezcla de falsas religiosidades populares y sectas en que incurre la gente por ignorancia en materia de fe.

Bíblicamente, ¿por qué le pasan cosas malas a la gente buena?

Es en nuestro corazón, dentro de nosotros, donde anidan los conflictos, por efecto de nuestro primer y gran conflicto: no reconocer y asumir que como creaturas hechas por Dios a Su imagen y semejanza somos hijos de un Padre Amoroso y hermanos de todos porque todos somos hijos de Dios. Mientras más alejados estemos de esta verdad más confusión habrá en nuestra vida, por fundamentarse tan sólo en una ilusión, en una mentira. Al sentirnos inseguros, sin identidad, afloran fácilmente el egoísmo, la soberbia y los demás pecados.

Al alejarse el hombre o la mujer del Señor, heridos por el pecado, el corazón se endurece, divide y desordena. Si nuestra mirada no está puesta en Dios, muy poco nos detendremos en el otro y mucho menos en la familia, los amigos, los hermanos; sólo tenemos ojos para nosotros mismos, para autocomplacernos y nuestro yo se convierte en el centro de todo; al otro lo valoramos sólo si tiene algo que nos satisfaga, nos interese o nos dé placer. De ahí que el Señor Jesús afirme: *"Lo que sale del corazón, eso es lo que contamina al hombre. Porque de dentro del corazón de los hombres salen las intenciones malas..."* (Mc 7, 20).

Por ser todos imperfectos, todos erramos, pasamos por esa realidad, caemos en pecado. Lo importante es no estancarnos permitiendo que los años pasen y que nuestro corazón se endurezca por vivir en constante conflicto.

No cometamos el error de ser luz en la calle y oscuridad en la casa

Yahvé dijo a Caín: *"¿Dónde está tu hermano?"*. Caín Contestó: *"No sé. ¿Soy yo acaso el guardián de mi hermano?"* (Gén 4, 9). La Sagrada Escritura nos narra en sus primeras líneas este doloroso episodio, en el que se nos cuenta la historia de dos hermanos que se conocen, que han crecido y jugado juntos, que han tenido la oportunidad de compartir muchos momentos en el hogar, que estuvieron sentados alrededor de la misma mesa y que posiblemente tuvieron la misma educación. De aquí podemos concluir que los conflictos se dan generalmente entre gente que se conoce y tiene una relación familiar, fraternal y de amistad cercana.

Ese conflicto llevó a la muerte. Los papás de Caín y Abel, Adán y Eva, se dejaron engañar por la serpiente y se alejaron de Dios. Por ignorar su condición de ser imagen de Dios fueron presa fácil del mal que los enredó, de tal manera que cayeron en su red de muerte, haciéndoles creer que fuera de Dios, desobedeciéndole, llegaran a ser como Él. Absurdamente, querían conseguir lo que ya eran.

Uno de los regalos más grandes que Dios me ha concedido fue la oportunidad de compartir apartes de esta experiencia de vida a ciento sesenta parientes durante tres días. Aproveché este encuentro de familia en el que se ofrecían dos marranos y aguardientico con moderación para bajarlo. Tuve que hacerlo de manera astuta, ya que si les hubieran dicho que la invitación incluía oración y reflexión no habría asistido más de uno. Al final, hubo lágrimas, abrazos, reconciliaciones, preguntas. Después de ese regalo he sentido noches en que le digo a Dios en la cama "Gracias, Señor, por empezar a habitar desde aquí ese Cielo donde sólo vives Tú". El cielo comienza aquí en la tierra, pero también el infierno cuando no le dedicamos tiempo a Dios para conocerlo, obedecerle y así darle identidad y sentido a nuestra vida.

Aquí continúa cumpliéndose la palabra: *"Ten fe en el Señor Jesús y te salvaras tú y tu casa"* (Hc 16, 31). Es muy fácil ser luz en la calle, sonreír, ser coquetos, hablar bonito o ser agradables, pero en la casa es muy difícil porque entre familiares nos conocemos todas las mañas, vicios y pecados desde pequeños; ahí es donde nos damos cuenta de si en verdad estamos sanos o no. Según el adagio popular *"la caridad empieza por casa"* y, más exactamente, por ti, que eres quien tiene la oportunidad de conocer este proceso de sanación y transformación interior que Dios también puede realizar en ti. Es contigo con quien estoy hablando, para que después no digas "esto le caería como pedrada en ojo tuerto a mi papá o a mi mamá, a mi esposo, a mi hijo, a mi hermano, a mi tío, a mi suegra".

Dime qué te hace llorar, dime qué te obsesiona o te desespera, y te diré cuál es tu verdadero Dios. Un consejo muy grande para ti, papá, mamá, esposo o esposa, o quien sea. "Si te obsesionas, te desesperas o te enfermas porque tu hijo, tu esposo, tus padres o tus hermanos no cambian, es porque crees que eres tú y no Dios quien los va a cambiar".

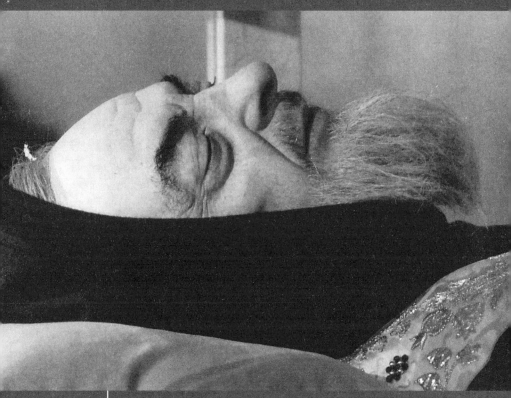

Cuerpo incorrupto de San Pío de Pietrelcina, sacerdote fallecido en el año 1968.
Reposa en una urna de cristal en la población de San Giovanni Rotondo, cerca
de Roma, Italia.

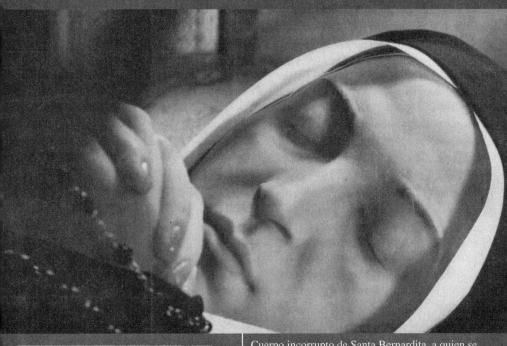

Cuerpo incorrupto de Santa Bernardita, a quien se le apareció la Virgen de Lourdes. Murió en el año 1879. Reposa en una urna de cristal en Nevers, donde aún hígado, dientes y uñas permanecen intactos.

Santa Catalina Labouré, a quien se le apareció la Virgen de la Medalla Milagrosa. Murió en el año 1876. Su cuerpo tratado con cera se conserva incorrupto en la capilla de las apariciones en la Rue du Bac, París.

Cuerpo incorrupto de Santa Imelda. Murió en 1333. Reposa en la Iglesia de Segismundo en Bolonia, Italia.

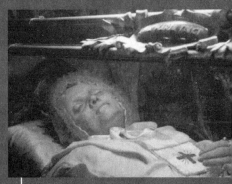

Cuerpo incorrupto de la Beata Ana María Taigi, tratado con baño de cera. Murió en 1837. Matrona laica, terciaria trinitaria.

Cuerpo incorrupto de San Juan Bosco bañado en cera. Murió en 1888. Reposa en la basílica de María Auxiliadora en Turín, Italia.

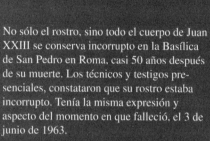

No sólo el rostro, sino todo el cuerpo de Juan XXIII se conserva incorrupto en la Basílica de San Pedro en Roma, casi 50 años después de su muerte. Los técnicos y testigos presenciales, constataron que su rostro estaba incorrupto. Tenía la misma expresión y aspecto del momento en que falleció, el 3 de junio de 1963.

Cuerpo incorrupto de San Juan María de Vianney (Santo Cura de Ars) bañado en cera. Murió en 1859. Reposa en la iglesia de Ars, Francia.

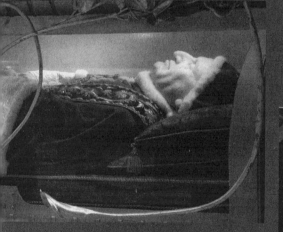

San Vicente de Paúl. Murió en 1660. Su cuerpo incorrupto, bañado en fina capa de cera, reposa en la capilla que lleva su nombre en París.

"Los cuerpos de los santos mártires y otros que viven ahora con Cristo, cuerpos que eran sus miembros y templos del Espíritu Santo, que un día se levantarán por Él y serán glorificados en la vida eterna, pueden ser venerados por los creyentes. Dios da muchos beneficios a los hombres a través de ellos". (Concilio de Trento).

Tan sólo Dios es quien nos cambia, y para ello Él ha reservado un día y una hora. Cuando uno cree poder cambiar a alguien por sus propios medios, juega a ser Dios y quitarle Su trabajo; en el fondo eso es puro orgullo y soberbia. Además, cuando uno cantaletea, molesta, se mortifica o se desespera por cambiar a alguien, ingenuamente se está dejando robar la paz que Dios le ha venido dando a su corazón.

Lo único que digo es que "al Cielo no ha podido entrar nadie a las malas, ni amarrado, ni a punta de garrote".

¿No será, acaso, que la obsesión por cambiar a esa persona es porque la convirtió en su ídolo y sigue girando alrededor de ella como si fuera su Dios?

El primer mandamiento dice muy claramente que hay que amar a Dios por sobre todas las cosas, y no amar al otro por encima de Dios. Cuando uno verdaderamente ama a otra persona como Dios nos lo enseña, con moderación y equilibrio, la suelta y le da libertad, intercediendo en la oración por ella y aprendiendo a ser prudente y respetuoso en el momento de querer ayudarle, dando espacio a que elija su camino con libertad y esperando que Dios haga su plan perfecto. Debemos permitir a Dios ser Dios y no debemos atarle las manos.

¿Por qué las personas que quisiéramos que sanaran y cambiaran no lo hacen?

Cuando no tenemos paz en nuestro corazón y queremos que los otros cambien a las malas estamos perdiendo el tiempo. La Biblia dice: *"¿Acaso puede un ciego guiar a otro ciego?"* (Lc 6, 39). Mientras no busquemos y encontremos primero esta paz, esta esperanza y este gozo de Dios para nosotros, jamás podremos ser canales multiplicadores de ellos para los demás, pues nuestra buena conducta y tranquilidad son el espejo de los mejores ejemplos para arrastrarlos y ayudarlos a cambiar.

En lugar de estar viendo lo malo de los demás y juzgándolos o criticándolos, deberíamos sanar al menos nosotros la costumbre de alegar, criticar o juzgar. No nos las demos de dioses o salvadores, que nosotros no cambiamos a nadie. En cambio, si así lo desea, como ni la hoja de un árbol se mueve sin su voluntad, Dios mueve una ceja y nos cambia en cualquier momento.

En reiteradas ocasiones, en medio de un desespero, decimos: "Es que ya no sé ni qué hacer para que cambie" o "estoy que tiro la toalla".

La oración mueve la mano de Aquel que todo lo mueve, y así como cuando a un carro se le acaba la gasolina éste deja de andar, cuando dejamos de orar se nos acaban la esperanza y el verdadero sentido de vivir. Como siempre lo insinúo, más bien vayámonos para el Santísimo, el Grupo de Oración u oremos el rosario y pidamos a Dios con fe y esperanza y con todas nuestras fuerzas, en lugar de gastarlas alegando, criticando o cantaleteando.

Nuestro Señor Jesucristo mostró a una mística la escena en la que, mientras lo crucificaban, Su Apóstol Pedro, luego de negar ser Su discípulo y esconderse, huye para retornar a su ocupación de pescador, se le acerca llorando y desesperado, por lo cual Jesús lo toma entre sus brazos y le pregunta: "Pedro, ¿por qué estás tan angustiado y tan desesperado?".

Pedro, impulsivamente, le responde: "Señor, es que yo en verdad quiero seguirte, quiero obedecerte".

Jesús, acogiéndolo con su dulzura y mansedumbre, le advierte: "Es que tú lo vas a hacer Pedro, sólo que yo tengo el día y la hora".

Por todo lo anterior, es importante plantearnos esta pregunta: "En realidad ¿quiero que esa persona cambie por su propio bien, o para que me agrade a mí y a mis intereses?".

Es muy grande el sufrimiento de papás que con agenda en mano obligan a los hijos a llevar a cabo una lista de las cosas, horarios y actividades, sin dejarlos realizarse plenamente con libertad. Recuerden, papá y mamá, que los papás de ustedes, al igual que los míos, se quedaron con la lista y los crespos hechos de lo que también querían de ustedes y de mí. No sean egoístas; Dios a cada uno nos dio diferentes talentos.

No busquemos fuera de nosotros la felicidad que llevamos dentro de nosotros

Uno de los trucos, astucias y sagacidades más grandes de Satanás es hacernos sentir escrúpulos por los otros, o sea, verles tan sólo lo malo, para así juzgarlos, culparlos y no perdonarlos; que nos preocupemos más por el comportamiento y el juicio de los demás, para que así no nos preocupemos por los nuestros. La mayoría de las veces, cuando a alguien no le agradan, le fastidian y hasta le resienten actitudes de otra persona, es por que en su medida ve reflejada o proyectada su vida en ese otro ser; porque están dentro de uno mismo es que uno las logra detectar y conocer.

¡Qué ingenuos somos! Casi siempre todos empezamos buscando las soluciones fuera de nosotros, de nuestro corazón, huyendo de nosotros mismos, de nuestras familias, de nuestra tierra, de nuestra gente, de nuestras costumbres, de nuestro sabor, de nuestro paisaje, para finalmente perder nuestra identidad.

Aterricemos. Para donde huyamos tendremos que trastear también nuestro corazón herido. Esto es lo que Satanás quiere, aislarnos de todo lo que más amamos, de todo aquello que nos vio nacer y crecer, dejándonos al final solos, tristes, desesperados, llenos de nostalgia, sin ilusiones y sin esperanza, "muertos en vida, porque tenemos muerta el alma", aunque algunos no lo aceptemos o entendamos y, lo que es peor, pese a que lo ocultemos a través de la máscara del orgullo y la apariencia.

Todo esto es contrario al plan de vida plena que Dios tiene para cada uno de nosotros, el de hacer comunidad empezando por los nuestros, por nuestra familia. Por eso hay una frase muy bella **"Tenemos que florecer y ser luz, donde Dios nos ha plantado".**

La sana y bella nostalgia nos hace volver al terruño que nos vio nacer

Que sea este un pequeño homenaje de gratitud a mi terruño Pácora, Caldas, y el gozo y la alegría de vivir que Dios me regala cuantas veces visito parientes y amigos, especialmente en la época de sus Fiestas del Agua. Tengo entonces oportunidad de vivir momentos vibrantes y placenteros en el reencuentro de colonias, con la musicalidad de fondo de Juana y María, las señoras campanas del templo y a ritmo de matraca y sombrilla. Siento seguridad al ser recibido por el anfitrión e intercesor permanente del pueblo, el presidente de la colonia pacoreña residente en el Cielo, nuestro Beato Fray Esteban Maya Gutiérrez, a quien siempre tiene como guía otro de los hijos del pueblo, Monseñor Tulio Duque Gutiérrez, Arzobispo de Pereira.

Luego llega la hora de compartir en familia el reencuentro con mi madre, mis hermanos Lucero y Óscar, el sobrino Diego Alejandro y con los amigos con quienes más de un día jugué, soñé, hice locuras y crecí: Alfredo, Charro, Gabriel, Omar, Pi–tico, el Indio, Yoiner "la Tostada", Yiyo, Luis Carlos Zuluaga y Juan Diego Osorio entre otros, todo esto, endulzado por los típicos bizcochuelos, arequipe y postre de piña alrededor del parque principal, que se asemeja a una sala alfombrada de un hogar acogedor, por el verdor de sus prados.

Es bello volver al pasado con esa sana nostalgia del ayer y no perder y mantener así la identidad. Nadie pudo predecir a creer que aquellos a quienes de niño molesté y tomé el pelo hasta hacerlos enojar, hoy en día estarían representando tanto para mí sirviendo como inspiración en mi carrera profesional. Me refiero a la ternura que despiertan por su inocencia y sencillez los famosos y mal llamados bobitos del pueblo; ellos fueron los primeros niños inocentes y eternos de Dios que yo conocí, pues vinieron a este mundo con su pasaje de venida y regreso al Reino de los Cielos.

Ahora entiendo por qué al encontrarme con un paisano así haya sido larga su ausencia, mantiene en su memoria los nombres de aquellos "personajes", comenzando por la primera estrella de la canción pacoreña, "Carmentea", para continuar con "María la U", "Suso", "la Caturra", "la Baudilia", "Custodio", "Chele" y el famosísimo "Muñi Muñí" con su particular respuesta al señalar el ojo con el dedo: "¿Cómo me mio ahí?" y "usted sabe que yo soy un marón, papá".

También recuerdo algunos personajes típicos que por su carisma y simpatía se destacaron, tales como "Chorronda", "Papá Quimo", "Robertico", "Paquete" y entre otros el inolvidable "Abdul Rodríguez", mi tío, de quien jamás olvidaré que al verme por primera vez actuando en televisión no podía creerlo e inmediatamente llamó a mi abuelita para decirle: "¿Cómo harán para meter a ese hombre tan grande en ese cajoncito?".

Compartamos nuestros dones y talentos; esa es nuestra misión en esta tierra

He continuado aprendiendo que todos debemos compartir con los demás el conocimiento, las bendiciones y los regalos que Dios nos concede. Esta tarea no sólo corresponde a los sacerdotes y monjas, como tantos creen. Por esto, actualmente presento en el canal Teleamiga Internacional el programa *"Des–Gracias por tus desgracias"*, el cual como su nombre lo indica, se desarrolla en torno a la gratitud que debemos dar por nuestros sufrimientos, o sea, nuestra Cruz, ya que gracias a ella nos vemos en la obligación de ir de nuevo en busca del conocimiento y la obediencia a Dios. Si Dios nos soluciona algo pequeño, eso es lo que vamos a contar de Él; pero cuando nos saca de uno o varios problemas bien duros no hay quién nos calle. El programa se presenta de forma testimonial, en el que los invitados cuentan toda esta experiencia de vida en Dios. También tratamos de sensibilizar a los televidentes en torno a la necesidad de recuperar y fomentar los principios y valores de nuestra familia y de nuestro país, los cuales se han perdido dejando como consecuencia la rebeldía, el conflicto, la división y la muerte.

Se revela allí cómo el poder de Satanás ha ido minando la identidad y autoestima de la mayoría de las personas creando la sociedad de consumo en extremo y por acción del movimiento llamado *nueva era*. Se busca crear conciencia de que esta vida se desarrolla en medio de la pelea entre Dios y el demonio; aunque no los vemos, ahí están ambos. Uno en el amor, la humildad, el perdón, la caridad, el compartir, la paciencia, el diálogo, la moderación y el otro en el odio, la venganza, la codicia, la perversión, la división, el caos y, finalmente, la muerte; toda esta lucha de la vida tiene como fin ganarnos el pasaje para la vida eterna, que esto aquí en la tierra es pasajero, en cualquier momento se funde el bombillo, paramos las patas y para el cajón, lo que pasa es que nos apegamos demasiado a esta vida como si fuera eterna.

También he tenido la oportunidad de combinar mi trabajo profesional de actor y presentador con la búsqueda de Dios en el equilibrio, la paz y la felicidad verdadera de los seres humanos. Básicamente, comparto mi experiencia de vida y el conocimiento que Dios me ha regalado, todo ello siguiendo el ejemplo de Cristo, tal como nos lo narra San Pablo en Hebreos 2, 18. *"Pues, habiendo pasado él la prueba del sufrimiento, puede ayudar a los que la están pasando"*. Todo este trabajo lo realizo dentro y fuera del país por medio de un *stand up comedy*, conferencias, charlas, seminarios y talleres en colegios, universidades, familias, empresas, comunidades, cárceles, ancianatos, parroquias, grupos de oración católicos y protestantes, centros de rehabilitación para drogadictos, enfermos de sida, prostitutas, alcohólicos, indigentes y otros sitios a donde Dios me lleve. De igual manera quiero compartirles algo que también es muy grande para mí: durante estos siete años que estuve escribiendo el libro y a su vez en todo este ambiente espiritual, por la fe, como dice su palabra, mientras me ocupé de las cosas de Dios, Él se ocupó económicamente de las mías, o sea, en mi vida se cumple lo que dice su palabra: Yo soy el dueño del oro y de la plata; en conclusión las personas a las cuales les comparto todo este conocimiento espiritual son demasiado generosas conmigo.

Algo muy importante que debemos tener en cuenta cuando alguien venga en busca de nuestra ayuda o nuestros consejos es disponer para ellos de una actitud de ánimo por parte nuestra que los llene de esperanza, explicarles el para qué Dios permitió que sucediera esa situación y hacerles reconocer los errores que cometieron en el pasado y por los cuales vinieron estas consecuencias. Esto, contrario a quedarnos en una actitud de lástima permanente diciendo: "Ay, pobrecito", "ay, qué pesar", "ay, qué pecado", o sea, no llorar encima de la mercancía porque no se vende, sino preguntar al Espíritu Santo estrategias con las cuales se pueda vender.

Por medio de sacerdotes y laicos con los cuales comparto estas enseñanzas a diario, soy testigo de cómo Jesús vive y permanece hoy como el mismo que fue ayer y que será siempre, al igual que con los presbíteros Padre Jairo Ricaurte en Duitama y el Padre Álvaro Puerta en Soracá también en Boyacá, en quienes veo la acción sanadora y liberadora del Señor en muchos sanando del cuerpo y del alma, como prostitutas que vuelven a tener una vida digna, homosexuales y lesbianas que recuperan su identidad sexual para luego terminar casándose u ofreciéndole su pureza a Dios, jóvenes que por la soledad y la tristeza en que fueron criados terminan en los famosísimos grupos de *emos*[10] pero que por el mismo amor sanador de Dios sanaron sus carencias, ladrones y asesinos que dejan atrás un pasado pecaminoso y delincuencial, drogadictos e indigentes que superaron sus vicios integrándose de nuevo a su familia, reconciliaciones entre padres e hijos y en matrimonios, curación de enfermedades irreversibles para la ciencia como el sida, el cáncer, la parálisis, la epilepsia, la esquizofrenia, el insomnio y la jaqueca, entre otras, liberación de la soledad, la depresión, los traumas, los miedos, los complejos, la ansiedad, el estrés y los resentimientos. Lo más importante es la sanación de los dolores más profundos del corazón, causantes del enfriamiento de la amistad con Papá Dios y el respectivo alejamiento de Él.

Debemos luchar, asumiendo en fe la promesa bíblica de Jesús consignada en Juan 14, 12, a saber, *"El que crea en mí hará él también las obras que yo hago y hará mayores aún"*. Esto fue lo que hicieron San Francisco Javier, Santo español del 1550, quien resucitó a ciento veintitrés personas, y el Padre Darío Betancur, Sacerdote colombiano, quien resucitó una niña indígena en Centroamérica fallecida treinta y seis horas antes y logró con ello que se convirtiera a Dios la mayoría de la tribu.

---

10 El término *emo* es un apócope de *emotional hardcore* o *emo-core* y hace referencia a las letras de los grupos del género, caracterizadas por abordar variadas emociones y estados de ánimo, buscando asimismo generar estas mismas emociones en el oyente. Para lograr una mayor expresividad utilizan en su música cambios de ritmo y crescendos, combinando en una misma canción estallidos de furia heredados del *hardcore*, con sonidos más apacibles. http://es.wikipedia. org/wiki/Emo

Jesús está entre nosotros desde hace más de 2.000 años y son muchísimos los que no han estrenado el Evangelio, el manual de nuestra vida, como si compráramos un computador y lo utilizáramos antes de leer las instrucciones de manejo. Deberíamos aprovechar el tiempo para leer sobre la vida de los Santos, hombres de carne y hueso que son un tesoro que nos llena de esperanza, deseos y alegría de vivir en medio de tantos sufrimientos, negativismo, miedos, depresiones e insensibilidad en que se encuentra la humanidad; les garantizo que estos no son supermanes de la ficción, la fantasía o la mentira.

Otra misión muy linda en la que de vez en cuando he tenido el privilegio de tomar parte es en la evangelización en cárceles que hace el Centro Mariano María Auxiliadora a la cabeza del señor Alonso Bustamante, un hombre maravilloso que se valió de sus muletas para gastarse y desgastarse echándose al hombro las toneladas de necesidades materiales y espirituales en Colombia de miles de "presitos", como él cariñosamente los llamaba. A ellos se les lleva o se les hace llegar la Santa Biblia, un devocionario, un juego de aseo personal y ropa.

A la mayoría de los reclusos lo que más les toca el corazón es cuando les pedíamos a manera de reflexión: "Levanten la mano los que crean que si no estuvieran aquí, ya estarían bajo tierra y que Dios les dio la oportunidad de caer en una cárcel para poder reflexionar y darse cuenta de que por donde iban, iban mal". En ninguna cárcel se me ha atravesado un solo preso a decirme: "Yo estoy aquí encerrado porque mi papá y mi mamá me dieron mucho amor y me aconsejaron cuando lo necesitaba". Es por esto que al orar con ellos pedimos al Espíritu Santo y a la Virgen María venir a darles el amor que no tuvieron de papá y mamá, a sanar sus heridas y resentimientos, así como a romper esas cadenas de pecado y maldición con que intentan llenar esos vacíos afectivos que tantas desgracias han dejado en su vida y en la de sus familias.

A esos seres les enfatizamos muchísimo sobre la misión que tienen con sus hijos, su familia, sus allegados, para que sean espejos para ellos y no se repita su desgracia y su delito. Al final, la mayoría termina de rodillas y bañada en lágrimas, luego de que la fuerza y el amor del Espíritu Santo tocan, ungen, lavan, sanan, rompen, liberan y transforman varios corazones. Luego de la oración de sanación y reconciliación, en medio de un abrazo, hemos oído, entre otros, testimonios de reconciliación de corazón entre presos exguerrilleros y exparamilitares. Les recuerdo: **"La verdad dicha con amor sana, la verdad dicha sin amor duele"**.

La misión en la tierra de Alonso y su familia aún es muy grande. Carmencita, su esposa, los hijos Andrés y Joaquín y Vicky (la perra) buscan recursos para sostener su fábrica de escapularios y camándulas que reparten gratuitamente mientras evangelizan en cárceles, calles, ancianatos, colegios, parroquias y a taxistas que diariamente los transportan.

De igual manera, hasta hace poco tuve el gusto de formar parte de un grupo dedicado a la preparación de parejas en los cursillos prematrimoniales que se realizan en la Parroquia de la Porciúncula de Bogotá.

Cuando una pareja se casa por lo católico, por medio del Sacramento del Matrimonio entran la fuerza, la luz y la verdad del Espíritu Santo. Por lo tanto, el Sacerdote en nombre de Dios les dice que a partir de ese momento serán un solo cuerpo y un solo espíritu; es decir, que, entre otras cosas, tanto lo bueno como lo malo que el uno hace repercute en el otro y en los hijos para bien o para mal. Por ejemplo, si el esposo comete un acto de infidelidad o cualquier otro engaño contra su esposa, así ella no lo haya visto, si no se arrepiente, se confiesa y repara su falta, tarde o temprano ella puede cogerle desconfianza o, lo que es peor, fastidio, pues el espíritu ha sido manchado o contaminado. Aquí cabe la frase: *"Un minuto de pasión por un resto de vida de lamentación"*.

La comunión de cuerpo y espíritu de los esposos nos remite a la frase bíblica de San Pablo a los efesios *"El que ama a su mujer se ama a sí mismo porque nadie aborrece jamás su propia carne"* (Ef 5, 28) Así que mucho cuidado con esos resentimientos u odios entre divorciados.

La grandeza y el misterio del Sacramento del Matrimonio se pueden ver en una serie de cosas que mostró e hizo saber el demonio a un joven que perteneció a una secta satánica, con las que le manifestó la razón para que los esposos sufran tantas tentaciones que ponen en riesgo la integridad de la pareja y de la familia; le enseñó que cuando el Sacerdote da la bendición a la pareja aparecen a su lado tres ángeles que representan a la Sagrada Familia y que la acompañarán hasta que la muerte los separe, claro está, mientras no haya pecado mortal. Igualmente, las argollas son el signo de pacto con Dios. Por ello, si alguno de los dos se la quita se rompe esa unión con Dios y, como consecuencia, entra el pecado por medio de la tentación, las discusiones, la frialdad, el adulterio y, finalmente, la división. Aquí comprendo por qué tantas argollas matrimoniales extrañamente se rompen o se desaparecen, muchas veces sobre ellas recaen las consecuencias malignas del pecado que alguno de los cónyuges cometió o la brujería que le o les hicieron.

El matrimonio católico es poner por testigo a Dios. El hecho de poner al Creador y dueño del mundo como testigo es algo muy serio, delicado y de un compromiso muy profundo, a diferencia del matrimonio civil, que se limita a un trato entre dos que termina en negocio. El matrimonio católico, no es entre dos personas sino entre tres, porque Dios está en la mitad agarrando a cada uno de su mano para que nunca se separen, y todo ello lo realiza con la Iglesia en toda su Tradición. La Biblia, en Eclesiastés 9, 12 nos lo confirma: *"Una cuerda de tres hilos no se rompe"*.

Sinceramente, me duele decir lo siguiente, pero así es: de tantos divorciados que he conocido en mis labores, es muy difícil ver uno que sea realmente feliz, a no ser que tenga una relación con Dios muy profunda; las secuelas de un divorcio no sólo afectan a los hijos. La frustración de alguien que no puede plasmar ese proyecto con el cual había soñado y se había ilusionado en esa área de su vida es muy grande. Así lo reconoce una sociedad de psicólogos estadounidenses que ni siquiera se basan en algo espiritual: *"Ningún éxito en la vida supera la crisis, la tristeza y el vacío que deja un fracaso matrimonial".*

Así sea que alguno de los dos crea que va a ser verdaderamente libre y feliz porque se levantó un partidazo o una supervieja en quien encontrará lo que no obtuvo de su cónyuge, la Biblia nos deja claro que lo que Dios une no lo puede separar el hombre. Sin embargo, la Iglesia tiene a su alcance, para quienes lo necesiten y puedan, un proceso de nulidad que se da ante la misma Iglesia. Nadie puede separar a los esposos que Dios unió mediante el vínculo sacramental, ni siquiera el Estado. Bien dijo una vez el Padre Isaac a una parejita que le llevé porque estaba a punto de separarse: *"Hermanitos, es mejor reparar que volver a empezar".* También oí decir a un veterano y astuto cura que dirige espiritualmente a matrimonios: *"Mijitos, ningún problema, así sea la misma infidelidad, es más grande que el matrimonio".*

Recordemos que los hombres no estamos programados ni para una sola suegra; imagínese a uno con dos, como son algunas de bravas; ya no seríamos capaces de aguantar la mano de maldiciones que podrían llegar a mandarnos.

Existen parejas que cometen el error de contar sus conflictos íntimos de manera apresurada e imprudente a terceros –llámense papás, familiares o allegados– en un momento de calentura, crisis o rabia, sin saber que el amor y el Sacramento que los unen los fortalecen en la tolerancia que les permite reconciliarse. Por lo general, esos terceros quedan resentidos, juzgando, criticando y hasta odiando al otro cónyuge, sin lograr entender que en estos ya hubo una reconciliación.

Cuántos noviazgos y matrimonios vemos hoy en día fracasados, como resultado de relaciones insanas en el interior de la familia. Por ejemplo, cuando ha habido una relación conflictiva entre padre e hija, o ausencia de éste, ella por lo general busca de manera inconsciente una pareja que se parezca mucho a ese papá, en los aspectos más negativos, como rasgos psicológicos disfuncionales, pensando que es amor verdadero, pero que termina por convertirse en una relación enfermiza y destructiva. Es a esto a lo que nos referimos cuando decimos que una mujer se ennovió o se casó queriendo encontrar en su pareja al papá (buscando ser "protegidas", pero resultan más bien perdidas). Muchas otras pasan la vida adictas al afecto del novio, compañero o marido, ocultándole o alcahueteándole sus engaños, maltratos o manipulaciones; todo esto, con el fin de que no las abandonen o aparentando estar bien y, como dice la frase, *"sosteniendo el cañazo"* o, lo que es peor, dejándose comprar con plata como si fueran un objeto o una mascota.

Otros casos de relaciones fracasadas como consecuencia de las carencias afectivas en la crianza se asocian a las falsas expectativas con respecto a una persona que cree querer, porque basamos la relación en sentimentalismos, emociones, apasionamiento y fantasías. "Nadie jamás podrá amar lo que en verdad no conoce".

Querer escapar de las dificultades con los padres en el hogar es otra razón frecuente que hace también que haya gente que acabe refugiándose en un matrimonio con la primera persona que aparece en su vida, así casi no la conozcan.

Si quieres decepcionarte de alguien,

convive

con él...

Por mi experiencia al atender tantas y tantas parejas con deseo de separación o divorcio, generalmente encuentro que una de las raíces principales de este conflicto es el endiosamiento que la esposa ha hecho de su marido, sin caer en la cuenta que como ser humano que es, es alguien imperfecto, recibe maltratos, traiciones, desprecios, humillaciones o decepciones suyas, se cansa y quiere después salir huyendo.

Muchas de nuestras mamás soportaban todas estas agresiones y en medio de su apego u obsesión, les oímos decir: "Es que yo, mijo, veía por los ojos de su papá", "prefiero verlo muerto que con otra", "si se va, yo me muero", "si se me muere, yo me entierro con él". En la mayoría de estos casos sí que se evidencia la **adicción de afecto**.

Qué error tan grande, en esta crisis matrimonial muchas personas ponen más atención y más cuidado cuando hacen un negocio para adquirir un carro, unos zapatos, un perro o un celular, que cuando eligen compañera(o) para toda la vida. Uno no puede enamorarse de quien no conoce, es por ello que el amor a primera vista no existe; eso es una sensación, una atracción, un despertar de sentimientos; un verdadero enamoramiento sólo sucede luego de compartir un buen tiempo de conocimiento con la pareja o con el novio. Muchos al descubrir el lado difícil y oscuro de alguien a quien habían idolatrado se preguntan "¿por qué es así?", "¿por qué le pasó eso, si es un excelente profesional y es tan exitoso en los negocios?". El hecho de que alguien tenga éxito a nivel profesional o económico no le garantiza éxito en el campo sentimental o como persona.

A muchos hombres nos ha sucedido que al tratar de descrestar a la pareja para conquistarla, tan solo la llevemos a sitios "hipermegaplays", derrochando hasta lo que no tenemos, sin tener la cautela de probarla también llevándola a sitios sencillos y descomplicados donde no haya presión de derroche o cuando estemos cortos de dinero, para darnos cuenta de si aún continúa con el mismo interés.

Hay en el matrimonio conflictos asociados a la creencia ingenua por parte de la mujer de que las dificultades del noviazgo que son ocasionadas por defectos graves de carácter, comportamiento agresivo, temperamento dominante, personalidad dejada, viciosa, ambiciosa, ocupada, mañosa, frívola, egoísta, así como celos y adicciones, se arreglan después de la boda; "yo sé que después de casados, yo lo cambio", dicen con facilidad.

Pero no es así. Humanamente, nadie cambia a nadie, y a ninguno le gusta que lo acomoden, lo manipulen o lo amolden al gusto de otros, ya que terminan metiéndolo a uno en una competencia sin sentido. Es solo Dios, con su gracia y sus planes, Quien finalmente nos cambia.

Por otra parte, existen hombres que ilusamente piensan que luego de casados su mujer nunca cambiará, que será eternamente "el patico" que conoció de novia. ¡Y sí que cambian! Ya después de casadas se les transforman en pa-ti-co, que es el enrace entre pantera, tigre y cocodrilo, ya que afloran esas heridas y carencias de la niñez, normalmente convertidas en celos, histeria, ambición, psicorigidez, obsesiones, cantaleteadera, distancia de la familia política, "lo importante es que él me ame, el resto me importa un comino".

En esta misión por la vida, igualmente he tenido la oportunidad de atender y ayudar a varias mujeres que terminaron decepcionadas de sus esposos y a punto de separarse de ellos, luego de enterarse de su bisexualismo. Como testigo de las liberaciones, sanaciones y milagros por medio de sacerdotes como los padres Jairo Ricaurte, Isaac Ramírez y Álvaro Puerta que he visto en personas que decían ser homosexuales o lesbianas, siempre les digo que si quieren y en verdad están dispuestos, Dios los puede hacer de nuevo como el hombre o la mujer que Él en su voluntad creó. Una cosa es la seguridad, la alegría y el goce que manifiesta una persona homosexual cuando está rodeada de gente, cuando la están viendo, pero otra muy diferente son las depresiones de muerte y los celos obsesivos que sufren estos seres en los momentos de soledad, o cuando son rechazados por su pareja y familia. Hoy en día la gente reduce este comportamiento a la moda de salirse del clóset, debido al ingenuo fomento que el consumismo le hace a través de los diferentes medios. No olvidemos que "Dios creó a Adán para Eva, no para Esteban".

Les comparto varias experiencias que me han servido para conocer algunas de las principales raíces que pueden condicionar a alguien a desarrollar alguna tendencia bisexual u homosexual:

- El manoseo o abuso sexual en la niñez.
- El anhelo obsesivo de mamá y/o papá por tener un hijo de un sexo determinado, sabiendo que la criatura que viene en camino es del sexo opuesto.
- La ausencia, tanto en presencia como en afecto, de una de las figuras materna o paterna, que a veces impide una diferenciación de los roles femenino y/o masculino.
- El fastidio y rechazo por la figura femenina que desarrolló un muchacho desde el vientre materno como consecuencia de la prostitución y lujuria del papá, con que contaminaba el cuerpo de la mamá.
- La decepción por la traición por parte del novio o esposo a quien había idolatrado, lo cual lleva a que la mujer se refugie en su mejor amiga.
- La saturación de actividad sexual que incentiva la curiosidad por personas del mismo sexo.
- Las tendencias homosexuales que nunca fueron sanadas con oración y terminan repitiéndose de generación en generación.
- Las mamás que en estado de embarazo o con el niño en brazos van a centros de brujos, adivinos, espiritistas o curanderos donde generalmente rondan todo tipo de espíritus, entre los que se destacan los de homosexualismo. La práctica de la tabla ouija es una constante entre gente con este tipo de inclinaciones.
- Las consagraciones a Satanás y a espíritus de sexo en medio de las bacanales y orgías en que resultan gran cantidad de las rumbas extremas.
- El rechazo por el propio cuerpo lleva a muchas mujeres a refugiarse en otras.

Como bien nos podemos dar cuenta el homosexualismo es una conducta adquirida y aprendida.

Toda esta experiencia de vida gira alrededor de la Palabra de Dios

Toda esta experiencia de vida está basada en la lectura vivencial de la Santa Biblia. Este es el regalo y la alegría más maravillosa que Dios puede dar a un hombre, la Palabra de Dios dando frutos, cumpliéndose y hecha vida en la situación personal de un ser humano, en su historia, en su lucha por sus metas y sueños, en sus alegrías y sufrimientos, en fin, en la esperanza de vivir.

Estoy seguro de que cada parte de esta experiencia le va a servir de conocimiento y reflexión para que así identifique las áreas de su vida en que falta sanación y liberación y le pida a Dios la gracia de empezar un nuevo caminar en Él, de reconstrucción, como nos lo sugieren las frases siguientes: *"Siempre vuelve a empezar, porque a quien espera le toca lo mejor"*, *"no por llegar primero llegarás mejor"*.

Hoy en día, en medio de mis debilidades y pecados, con la gracia y ayuda de la Virgen María, mi mamá alcahueta; trato de luchar por obedecer más y más a Papá Dios, porque Él ha sido muy bueno conmigo y me avergonzaría al quedarle mal.

Reflexionemos. Muchos de los que decimos creer en Dios o tener mucha fe, cuando se nos viene un medio problema hasta ahí nos llegó la fe que teníamos. Si antes le cantábamos a Jesús *"Pues Tú glorioso **eres**, Señor"*, después de que se nos vienen los dolorosos le cantamos *"Pues Tú glorioso **eras**, Señor"*; ¿por qué no Le creemos a Dios ciento por ciento?, ¿por qué después de tanto tiempo de buscar a Dios no crecemos en fortaleza espiritual?, ¿por qué no avanzamos en la fe? Pasan los años y seguimos con la misma quejumbre y los mismos miedos; a las preguntas,*¿Qué hubo?¿Qué hay de nuevo?¿Cómo estás?,* las respuestas son "ahí, mija, llevándola con resignación; como a pobre, no me falta el hambre," o "como cuando usted era pobre".

La pregunta es ¿por qué no sentimos que definitivamente Dios nos ha sanado del todo? Todo es gracia de Dios y Él tiene un día, una hora y un plan perfecto con respecto a nuestra sanación; pero, de todas maneras, no busquemos fuera de nosotros lo que nos corresponde. Una cosa es lo que casi todo el mundo dice, es decir, creer en Dios, pero otra muy diferente es creer a Dios, y otra etapa más profunda aún es obedecer a Dios.

Dios siempre se vale de alguien o de algo y en el momento menos esperado nos regala la sanación integral que tanto hemos buscado en lo personal o para la persona por la cual intercedemos.

No seamos tan duros con nosotros mismos; ¿acaso no estamos ya aburridos de equivocarnos con esa forma caprichosa, rebelde, orgullosa o de apegos con que manejamos nuestra vida? No le entreguemos a Dios nuestras cosas a medias, porque también va a ser a medias lo que Él nos concederá; todo o nada, o frío o caliente, porque Él aborrece nuestra tibieza, como lo advierte en su palabra *"Conozco tu conducta: no eres ni frío ni caliente; ojalá fueras frío o caliente. Ahora bien, puesto que eres tibio, y no frío ni caliente, voy a vomitarte de mi boca"* (Ap 3, 15).

Con Dios no se puede negociar de esta manera y mucho menos engañarlo, porque resultamos como la muchacha de diecinueve años que le dice a la mamá: "Mami, es que me siento como medio embarazada". La respuesta es: "No, mija, no sea bobita, o está en embarazo o no está, pero a medias, imposible".

Nuestra verdadera sanación ocurre cuando llegamos a ese punto en que ya no nos sentimos las víctimas de nadie, ya no sentimos heridas, vacíos, odios, angustias ni temores del pasado, recibiendo así la gracia de enfrentar el presente con claridad, fortaleza, esperanza, gozo y una visión de aceptación, ofrecimiento y agradecimiento, con alegría renovada y nuevas ilusiones, frutos a través de la unción y el sentir la fuerza del Espíritu Santo dentro de nosotros. En otras palabras, verdaderamente estaremos sanos de nuestro pasado cuando, por gracia y misericordia de Dios, tengamos la capacidad de reírnos de nosotros mismos, de nuestras tragedias, de nuestra propia Cruz; cuando a diario luchemos por no juzgar, ni renegar de nada ni de nadie. En eso consiste amar y abrazar nuestra propia Cruz, así como Jesús con su ejemplo amó y abrazó la Suya, recordando que lo hizo por amor a nosotros.

Un día, luego de estar preguntándome "¿será que Dios ya me sanó del todo?, ¿qué me faltará?", el Señor me regaló esta hermosísima frase: *"Estarás sano de aquello por lo cual un día viniste a buscarme cuando lo recuerdes y lo cuentes con alegría y con libertad".*

En ocasiones, algunos de los miembros de una familia se pasan años y años preguntándose por qué sufren y sufren más que sus otros parientes, tal vez peores y más pecadores que ellos. Además, se quedan estancados en el porqué de esta situación, como efecto de la opresión que ejerce en ellos un espíritu de víctima. Mientras no entendamos y aceptemos que cada uno de nosotros, los que más hemos sufrido en nuestras familias, hacemos las veces de Jesucristo en ellas, que por ello nos critican, nos humillan, nos desprecian, se burlan de nosotros o nos insultan, y que por eso debemos ofrecerle esas dificultades para reparar las impurezas familiares, no encontraremos la salud plena y la verdadera paz en Dios. Él cada día nos exige más y más en el proceso de madurez espiritual, por lo que **debemos en humildad ir a pedir perdón a pesar de ser los ofendidos. A éste es al que llamamos el perdón ofrecido, que es el perdón de Dios.**

Si uno se quiere comprobar si verdaderamente tiene a Dios en su corazón, ya no debe buscar que los demás lo entiendan, sino preocuparse por entenderlos a ellos. El regalo más grande que recibimos con todos estos sacrificios de amor y humildad ofrecidos a Dios es poder romper con toda una generación de pecado y de dolor. Soñamos con la sanación y la transformación interior de todos nuestros parientes, pero Dios, en su infinita sabiduría, sabe a quién escoge primero en la familia para que luego esta persona ayude a los demás. No olvidemos que buena parte de quienes abandonaron y asesinaron a Jesús lo habían visto antes hacer milagros, sanar enfermos y hasta resucitar muertos. Duro es aquel pasaje en el que Jesús, luego de que muchos discípulos lo abandonaran como respuesta a sus cuestionamientos, preguntó a sus Apóstoles *"¿También vosotros queréis marcharos?"* (Jn 6, 67).

En la puerta del horno se quema el pan

Esa paz, esa seguridad y esa felicidad que hasta el momento Dios con su gracia me ha prestado no son gratuitas. Son el resultado de un caminar constante en oración, ya sea que me encuentre laborando materialmente o en lo que sea. En esta vida debemos hacer todo siendo conscientes de que Dios siempre nos está mirando o monitoreando las veinticuatro horas del día; por eso, hoy como ayer en compañía de mis socios de batalla Raúl Giraldo y Óscar Pineda, a diario le pido que me conceda la gracia de alimentarme con la Eucaristía, el rosario, las visitas al Santísimo, la Coronilla de la Misericordia y el Ángelus, para recordar a la Virgen que me guarde en su corazón inmaculado y amoroso de mamá perfecta. También me confieso con frecuencia para sacar permanentemente la basura, las equivocaciones y los cargos de conciencia de la mente y el corazón; continúo asistiendo a seminarios de conocimiento, alabanza, gratitud a Dios, curación y liberación y formándome en el conocimiento de esta experiencia a través de todo tipo de lecturas espirituales.

Toda esta devoción la practico no por fanatismo, sino para pedir al Señor que en mí, en mi familia y en el mundo, alimente y conserve la gracia de la perseverancia y la obediencia a Él. También, para no dar espacio ni papaya al demonio y sus tentaciones, ya que su interés es quitarme y quitarnos la verdadera paz y la felicidad que a diario tan sólo Dios nos concede. El demonio es laborioso, insistente y en cuestión de segundos nos daña el caminado, tal como lo afirma el Apóstol *"Vuestro adversario, el Diablo, ronda como león rugiente, buscando a quién devorar"* (1.ª P 5, 8); con razón el Papa Juan Pablo II afirmaba que los buenos también se cansan.

Es mi deber y mi gusto dedicar la mayoría del tiempo a Dios, así los familiares, amigos o gente del común me critiquen o se burlen. Después de conocer y convivir durante tanto tiempo alrededor de los medios económicos, políticos y artísticos y de entender que todo esto, a pesar de ser seductor, no deja de ser una felicidad temporal e imperfecta y, la mayor parte de las veces, apariencia, máscaras, mentiras y vanidad. Dios es el único que genera en mí verdadera seguridad, libertad, confianza y tranquilidad, como terminó por formular el Apóstol Pedro: *"¿A quién iremos, Señor? Sólo Tú tienes palabras de vida Eterna"* (Jn 6, 68).

En la lucha diaria, a veces cuando estoy comenzando a preocuparme o a cuestionar por algo que no me sale como tal vez lo he planeado, y luego de hacer silencio y de orar, recapacito y me tranquilizo al recordar con insistencia que **ni la hoja de un árbol se mueve sin la voluntad de Dios y, por lo tanto, algún propósito tiene Dios con ello, que lograré entender más adelante.**

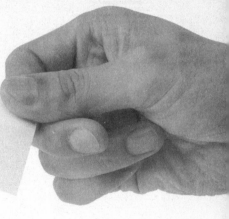

CAPÍTULO
cinco

Al conocer las raíces de mis sufrimientos comprendí las de la humanidad

Sin darme cuenta, de tanto preocuparme por descubrir y conocer el misterio de la raíz de mi enfermedad, de conocer mi historia y la de mi familia, fui encontrando similitud en relación con las causas de que sucedan cosas malas a la gente buena de Colombia y del mundo, si somos obra de Dios, que todo lo hace bien.

¿No se ha preguntado usted por qué siendo Colombia uno de los países más lindos del mundo nos vivimos matando entre nosotros mismos? y ¿por qué nuestras familias se destruyen si al final nadie se beneficia?

Con el paso del tiempo, parte del dinero de guerrilleros, paramilitares, mafiosos, políticos y empresarios corruptos termina en caletas bajo tierra, tras las paredes u oculta en cuentas en el exterior y sus dueños matándose entre carteles, grupos o, lo que es más triste, entre parientes cercanos como se ha visto con los paramilitares y hermanos de sangre Vicente, Carlos y Fidel Castaño. Qué ingenuidad, todo grupo, sociedad o familia donde reina la maldita codicia, tarde o temprano termina en división, con destrucciones mutuas, porque en cualquier momento unos desean lo de otros.

También se dan casos en los que herederos se combaten entre sí por la maldición que heredan de ambición de dinero y poder. A lo largo de la historia de la humanidad, la codicia egoísta con que buscamos superar nuestros complejos y carencias afectivas ha llevado a la gente a unos niveles muy altos de insensibilidad y masoquismo. Ya nada nos aterra, nos asusta, ni nos conmueve. Por poner un ejemplo sencillo, anteriormente en las clínicas, hospitales y centros de salud, a los enfermos se les llamaba pacientes y hoy en día se les llama usuarios o clientes.

No estamos llamados a juzgar sino a evitar que otros repitan nuestros errores. Amigo lector, de todo corazón le advierto lo siguiente: en el libro han ido apareciendo nombres de celebridades de nuestro amado país y, algo muy importante, por la experiencia de cercanía a la muerte, de seducción y engaño del demonio que viví, recogí muchísima información sobre dicho tema. Así que, humildemente, deseo ayudar a desenmascarar y descubrir esa fuerza oscura que seduce y engaña, a correr ese velo mentiroso que nos coloca, para que más tarde sus efectos en ustedes, en sus hijos y en los que más aman, no sean peores, pues, es en ellos en quienes esa fuerza mayormente cobra los favores, que nunca hace gratis.

Hoy en día algunos de tales personajes se han concientizado del error que cometieron al incurrir en ese tipo de prácticas y negocios ilícitos. Por fortuna, varios renunciaron y se convirtieron así en hombres de bien. Otros, aún conociendo el riesgo al que se enfrentan, no intentan siquiera esa renuncia.

A veces somos tercos y necesitamos errar varias veces o que nos den donde más nos duele; ojalá no reaccionemos demasiado tarde y nuestros errores no terminen llevándonos quizás hasta la propia muerte. Aún así, no juzguemos a las personas que caen en ese tipo de equivocaciones porque, en últimas, el único que nos libera de esa seducción y de ese engaño es quien nos creó y, a la vez, nos conoce perfectamente, Dios.

Repito lo que nos dice el Señor en 2 Timoteo 2, 25: *"Corrija con mansedumbre a los adversarios, por si Dios les otorga la conversión que les haga conocer plenamente la verdad, y volver al buen sentido, librándose de los lazos del diablo que los tiene cautivos, rendidos a su voluntad"*.

Un caso real de la acción fatal de la fuerza y el engaño del demonio. Un testimonio vivo de lo que es la sagacidad y el engaño de esa fuerza oscura, así como su acción orgánica, anónima, invisible y silenciosa que avanza en el tejido social, lo vivimos en carne propia nosotros los colombianos al conocer la historia del fatídico final de la familia Castaño Gil.

Esos hermanos, para contrarrestar el dominio de los grupos guerrilleros, además de vengar la muerte de su padre y de su hermana, se prestaron para formar los ya famosos grupos de autodefensas, que más tarde fueron llamados grupos paramilitares. Las organizaciones delictivas, como todo lo que se defiende a punta de armas y violencia, siempre terminan saliéndose de las manos de quienes las crean, ejerciendo más violencia y, por ende, generando caos. Los grupos paramilitares no son la excepción; hace tiempo perdieron los principios sobre los cuales habían sido fundados.

¿Qué pasó? El afán de poder y represión por medio de las armas fue alentado por el espíritu de la codicia seductora y asesina del narcotráfico. Las consecuencias no se hicieron esperar. La ambición de adquirir mayor poder dentro de la organización y los intereses egoístas de Carlos Castaño lo llevaron a asesinar a su hermano Fidel. Pero la vida da vueltas y vueltas, no sabemos en qué momento se cambian nuestros anhelados planes.

A Carlos Castaño el nacimiento de su hija especial lo sensibilizó profundamente frente al verdadero sentido de la vida. Ese acontecimiento lo motivó a tener un cambio radical en su forma de actuar al querer limpiar y dejar atrás su pasado delincuencial, razón por la cual buscó entregarse y negociar con la justicia estadounidense. Las buenas intenciones de Carlos no se pudieron materializar ya que su hermano Vicente, aún seducido y aferrado por el espíritu de codicia y el poder, tomó la decisión de asesinarlo antes de que delatara todos los secretos de su organización.

Esta es la astucia y el engaño del demonio; al principio reúne a todos aquellos que buscan riqueza y poder con la fórmula "rápido, fácil y bastante", a costa de lo que sea, bajo cualquier forma de delincuencia o trampa, ya se trate de armas, secuestro, robo, narcotráfico, casinos, juegos de azar, prostíbulos, moteles, compraventas, usura gota a gota, las terribles pirámides, lavado de dólares, contrabando y evasión de impuestos, entre otras modalidades. Les concede todo lo anhelado; más tarde los hace destruir entre ellos mismos, les pasa la cuenta de cobro a través de una atadura que llega a recaer sobre ellos o sobre quienes más aman, sus hijos y nietos. Un ejemplo de este caso lo vemos en tantas mujeres que tan solo son buscadas por parte de los hombres con propósitos sexuales, y casi nunca con el respeto y la dignidad que se merecen. El común denominador de las raíces que generan esos episodios es un papá que ha sido o que fue lujurioso o abusador de menores.

Toda esa historia me llevó a entender un episodio bíblico que me cuestionó desde pequeño, en el cual se nos cuenta cómo el demonio se introdujo en Judas para que vendiera a Jesús y, mucho tiempo antes a Caín para que asesinara a su hermano Abel. Tristemente, puede ser esa la razón de que en Colombia, cada vez más, haya papás que resultan asesinando a sus propios hijos, como ocurrió con dos paisanos míos, entre ellos uno que llamaban "Aluminio", quienes, siendo yo muy niño, asesinaron a sus propios hermanos.

¿Por qué no puede decirse que los colombianos hayamos obtenido la paz, luego de tantos procesos de negociación e intensivos operativos militares?

La paz social en nuestro país no se ha podido lograr porque no estamos peleando y negociando contra hombres, ni contra Canos, Tirofijos, Monos Jojoy, paramilitares, mafiosos, políticos o empresarios corruptos. Como ya lo cité, estamos peleando contra espíritus malignos, legiones y fuerzas oscuras del mal que nos contaminan y oprimen. No los vemos, pero ahí están engañándonos, destruyendo nuestra vida y haciéndonos matar unos a otros.

El Padre Gabriel Amorth, afirma que el demonio estuvo escondido durante los tres siglos anteriores y ahora ha aparecido con todo su poder.

En las cárceles he logrado conocer muy de cerca las raíces por las cuales en Colombia un joven, bien sea campesino o citadino, termina en algún grupo revolucionario. De ello trata una de las ediciones de abril de 2007 de la *revista Semana*, también el libro *El rastro del diablo* y muchas entrevistas concedidas por esas personas a los diferentes medios del país. Allí han aparecido varios testimonios de exguerrilleros y exparamilitares, explicando cómo fueron seducidos para ingresar a las filas de la insurgencia con engaños diversos, entre ellos dinero, poder y el famoso lavado de cerebro, con el supuesto de "educarlos y estructurarlos" dizque bajo parámetros psicosociales e ideológicos de movimientos revolucionarios de izquierda. Algunos terminaron allí también en venganza contra el grupo contrario por haberles robado tierras, asesinado a algún pariente u obligado bajo amenaza de muerte contra ellos o sus familias.

Inocentemente, muchos cuentan cómo en las primeras noches de su tragedia, o antes de una toma o atentado, eran "rezados" o "conjurados" por un chamán o brujo, que son lo mismo, con el fin de hacerles un "cierre de cuerpo" para que no les entrara la bala ni el ejército lograra detectarlos. Para no ir muy lejos, miremos cómo algunos de los capellanes de los batallones se sienten en la necesidad de bendecir las armas y la munición para que éstas cumplan su objetivo en el combate.

Con esos ritos y pactos en los que buscamos poder, placer, protección fácil y *light*, Satanás nos engaña, se aprovecha metiendo sus espíritus de mal, de odio, violencia, de división, de destrucción. Por eso se presentan casos en que un inocente niño campesino se convierte en una bestia asesina.

A partir de ese testimonio entendemos los sucesos ocurridos unos años atrás en el corregimiento de Arboleda, Caldas. Antes de tomarse el sitio, la guerrilla hizo salir del casco urbano a la mayoría de los pobladores, algunos de los cuales, luego de la toma y con el pueblo en ruinas en medio del silencio de las balas, tímidamente fueron regresando y al cruzar por la plaza principal se encontraron con una escena macabra. Los guerrilleros habían decapitado a nuestros hermanos policías y, para completar la crueldad del hecho, ahora jugaban fútbol con sus cabezas. Aún más duro y horrible fue para algunos de los habitantes darse cuenta de que varios de los guerrilleros eran niños de las veredas del pueblo, que en domingos de meses anteriores venían a mercar con sus papás.

Se cuenta que el pavoroso Hitler siempre inspiró todo su poder bajo la astrología y sus ritos y signos satánicos, prácticas a las cuales llamaba misticismo; ritos de los que, por emulación, se vale el presidente Chávez. Al final, Hitler, como pago de la cuenta de cobro que le pasó el demonio por sus favores, terminó autoenvenenado con una cápsula de cianuro, al lado de su esposa, ambos sin vida. Hasta hoy no he logrado conocer por qué tantas personas que han conseguido la mayoría de su poder a costa de brujería casi siempre intentan suicidarse por medio de cianuro.

La "cultura" del narcotráfico, que yo llamo *la fórmula rápido, fácil y bastante* y que entró en nuestro país de una manera tan astuta y seductora, produjo un impacto tan fuerte y profundo que logró seducir a la misma comandancia guerrillera hasta hacerle cambiar sus "ideales políticos" rebeldes por otros de poder y codicia económica; también hizo que a nuestro país se le cerrara en el exterior la compra de café, a diferencia de otros países del sur y centroamericanos que también venden su grano. Así terminó con la bonanza del producto que sostenía la economía de la mayoría de nuestros hogares. A cambio de esto, aprovechando nuestras carencias, nos implantó la bonanza del narcotráfico, logrando seducir, engañar y corromper a la mayoría de las familias, así como estamentos privados y gubernamentales.

La influencia del narcotráfico en las familias colombianas ha sido tan fuerte que ni las más prestigiosas se salvaron, como lo podemos ver en el hermano de un hombre con la rectitud, la calidez y el don de gentes del general Óscar Naranjo, actual comandante de la Policía Nacional, quien fue capturado en Europa acusado de narcotráfico, y el hermano del exministro del Interior y de Gobierno Fabio Valencia Cossio, el director de Fiscalías de Medellín, también acusado de tener nexos con un narcotraficante.

De la juventud, ni se diga. Un gran número de sus miembros resultó estar muy mal acostumbrado a esa "cultura" facilista, *light*, a no sembrar para recoger, a no pensar en proyectos de vida a largo plazo, a conseguir todo por la ley del menor esfuerzo, a diferencia de la pujanza, la lucha y el sacrificio con el cual nuestros ancestros sembraron sus fortunas y construyeron sus patrimonios. A partir de entonces, con su ilusión y engaño, el demonio logró hacer de las suyas. En el ámbito periodístico se reveló que en solo Medellín murieron alrededor de 120.000 jóvenes; Cali y el Norte del Valle no se quedan atrás con su lamentable cuota de sangre humana, acompañados del Eje Cafetero y el resto del país. La triste cifra de hermanos colombianos asesinados en el actual conflicto queda a nuestro conocimiento y reflexión.

Todo esto explica los diferentes bloques de búsqueda que se crearon para combatir modalidades delictivas como el narcotráfico, la guerrilla, los terroristas, el boleteo, los "jaladores" de carros, el secuestro, los corruptos, etc.

Hoy en día entiendo por qué el narcotráfico entró por Medellín y todo el Valle de Aburrá, pues era en esa hermosa región católica donde más valores, costumbres, tradiciones y vocaciones sacerdotales y religiosas nacían y se promovían a nivel familiar.

Por todo lo anterior, estoy convencido de que **si queremos darnos cuenta de si en realidad algo viene de Dios, debemos buscar que tenga el sello de la Cruz, el esfuerzo y el sacrificio.**

Otro testimonio de vida que nos ayuda a entender el poder destructor de las fuerzas y espíritus demoníacos en nosotros, lo oímos unos años atrás en los diferentes medios de comunicación colombianos, en las entrevistas que concedió el expresentador del *Noticiero 24 Horas*, Efraín Camargo Ruiz. Ese hombre, que vivió en Bogotá como habitante de la calle durante 11 años en el sector del Cartucho, contaba que al encontrarse buscando en las basuras de restaurantes sobras de comida, los que allí se encontraban se quedaban sorprendidos reparándolo de pies a cabeza y una vez lograban identificarlo, sin poder creerlo le decían:

–¡Oiga, señor!, ¿usted no era el que presentaba, el *Noticiero 24 Horas*, al lado de Julio Arrastía?

–Sí, yo soy Efraín Camargo.

–Y, ¿por qué no se sale de ahí? Mire que usted todavía tiene mucha oportunidad. Con lo bonita que tiene su dentadura puede salir adelante otra vez.

–¡Sí!, yo quiero pero no puedo, es que como que hay algo, como una fuerza que no me deja –respondía levantando las manos con impotencia.

Él contaba un tiempo después que, por un proceso de oración de sanación y liberación que recibió en un grupo de oración carismático, logró ser liberado de ese espíritu de drogadicción, miseria y muerte que lo tenía oprimido.

Ese testimonio nos deja ver que un indigente no se encuentra en ese estado porque le parece chévere, agradable o porque está de moda; ¡No!, no seamos ingenuos; todos los seres humanos soñamos y luchamos por alcanzar diferentes objetivos, metas, por realizarnos como personas y ser felices; si lo decimos en el lenguaje popular, todos soñamos con tener casa, carro y beca. Lo mismo pasa con unas prostitutas; no llegaron a ese oficio porque les pareció algo chévere o *play*, ¡No! Usemos la lógica y la sensibilidad: ¿a qué niña o mujer le va a gustar tener que aguantar uno o dos o cinco hombres en una noche, desconocidos, depravados, chorreando babas y oliendo a quién sabe qué?

En las diferentes conferencias que he dictado a mujeres prostitutas, la mayoría de ellas me cuenta cómo en su niñez fueron engañadas y sometidas a abuso sexual por un familiar o vecino; otras heredaron el ejemplo de una madre que pasaba de mano en mano, de compañero en compañero o de marido en marido; otras fueron influidas por la "cultura" codiciosa de "lo rápido, fácil y bastante" y terminaron convirtiéndose en las famosas prepagos.

La paz que proponemos los hombres es imperfecta porque nosotros somos imperfectos

Jesús nos dice, *"La paz les dejo; mi paz les doy. Yo no se la doy a ustedes como la da el mundo"* (Jn 14, 27). El amor y el perdón que dan los hombres por lógica o sentido común son imperfectos porque los hombres somos imperfectos. En cambio el perdón que Dios nos da es tan perfecto como Él, transparente, puro y, ante todo, de corazón.

"Queremos la paz en Colombia y en el mundo pero sin obedecerle a Dios, para poder seguir pecando en paz".

De muy poco nos servirá que se obtenga la paz en nuestro país si nuestros corazones siguen en guerra, heridos, con deseos de venganza, vacíos, resentimientos, miedos, sin autoestima, ansioso, intranquilo, deprimido o estresado?

Es una muy buena iniciativa de parte del Gobierno, sus instituciones y los estamentos privados el hecho de dar a las personas reinsertadas trabajo, subsidios, mercados, regalos, todo ello en pro de la paz del país. Pero este tipo de auxilios sólo llenan el bolsillo, el estómago y el cuerpo, y los corazones seguirán heridos y tristes por el medio familiar y social tan violento, descompuesto y desordenado en que nos hemos criado. Más grande, útil y bello sería complementar esa ayuda con el alimento del amor y el perdón que llevarían a cicatrizar las heridas más profundas de nuestro interior.

Jesucristo es el único que nos da la verdadera gracia de perdonar de corazón; fue ejemplar el perdón que concedió a Sus victimarios, con quienes fue en extremo amoroso, bueno y misericordioso. Él comprendía muy bien cómo las masas de gente eran manipuladas por los fariseos y codiciosos dueños del poder en la época. **"Si la cabeza de la paz que estamos buscando no es Dios, al final la paz se deshace de nuevo"**.

Hay gente que se dice "atea" y que afirma no creer en Jesús porque nunca lo ha visto. Lo curioso de esto es que la misma Biblia justifica su actitud cuando nos dice que *"A Dios jamás nadie lo ha visto"* (Jn 4, 12). Es cierto; a Dios sólo lo vemos en el amor, el perdón, la tolerancia, el diálogo, la convivencia, la generosidad y la misericordia. Me cuestiono y digo: *"Me imagino que ustedes tampoco deben creer en Hitler y Stalin, semejantes seres, llenos de espíritus y fuerzas de maldad, terror y muerte, a quienes tampoco vieron"*. "Nuestro corazón es la mejor nevera del mundo; allí se guarda y conserva todo, tanto lo bueno como lo malo".

Herramientas para evitar que el demonio destruya la familia

El maltrato infantil y familiar suele darse porque dentro de quienes lo ocasionan habita una fuerza oscura de violencia, celos u otro defecto incontrolable que hace que nos destruyamos entre hermanos; como ya lo indiqué, dicha fuerza es la que hace que un papá llegue incluso hasta a asesinar a su propio hijo, como tantas veces lo hemos visto y oído en los medios, y también que palabras agresivas destruyan matrimonios en segundos. Al final, muchos arrepentidos dicen "no sé qué me pasó, yo no soy así, no logré controlarme, no entiendo por qué me salí de casillas, me desconozco" o "te desconozco, tú no eres así".

Pidamos a Dios que la fuerza y la gracia del Espíritu Santo permitan que en nuestros hogares se vuelva a la humilde costumbre de callar mientras el otro ofende, porque, como bien lo he experimentado en muchas ocasiones, **"lo que produce una riña entre dos no es la palabra ofensiva que se oye, sino la palabra ofensiva que responde"; para pelear siempre se necesitan dos.** Dentro del que está ofendiendo o agrediendo hay una fuerza de división o resentimiento y si ésta no encuentra rival, por más que hiera, ataque o agreda, al final se cansa y se calma, o se va. Haga la prueba la próxima vez que lo ofendan, y en nombre de Dios va a comprobar la verdad de este aserto.

Esfuércese por entablar de nuevo la relación con Dios, dedique tiempo también para Él y no espere a tener el agua al cuello, como duramente y con muchísimas lágrimas nos ha tocado. Cuando no obedecemos ni hacemos caso a Dios, por ingratos y autosuficientes, nosotros mismos estamos buscando terminar como los gallinazos, que por más alto que vuelen de vez en cuando les toca bajar a comer carroña.

Papás, así les quede un tiempo muy corto en las noches para compartir y hablar a los hijos; lo ideal no es sólo la calidad, también lo es la cantidad; esto es tan sencillo como si uno comiera en la semana una sola comida deliciosa y el resto de los días no comiera nada; aprovéchenlos, rodéenlos, abrácenlos, muéstrenles que los aman, que se sienten orgullosos de ellos y oren con ellos. Al final, la oración es el arma más poderosa que los va a lograr mantener fuertes, en la diaria crisis en que se encuentra la juventud mundial. Tan solo en la medida en que uno expresa estas manifestaciones de amor, los hijos aprenden y responden de la misma manera.

Incluso, muchos perdimos el goce y el placer de pasar y disfrutar el domingo en familia, único día en que podíamos compartir, dialogar sin afanes con nuestros seres queridos, o en que teníamos tiempo para salir al campo a contemplar la hermosura y la grandeza de Dios en la naturaleza para así encontrarnos con nosotros mismos y con Él.

Consejos prácticos para la crianza de los hijos y la buena relación en familia

Cuídese mucho de juzgar, responder agresivamente o hacer quedar mal a su hijo, a su cónyuge o algún familiar cuando éste le cuente algo que le sucedió por ingenuo, por falta de experiencia o por terquedad. Tenga mucho cuidado con las palabras con que responde porque corre el riesgo de que no vuelva a compartir con usted plenamente sus asuntos. Dice la Biblia: *"Que cada uno sea diligente para escuchar y tardo para hablar, tardo para la ira"* (St 1, 19).

Todo ese tipo de actitudes nos llevan a romper la comunicación, el diálogo de familia y la armonía del hogar. Por el contrario, más bien responda en positivo, llenándola de confianza y de esperanza, con palabras como "tranquilo, mi amor, que nadie es perfecto y tarde o temprano todos en la vida erramos; además, ésa es una buena oportunidad para empezar de nuevo". "No porque llegues primero llegarás mejor", "Lo que hiciste no estuvo bien, pero has demostrado que eres inteligente y bueno y, por eso, sé que no volverás a hacerlo"; "Hijo, me mentiste; si sigues diciendo mentiras vas a terminar acabando con la confianza que te tenemos tu mamá y yo; demuéstrate a ti mismo que podemos confiar en ti sin estar supervisando todo el tiempo lo que haces".

La mejor disciplina para con los hijos no consiste en pegarles, maltratarlos o agredirlos física y verbalmente, sino mirarlos a los ojos con profundidad, confrontándolos con autoridad y, ante todo, con argumentos sabios que podamos justificar con nuestro ejemplo y conducta de vida, sin doble moral, siendo coherentes en lo que decimos y hacemos. Todo en extremo es malo; moderación para todo, y ésta tan sólo viene de Dios. De esta forma, se enseña a tener el debido respeto por las personas y a ser conscientes de los errores y equivocaciones propios.

Esta actitud en la crianza de los hijos debe asumirse desde sus primeros años de vida; así, el hijo el día de mañana será cuerdo al tomar una decisión. Un consejo muy apropiado para usted: aunque a su hijo no le guste o le incomode la enseñanza que usted le da, no se preocupe, que en su momento ella dará su fruto.

En lugar de cantaletear, alegar, amenazar, juzgar o maldecir al cónyuge o al hijo, más bien aproveche esa oportunidad de conversación para bendecirlo.

La sabiduría, el equilibrio y la felicidad de un hijo dependen, por lo general, de la formación y el ejemplo que recibe de sus papás y allegados en sus primeros siete años de vida.

Papá, mamá: si ustedes sembraron valores y enseñanzas cristianas en sus hijos y notan o sienten que aún no ven los resultados o ven que ellos se enfriaron o entraron en rebeldía espiritual, no se desesperen ni duden de la acción de Dios en ellos; tarde o temprano verán sus frutos. Toda enseñanza de Dios que el papá y la mamá siembren en sus hijos desde muy pequeños, jamás nada ni nadie se la puede arrancar de su inconsciente ni robar de su vida, para consuelo y esperanza de ustedes; la Biblia en Isaías 55, 10 nos dice: *"Como la lluvia y la nieve descienden del cielo y no vuelven allá sin empapar la tierra, sin fecundarla y hacerla germinar para que dé sementera al sembrador y pan para comer, así la Palabra de Dios que sale de mi boca no vuelve a mí sin resultado, sin haber hecho lo que yo quería y haber llevado a cabo su misión"*.

De manera que, así aparentemente con el paso de los años usted no lo note externamente en el comportamiento de sus hijos, sólo Dios sabe lo que está pasando dentro de su alma, y tarde o temprano recogerá los frutos. Él es el único que sabe el día y la hora. Lo que pasa es que luego de los seis o siete años de edad llega para los hijos la época de la escuela y luego el colegio y la Universidad.

Alrededor de esta época de estudio empieza el hijo a alejarse un poco o mucho de las buenas enseñanzas que le inculcaron sus padres, debido a la rebeldía que le producen los cuestionamientos por parte de los diferentes autores o las teorías y filosofías de algunos profesores o compañeros también rebeldes o resentidos con Dios o con sus representantes en la tierra.

A ese tipo de comportamiento es al que llamo de la etapa del hijo pródigo. A los hijos, como a todo ser humano mortal e imperfecto, Dios les dio libertad y libre albedrío; no están exentos de equivocarse y, por eso, igualmente encontrarán y tendrán sus propias cruces, problemas y sufrimientos. Cuando el hijo pródigo pidió la herencia a su padre, éste en ningún momento le responde "¿para dónde se va por allá solo con ese dinero con el riesgo de que lo engañen, le roben o le hagan daño?". No, nos dice la Biblia en Lucas 15, 12 que el papá sin reproche alguno le entregó la herencia. Como quien dice, "yo no puedo vivir por usted, vaya realícese y tome sus propias decisiones para que así adquiera su propio discernimiento y carácter. Yo quedo con mi conciencia tranquila ante Dios porque ya sembré lo que me correspondía, ya les di lo mejor de mí".

Generalmente nuestro reencuentro con los valores inculcados en la niñez comienza entre los veintinueve y los cuarenta años de edad, etapa que coincide con aquella –los treinta años– en la cual Jesús sale de su vida de familia para dedicarse a su misión pública. Es en el seno de la familia donde se aprende y se forja la vida interior en la oración fervorosa; el Señor Jesús lo hizo así por treinta años, preparándose en fortaleza, silencio y contemplación, para vivir las situaciones del día a día con sus alegrías y tristezas y los pocos años de vida pública, prédica, enseñanza, prodigios y milagros con sabiduría y santidad.

Igualmente, es a esta edad cuando la mayoría de nosotros ya hemos acumulado experiencias en las áreas familiar, profesional, afectiva, laboral, económica e intelectual de nuestra vida. Se trata de vivencias en las cuales hemos cometido errores, nos han usado o malpagado, caído en la monotonía –como el hámster dando vueltas en la jaula– y, por consiguiente, decepcionado, con lo cual aprenden que en esta vida terrenal nada logra satisfacernos plenamente porque nada es perfecto. Todo esto tiene una razón, pues las modas y el consumismo en los que nos hemos ido dejando enredar nos hacen preocupar únicamente por llenar el cuerpo y la mente. Pero al espíritu solamente lo llena Dios, y gratis; a éste no se le puede comprar ni vender, por eso es que generalmente al consumismo no le interesa mucho.

La madurez que nos plantea cada etapa no es una regla general que se cumple homogéneamente en la vida de todos. Sucede también que personas oprimidas por carencias afectivas, resentimientos, terquedad, orgullos o autosuficiencia, tienen que enlodarse y estrellarse incansablemente una y otra vez, para así lograr entender y valorar los bellos ejemplos, costumbres y sacrificios hechos por sus padres. Lo que uno siembra en Dios nadie, jamás, se lo puede robar; tarde o temprano dará frutos, si no en ellos, en las generaciones venideras.

No queda sino orar, orar y orar. Si lleva mucho tiempo orando y aún no se dan las cosas, es porque le falta más oración. Se cuenta que cuando Santa Mónica le dijo a Dios que ya no sabía cómo hablarle de Él a su desobediente hijo Agustín, el Señor le dijo: *"Mónica, ya no le hables a tu hijo de Mí; de ahora en adelante háblame a Mí de tu hijo"*.

Recuerdo la frase con que sabia y bellamente un papá alentaba a su hijo al saber que en el colegio una de las profesoras se burlaba de él y lo rechazaba por ser un poco distraído y lento para captar las ideas: *"Hijo, no porque vayas de primero, llegarás más lejos"*; hoy en día ese hijo es un gran profesional del Ejército de Colombia que le ha servido a nuestro país en los Estados Unidos.

La mayoría de las veces he sido consultado por padres de familia que quieren ver crecer a sus hijos sin que nada los contraríe o haga sufrir en la vida, sin saber que Dios permite la Cruz para que maduremos humana y espiritualmente. Son ingenuos a veces los papás, pues es en medio de los embates de la vida cuando uno busca a Dios. He reflexionado tanto sobre este tema, que estoy pensando en la posibilidad de que, al terminar este libro, mi próximo oficio sea montar una fábrica de hijos sin problemas, cruces, ni sufrimientos; mejor dicho, hijos casi perfectos, porque estoy seguro de que se deben de vender formidablemente.

Por la Cruz a la luz. Fuera de la Cruz no hay otras escalas para subir al Cielo. Así lo ratifican algunas relevantes figuras místicas como Santa Teresa, Santa Teresita del Niño Jesús, San Juan de la Cruz y, para no ir tan lejos, el mismo Papa Juan Pablo ll nos habló de este misterio como el único camino que Jesús traza a Sus discípulos que quieren ir al Cielo. El Reino de Dios empieza aquí en la tierra, es la paz y la libertad en el alma que llega como resultado de la obediencia del conocimiento de Dios (Lc 17, 21), todo a través de la Virgen María, quien primero tiene que coser con sus hilos de amor y madre perfecta las heridas que hay en nuestros corazones, haciéndose ella misma cuna para que pueda reposar la Santísima Trinidad viva en toda su plenitud.

Jamás olvidemos que la Virgen es hija de Dios Padre, Madre de Dios Hijo y Esposa del Espíritu Santo. Mientras no sintamos en nuestra vida la presencia real de la Virgen María, no conoceremos en realidad el auténtico amor y consuelo que nos regala una verdadera madre.

La Cruz o el sufrimiento de Cristo es el regalo más grande de Dios que nosotros los hombres hemos recibido en sacrificio por nuestros pecados, para que así hallemos la luz, la fortaleza, la gracia y la sabiduría para nuestra vida y la de los demás. Hoy en día tenemos el privilegio de seguir recibiendo a diario esa Cruz de Cristo que nos alimenta y nos fortalece con su cuerpo y con su sangre, ya que los altares donde el Sacerdote transforma el pan y el vino continúan siendo el mismo calvario donde Cristo nos redime.

Recuperemos el gusto, la alegría, la importancia y el significado de traer un hijo al mundo

Está claro que contrariedades en la familia no van a faltar, pero las hermosas experiencias espirituales que conozco en familias en relación con la crianza y el cuidado de los hijos me dan la posibilidad de sugerirles algunas recomendaciones que les van a ayudar a recuperar ese anterior gusto, placer y alegría de traer un hijo al mundo:

• Contra todas las agresiones físicas y de palabra con sus fatales consecuencias por parte de familiares y allegados para con la madre y la criatura durante la concepción, el embarazo, el nacimiento y la niñez, los actos, gestos y palabras de amor y afecto son fundamentales para el desarrollo de la autoestima, el carácter y la realización de esa futura persona.

• Cuando se está planeando concebir un hijo hay que tener en cuenta a Dios, con el fin de ofrecer y colocar todo en Sus manos para que bendiga el momento de la unión íntima y sus frutos. Esta actitud y enseñanza la encontramos en el libro de Tobías, quien invita a Sara, su esposa, a orar para pedir al Señor Su protección antes de su primera relación.

• Jamás olvidar lo importante que es para la vida del futuro ser humano la reacción alegre y esperanzadora de la madre, los familiares y los allegados cuando se enteran de la gravidez. Vale la pena recuperar esas bellas tradiciones como la de mostrarle imágenes sagradas al bebé desde cuando está en el vientre; orar a su Ángel de la Guarda para que lo cuide y proteja; cantarle canciones de cuna, inocentes, alegres y de Dios; ungir el vientre de la mamá con aceite bendito; llevarlo a la Iglesia para que se vaya familiarizando con todo este ambiente sacro y para que Dios lo bendiga por medio del Sacerdote. Jamás lo olvidemos: si a uno le dan cebolla, la mayoría de las veces queda oliendo a cebolla; pero si le dan amor de Dios el aroma es otro.

• El bautizo debe tener lugar a temprana edad, para que con él se rompa el pecado original y así no quede el niño a merced del demonio, de sus ataques y su destrucción;

esto lo enseñan algunos que han pertenecido a grupos satánicos, a quienes el demonio les muestra que son las criaturas más indefensas a sus macabros propósitos.

- Desde niños debemos enseñarles a agradecer a Dios y a bendecir y compartir todas las cosas que a diario reciben, como son alimentos, los objetos personales, los regalos que reciben y demás; todo, con el fin de que éstos no se les vuelvan monótonos o que acaben creyendo que los reciben simplemente porque los merecen. Recordemos que todo en esta vida es un regalo de Dios y, generalmente, hasta cuando uno pierde las cosas no las valora y agradece verdaderamente. Por eso es bello y necesario sensibilizar a los hijos llevándolos a que compartan con las personas necesitadas.

- Decía una Santa de la Iglesia que si los papás vieran la oscuridad que sale de sus hijos y la luz y gracia de Dios que entra en ellos en el momento en que les dan la bendición, se desmayarían. El signo de la Cruz en la bendición tiene tanto poder que así sea que los niños no la reciban con fe o amor, que se rían de ella porque consideran a sus papás como fanáticos, retrógrados o ridículos, o que den la espalda como signo de desprecio o rebeldía, no debemos dejar de bendecirlos con este signo porque de todas maneras conserva el mismo poder.

- No olvidar que desde el momento en que Dios dona la criatura en la fecundación comienza a ser humana. Papás: les reitero, hablen a sus hijos, acarícienlos, consiéntanlos, oren por ellos, disfrútenlos, en fin, entiendan que ellos sienten, atienden y entienden todos los estímulos desde su espíritu y subconsciente y, por lo tanto, desean y requieren comunicarse. Unos bellos ejemplos de la sensibilidad del bebé tienen que ver con la reacción de alboroto y regocijo que manifiesta –las pataditas que da, su felicidad– cuando oye la voz del papá que llega a casa, y la serenidad que muestra cuando le acompañan oraciones, risas, música y juegos, entre otras motivaciones.

- Cuando cuidamos los detalles en la comunicación, nos mantenemos receptivos, afectuosos y atentos a los requerimientos de los hijos, formamos personas seguras y bondadosas en las que fluye un lenguaje sincero y amoroso; un "te quiero", un "te amo", un "a pesar de lo que seas", y "pase lo que pase te amo, me siento orgulloso de ti", o un "hijo, ven acá que quiero felicitarte".

- De la niñez en adelante, el acompañar y rodear al hijo para que crezca con la certeza de tener una familia debe ser permanente pero equilibrado, de acuerdo con la etapa que viva; una cosa es rodear, motivar y otra muy diferente alcahuetear.

- Alguna vez leí en un libro que cuando San Benito Abad, quien es llamado el Patrono de los exorcistas, se encontraba dentro del vientre materno, eran tantas las bendiciones y gracias que traía como resultado de las oraciones y obras de caridad de sus antepasados, que en varias ocasiones los enfermos y posesos que le acercaban a la futura mamá quedaban sanados o liberados.

- No dejemos matar ese niño inocente que hay dentro de nosotros; enseñemos de nuevo a los hijos a bendecir a los padres, con ello les estamos diciendo que todos necesitamos de todos.

- Cuando se educan varios hijos a la vez, es necesario respetar la manera de ser de cada uno, sus fortalezas y debilidades particulares, sin preferencias, entendiendo que ninguno de ellos es mejor o peor sino tan sólo diferente, con limitaciones y aspiraciones individuales bien distintas. En ello está la clave para que se formen individuos que en la etapa adulta sepan vivir en comunidad, y no individuos que siempre esperan aprobación externa, o que se la pasan buscando llamar la atención con comportamientos, actitudes caprichosas, imprudentes, rebeldes o desequilibradas.
- Es importante tener en cuenta que somos seres integrales y que no podemos atribuir todo a enfermedades espirituales. Existen también enfermedades emocionales y psicológicas; lo que sucede es que en la mayoría de los casos encuentran su raíz en el campo espiritual. Por ejemplo, la depresión es para los psiquiatras un desbalance químico, carencia de silicio en el cerebro, por lo cual es importante que el oprimido obedezca en seguir tratamientos farmacológicos, para que se centre, serene y aproveche más la asesoría espiritual o psicológica que se le dé. Pero, finalmente, al ser la raíz una enfermedad espiritual, debe ser ayudada por un psicólogo o médico con conocimiento y obediencia espiritual que lo animen a orar diariamente al Señor para pedir sabiduría y discernimiento en el diagnóstico de las causas afectivas o espirituales y de su respectivo tratamiento (Eclo 38, 1-15).
- Papás: cuando los hijos les manifiesten la inquietud de querer ser Sacerdote o religiosa, recuerden que fue Dios quien puso esa vocación en sus corazones desde antes de nacer. Los papás reprochan o frustran a los hijos que quieren entregar su vida a Dios, especialmente con el argumento de que eso no da plata o con la típica pregunta ¿es que se enloqueció, o qué? Generalmente, cuando esos hijos no logran realizarse en la vocación para la cual Dios los creó terminan fracasando en su vida matrimonial o en su proyecto de vida y resentidos contra sus padres.

Conozcamos algunas raíces de la depresión

El esfuerzo por conseguir algo en la vida hace que nos sintamos satisfechos y que lo disfrutemos a nuestras anchas. No obstante, la depresión puede producirse por la monotonía de vivir cuando todo nos ha sido fácil, *light*, sin disciplina ni sacrificios, llegando a perder el entusiasmo para levantarnos e iniciar cada día. La depresión también se origina en una tristeza o en un vacío en el alma producidos por el daño que alguien nos causó o que causamos, como consecuencia del apego hacia cosas o personas que ya no están, lo mismo por un error que cometimos en el pasado y que nos tiene la conciencia intranquila, tal como un aborto provocado o natural, o la pérdida de un hijo ya nacido. Cuando uno pierde la esperanza y el sentido de vivir que Dios nos concede con la oración diaria, en medio de los problemas o los mismos éxitos, es muy normal que aparezca la depresión.

He conocido gente que se deprime por el hecho de vivir sola en un apartamento, y casi siempre la raíz está en que nunca sufrió en la convivencia anterior con otros, por lo cual no valora y agradece a Dios lo que es el regalo de la independencia y el silencio.

Algunas raíces por las cuales alguien intenta suicidarse o se suicida

Donde más alto índice de suicidio hay en el mundo es en los estratos altos y en los países desarrollados como Suiza o Suecia. En esos lugares, por lo general, todo lo tienen a la mano, subsidios de educación, salud, vivienda, recreación, entre otros. Por lo tanto muy pocas veces valoran y agradecen las cosas y todo se les vuelve monótono. He tenido la experiencia de trabajar en zonas y barrios muy pobres del país como Ciudad Bolívar en Bogotá, en donde encuentro que la violencia, los vicios y los atracos se presentan por la descomposición familiar y social, pero que, por lo general, las personas no se suicidan.

La sorpresa me la llevo cuando dicto las charlas y conferencias en los estratos altos. Allí son muchos los jóvenes que intentan suicidarse o se suicidan, y no alcanzamos a imaginar la realidad que se vive en sus familias. Sucede que por el qué dirán de la sociedad, las personas que poseen "bendición" material cometen el error de no dejar desnudar sus debilidades y caen equivocadamente en la autosuficiencia. Por eso, esas familias viven tan oprimidas, llenas de máscaras y necesitadas de libertad. Muchos jóvenes he conocido que por no estar acostumbrados a esforzarse, agradecer a Dios o compartir con los demás sus privilegios, acaban suicidándose.

Otras causas del intento o consumación del suicidio son las siguientes:

- Carencia de afecto de los padres y soledad en que quedan los hijos, lo cual los hace sentir que no son importantes para nadie.
- Venganza por el dolor y los traumas que sus papás le han causado.
- Efecto de una obsesión suicida adquirida en el momento en que intentaron abortarlos.
- Sentimientos de impotencia ante el desprecio o abandono por parte de alguien a quien se había idolatrado o en quien se había refugiado obsesivamente.
- Los miedos a enfrentar situaciones que involucran responsabilidades o consecuencias personales, familiares o sociales, tales como deudas, amenazas de castigo por parte de los padres o sanciones penales y disciplinarias.
- Un espíritu de muerte que contaminó a la persona por la práctica de la tabla ouija.
- Pactos entre amigos o novios, mediante intercambio de sangre, sentencias o compromisos que se cumplirán aún después de la muerte, y que se acompañan de relaciones sexuales heterosexuales u homosexuales: "Yo me voy, pero después de muerto por usted vuelvo".
- La contaminación con un espíritu de muerte contraído por el hijo que va a nacer del vientre de una madre que cometió previamente un aborto.

• Una tendencia suicida que se repite de generación en generación, originada en los pecados de algún ingenuo antepasado, especialmente las que están asociadas a "consagraciones" y maldiciones con fuerzas oscuras y engañosas en diversas sectas, el ocultismo, las injusticias, asesinatos, robos y todo tipo de actos delincuenciales. En fin, dinero maldito.

A propósito de la frecuencia del suicidio en nuestros días, comparto una historia de vida que escuché a un Sacerdote, a quien en una fría noche bogotana mientras caminaba por el sector de Chapinero se le abalanzó de manera sorpresiva y desesperada un joven. El Padre, suponiendo que el muchacho quería atracarlo, lo primero que hizo fue pedirle que se llevara lo que quisiera, pero que no le fuera a hacer daño. La sorpresa fue mayor al escuchar el interrogatorio con que le respondió:

–Usted es un cura, ¿cierto? Esa cosa blanca que usted lleva en el cuello es la misma de ellos.

El Padre, pensando que la curiosidad del joven escondía la intención de una retaliación mayor, no supo qué responderle, ante lo cual el muchacho, sin esperar respuesta alguna, le reclamó atención:

–Padre, es que estoy desesperado; encontré a mi novia acostada con mi mejor amigo. Además, me dijo que ella nunca me quiso, que todo lo hizo fue por la plata. ¡Padre!, ¡ella es lo único que tengo, lo único que le daba sentido a mi vida!

Para resumir, el Padre contaba que el joven explotó en un mar de llanto buscando afecto y comprensión paternal en él, ya que no contaba con la amistad o confianza de sus papás, sin saber qué actitud asumir por temor a ser víctima de un engaño o manipulación o por miedo al qué dirán, finalmente decidió rodearlo y acompañarlo hasta el momento en que logró recomponerse, para luego manifestarle:

–Mire, Padre, yo iba con la firme intención de ahorcarme en el baño de mi casa, pero por esa cosita blanca que usted lleva en el cuello, recordé que en mi niñez, cuando mis papás tenían un problema, iban y buscaban al cura del barrio.

Esta experiencia me lleva a reflexionar sobre la importancia y la necesidad de que los sacerdotes que no usan la sotana en su vida pública al menos usen el "clergyman" de nuevo, para que así, a donde quiera que lleguen, mantengan su identidad de Sacerdotes católicos, evitando la ingenuidad de creer que sin él la gente les presta más atención y, por lo tanto, les tiene mayor confianza a pesar de que desconoce el poder, la gracia y la bendición que tienen los signos sacros.

Es muy duro para un creyente oír que existen ministros de Dios que no usan el distintivo para no correr el riesgo de ser atacados en la calle, si en la Sagrada Biblia dice que es más grande o poderoso el que está dentro de nosotros –el Espíritu de Dios– que aquel que está fuera de nosotros, en el mundo: el espíritu del mal (1.ª Jn 4, 4). Un copioso número de jóvenes con vocación sacerdotal escogidos desde el mismo vientre de sus madres que no van a la Misa, acrecientan la frialdad y el desinterés que reciben por la influencia de la rebeldía de la época, al no ver a los sacerdotes revestidos de la sotana y el alzacuello como parte de su identidad. ¿Cómo voy va a saber si quien está a mi lado es militar, si no lleva puesto el uniforme?

Resumen. Los siguientes son algunos de los signos, las leyes, las modas y los acontecimientos que lograron cambiar la identidad de nuestro país y, tras esto, llegó la descomposición de valores personales, familiares y sociales en que hoy nos encontramos la mayoría de los colombianos:

- Las falsas propuestas universales de paz de los años sesenta, luego de la Segunda Guerra Mundial: El "hipismo o abandono del ser", "haz el amor y no la guerra", "prohibido prohibir" y la mal llamada "liberación femenina", entre otras.
- El contrabando y el cambio de la bonanza del café por la bonanza del narcotráfico.
- La Constitución del 91, bajo la seducción codiciosa del demonio y su propósito de destruir los valores cristianos de la familia, la persona y la vida pública, rompió la consagración del país al Sagrado Corazón de Jesús e instituyó la libertad de cultos, y catalogó los rituales satánicos con sus respectivos sacrificios de animales y hasta niños al nivel de los ritos del culto católico. Esto trajo como consecuencia que se eliminara la clase de religión de los colegios públicos y privados, lo cual, unido a las ocupaciones que distraen a la mayoría de los padres, ha desmotivado en los niños el anhelo de conocer, respetar, obedecer y orar a Dios. De igual manera, con ello se eliminó la muy formadora tradición de ir a la Santa Misa en comunidad con los compañeros de colegio, o los domingos en familia. Es muy duro encontrar niños cuyo único conocimiento de Dios lo han adquirido por medio de las películas que pasan de Él en Semana Santa o, peor aún, en libros o películas que de manera inadecuada tergiversan la verdad de Dios, que es única; esa mentira se puede ver en *El Código Da Vinci*.
- La aparición del Proyecto Nacional de Educación Sexual en las escuelas y colegios, que, por medio de unos cuadernillos, logró destruir la inocencia de muchos de nuestros niños, al promover entre ellos no un amor de sentimientos sino de genitales. Aprovechando esa promoción de la actividad sexual como animalitos, colocaron dispensadores de condones en los colegios y discotecas para convertirlos en un artículo de consumo para los jóvenes, tan sencillo como fumar un cigarrillo. Pasamos de supermán a supercondón. ¿Y qué más se puede esperar de estos muchachos? Si anteriormente los papás, la escuela y el colegio los formaban en valores guiados por el Catecismo del Padre Astete, pero hoy en día es con el del "padre astuto", y ahí lo vemos, se derrumbó la educación junto con la formación moral.
- La apertura económica que dejó como consecuencia la recesión económica, con lo cual salió la esposa del hogar a ayudar al esposo económicamente, por lo cual quedaron los hijos solos en casa.
- El divorcio exprés.
- La ingenua promoción y bombardeo de violencia, venganza, terror, desórdenes sexuales y toda clase de pornografía, superstición, ocultismo y la adivinación, a través del cine, la televisión, la radio, las revistas, la Internet, los videojuegos y la música.

- El "matrimonio" entre homosexuales, cosa que es objetivamente imposible porque la palabra matrimonio viene de matriz, mujer.
- La difusión irresponsable de la vasectomía.
- La llamada Ley del Aborto.

Definitivamente cuando uno no se confiesa, es como si no pasara el camión de la basura por la casa

Como está descrito atrás, lo primero que el Espíritu Santo hizo conmigo fue mostrarme la gravedad de los errores y pecados que había cometido y que si no me arrepentía, confesaba mis faltas, enderezaba mi camino y practicaba la justicia, terminaría en el abismo reservado para quienes desechan la misericordia de Dios.

Ese proceso no se vive simplemente en el interior de cada uno. Para ello, Jesús trazó un camino seguro; se trata de la necesaria tradición de arrepentirnos ante Dios en el Sacramento de la Confesión; ese es el paso para que Dios pueda sanar y cambiar nuestra vida verdaderamente; no existe otro camino. Este Sacramento nos lleva a reconocer que sin Dios nada podemos y que es a Él a quien debimos buscar desde el principio, en lugar de aferrarnos a tantas cosas, personas y seguridades falsas que nos hicieron fracasar y decepcionar. En fin, si Dios no ha sido la cabeza de nuestros planes, éstos se deshacen y nos equivocamos. Por eso dicen *"si quieres hacer reír a Dios, cuéntale tus planes"*.

El Sacramento de la Confesión es el exorcismo más grande y poderoso que existe sobre toda la tierra. Pero para confesarnos bien debemos saber qué es pecado en realidad. **El exorcismo y la oración de liberación sacan demonios, pero el Sacramento de la Confesión tiene el poder de sanar y llenar de la luz de Dios nuestra alma, hasta transformarla.**

Por eso es importante que cuando nos confesemos hagamos memoria de las inclinaciones heredadas de nuestros padres y antepasados vivos y fallecidos para que esa luz ilumine las tinieblas que han ensombrecido nuestra historia familiar.

Comulgar en pecado constituye un grave sacrilegio y es como construir un palacio encima de una cochera o como si no pasara el camión de la basura por la casa. Con el paso del tiempo ésta se llena de podredumbre, la basura se descompone y genera bichos, moscas, cucarachas y ratones.

Lo anterior es lo que ocurre dentro de nuestros corazones cuando le desobedecemos a Dios y, lo que es peor, cuando no nos confesamos. La descomposición de la basura del pecado se va acumulando y sirve de caldo de cultivo para que unos bichos que se manifiestan en situaciones negativas como la angustia, el miedo, la depresión, la desesperación, la obsesión de morirse y la locura nos invadan. Muchas veces los fuertes humores emitidos por una persona por vía oral o epidérmica provienen del estado de pecado, de lo cual no es consciente. Nunca hemos oído decir que alguien terminó mal porque recibió a Jesús en el sacramento de la Eucaristía.

La Confesión no sólo nos limpia en vida sino en el momento de la muerte, cuando, llenos de miedo, después de haber gastado nuestra vida en tantas apariencias y vanidades, no tenemos noción de para dónde vamos.

Por tantas equivocaciones que he tenido a lo largo de mi vida, así como tantas sanaciones del cuerpo y del alma que he vivido en carne propia y he visto en otras personas, pero ante todo por la paz interior que Dios me ha venido regalando a través de la Confesión, he aprendido que si no hay un verdadero arrepentimiento de corazón con Dios ante un Sacerdote, es imposible encontrar esa paz y esa felicidad verdaderas que buscamos. **La Confesión es la llave para entrar en el Reino de los Cielos,** ese Reino del que con tanta esperanza les he venido hablando, como bien se lo dijo Jesús a Pedro en Mateo 16, 19: *"A ti te daré las llaves del Reino de los Cielos; y lo que ates en la tierra quedará atado en los Cielos, y lo que desates en la tierra quedará desatado en los Cielos".* Muchas personas, como yo también antes lo hacía, de manera ingenua, dicen no necesitar intermediarios entre Dios y ellos, y menos aún, confesarse. Todos necesitamos de todos; esto es una demostración de humildad. Sería absurdo en una sala de cirugía, con el corazón infartado y al borde de la muerte, esperar con urgencia quién lo opere para salvarle la vida, y al aparecer un médico decir: *"No, yo no necesito intermediarios. Que venga Dios a operarme".*

En el mismo Mateo 16, 18, Dios le dice a quien fue el primer Papa de la Iglesia católica: *"Tú eres Pedro, y sobre esta piedra edificaré mi Iglesia"*; y a los Apóstoles, quienes fueron los primeros sacerdotes, les dio potestad de perdonar y absolver: *"A quienes perdonéis los pecados, les serán perdonados; a quienes se los retengáis, les serán retenidos"*(Jn 20, 23).

De manera que el Sacerdote es el único que tiene la potestad y la facultad para confesar. La Confesión puede convertir un asesino (Saulo) en un santo (San Pablo, Apóstol de los gentiles), o a una prostituta (María Magdalena) en toda una santa. Esta es la misericordia y el testimonio vivo del poder extraordinario de Nuestro Señor Jesucristo; por eso, insisto, no debemos juzgar a nadie; Dios vino por nosotros los enfermos pecadores y no por los aliviados.

Un Sacerdote no es Sacerdote porque está de moda, porque es *play* o chévere. El Sacerdocio es una vocación, un llamado amoroso que Dios concede por gracia a quien elige para ello. Por eso, cuando el Sacerdote peca como humano, cuando comete un error, la solución más fácil para que no lo juzguen ni lo cuestionen es retirarse del Sacerdocio y "disfrutar con libertad" sin rendirle cuentas a nadie ni hacer algo a escondidas. La lucha del Sacerdote está entre la gracia que Dios le concedió de ser un Santo Sacerdote y las tentaciones carnales y terrenales que afrontamos todos los seres humanos, hasta encontrar, en medio de su lucha y persistencia, la victoria y el sentido de servir a Dios con transparencia. Este es el gran poder sobrenatural que Dios otorga a sus sacerdotes escogidos.

Si no nos arrepentimos, nosotros mismos y nuestros descendientes somos los que sufrimos

Entreguemos a Dios con humildad toda esa carga de sufrimiento y equivocaciones que traemos del pasado, así como Él ofreció su vida en la Cruz por nuestros pecados. Jesús sufre por nuestros pecados porque Él nos ama muchísimo y conoce las consecuencias de dolor y tristeza que nos traen. Se trata de ser conscientes de todo aquello que nos estaba haciendo daño y con lo que hacíamos daño a los demás, y compartir ese conocimiento con quienes nos rodean, especialmente con nuestros familiares. Por eso decidí poner por escrito estas reflexiones que surgieron de mi experiencia de vida y que quiero poner al alcance de todos los que quieran acogerlo con alegría y sencillez de corazón. "Lo escrito, escrito está" y nadie se lo roba de la memoria. Fue precisamente el ejercicio de escribir los pecados en un papel como preparación a la Confesión, lo que me permitió comenzar a recibir la gracia plena de la salud del cuerpo y del alma, sin correr el riesgo de olvidar pecados importantes que estuvieran impidiendo mi liberación completa, tal como lo advirtió el demonio a San Juan Bosco y a lo cual ya me referí.

Si Dios le concede la gracia de confesarse, hágalo de corazón, invierta en su felicidad, no espere hasta el último día de su vida, que nadie sabe cual será, para que usted o su familia tengan que salir a buscar un Sacerdote que lo auxilie en medio de su agonía.

Recordemos que Dios no creó los mandamientos y los sacramentos por incomodarnos, ni mucho menos por robarnos la libertad. Los creó para que tengamos orden, equilibrio, moderación y, como fruto de ello, una vida nueva vivida en plenitud y con satisfacción, no para hacer un favor a Él, sino para recibir Su favor. Igual pasa con un tren, ¿dónde siente más libertad, orden y seguridad, cuando va por la carrilera o por fuera de ella?

Dios es como el gerente de un banco al cual un día buscamos con el fin de que nos haga un préstamo: "Señor, ¿es tan amable de hacerme un préstamo de diez millones de pesos?". El gerente de inmediato no saca los diez millones de la caja fuerte y nos dice: "Sí, con mucho gusto, aquí los tiene", no, señor, él no es tan ingenuo de entregárnoslos así no más, sin ninguna garantía; ve que de esta forma correría el riesgo de que no volvamos a aparecer y pagar. El gerente, para poder hacernos el préstamo, primero que todo nos pide una serie de requisitos que debemos cumplir, llevarle certificaciones bancarias, extractos y referencias, entre otros papeles.

"Es de humanos equivocarnos, pero es de valientes en Dios el confesarnos".

Existen personas resentidas contra la Iglesia o alguno de sus miembros, que se han dejado robar la sanación que concede este Sacramento como consecuencia de haber presenciado un mal ejemplo, recibir un regaño de un Sacerdote al confesarse, o simplemente, por el enfriamiento de la fe en el seno familiar, donde se perdió la tradición de confesarse, ir a Misa y comulgar, por la vergüenza de confiar al Sacerdote sus faltas, el temor de hacer el ridículo y sentirse cuestionados, o por el paso a otras corrientes "espirituales" cristianas o paganas.

También ocurre que gran cantidad deja de confesarse porque han caído en alguna de las trampas del demonio, quien, por ejemplo, nos hace sentir indignos de ser perdonados por Dios, demasiado pecadores o hasta los peores del mundo. El Señor no nos odia a nosotros los pecadores sino al pecado; Él no quiere la muerte del pecador sino su conversión sincera y su felicidad, tal como nos lo reitera a través del profeta Isaías: *"Vamos a discutir esto –dice Yahvé– aunque fuesen vuestros pecados rojos como la grana, como nieve blanquearán; y así rojeasen como el carmesí, como lana quedarán"* (Is 1, 18).

Jesús, en su advocación de la Misericordia, en una aparición a Santa Faustina, le dijo que cuando acudimos arrepentidos en busca del Sacramento de la Confesión, los pecados son como una gota de agua que tiran al mar, donde desaparece. "El único que tiene la lista de los pecados de nuestro pasado para podernos acusar y mortificar es el demonio".

Otro motivo en el que nos escudamos para no confesarnos es que no vale la pena hacerlo porque cada vez que lo hemos hecho volvemos a caer en lo mismo. Esta forma de autoacusarnos es semejante a argumentar nuestra negación de bañarnos con excusas como: "¿Pero para qué me baño, si de todas maneras tengo que volver a ensuciarme?". No importa que a veces caigamos en lo mismo; eso es parte de nuestra debilidad espiritual, de nuestra miseria y nuestra lucha. Lo importante es la humildad de reconocer que somos imperfectos y que siempre requerimos de la perfección de Papá Dios, así volvamos a errar de nuevo, porque en esta tierra hasta el más santo se equivoca, como dice el libro de los proverbios: *"El justo cae siete veces al día"* (Pr 24, 16).

Qué descanso tan grande, hasta la forma de respirar cambia

"Donde hay transparencia de Dios, no hay temores". Quiero compartir con ustedes la vivencia de paz que he encontrado cuando recurro al Sacramento de la Confesión como primer paso en el proceso de sanación y liberación. Al salir del confesionario, con el alivio del cargo de conciencia, empieza a invadirnos una sensación de descanso y se apodera de nuestra alma una paz que hacía mucho tiempo no sentíamos, como si nos hubieran quitado un gran bulto de encima o sacado un perro negro de adentro. Lo más hermoso es que es el mismo Jesucristo quien lo está haciendo por medio del Sacerdote.

Los psicólogos católicos afirman que cuando uno confiesa la raíz de sus traumas comienza a liberarse de ellos y de sus consecuencias. Por ejemplo, la timidez o miedos de un niño que infundidos en él por la rigidez con que lo educaron, o las constantes burlas de sus compañeros a algún defecto físico, pueden generarle un resentimiento del cual puede liberarse en una Confesión, pero no por la catarsis, o descarga de los efectos generadores de los traumas y conflictos a través del llanto, la risa o el desahogo verbal, sino por la presencia viva del misterio de la fuerza del Espíritu Santo. Es decir, sanado el resentimiento o sentimiento que bloquea el accionar del Espíritu Santo, sanado el trauma.

Cuando uno es culpable de algo en esta vida "el juez por el poder o el dinero que uno tenga le puede perdonar, pero la almohada tarda otro rato". Un cargo de conciencia con Dios o con los hombres es una cosa muy traumática aunque muchas veces no lo creamos; "la mejor almohada para uno dormir es una conciencia tranquila".

Examen de conciencia

Ahora sí, pasemos a la acción. Lo invito a que con papel y lápiz en mano, revise y apunte en cuál de estas faltas o errores ha caído, como acto reflejo de una inclinación heredada de sus antepasados o por decisión propia.

Parte de lo que presentaré quizás parezca exagerado, de gente "fanática", "moralista", "cismática", "retrógrada", "que piensa a la antigua" o "miedosa"; lo mismo pensé yo al conocerlo. Seguro que llegará a preguntarse por qué se consideran pecado ciertas conductas sea que las haya adoptado o no; porque, lo más posible, es que esté convencido de que no hubo nada malo en hacerlas, ni mala intención; porque las hizo por costumbre, curiosidad o tradición familiar o "cultural" o, ingenuamente, buscando corrección a una equivocación. Tal vez sucedió que, estando pequeño o en edad adulta, algún familiar o amigo influyó en usted, y lo involucró en prácticas de las que apenas ahora se supo que son caminos de mentira, oscuridad y desgracia, por lo cual no ha podido encontrar en ellas la tranquilidad y la felicidad que siempre ha estado buscando.

Todo este examen es sencillamente el estilo de vida que nos propuso Jesús de Nazareth con su ejemplo luego de dar su vida por nosotros, lo que pasó es que, como bien lo expliqué, por estar demasiado ocupados y, por lo tanto, faltos de conocimiento espiritual, nos habíamos acostumbrado a vivir sin ser honestos con Dios, con nosotros mismos y con los demás.

El examen de conciencia es el resultado del conocimiento y la experiencia de escuchar o atender a tantas personas con su vida hecha pedazos y que luego de empezar a conocer y obedecer a Dios han encontrado la solución a sus problemas.

De usted depende que llegue pronto la bendición o el milagro que está esperando. No olvide lo que tanto he repetido: que si no renunciamos ni nos arrepentimos de todos nuestros errores y pecados, lo más seguro es que sus descendientes continúen con esas inclinaciones a lo largo de su vida. No esconda nada, no se engañe; Dios todo lo sabe y todo lo conoce; quítese las máscaras del rostro y del corazón. No se deje robar el derecho que como hijo de Dios tiene de recibir el Sacramento de la Confesión y, por ende, el perdón de Dios.

Dios Padre conoce su corazón, sus heridas, sus traumas, sus rencores, sus tristezas y recuerdos dolorosos. Jesús está vivo y quiere recibirlos. Aprovéchelo, suéltese a Él, no sea orgulloso, que al final el que pierde y sufre será usted. Quizá a la vuelta de la esquina esté el regalo que ha estado esperando por tanto tiempo.

Recuerde que Dios no es sádico como para tenerlo sufriendo toda la vida. Él quiere para usted lo mejor. Él es un Dios Padre de amor que lo creó a Su imagen y semejanza, perfecto en ese amor. Lo que encuentre en la revisión de vida a que Dios lo invita hoy, el Sacerdote lo está esperando en el confesionario para reconciliarlo con Él.

¿Qué se necesita para confesarse bien?

Cinco cosas son fundamentales para una buena Confesión:

Examen de conciencia, o revisión de todos los pecados cometidos después de la última Confesión válida.

Arrepentimiento, que consiste en sentir sincero dolor por haber ofendido a Dios, y detestar el pecado. Para alcanzar el arrepentimiento hay que pedírselo a Dios.

Propósito de enmienda, o decidirse firmemente a no volver a pecar, a estar dispuesto a evitar el pecado en medio de nuestra fragilidad, cueste lo que cueste, y huir de las ocasiones de cometerlo.

Confesión, que consiste en decir al Sacerdote todos los pecados que hemos descubierto en el examen de conciencia. Esta Confesión de los pecados debe ser: sincera, sin engañar al Sacerdote; completa, sin callarse ningún pecado grave que recuerde, como condición para lograr una Confesión profunda y provechosa; humilde, sin altanería ni arrogancia; prudente, usando palabras correctas y adecuadas, sin nombrar y acusar a otras personas o descubrir pecados ajenos.

Satisfacción, que consiste en cumplir la penitencia que nos imponga el Sacerdote con la intención de reparar los pecados cometidos. Es obligatorio cumplir la penitencia porque es parte del Sacramento. Bueno, ya tenemos claros los propósitos y pasos del Sacramento de la Confesión. Ahora comience:

¿Cuánto tiempo hace que se confesó?

¿Olvidó o calló algún pecado grave en la última confesión?, ¿cuál?

¿Ha atentado contra la vida de los demás?, ¿en qué forma?

¿Ha asesinado a alguien?, ¿ha despreciado, odiado o guardado rencor a alguien?

¿Ha deseado vengarse?, ¿ha perdonado de corazón a los que lo han ofendido?

¿Ha perjudicado a otros en su salud física o moral?, ¿ha golpeado, herido o torturado a alguien?

¿Ha practicado o colaborado en secuestro, extorsión o cualquiera otra forma de violencia?, ¿no ha sabido controlar la ira o el mal genio?

¿Ha insultado o agraviado a otros?, ¿ha pensado o intentado suicidarse?

¿Ha practicado el aborto, lo ha solicitado o autorizado?, ¿ha aconsejado o ayudado a otros para que practiquen el aborto?

¿Ha utilizado métodos anticonceptivos que en la práctica resulten abortivos, tales como la "T" de cobre y la pastilla del día después?

¿Ha vivido en concubinato? ¿En tal caso, lo ha disfrazado con prácticas como el matrimonio civil, que aunque son instituidas jurídicamente no son legítimas ante Dios y se quedan en un mero negocio, acuerdo o trato de hombre y mujer sin la bendición divina? El siguiente bloque de autocuestionamientos pretende ayudarle a desenmascarar aquellas inclinaciones o comportamientos que posiblemente lo han llevado a incurrir en creencias o prácticas de superstición, esoterismo y ocultismo y que se constituyen en la puerta más permeable a la ruina, las enfermedades, los conflictos y las tragedias que infestan su vida y la de sus seres queridos. Por tratarse de una área muy sensible y delicada, antes quiero invitarlo a que juntos revisemos la siguiente información y algunas de las advertencias que de ella se desprenden.

Invocación de ángeles de la *nueva era*: se trata de una práctica pagana disfrazada de falsa espiritualidad que resulta igualmente nociva; se promueven e invocan ángeles con supuestos poderes y virtudes que se asimilan a los que se pretenden obtener por medio de prácticas de brujería, hechicería, espiritismo, etc. Sus nombres no aparecen en la Biblia y el significado de ellos alude en cambio a alguna faceta de Satanás o del reino de las tinieblas. Los únicos nombres de arcángeles aprobados por la Iglesia son San Miguel, San Gabriel y San Rafael. Además, dentro de los coros angelicales, el Magisterio de la Iglesia acepta la existencia de nuestro Santo Ángel de la Guarda.

La bioenergética: la medicina y la psicología son ciencias que han sido contaminadas por las desviadas corrientes de "espiritualidad" y "misticismo" de la *nueva era*. Es en dicho contexto en el que surge la bioenergética, creencia basada en el principio universal o cósmico que afirma que todo lo que proviene del "cosmos" es "energía" (rei, chi, ki, prana, taquionica, orgon) que fluye a través de los seres. Por eso, incluye métodos de respiración consciente y autoconocimiento para liberar "aquellos bloqueos corporales energéticos que causan la enfermedad". Contiene conceptos hinduistas, tales como el yoga, el aura, los chakras, los meridianos, y la energía en sus distintas denominaciones.

La energía negativa entendida como "mala vibra" no existe; creer que las personas, los animales y las cosas transmiten, reciben o portan "energías" nos vuelve supersticiosos porque nos lleva a usar amuletos, rituales, purificaciones y a manipular la naturaleza para el mal (wicca, feng shui, etc.).

El yoga: práctica religiosa y metafísica a través del relajamiento y del vaciamiento mental inducidos con posturas corporales, repetición de mantras y movimientos respiratorios que desde Oriente se han difundido a lo largo y ancho de Occidente con múltiples variantes y corrientes a partir de un objetivo común: la unión o yugo con el Total, el Absoluto (Brahma, o dios hindú). Su perspectiva panteísta es totalmente incompatible con el cristianismo. El vaciamiento mental conduce por lo general a ser poseso por una entidad espiritual satánica.

Chacras o mantras: son, en realidad, nombres de demonios orientales que al pronunciarlos los invocamos, con lo cual se autoinduce inocentemente una posesión satánica porque se abre la puerta a esos demonios por iniciativa propia.

Metafísica de Conny Méndez (Juana María de la Concepción Méndez): nació en Caracas el 11 de abril de 1898. Fue la fundadora de la Hermandad Saint Germain, popularmente conocida como Metafísica. En 1979 puso a su obra el nombre "Gran Hermandad Saint Germain", cuya doctrina recoge en varios libros, entre los que se destacan *Metafísica 4 en 1* y *Piensa lo bueno y se te dará*, y se basa en creer que el ser humano es capaz de realizar todo lo que su mente "decrete"; Conny Méndez terminó suicidándose. Es de advertir que no debemos dejarnos confundir por el hecho de que su doctrina se denomine "metafísica cristiana" y que se valga del uso de textos bíblicos, porque ocurre frecuentemente que son sacados de su contexto y manipulados para hacer decir cosas que van en contra de la doctrina católica y de la voluntad de Dios, como, por ejemplo, la manipulación que se hace de la parábola del grano de mostaza para llegar a afirmar equivocadamente que somos "dioses" y tenemos el poder de hacer posible todo lo que queramos.

Regresiones: trasladan a la persona a etapas de la niñez o a supuestas "vidas pasadas" que lindan con prácticas hipnóticas y reencarnacionistas que riñen con la doctrina católica de la resurrección de los muertos. Detrás de ello, lo que se manifiesta realmente es un espíritu de adivinación.

Uso de inciensos como agüero: como purificador de supuestas "malas energías" en ambientes de la casa y de la oficina. Estos, a su vez, son elaborados con el mismo material de los riegos para la brujería, de ahí su olor tan extravagante. Esta práctica acompaña otras de supuesto "mero relajamiento" y "concentración mental" o **"meditación trascendental"**, que se basan en el vaciamiento de nuestra mente para que los demonios invocados por medio de mantras puedan controlarla y motivar comportamientos que atenten contra la vida o contra la fe.

Adhesión a la masonería, el gnosticismo, el rosacrucismo, filosofías orientales u otros grupos ocultos que se disfrazan de religiones: la gran mayoría de sus miembros terminan muriendo en forma trágica y/o lamentable, tal como lo registran muchos libros, entre ellos *El rastro del diablo*. Los que caen en la masonería ingenuamente llegan, seducidos por el engaño de que van a ingresar a una fraternidad de paz y convivencia y a recibir muchísimo poder, dinero o conocimiento intelectual, pero sin darse cuenta acaban, en cambio, participando en rituales –ocultos y misteriosos – guiados por la fuerza de las tinieblas. A diferencia de estas prácticas, lo de Dios se realiza a la luz pública, no se oculta y su presencia desecha los miedos, temores y prevenciones y da como frutos inmediatos el verdadero amor, la paz y la libertad. El demonio no hace ningún favor gratis y más adelante pasa la cuenta de cobro al que cae en esas prácticas ocultas o a sus familiares por medio de alguna desgracia o de la soledad que los lleva a refugiarse en la lectura obsesiva, el alcoholismo, la lujuria u otros vicios.

Para profundizar y aclarar las inquietudes que puedan surgir en este examen de conciencia, recomiendo los siguientes libros que encontrarán en librerías y casas de oración: *La nueva era religión del anticristo*, del Padre José Luis Pivel, se puede adquirir en la librería de la Asociación María Santificadora. *La bruja*, de Germán Castro, en el que se describe a la bioenergética como la misma brujería, pero con otro nombre. Retomemos el examen de conciencia:

¿Ha creído en supersticiones, hechicerías, vudú o brujerías?

¿Ha consultado o creído en hechiceros, curanderos, chamanes, mal de ojo o azabaches, sobanderismo o descuajamiento con rezos que no son de sana doctrina, clarividentes, psíquicos, santeros, astrólogos, brujos o adivinos que se hacen llamar profesores y maestros?

¿Ha consultado horóscopos, cartomancia, naipe, carta astral, tarot o cartas de los ángeles de la *nueva era*, taza de chocolate, hojas de té, tabaco, cigarrillos, tinto, la mano, i-ching, runas?

¿Ha participado en círculos de fuego?

¿Ha usado riegos, baños, talismanes, amuletos, dólar en cruz, cruz de Caravaca, cruz del gólgota, las tres gracias (el corazón, el ancla y la llave), cuarzos, piedras, pata de conejo, velaciones con velas de colores, sahumerios con varas de inciensos?

¿Ha hecho pacto con el demonio de sangre, con libros de magia blanca o negra?

¿Ha practicado el espiritismo, el médium José Gregorio Hernández y su vaso de agua en la mesa de noche o en su altar o debajo de la cama, o la tabla ouija, el juego de las tijeras o el cuaderno espiral, el juego de las monedas, cupido, la aguja con hilo o la página de internet *Pedro responde*?

¿Cree en agüeros, mata de sábila, herraduras, limones secos, ramas debajo del colchón?

¿Ha usado maleficios contra alguna persona buscando dominarla utilizarla?

¿Ha leído o practicado metafísica, el libro *4 en 1,* de Conny Méndez, o control mental?

¿Ha seguido los métodos, las corrientes y los maestros de técnicas de superación personal o *new age*, tales como el conde de Saint Germain, maytreya, Hilda Strauss, chacras o mantras, psicoanálisis, psicología transpersonal, especialmente por regresiones a las otras vidas, desdoblamiento, parapsicología, hipnosis, programación neurolingüística, reflexología o eneagrama?

¿Cree en la reencarnación?

¿Ha practicado ejercicios físicos asanas o meditación de yoga, meditación trascendental de Deepak Chopra, método Silva, tai-shi, fen shui, artes marciales, dianética o cienciología?

¿Ha practicado creencias y ritos esotéricos y de *nueva era*, autosanación sin Dios y cursos de milagros?

¿Ha consultado bioenergéticos y buscado curación a través de cuarzos, péndulo y sanaciones mágicas con las manos o reiki?

¿Ha participado en las sectas de los mormones o en las de los Testigos de Jehová?

¿Ha participado en masonería, gnosticismo, rosacrucismo, filosofías orientales u otros grupos ocultos u oscuros en los que ingenuamente caemos los hombres por el engaño del poder del mal al hacernos creer que son logias, fraternidades o religiones?

¿Ha despreciado a Dios, a la Santísima Virgen, a los Santos u objetos santos?

¿Ha sido infiel a la fe católica?

¿Se ha dejado llevar por la propaganda de sectas evangélicas o por grupos o movimientos no cristianos o contrarios a la fe católica? ¿se ha avergonzado de la fe?

¿Hace oración al levantarse y al acostarse?

¿Da gracias a Dios por los alimentos y beneficios que de Él ha recibido?

¿Ha recibido la sagrada comunión estando en pecado grave y sin haberse confesado antes?, ¿ha endiosado cosas o personas como al esposo o a los hijos?

¿Ha pronunciado el nombre de Dios sin respeto, es decir, con ira, burla o por juego?

¿Ha cumplido las promesas que ha hecho a Dios, a la Virgen y a los Santos?

¿Ha jurado en vano el santo nombre de Dios, es decir, sin verdad, cuando ha afirmado lo que es falso, prometido lo que no tenía intención de cumplir, sin justicia?

¿Ha dejado de asistir a Misa los domingos y los días de fiesta de precepto?

¿Tiene otros dioses, es decir, cosas en las cuales confía más que en Dios, tales como el dinero, la fama, vanidad o el poder?

¿Ha trabajado sin que fuera necesario los domingos y días de fiesta de precepto, robándose así el tiempo que es para Dios, para su familia o para usted mismo?

¿Ha amado, respetado y obedecido a los padres, los ha socorrido en sus necesidades?

¿Ha amado a los hijos dedicándoles el tiempo suficiente que necesitan?

¿Ha educado cristianamente a los hijos?

¿Ha vigilado y corregido a los hijos

¿Ha dado buen ejemplo a los hijos?

¿Ha cumplido bien con los deberes de estudiante, o ha sido perezoso o tramposo?

¿Ha sido abusivo, humillante o autoritario con quienes dependen de usted?

¿Ha cumplido bien y fielmente con los deberes como jefe de oficina, responsable de alguna actividad, empleado público o privado u obrero?

¿Ha pagado salario justo a los trabajadores?

¿Ha tratado a los empleados u obreros con respeto, con bondad y consideración?

¿Ha obrado todo de acuerdo con la justicia?

¿Ha amado, honrado y contribuido al engrandecimiento y prosperidad de la patria?

¿Ha respetado y obedecido las leyes del país?

¿Ama, respeta y obedece a los legítimos pastores de la Iglesia católica?

¿Ha sido traidor a la Iglesia?, ¿ha sido cobarde cuando ha debido defender a la Iglesia?

¿Ha colaborado en obras de la Iglesia?

¿Ha acogido las enseñanzas, leyes y orientaciones de la Iglesia?

¿Ha practicado o autorizado la esterilización, vasectomía y ligadura de trompas, extracción de la matriz no con fines de curación sino para evitar hijos?

¿Ha practicado o autorizado la eutanasia, es decir, que se dé muerte a un ser humano, sea feto o embrión, niño o adulto, enfermo o agonizante con pretexto de que no sufra o no tenga una vida desdichada?

¿Ha perdido el estado de consciencia por el abuso con el trago?, ¿es un alcohólico?

¿Ha comido de gula?, ¿ha sido responsable al conducir vehículos?

¿Ha respetado las leyes de tránsito?

¿Ha sido consciente de que poner en peligro la propia vida o la vida de los demás es pecado?

¿Ha cuidado de su propia salud y la de los que es responsable?

¿Ha sido causa para que otros pequen?

¿Ha usado drogas alucinógenas o estupefacientes, marihuana, yagé, bazuco, éxtasis, *popper*, cocaína, heroína, etc.?, ¿ha negociado con estas sustancias por ambición de dinero sin importarle la ruina física y espiritual de los demás?

¿Ha aprovechado de las ilusiones de la gente, fomentando juegos de apuestas y de azar como galleras, casinos, máquinas tragamonedas (bazuco electrónico), etc.?

¿En la medida de sus capacidades, ha defendido a los que son víctimas de cualquier injusticia?

¿Se ha preocupado por el bien de la comunidad donde vive, familia, oficina, conjunto, barrio, ciudad, pueblo, vereda?

¿Ha sido solidario en todo lo que favorece al bien común?

¿En su trabajo ha sido honesto, responsable y serio?

¿Ha destruido la naturaleza, dañado árboles, maltratado animales, contaminado agua, aire y el medio ambiente?

¿Ha consentido pensamientos y deseos impuros?

¿Ha leído libros, revistas o cualquier publicación pornográfica?

¿Ha asistido a espectáculos pornográficos?, ¿ha asistido a casas de prostitución?

¿Ha cometido actos impuros de masturbación o con otras personas?

¿Ha sido adúltero, es decir, infiel a su cónyuge?

¿Ha tenido relaciones íntimas prematrimoniales?, ¿ha tenido relaciones homosexuales?

¿Ha tenido conversaciones impuras?, ¿ha presionado a otros para obtener de ellos una relación sexual?

¿Ha inducido a prácticas sexuales a menores de edad o a gente casada?

¿Vive en unión libre?, ¿ha sabido respetar el cuerpo y hacerlo respetar de los demás como templo que es del Espíritu Santo?

¿Se ha esforzado por controlar las pasiones e instintos, frecuentando la Eucaristía, el rosario, el ayuno, las visitas a Jesús Sacramentado?

¿Ha robado?, ¿se apoderó de la herencia de familiares o se aprovechó de ellos en la repartición?, ¿ha devuelto lo que ha robado?

¿Ha respetado las cosas de otros?, ¿ha devuelto oportunamente lo que le han prestado?

¿Ha implementado sistemas de préstamo de usura, es decir, con intereses más altos de los permitidos por la ley, tales como el gota a gota, las compraventas, las peñas o las pirámides?

¿Ha especulado con los precios de los artículos?

¿Ha engañado en el peso o medida de artículos?

¿Ha despilfarrado dinero en cosas innecesarias?

¿Ha sido avaro y ambicioso?

¿Ha usado indebidamente dineros públicos?

¿Ha obtenido o tratado de obtener servicios o privilegios abusivos mediante el soborno?

¿Ha practicado el contrabando o el lavado de dinero?

¿Ha reparado los daños que ha causado?

¿Ha pagado los impuestos justos?

¿Ha llevado doble contabilidad en la empresa porque todo el mundo así lo hace, olvidando la sentencia bíblica que dice: "Al césar lo que es del césar y a Dios lo que es de Dios"?

¿Ha ejercido honestamente la profesión u oficio?

¿Ha buscado enriquecimiento ilícito, moteles, prostíbulos?

¿Ha formado parte de grupos delictivos o de sus actividades?

¿Ha sido solidario y generoso con los pobres y vulnerables en la medida de sus capacidades?

¿Ha sabido compartir con los demás lo que es y lo que tiene?

¿Ha mentido, calumniado, criticado, juzgado o hablado mal de los demás?

¿Ha perjudicado a otros con mentiras, chismes, o revelado algún secreto?

¿Ha sido hipócrita y falso?, ¿ha sido envidioso?, ¿ha sido adulador por algún interés personal?, ¿ha fingido sentimientos que no tiene?, ¿ha cumplido la palabra empeñada?

¿Ha sido perezoso?, ¿ha actuado contra su conciencia por miedo o por hipocresía?

¿Se esfuerza por superar los vicios y las malas inclinaciones?

¿Ha sido orgulloso o soberbio?, ¿ha sido blasfemo?, ¿ha mentido o callado la verdad ante un juez o una autoridad competente?

¿Ha sido cómplice de algún delito?

En una palabra ¿ha preguntado a Dios hacia dónde va su vida, qué opina de su proyecto de vida, se ha dejado amar de Él?

Oración

Gracias te doy, Señor, por Tu gran amor. Es cierto que mi ingratitud es muy grande, pero infinita es Tu misericordia; en lugar del castigo merecido, me has llamado a la penitencia y dado Tu perdón. Virgen Santísima, madre mía, refugio de los pecadores, ya que por tu intercesión maternal Dios quiso perdonarme, alcánzame la gracia de ser constante y firme en los buenos propósitos hasta la muerte. Por Jesucristo, nuestro Señor. Amén.

Como frecuentemente pecamos, con frecuencia debemos confesarnos para poder permanecer en estado de gracia. La Confesión hace las veces de una crema que el dermatólogo le receta a uno para cicatrizar una llaga que tiene en el cuerpo, pero que si se aplica una sola vez no sirve para nada; por eso, para que la Confesión dé fruto abundante, debemos ser perseverantes en su búsqueda, pues cada vez que lo hacemos, la gracia, la fuerza, el poder y la luz del Espíritu Santo entran en nosotros, iluminan las tinieblas del pecado, lo debilitan, nos limpian de su suciedad, y van transformando nuestra forma de ser.

Así como Dios le está revelando sus secretos para que desde este momento comience a ser verdaderamente feliz en Él, hay personas esperando que vaya a contarles que Jesús está vivo y quiere reconstruirles su vida, así como hoy yo le estoy contando a usted. Comparta con ellas sus experiencias y todas las herramientas que Dios le ha dado para este proceso, incluyendo esta oración.

Hay que ser gratos con quienes nos han servido en algún momento de nuestra vida

En todo este caminar de desarmar y sanar mi corazón nunca olvidaré el consuelo, la esperanza y el deseo de vivir que encontré en las misas de sanación del Padre Jesús Hernán Orjuela (Padre Chucho). Dios, a través de la voz ungida y llena de gracia de este Sacerdote en sus canciones y predicaciones, me respondía de una manera muy amorosa a mis inquietudes y vacíos. Muchas lágrimas derramé en aquellos miércoles por la mañana. Inolvidable es también para mí la Alabanza en el grupo carismático católico Asociación María Santificadora, el cual cada jueves con su ministerio de música despertaba en mí el deseo de gritar sin temor: "Gracias, Dios, por los milagros tan grandes que estás haciendo en mi vida". De esa comunidad recuerdo la unción y la fuerza en la predicación que el Espíritu Santo regalaba a su directora, Glorita Gómez, quien me llenaba de esperanza porque me hacía sentir un Dios vivo en el corazón.

No puedo olvidar tampoco al Padre Esteban de la Parroquia del Barrio Doce de Octubre, en la calle 72, con todos esos dones de conocimiento tan grandes que utiliza por medio del Sacramento de la Confesión, ni al laico director de la Escuela de Evangelización del Minuto de Dios, sede Chapinero, Alvarito Serpa, "Maracucho", quienes coincidieron en la importancia de ayudarme con una oración por la restauración del área afectiva. Resultaron orando por las secuelas de las ataduras de fornicación, adulterio y alcoholismo heredadas por línea paterna, y al preguntarles la razón por la cual cambiaron la intención de la oración siendo que ya varias personas habían orado por la liberación de esas áreas, respondieron que el Señor les había mostrado que estas relaciones afectivas no se daban porque Dios quería limpiarme primero de todas las tendencias heredadas de mis antepasados con el fin de prepararme para esa pareja que le estaba pidiendo. Además, me dijeron que se necesitaba orar no una sino varias veces por las diferentes áreas y pecados que tenemos por sanar.

Son muchas las personas que han apoyado en oración este caminar espiritual, cada una con un don diferente, por ejemplo, el don de liberación, sanación, ternura e inocencia, pero ante todo la risa chillona y contagiosa de Bill Carrascal, cuyo nido que lo vio nacer y que él representa con gran dignidad y altura, fue llamado por Alfonso López Michelsen en el prólogo de *Las Ibáñez* "Ocaña, La Risueña".

Otro ser maravilloso, por el cual he conocido y recibido grandes misterios del poder de Dios, es Alvarito Uribe, laico consagrado de la hermosa Medellín, la Ciudad de la Eterna Primavera, un niño de Dios casado con la Virgen María, como él mismo lo pregona a los cuatro vientos. Y si de compartir y hospitalidad se trata, aprovecho para agradecerle a mi hermano espiritual Armando Bocanegra, quien ha sido compañero de apartamento durante tantos años.

Ojo, tengamos cuidado con quienes están contaminados

Agradezco a las personas mencionadas anteriormente, a quienes respeto por su bondad, preparación, autoridad y moral. A diferencia de ellas existen otros que, aunque con buenas intenciones, les advierto que, por no estar en obediencia con Dios por medio de la Iglesia, no pueden ejercer un ministerio de sanación y liberación en forma coherente. Esto puedo afirmarlo, ya que al estar enfermo y desesperado resulté metido con varios brujos y gente que recibía manifestaciones sobrenaturales de Dios, pero que estaban contaminadas por su desobediencia o porque no estaban en estado de gracia.

Todo este *tour* de equivocaciones me llevó a que, en su momento, mi gran amigo-papá Rafael Arango me haya tildado de "cabra sin collar" o "volador sin palo" (doy fe). Tiene toda la razón, porque en mi desordenada búsqueda de quienes tuvieran dones para que oraran por mí, sin la prudencia santa que Dios da, entré en lugares espiritualmente muy infestados por el mal y permití la imposición de manos de gente contaminada por la engañosa *nueva era*, entre otras razones.

Es por eso que a veces uno sale más enfermo y confundido de lo que llegó, la Palabra de Dios nos lo advierte en Mateo 7, 15: *"Guardaos de los falsos profetas que vienen a vosotros con vestiduras de ovejas, mas por dentro son lobos rapaces".*

Para que no caigan como yo en el error de ir afanosamente de un lado a otro, corriendo riesgos en la búsqueda de soluciones a su vida, les recomiendo que se aseguren primero de quién es la persona o comunidad que dice estar intercediendo por usted en un supuesto ministerio al servicio de Dios. Pregunte y asesórese con autoridades eclesiásticas y con esa bella Tradición del Catecismo, que es un recurso de fácil acceso en el que se puede encontrar luz, coherencia y, lo más importante, Santa obediencia a nuestra Madre Iglesia católica.

El Cielo comienza aquí en la tierra

El Catecismo contiene mucha unción del Espíritu Santo, pues ha conservado y explicado el depósito de la fe por años, como misión que el Señor confió a su Iglesia.

El catecismo presenta fiel y orgánicamente la enseñanza de la Sagrada Escritura, de la Tradición viva de la Iglesia y del Magisterio auténtico, así como la herencia espiritual de los Padres y de los Santos y Santas de la Iglesia para conocer mejor el misterio cristiano y reavivar la fe del pueblo de Dios.

Dentro de este misterio, en los numerales 731 a 747 y 690 del Catecismo están explicados la misión y el poder del Espíritu Santo y la Iglesia en los últimos tiempos, en lo cual se fundamenta la Renovación Carismática Católica, que ha sido calificada por los Papas Pablo VI, Juan Pablo II y Benedicto XVI con expresiones que definen su valor e importancia para la vida de la Iglesia católica y de sus fieles: "Suerte para la Iglesia y para el mundo", "canal de salvación dentro de la Iglesia católica", "movimiento a escala mundial".

Es a este movimiento al que, de manera especial, debo casi todo ese conocimiento que me ha permitido hallar esperanza, paz y felicidad de Dios en mi corazón. Son muchísimos los grupos de oración y comunidades religiosas con sus diferentes espiritualidades de las cuales me he alimentado espiritualmente; pero, **hoy en día lo más bello, poderoso y enriquecedor de mi vida ha consistido en encontrar a Jesús en el silencio de mi corazón, ante todo cuando estoy frente a Él en el Sagrario, alabándolo, adorándolo, agradeciéndole, siguiendo la huella que nos dejaron San José y los tres reyes magos como primeros adoradores.** Eso mismo le ocurrió a San Agustín, quien dijo: *Tú estabas dentro de mí, y yo fuera, y por fuera te buscaba.*

Mi experiencia de encuentro con Dios a través de distintas espiritualidades me ha demostrado que el poder y el amor de Dios se manifiestan de manera diversa en cada instrumento y en cada comunidad, pero que a todos los dirige el mismo Espíritu Santo porque, como decía Santa Teresita del Niño Jesús, *"La santidad no consiste en tal o cual práctica, sino en una disposición del corazón que nos transforma en humildes y pequeños en los brazos del Padre, conscientes de nuestra debilidad, pero confiados hasta la audacia en su bondad de Padre".*

Por eso no debemos juzgar al uno o al otro porque no viven la fe a nuestra manera, no pertenecen a nuestro movimiento o grupo apostólico o no tienen nuestra espiritualidad y se justifican con argumentos como: "Sólo yo estoy donde está la verdad de Dios; todos los demás están errados".

Dios nos exige o nos pide cuentas de acuerdo con lo que nos ha dado. Por eso, no podemos imponer a quien no ha vivido una experiencia en Dios como la mía que crea en ella; eso es ingenuidad, soberbia o querer meter a la fuerza al otro lo que no ha tenido como regalo y privilegio de conocer y de vivir.

Recuerdo la cita de Pablo en la que exhorta a los fieles por las divisiones y discordias entre las diferentes comunidades de la Iglesia: *"Me refiero a que cada uno de vosotros dice: 'Yo soy de Pablo', 'Yo de Apolo', 'Yo de Cefas', 'Yo de Cristo'. ¿Está dividido Cristo? ¿Acaso fue Pablo crucificado por vosotros? ¿O habéis sido bautizados en el nombre de Pablo?* (1.ª Co 1, 10).

Teniendo esto claro, cuando quiero que alguna persona conozca de mi experiencia en Dios sencillamente le hablo pasito, al oído y con amor, sabiendo que lo demás vendrá por añadidura. Dios, como siempre, tendrá un día y una hora para hacerlo caer en la cuenta, para darle entendimiento. El Señor una vez me hizo sentir lo siguiente: "Busca que todo me agrade a mí que en su momento, yo haré que les agrade a los demás". "Tú simplemente cuéntales y ora por ellos, que Yo Soy el que los cambia".

Cómo le va a exigir Dios a un campesinito que vaya diario a Misa, al Santísimo o al Grupo de Oración, si este debe trabajar y, además, vive lejos del templo donde se celebra la Eucaristía, o no tiene el Santísimo expuesto, ni Grupo de Oración.

Dios valora muchísimo nuestro esfuerzo y sacrificio al ir en busca de Él, al peregrinar a sitios sagrados o en busca de instrumentos suyos. Desde el mismo momento en que el peregrino parte hacia uno de estos sitios comienza a recibir miles de bendiciones, como le hizo saber Nuestro Señor en una aparición a Santa Matilde, la tía de Santa Gertrudis y superiora del convento en que esta última empezó a formarse como religiosa a la edad de cinco años, en el momento en que ésta le preguntó: "Señor, fuera de la Santa Hostia, ¿dónde te puedo encontrar?". Jesús le respondió: "Búscame en el corazón de Gertrudis".

Así como todos los ríos deben terminar en el mar, sucede con las diferentes espiritualidades: deben conducirnos al encuentro con Jesús en la Eucaristía, tal como lo dice en su palabra: *"Quien come mi carne y bebe mi sangre tiene vida eterna, y yo lo resucitaré el ultimo día". "El que come mi carne y bebe mi sangre, permanece en Mí, y Yo en él"* (Jn 6, 54-56). La principal oficina de Dios donde finalmente los seres humanos resolvemos todos nuestros problemas, de rodillas, en humildad, de corazón a corazón y de manera constante, es frente al Santísimo.

Como vimos que aparece en San Juan 16, el Espíritu Santo es quien nos conduce a la plenitud del conocimiento de Jesucristo, camino, verdad y vida. Para alcanzar esta plenitud Dios Padre infunde en nosotros **el carisma del discernimiento,** que nos permite determinar las motivaciones y causas de nuestras acciones así como sus efectos, es decir, si lo que sentimos, pensamos, deseamos, decidimos y hacemos es inspirado en la voluntad de Dios o es producto de nuestro capricho humano y se da como influencia del espíritu del mal. **El Espíritu Santo es la herencia que Jesús deja a sus Apóstoles y** discípulos, el abogado e intercesor cuya función específica es convencernos a todos "en lo referente al pecado, a la justicia y al juicio"; es el paráclito, o sea aquél que nos sana las heridas, nos recompone y nos da nuevas fuerzas en medio de nuestras luchas diarias.

Caminar en el Espíritu Santo: la escuela en la cual aprendí a leer mi vida y comencé a encontrar la paz y la felicidad

Por la experiencia que lleva la Renovación Carismática Católica (RCC) en el mundo y mi proceso en ella, siempre he sentido y recomendado que un primer paso de entrada consiste en comenzar a conocer nuestro pasado lleno de dolor y equivocaciones, para luego "morir" a ello como camino de transformación interior a través de la reconciliación con Dios, con el prójimo y con uno mismo y el encuentro personal con Jesucristo luego del cual recibimos al don de dones, el Espíritu Santo. Se trata de una nueva manera de vivir, un nuevo estilo de vida ahora en Dios, o de un caminar en el Espíritu de Dios que nos permite quitarnos el traje de hombres viejos, mañosos, rebeldes y pecadores, para colocarnos el traje nuevo del amor y de la obediencia verdadera a Dios, renaciendo como sus nuevas criaturas tal como fue anunciado por el profeta Ezequiel: *"Yo les daré otro corazón y pondré dentro de ellos un espíritu nuevo; arrancaré de su cuerpo el corazón de piedra y les daré un corazón de carne, a fin de que sigan mis preceptos y observen mis leyes, poniéndolos en práctica. Así, ellos serán mi pueblo y yo seré su Dios"* (Ez 11, 19-20).

No olvidemos que en Mateo 3, 11, San Juan el Bautista aclaró a los fariseos y saduceos de Jerusalén, Judea y la región del Jordán que acudían a él para que los bautizara, que lo hacía con agua como señal de conversión, pero que después de él vendría un hombre de mayor dignidad y más fuerte que él, quien *los bautizaría con Espíritu Santo y fuego*. Asimismo, cuando fuimos niños recibimos el Sacramento del Bautismo o Bautizo de Agua y en la experiencia de fe, o mejor, en el encuentro y caminar con Jesús que iniciamos con el "Seminario de vida en el espíritu", recibimos el *Bautismo en el Espíritu Santo o Bautizo de Fuego*, que se explica como la intervención soberana de Dios y de su Espíritu para purificar las conciencias. Esta experiencia, este caminar con Jesucristo, va madurando en la medida en que enriquecemos nuestra experiencia de Dios en la vida comunitaria que se va generando al compartir de la oración, la alabanza, la Palabra de Dios, la Eucaristía y el testimonio de vida.

El Bautismo en el Espíritu Santo es una manera de decir a Dios un "sí, acepto", y un "sí, creo" lo que otros aceptaron en mi nombre para romper el pecado original y hacerme hijo de Dios. Me di cuenta de que con el Bautismo en el Espíritu había llegado el momento de dar el sí de nuestra aceptación y de nuestra fe en primera persona a Jesús: "Sí, acepto a Jesús como mi Señor y mi Salvador".

El hecho de encontrarme día a día con quienes critican este movimiento y la unción del Espíritu Santo en él me recuerda esas primeras veces en que después de aceptar la invitación a asistir a un Grupo de Oración de la Renovación o a una Misa de sanación, y estando allá, cuando empezaba a oír y ver hablar en lenguas extrañas y aplaudir, decía que eran escandalosos, fanáticos, protestantes o que estaban locos. Sin embargo, luego entendí que me faltaba conocimiento acerca del Espíritu Santo vivo, pues no es muy común ese sentir en nuestra amada Iglesia católica. Claro que la familia de Jesús al ver todo ese poder que había en Él, en su momento también llego a opinar que no estaba en sus cabales (Mc 3, 20).

Un regalo que yo no agradecí por largos años al Espíritu Santo por ignorar que provenía de Él, fueron cualidades que, en medio de todos los sufrimientos me acompañaron desde la niñez, las cuales me destacaban social y familiarmente. Con el tiempo entendí que se trataba de los frutos del Espíritu Santo.

Conozcamos al Espíritu Santo y saldremos de la monotonía de vivir

La Renovación Carismática no es algo emocional. Esa alegría, ese cantar con fuerza y con volumen, levantar los brazos y hacer palmas, son signos exteriores de una alegría nueva extraña para la buena parte de los católicos. Lo esencial es que en la Renovación el Espíritu Santo nos lleva al corazón del Evangelio, que es la Cruz de Jesús; de allí brota el Espíritu como la sangre y el agua. Otro de los signos del obrar del Espíritu Santo es que las Sagradas Escrituras, además de ser Palabra de Dios, adquirieron para mí el carácter de Palabra Viva de Dios. Tengo que reconocer que hacer vida la Palabra de Dios era muy normal entre los hermanos separados cuando yo frecuentaba sus reuniones. ¡Lástima que esa virtud la opacaban cuando colocaban la prosperidad por encima del señorío de Jesucristo!

Ni modo de culpar a nadie por los prejuicios para con la RCC, pues ello viene pasando desde los tiempos del mismo Señor Jesús. Fueron tremendas la burla y la crítica de unas personas que observaron el momento en que el Espíritu Santo descendió sobre los Apóstoles; dijeron nada más ni nada menos que estaban borrachos, luego de que comenzaron a hablar en lenguas diferentes y salieron a **hablar de Dios por el mundo sin miedo**. Nada más se podía esperar, si aún no había llegado a sus vidas ese fuego de poder sanador, liberador y transformador, la presencia viva del Espíritu Santo. Igualmente ignorantes estaban algunos discípulos de Jesús en Éfeso, lo que descubrió San Pablo cuando les preguntó por el Bautismo mediante el cual habían recibido la fe (Hc 19, 4).

LVX
MVNDI

Cuando los problemas nos acorralan, como que abrimos más fácilmente el corazón

Doy gracias a Dios por haberse valido de mi soledad y enfermedad para que, así fuera por necesidad, yo tuviera la disposición de abrirme a tener una verdadera experiencia con el Espíritu Santo. A quien enfrenta el sufrimiento, Dios no lo deja luchar solo. Cuando el corazón o el cuerpo sufren por lo que pierden, el Espíritu ríe por lo que encuentra; es a esta actitud de apertura y fe a la cual el Espíritu Santo recompensa con la gracia de hacernos vivir sus regalos y detalles, es decir, sus frutos, sus dones, sus carismas, sus misterios.

Los frutos del Espíritu son perfecciones que forma en nosotros el Espíritu Santo como primicias de la gloria eterna; entre ellos se cuentan la caridad, el gozo, la paz, la paciencia, la longanimidad, la bondad, la benignidad, la mansedumbre, la fidelidad, la modestia, la continencia y la castidad (Ga 5, 22-23) (Catecismo 1832); los dones son disposiciones permanentes que hacen al hombre dócil para seguir los impulsos del Espíritu Santo, tales como la sabiduría, la inteligencia, el consejo, la fortaleza, la ciencia, la piedad y el temor de Dios (Catecismo 1830-1831); y los carismas son dones sobrenaturales del Espíritu para edificación del cuerpo eclesial. *"El Espíritu da a uno la sabiduría para hablar; a otro, la ciencia para enseñar, según el mismo Espíritu; a otro, la fe, también en el mismo Espíritu. A éste se le da el don de curar, siempre en ese único Espíritu; a aquél, el don de hacer milagros; a uno, el don de profecía; a otro, el don de juzgar sobre el valor de los dones del Espíritu; a aqueste, el don de lenguas; a aquel, el de interpretarlas. Pero en todo esto, es el mismo y único Espíritu el que actúa, distribuyendo sus dones a cada uno en particular como él quiere"* (1 Cor 12, 8-11).

Muchos creyentes cayeron en la monotonía, se enfriaron y se apagaron espiritualmente o hasta abandonaron su comunidad, porque no cultivaron mediante los sacramentos, la oración, la lectura de la Palabra, la vida en comunidad y, especialmente, de la apertura a la acción del Espíritu Santo, la llama de la fe que fue encendida para ellos en el Sacramento del Bautismo. Tristemente esto mismo ha pasado con innumerables Sacerdotes, quienes además recibieron de su Obispo la imposición de las manos y el Santo Crisma. Esta realidad es la que da sentido al versículo bíblico que dice que **no se puede encender una vela y colocarla debajo de la mesa.**

El demonio imita, para hacer el mal, la fuerza, el poder y el misterio del Espíritu Santo. Si los hombres conociéramos en verdad el amor pleno que Dios nos da por el Espíritu Santo, no tendríamos que estar buscando el amor que nos faltó de papá o de mamá en vías de escape tales como vicios, adicciones y desórdenes sentimentales y carnales igualmente, si experimentáramos el poder y la Sabiduría del Espíritu Santo con sus dones y carismas, no tendríamos que buscar adivinos, médiums, brujos, metafísicos, mentalistas, parasicólogos, psicoanalistas, masones y gnósticos en busca de poderes, adivinaciones o comunicación con el más allá, por medio de regresiones, desdoblamientos, ouijas, mantras, chacras, Feng Shui, reiki, control mental y todas las imitaciones ocultas y peligrosísimas del poder de Dios.

El nombre *nueva era* es la imitación engañosa y malévola que el diablo hace de la obra y los regalos del Espíritu Santo. La *nueva era* nació en el mundo desde la desobediencia del ser humano en el paraíso para engañarlo y corromperlo; luego, por la *nueva eva* –La Virgencita María–, nace Jesucristo, El Salvador del mundo, para redimirnos de ese engaño.

Algo muy interesante que fui conociendo y entendiendo en la Renovación fue el don de lenguas, el mismo que tanto critiqué y que hoy, por la gracia del Espíritu Santo, puedo sentir como una alabanza a Dios. Es un lenguaje desconcertante para el que no lo conoce y distinto de todas las lenguas humanas, precisamente porque no viene del intelecto sino del misterio del Espíritu Santo; es semejante a aquellas ocasiones en que expresamos a un bebé cariño, amor y simpatía con susurros y balbuceos cariñosos y él nos responde con balbuceos inocentes. Por algo dice la Palabra de Dios que si no nos hacemos como niños, no entraremos en el Reino de los Cielos.

Este regalo que el Espíritu Santo trajo a mi vida está disponible para todos los hijos de Dios que estén dispuestos a recibirlo. A quienes por el momento no quieran recibirlo no los puedo culpar, ni mucho menos forzar, pues, incluso el mismo Jesús advirtió a sus discípulos que no todos los que los habían precedido pudieron ver ni oír sus manifestaciones (Lc 10, 23). Igualmente, en Hechos 16, 13, San Pablo cuenta cómo es el Señor quien abre el corazón a Lidia para que entendiera lo que él hablaba. Como Dios tiene un día y una hora para todo, así tendrá su momento para conceder a ellos esas gracias; mientras tanto, se vale de aquellos a quienes nos las ha concedido para que con mucha prudencia, caridad y humildad seamos sus multiplicadores.

Definitivamente, la Renovación imprimió a mi relación con Dios el sello de la cercanía de un verdadero papá. Como lo cité, años atrás había participado en otros grupos de oración de diferentes espiritualidades donde me sentí muy cómodo, crecí en el conocimiento de la Palabra e hice gran número de amigos; pero donde realmente establecí un compromiso con Dios a partir del encuentro personal con Él, **quedando atrás esa prevención y psicorigidez,** fue en los grupos de la Renovación. Allí experimenté lo que es el poder de la oración comunitaria, donde todos oramos unos por otros, por lo que necesitamos, como en una familia espiritual, cumpliéndose así el propósito de la Sagrada Eucaristía, es decir, de la comunión o común-unión de los hermanos en la comunidad y que no tiene nada que ver con esa forma egoísta con la que oraba pidiendo exclusivamente a ojo cerrado por mis intenciones.

San Pío de Pietrelcina fue el fundador de estos Grupos de Ruego, hermosa iniciativa que se conoce como grupos de oración y que hoy se extiende por todo el mundo católico. Algunos llegamos a ellos llenos de miedos o temores y otros con una gran disposición a los regalos de Dios; a otros, en medio de sus problemas, alguien les sopló que, como dice la canción, allí *"suceden cosas maravillosas"* y llegaron como observadores curiosos buscando novedades o el milagro que no han podido encontrar después de una larga, costosa y contaminante peregrinación, hasta que el Señor se compadeció de ellos. Ya luego, mediante la oración comunitaria de intercesión, el sometimiento a la Palabra de Dios, la vida sacramental y la orientación del Sacerdote, el mismo Jesús les enseñó que conviene a los seres humanos peregrinar en cambio en la búsqueda de personas, grupos o comunidades que los acompañen en el proceso de liberación y de sanación y ayuden a entender que todos necesitamos de todos y que, al someternos unos a otros, en obediencia a Dios, poco a poco vamos aprendiendo **la virtud de la humildad.** O acaso hemos visto que un médico, por eminente que sea, pueda operarse él mismo.

De manera ingenua, con el paso del tiempo algunos miembros de los grupos se van estancando espiritualmente y van quedando inmersos en un emocionalismo y en una especie de "histeria colectiva". Se trata de personas que realmente no se arrojan en los brazos de Dios con fe auténtica para desapegarse de las arandelas del mundo, porque se instala en lo externo, en los aplausos, o hacer "clic" todos con todos. Con estas actitudes evaden así la realidad de su vida, sin abrirse a un compromiso serio con Dios.

Para Dios esto es un gateo de niño y un primer paso válido, pues "la única oración que no sirve es la que no se hace". Dios nos va madurando en la fe y psicológicamente, de manera gradual; cuando realmente se empieza a sentir la unción y el poder del Espíritu Santo, es cuando le abrimos nuestros corazones y se los desenmascaramos tal y como somos, exteriorizando nuestros secretos para que Él pueda escudriñar nuestras heridas del pasado familiar, de la forma equivocada y agresiva en que fuimos criados, de recuerdos dolorosos que han amargado nuestra vida, así como de equivocaciones, tristezas, temores, dolor, sin miedo a llorar frente a otros, pues **"las lágrimas son la sangre herida y descompuesta del alma que se está renovando",** sincerándonos para que el accionar de Dios pueda fluir en nuestro ser en libertad y espontaneidad, sanándonos, liberándonos y haciéndonos de nuevo. Esta forma de oración también tiene la gracia de enternecer de nuevo nuestras almas.

El Espíritu Santo nos llena de alegría verdadera y nos enseña a hablar con Dios como con todo un papá. En estos grupos de oración, de entrada la diferencia la marca la invocación del Espíritu Santo con una alabanza viva, alegre, dinámica, para que se vayan disponiendo los ánimos y los corazones y derrumbando las barreras, especialmente las de timidez, temor, dolor, psicorrigidez, prevención y hermetismo, incluso las más resistentes a la enseñanza de la Palabra y a la oración. No puede uno pedir a alguien que no haya sentido la experiencia del Espíritu Santo que vibre, tenga esperanza y de verdad crea en las promesas de Dios, tanto en los gozosos como en los dolorosos.

En medio de la alabanza pedimos a Dios que quien nos enseña su Palabra reciba la unción, el amor y la sabiduría del Espíritu Santo y así pueda traerla o acomodarla a nuestros tiempos y a nuestra historia, para que conozcamos, discernamos y obedezcamos lo que quiere Dios de nosotros en relación con la familia, el entorno, el trabajo, la sociedad y el país.

La alabanza es tan poderosa que la mayoría de bendiciones siempre llegan como fruto de ella. Alabar a Dios y glorificarlo es reconocer Su poderío y grandeza, pero, ante todo, Su amistad y cercanía; el hacerlo en comunidad en estos grupos de oración es similar al acto de echar leña a una fogata, pues, mientras más leña se le eche más arde el fuego. El Espíritu Santo nos da la gracia de poder elaborar una oración salida del corazón, aprendiendo así a orar de manera espontánea, o sea, contando todo lo que nos pasa a Dios Padre, con la confianza del hijo que en verdad cree que su papá lo escucha y lo ayuda, como amigos, con fe y esperanza, como nos lo dice su Palabra en Romanos 8, 26: *"El Espíritu viene en ayuda de nuestra flaqueza. Pues nosotros no sabemos pedir como conviene; mas El Espíritu mismo intercede por nosotros con gemidos inefables y Él, que escruta los corazones, sabe cuál es la aspiración del Espíritu y que su intercesión a favor de los santos es según Dios".*

El Espíritu Santo es quien finalmente nos enseña a orar y a pedir a Dios como debe ser, lo que más nos conviene a nosotros y a los demás. Él nos enseña qué nos trae buenas consecuencias y qué acto de nuestra vida es pecado y, por lo tanto, Le desagrada porque roba de esta forma la bendición y los regalos que Él nos quiere dar. En la Biblia, Juan 16, 8 nos lo confirma: *"...y cuando Él venga, convencerá al mundo en lo referente al pecado, en lo referente a la justicia y en lo referente al juicio".*

Frecuentemente escuchamos gente que se queja diciendo que ya no sabe cómo rezar o pedir a Dios para que le haga el milagro que Le están pidiendo. Primero, la Biblia nos advierte que la reconciliación con Dios y con los otros es un requisito previo a la presentación de nuestra ofrenda ante el altar de Dios y para que nuestras súplicas sean escuchadas y respondidas.

Cuando vamos teniendo el conocimiento y la experiencia de quién es en verdad el Espíritu Santo y su poder, con seguridad nos iremos familiarizando con Él.

La siguiente oración la recomiendo a quienes estén luchando con vicios, adicciones, droga, alcohol, tendencias extrañas, lujuria, odios, ataques de ira o de pánico, complejos, mentiras, chismes, groserías, robo y demás manías que nos perjudican.

Ojalá Dios les conceda la gracia de hacer esta oración a diario e interiorizarla para poder aprovechar todo su auxilio divino y sanador.

"Señor Jesús, te abro mi corazón, regálame la presencia viva de tu Espíritu Santo que es tu amor y tu perdón perfecto, por los meritos de tu dolorosa pasión y el corazón inmaculado de tu amadísima esposa, la Santísima Virgen María. Ven, Espíritu Santo, y concédeme el poder para renunciar, para dejar (haces la petición) y me rindo ante tu autoridad y te doy el derecho para que tomes autoridad sobre mí. Amén".

La Palabra de Dios en el libro de Ester 4, 17 y en el de Tobías 3, 1 y 3, 11, también nos enseña por medio de estos personajes lo que es una oración salida del corazón de manera espontánea, con la firme convicción de que Papá Dios la está escuchando e igualmente la responde, para así no tener que hablarle con las oraciones de siempre, las ya elaboradas, que también le llegan a Él pero que, de pronto, ya de tanto repetirlas y repetirlas las decimos mecánicamente, por rutina, sin concentrarnos y sin sentido, tan sólo por rezar o por cumplir.

Esta experiencia con el Espíritu Santo nos lleva a querer conocer más y más el infinito misterio de Dios

El conocimiento de la Palabra no se limita a una cuestión de aprender versículos de memoria, sino de encarnarlos en la vida, de ponerlos en práctica, de obedecerlos. "Cuando uno conoce la Palabra de Dios y no la obedece tan sólo sirve para los demás". La espiritualidad carismática tiene un sentir que es producto, algunas veces, de la apropiación de la Palabra de Dios; mas en eso radica su encanto, porque es una fe de niño, de reclamación de promesa y de tratar a Dios muy personalmente.

Sin embargo, para la hermenéutica teológica los signos y símbolos cumplen un papel muy importante en la interpretación de los textos bíblicos, dependiendo del lenguaje –histórico, teológico, profético o antropológico– en que estén escritos. Por ello, lo que debemos hacer para enriquecernos de las enseñanzas de la Iglesia es estudiarlas si nos es posible; pero lo primordial es vivirlas con sencillez y humildad.

Recordemos que en la tarde de la vida no nos van a examinar por la lengua de oro, sino por el corazón amoroso que llevemos. Además, de nada nos sirve un doctorado en Teología si no tenemos al menos un "kínder" de amor, paciencia y perdón en nuestro corazón. Un ejemplo claro de acto de fe genuina es que el enfermo o necesitado, en medio de una oración de sanación, suplique por su curación copiando y viviendo cualquier escena Bíblica, como el hecho de tocar el manto del Sacerdote, tal como lo hizo la hemorroísa con Jesús, y sanando milagrosamente, sin que tengamos que saber ciencias teológicas.

Ese creer y sentir que cuando la Palabra de Dios era explicada en el grupo el Espíritu Santo se dirigía hacia mí con nombre propio y se refería a la situación por la que estaba pasando, es un perfecto ejemplo de lo que es iniciar una relación íntima con Dios. Digo iniciar, porque esa intimidad va creciendo poco a poco y, en la medida en que Él va comprobando nuestra fidelidad en lo pequeño, más confiará en nosotros.

Solamente cuando en verdad creamos, encarnemos y sintamos que ni la hoja de un árbol se mueve sin la voluntad de Dios y que, por lo tanto, Él permite todo, tanto lo bueno como lo malo (Si 11, 14) para el bien de los que Lo aman, cuando no tomamos una decisión sin antes preguntarle si le agrada, cuando ya no endiosamos o idolatramos al marido más que a Dios, ni al hijo, ni al dinero, ni a nada ni a nadie, es justamente entonces cuando realmente Lo estamos amando por sobre todas las cosas.

No debemos confundir los primeros y pequeños encuentros o coqueteos y regalos que Dios nos hace para llamarnos y acercarnos a Él con el verdadero encuentro personal con el Señor. Ello sería reducir el encuentro a emociones, a manifestaciones extraordinarias, a sensaciones y a vivir como Santo Tomás, esperando prodigios. El verdadero encuentro es conocerlo, obedecerle y servirle con una vida sacramental, aunque Él pareciera oculto y que nos hubiera abandonado.

Por lo general, cuando oran por nosotros queremos sentir cosas extraordinarias, pero no nos preocupemos tanto por ello ya que aunque nada sintamos en la oración, no sabemos lo que Dios está sanando en nuestro corazón o en el de nuestros familiares o allegados, por nuestra intercesión. Del mismo modo, cuando llega el sufrimiento sin que logremos entender por qué, al igual que cuando no sentimos aparentemente nada en la oración, podemos ofrecérselo a Dios por nuestros pecados ocultos y los de nuestras familias. Mejor dicho, cuando uno ora nunca se va en blanco.

Los santos nunca fueron perfectos, pero sí estaban atentos y sensibles a las brisas y los murmullos amorosos de su Señor, tal como aparece en la Biblia: *"De igual modo, sólo el Espíritu de Dios conoce los secretos de Dios. Y nosotros no hemos recibido el Espíritu de este mundo, sino el Espíritu que viene de Dios, para conocer las gracias que Dios nos ha otorgado, de las cuales también hablamos, no con palabras enseñadas por la sabiduría humana, sino enseñadas por el Espíritu, expresando realidades espirituales en términos espirituales"* (1 Co 2, 12).

He aprendido que el Señor y la Virgen se glorifican en quienes perseveran en medio de sus debilidades. El Espíritu Santo que ha dado a quienes le obedecen (Hc 5, 27), revelándoles Sus secretos y misterios, un conocimiento divino que se denomina **ciencia infusa,** que es un saber espiritual de entendimiento y discernimiento que viene no por mérito sino por amor divino. Dios Padre reveló a Santa Catalina de Siena que con el rezo del rosario despacio y meditado, dialogado y saboreado, también se nos concede esta ciencia.

Descubramos el poder del Santo Rosario

En la Renovación he experimentado el rosario como una oración de meditación, con matices, no de repetición, sintiendo una Virgen viva a quien le hablo con mucha confianza, de hijo a mamá, sirviéndome como un modelo de oración muy distinto de la tradicional forma repetitiva, rapidísima o mecánica, como acostumbrábamos hacerlo en mi casa.

Cuando solitario rezo el rosario tengo la oportunidad de decir a la Virgen que interceda ante su hijo Jesús por las dificultades que tengo en ese momento "Santa María Madre de Dios y madre nuestra, ruega a tu hijo Jesús por mí (o por tal y tal persona) para que pueda entender mi situación o para que pueda perdonar, ahora y en la hora de nuestra muerte, Amén". Esto es lo que verdaderamente es hablar con una Virgen y Madre viva, amorosa y perfecta; es una forma de orar meditando, a diferencia de la tal meditación trascendental que promueve la *nueva era*. También, lo aprovecho para elogiar y agradecer a la Virgencita: "Dios te salve, María, llena eres de gracia, El Señor es contigo, bendita tú eres, pura, dulce, amorosa, sencilla y transparente, entre todas las mujeres, y bendito es el fruto de tu vientre, Jesús".

Cada pepita que uno pasa con esta misma actitud es una estaca que la familia coloca alrededor de la casa para que Satanás no entre a dividirla con la tentación, el adulterio, la infidelidad, los juicios, las peleas, la envidia y, finalmente, los conflictos. De igual manera, Dios a varios místicos ha mostrado cómo, al ofrecer el rosario en una familia, los espíritus y los demonios salen por las puertas y ventanas precipitadamente.

Miremos y aprovechemos de nuevo todo el poder que tiene el rosario, para que así lo recemos con mucha fe, ojalá en familia y, a diferencia de muchos, no lo tengamos tan sólo como adorno o agüero, colgado en nuestros cuellos o en el retrovisor del carro porque, al final de esta vida, el que se va a ir para el cielo es el retrovisor. Lo mismo le pasa al músico si lleva la guitarra colgada en la espalda pero no la usa, o al campesino que deja el azadón colgado en la pared.

El poder de las imágenes y la imaginación

¿Por qué Dios da tanto poder, fuerza y gracia a la intercesión de la Virgen María, a sabiendas de que ella también era humana?

Dentro de nuestra raza es ella la única a quien Satanás no pudo seducir y hacer caer en pecado, por lo cual se ha convertido ante Dios en **el orgullo de nuestra raza,** pues demostró que sí se puede luchar por obedecer a Dios. Jesús está en todas partes, pero donde más cerca está es al lado de la Virgen María, pues a Jesús, a veces, por ser el mismo Dios, llegamos a sentirlo muy distante en consideración a lo indignos que nos sentimos por el pecado. A la Virgen, en cambio, por el hecho de haber sido humana llena de Gracia, inconscientemente la vemos más cercana, más familiar; por algo yo la veo, la siento, la aprovecho y la bautizo en mis charlas como **"la más grande pescadora de hombres"**, o **"la mamá alcahueta"**, para bien, ya que tan solo ve lo bueno de nosotros, sus frágiles hijos.

Qué precioso es ver cómo la Virgen se aparece en sus diferentes advocaciones, en un país de un color, en otro país de otro, en otro con rasgos indígenas, en otro orientales, en otra región con ojos de color, en fin todo ello con el propósito de donarse y vivir la humilde palabra de San Pablo, "me hago todo con todos para ganar algunos para Cristo".

En el rostro puro, dulce y transparente de la Virgen María encontramos un arma muy poderosa que debemos utilizar cuando nos enfrentemos a una tentación carnal o de violencia, pues, de manera imaginaria, podemos ver ese rostro virginal en el rostro de las personas con quienes tratamos y encontraremos en ello un recurso milagroso para desarmar nuestro cuerpo y enternecer el corazón para no caer en esas debilidades.

Igualmente, cuando uno se siente solo o deprimido, estresado o lleno de miedos y observa una imagen del rostro de Jesús o de la Virgen lleno de amor, dulzura y pureza, sucede que de estos rostros, por ser Sagrados, brotan rayos de poder sanador que nos llenan de tranquilidad y compañía, y nos devuelven la esperanza.

Hoy en día comprendo el porqué del interés de Satanás en sacar las imágenes sagradas de nuestras casas y lugares por medio de nuestros ingenuos hermanos separados y las sectas, mostrando con ello el desconocimiento de la Palabra de Dios que ordena elaborar imágenes para el templo: *"Harás, además, dos querubines de oro macizo, los harás en los dos extremos del propiciatorio..."* (Ex 25, 18).

Recuerdo aquí una pregunta que en una ocasión formulé a uno de los pastores de la Iglesia protestante a la cual pertenecí: "Pastor, ¿si cuelgo en la pared de mi cuarto una lámina de una mujer sin ropa, eso tiene poder sobre mi imaginación?".

"Claro que sí", me respondió. "Eso puede despertar en uno pasiones desenfrenadas y todo tipo de morbosidades". Le repliqué: "¿Si esas imágenes tienen poder para el mal, las sagradas no lo tienen para el bien?".

Los sentidos son las ventanas al bien o al mal

Lo que no conocemos es el grandísimo poder de unción que nos regala Dios por medio de los sentidos, cuando miramos, escuchamos, sentimos, saboreamos y olemos todo aquello que nos alimenta y enriquece el espíritu. Puede uno aprovechar el momento en que está orando al Señor o a la Santísima Virgen para imaginárselos frente a uno.

Aprovecho este momento para sugerir a los hombres que están buscando novia para casarse, que conozcan muy bien a la chica que van a escoger, su corazón, sus sentimientos, sus debilidades y su familia. Uno no sólo se casa con la muchacha, se casa con su familia, con todo lo bueno y todo lo malo que ellas traen. Muchísimos caen en el error de fijarse sólo en el cuerpo de la muchacha (en su carne); con razón los matrimonios hoy en día duran tan poco; los cónyuges son desechables. Tengan en cuenta hombres, que al despertar cada mañana al lado de la esposa, al saludarla, lo primero que van a mirar para darle los buenos días es el rostro y no las partes inferiores del cuerpo.

Por qué tantos como yo terminamos metidos donde los hermanos separados o en sectas

"Perece mi pueblo por falta de conocimiento" (Os 4, 6).

Muchos hermanos separados al compartirles este conocimiento, este sentir sobre el amor a la Virgencita María, han manifestado no conocer toda esta belleza. Lo mismo ocurre cuando les hablo sobre la existencia en la Iglesia católica de los grupos carismáticos, donde la oración es un diálogo espontáneo con Dios y una fiesta para honra suya, por medio de sus ministerios de Alabanza que despiertan en nosotros la sensibilidad de querer sumergirnos en los ríos del Espíritu Santo.

A continuación me refiero a las posibles causas por las cuales existimos católicos y otros que nos vinculamos con hermanos separados, que están dispersos en numerosas iglesias y sectas.

Dios, años atrás –en esa etapa de soledad, vacío y desespero de mi vida– se valió de unos hermanos separados para llamarme y mostrarme su amor, sus dones y sus misterios, los mismos que hoy en día practico de manera plena y gozosa con Su única y verdadera Iglesia, la católica.

Algo que aprendí de ellos es que cuando conocen una cita de la Sagrada Biblia creen en ella y, se apoderan en espíritu y en verdad. En cambio, los teólogos católicos de "la teología de la mala liberación" dicen que la Sagrada Biblia está llena de historias irreales o fábulas, con lo cual debilitan la fe que desde nuestros hogares y las clases de religión traíamos.

Son muy generosos con su dinero cuando de diezmar o colaborar con el pastor o sus compañeros de Iglesia se trata. Les es fácil alabar, agradecer y glorificar al Señor con coraje y ante todo, relatar donde les sea posible sus experiencias de vida, pese a su pasado de errores, equivocaciones y pecado de donde Dios los sacó.

Para resumir, simplemente suelto una frase que alguien dijo: "Los hermanos separados tienen poco pero lo utilizan todo, y los católicos tenemos el regalo de tenerlo todo pero lo utilizamos poco".

Acerca de la Palabra de Dios son claras sus recomendaciones a este respecto; cuando se nos enseña que debemos examinarlo todo y quedarnos con lo bueno, y que quienes no están contra Jesús están con Él. Por estas razones, lo que debemos hacer los católicos, en lugar de censurar y espantar a nuestros hermanos separados, es llenarnos de conocimiento y misericordia para que cuando toquen las puertas de nuestras casas o nos aborden en algún sitio con sus incompletas o erróneas predicaciones podamos llegarles con mansedumbre en corrección fraterna.

Nuestra actitud irreverente, burlesca o agresiva, en lugar de atraerlos a nuestra verdadera Iglesia, lo único que logra es alejarlos o herirlos mucho más.

Recordemos que el ignorante lo es por no haber tenido quién lo ilustre "pasito, al oído y con amor" o porque el demonio les ha colocado un velo a los hombres para no dejarlos encontrar la verdad.

Como he recordado con insistencia, ni la hoja de un árbol se mueve sin la voluntad de Dios, y mucho menos el corazón de un hombre. Si Dios quiere, los saca del error en que se encuentran, como lo hizo con Saulo de Tarso, quien en forma equivocada estaba totalmente convencido de que la religión que profesaba, por la cual perseguía a los cristianos para ponerlos en prisión y hasta asesinarlos, era la del Dios verdadero.

La mayoría de las personas que llegan a esas iglesias y sectas lo hacen por la influencia que ejercen en los medios masivos de comunicación, así como por la mala imagen que estos mismos difunden de los sacerdotes cuando tristemente caen en algún error. En mi caso, fui a un grupo de ellos; además de otras "justificaciones", porque no se me hizo un milagro en el tiempo y plazo que de manera atrevida fijé a Dios cuando estaba en la Iglesia católica, y por la curiosidad de ir a comprobar si, tal como lo mostraba la televisión, esos pastores hacen milagros, sanan gente de enfermedades y les traen la prosperidad económica (la platica, como siempre, el mejor gancho para todo). Me gustó que allí no me hablaban mucho de la Cruz, lo que sí ocurre en la nuestra; mejor dicho me fascinaba acompañar a Jesucristo a tomar vino a las Bodas de Canná, a los gozosos, pero nunca acompañarlo al Gólgota, al Calvario, a los dolorosos.

Para las corrientes protestantes no hay Cruz ni sufrimientos porque, supuestamente, Jesús al morir ya pagó sus pecados y la sola fe los salvará, contrario a lo que dice la Palabra de Dios: la fe debe ir acompañada de obras y en caso contrario está muerta. **Los seres humanos tenemos el privilegio de poder completar lo que falta a los padecimientos de Cristo sufriendo por su cuerpo que es la Iglesia.** El dolor antinatural se cambia así en sobrenatural, corredentor; los hermanos separados olvidan esto; sus crucifijos, muestran a Jesús glorioso; es muy escaso que aparezca Cristo llagado y ensangrentado. Al ayudar el Cirineo a Jesús a llevar la cruz durante el Santo Viacrucis, con esa actitud nos enseña que debemos actuar de la misma forma, que aunque el Señor pudo llevarla solo, la quiso compartir con nosotros.

Y el Señor, al final, también nos dice "Bien pueda, acomódense que yo los desacomodo". Claro que a Jesús tampoco le chocaba la comodidad, pues esa palabra proviene de Él: comodidad = como-di-dad = como Él dio, dad a los demás.

Otro gancho que no sólo me apartó a mí sino a muchísima gente separada es la "profecía" que dan a uno al llegar; a uno le fascina que le adivinen el futuro.

Muchos jóvenes, debido a la soledad en sus hogares, llegan allí atraídos por los y las jovencitas, los grupos musicales, los cantantes y sus canciones, tal como me pasó a mí. Otros lo hacen porque algunos templos católicos permanecen cerrados y los sacerdotes ocupados cuando un feligrés va a buscarlos, mientras que los protestantes tienen montada toda una estructura de ayuda, consejería a la familia, formación en Biblia, ministerios de acogida, difusión radial, televisiva y a través de otros medios como *call centers* las veinticuatro horas o el proselitismo puerta a puerta mediante el cual escuchan sus inquietudes y los enganchan a su Iglesia.

Otros van allí porque se permite a los casados separados cometer el pecado y casarse de nuevo, con lo cual terminan viviendo en adulterio. Por las experiencias que viví en el protestantismo, oí a integrantes de sectas decir haber encontrado la verdadera iglesia porque allí se sanaron de algún vicio. Muchas veces, esa sanación resulta ser todo un engaño del demonio, que, como padre y autor de los vicios y el pecado que es, los quita y los pone cuando quiere. En ese caso lo hace para alejar a los hombres de la Santísima Virgen María y los sacramentos, únicos con toda la gracia purificadora, de fortalecimiento y verdadera liberación de todo temor. Recordemos que otras de las razones por las cuales el demonio detesta a la Virgen María es por que él nunca tuvo madre en tanto que la Virgen ocupa en el Cielo su lugar. **"Tan grande será la madre, que hasta Jesús quiso tener una".**

He conocido personas que luego de haber asistido durante un largo tiempo a algunas de esas iglesias o sectas, han salido de allí con miedos traumáticos y hasta psicológicos, ya que habían sido manipuladas por algún pastor que las amenazaba diciéndoles que si se iban para otra iglesia o secta, o si leían un libro, escuchaban música o predicaciones de alguien que no perteneciera a la comunidad era el demonio el que las llevaba a tomar esas actitudes.

Nuestro Señor Jesucristo nombra a su Apóstol Pedro como cabeza de su Iglesia en Mateo 16, 18: *"Tú eres Pedro, y sobre ti edificaré mi Iglesia".* Jesucristo no dijo tú eres Martín Lutero o tú eres Calvino y sobre ti construiré mi Iglesia; por lo tanto, Pedro (piedra) es el primer Papa de nuestra Iglesia católica. Y si la Iglesia católica que tiene al Papa Benedicto XVI como cabeza visible y es conducida por el Espíritu Santo tiene problemas, imagínese cuántos más tendrán las 27.000 protestantes sin una cabeza que las dirija; esto es similar a un hogar en donde no está el papá como autoridad, pues cada quien tira por su lado y todo se desordena. Recuerdo la pregunta que le hizo un místico al Señor sobre por qué tantas iglesias en el mundo, a lo cual le respondió: *"Yo tan sólo creé una, pero ustedes los hombres se encargaron de dividirla".*

En este movimiento aprendí a tomar conciencia de muchísimas cosas

En los grupos católicos de oración he aprendido a dar gracias por los alimentos que el Señor me regala a diario y a bendecirlos antes de consumirlos. Toda acción de gracias se convierte en una oración que rompe cualquier maldición; en el caso de las comidas ,ésta evita que nos hagan daño si lo que comemos ha sido conjurado a través de riegos o rezos de brujos que los campesinos y la gente de las tiendas o plazas de mercado les echaron para que se vendiera pronto, para que los cultivos pelecharan, o para desterrar las plagas o los gusanos.

Cuando una persona en los grupos de oración, en la calle, en la cotidianidad o donde sea, nos comparte con su testimonio el milagro que Dios hizo en su corazón, en su salud, en su familia, en su trabajo o en su economía, en fin, en cualquier área de su vida, por aparentemente pequeña que sea esta acción divina, despierta en nosotros la fe y la esperanza de que Dios también puede hacer ese milagro en nuestra vida; esa persona siembra con su testimonio el conocimiento y el interés en ese Jesús que está vivo, que sigue sanando a sus hijos, restaurando sus vidas, y que continúa siendo el mismo ayer, hoy y siempre para darle sentido a nuestra vida y a nuestra fe, como dice San Pablo: *"Si Jesucristo no hubiera resucitado, vana sería nuestra fe"* (1 Co 15, 14), es decir, apague y vámonos, porque no hay nada que hacer.

La palabra edifica pero el testimonio arrastra. Por esto, es importante que compartamos lo que el Señor hace diariamente en nuestra vida con los demás, sin sentir vergüenza de ello, porque con él reconocemos la gloria de Dios. Jesús nos dice que si nos avergonzamos de Él y de su mensaje, también Él, el Hijo del hombre, se avergonzará de nosotros cuando venga revestido de gloria con los Santos Ángeles.

Por esto, si nosotros no hablamos acerca de las bendiciones y de los milagros que Jesús ha hecho en nuestra vida, por lo aparentemente pequeños que estos sean, las piedras hablarán por nosotros. Ser testigo de sus obras ante nuestras familias y el mundo nos hace sentir útiles, porque con ello estamos cumpliendo con su petición de ser multiplicadores de su estilo de vida.

Otro regalo muy grande que el Señor nos ofrece en estos grupos y que es fundamental para el proceso de nuestra sanación es la oración de intercesión (**oración personalizada**) que los compañeros hacen a Dios pidiendo por la raíz de nuestro sufrimiento o situación concreta, orando por nuestra historia, dedicándole un tiempo importante a ello, ojalá con la gracia y el regalo de la imposición de las manos, como en un principio lo expuse. Recordemos que Jesús dijo que donde dos o más se reúnen en su nombre allí está Él.

Según San Agustín, además de **la oración personalizada(1)** contamos con **otras dos formas de oración, la personal (2) y la comunitaria (3),** que experimentamos a través de las visitas al Santísimo, el rosario, el diálogo a solas con el Señor, la Sagrada Eucaristía y los grupos de oración.

Toda Eucaristía es de sanación; no asistamos tan sólo por tradición o costumbre

En el Grupo de Oración y en lecturas acerca del tema he aprendido a sacarle los mejores frutos a la Misa, mediante la oración hecha con fuerza y fe en cada parte de la misma, al igual que al visitar al Santísimo Sacramento.

La oración nos permite sacar el mejor provecho de cada instante de la Misa. Por más sencilla que nos parezca, toda Eucaristía es de sanación, mediante ella obtenemos liberación integral –física, espiritual y material–, porque es en el encuentro con Dios vivo en el Milagro Eucarístico donde se une el cielo con la tierra. Depende de nosotros hacer encarnar lo que hemos aprendido por tradición, ante todo, las oraciones repetidas de memoria, mecánicas y de afán.

La oración que nos acerca de una manera especial al Señor y tiene más efectos sanadores es aquella en la que se le ofrenden las verdaderas raíces de nuestros conflictos; por ejemplo, una persona antes de rogarle a Dios por prosperidad y prosperidad económica, debe pedirle la curación de los recuerdos dolorosos y carencias. **El Señor nos conoce muy bien, sabe que podemos usar para mal dicha bendición, para vengar-**

nos o desquitarnos con quien nos ha herido o para caer en un apego, vicio, maña o pecado peor al anterior, por eso repito: **"El Señor no nos da lo que queremos, sino lo que necesitamos".**

"No se puede pedir bendición viviendo en maldición", o sea, en pecado, especialmente de odio. Pedimos, pedimos y pedimos con una lista interminable de reclamos de cosas que nos hacen falta; pero, realmente, no sabemos cómo hacerlo; la clave nos la da el Señor en su Palabra cuando, como primera medida, nos pide buscar el Reino de Dios, que es la paz en el alma, de modo que el resto llegue por añadidura. Antes que nada, y para que no posterguemos la felicidad que Dios como Papá bueno nos quiere dar a nosotros sus hijos amados, debemos suplicarle que nos haga conocer aquello que nos está robando la paz de nuestro corazón.

Cuando sabemos pedir en la Misa, estamos caminando acorde con la oración comunitaria, debemos hacerlo con énfasis en nuestro corazón, con palabras concretas, tal como aquí lo relaciono:

Quienes no tienen cerca a Jesús Sacramentado expuesto y quieren la oportunidad de visitarlo y adorarlo en el Sagrario, deben tener en cuenta que los templos son abiertos media hora antes de la Misa. Cuando uno entra a un templo entra al Cielo, está en presencia de Jesús, de la Madre, del Padre, del Rey que lo está mirando, que lo recibe, que lo consiente y escucha sus tristezas y problemas.

- Antes del inicio de la Eucaristía pidamos a Dios que nos regale, tanto a nosotros como al Sacerdote, la luz de su Espíritu Santo para poder aprovechar cada momento de la Misa, sentir Su voz en ella y entender lo que quiere de nosotros por medio de las lecturas. Es recomendable ofrecerle lo que más nos preocupa, mediante una oración como la siguiente: "Señor Jesús, te ofrezco esta Sagrada Eucaristía por (Intención) en comunión con todos los santos; te ofrezco todas las Eucaristías a las que he asistido y aquellas a las cuales asistieron mis antepasados, así como las buenas obras de ellos y mías".

- Recordemos el regalo de perdón y de reparación de los pecados veniales que Dios hace en nosotros y los demás durante la lectura del Santo Evangelio, tal como lo anuncia el Sacerdote luego de la misma: "Por la proclamación de este Santo Evangelio sean perdonados nuestros pecados".

- En el Ofertorio, cuando el Sacerdote levanta la patena –del mismo modo en que a los pies del Calvario la Santísima Virgen María ofreció el sacrificio de su hijo Jesús ante Dios Padre– aprovechemos para hacer la siguiente oración: "Dios Padre Santo, me pongo sobre tu patena, y te pongo mi sufrimiento o el de (especificar el nombre), unido a la vida, pasión y muerte de Nuestro Señor Jesucristo, como una ofrenda de unidad y amor".

- Cuando el Sacerdote hace la presentación del cáliz, también podemos decir la siguiente oración de limpieza: "Señor Jesús, déjame zambullirme, lavarme y purificarme en tu sangre preciosa".

• Durante la consagración del pan tenemos la oportunidad para rogar a Dios que nos aumente la fe, para poder creer que el Señor está vivo en cuerpo y sangre en ese pedacito de pan y en ese trago de vino que recibimos. Esto podemos hacerlo con esta oración: "Señor mío y Dios mío, auméntanos la fe, dadnos la paz y llénanos de a plenitud de tu Espíritu Santo". Jesús, siendo Dios y, por lo tanto, dueño del mundo, se abajó a ser temporalmente hombre, y para dicha y riqueza de la humanidad instituyó la Eucaristía con el fin de permanecer entre nosotros sin distinción de personas, concentrada esta grandeza en un trocito que fue pan o en una gota que fue vino; por algo este es el Sacramento de la Fe. Como bien lo vemos, Su poder se manifiesta de la manera más sencilla para darnos esos sublimes regalos de amor, es éste uno de los medios por los cuales hoy en día se nos hace más fácil sentir a Dios tan cerca de nosotros; es por ello también que en muchos momentos en que me encuentro frente a Jesús Eucaristía me nace decirle desde lo más íntimo de mi ser: "Te amo, Señor, porque siendo el dueño del mundo, te abajaste a un sencillo y humilde pedacito de pan". **En lo que llevo de experiencia de este nuevo caminar espiritual, el momento de la consagración ha sido el instante en que más liberaciones y sanaciones se han dado en las personas que venían en un proceso. Es esta la manera como Dios sella Su nueva alianza.** Así que aproveche y pídale mentalmente a Jesús que lo ayude, que lo libere a usted o a algún familiar o allegado, que lo sane, no cierre los ojos, mírelo con fe creyendo que en verdad Él igual lo esta mirando.

En el instante de la consagración del vino, agradezcamos, alabemos y glorifique-mos a Dios por la gracia de asistir y valorar la Santa Misa, regalo y privilegio que no todos tenemos. También, por tener y sentir en Quién confiar verdaderamente, mientras que muchas personas andan aún perdidas y engañadas buscando su paz y felicidad en ídolos vanos. Podemos orar con una oración tan sencilla como ésta: "Señor mío y Dios mío, te alabamos, te bendecimos, te adoramos, te glorificamos y te damos gracias".

En el momento de la paz, una acción de mucha fuerza espiritual y que nos ayuda a perdonar y sanar es desear la paz interior a alguien con quien estemos en conflicto.

Al recibir la Sagrada Eucaristía recibamos el privilegio de transformarnos en Sagrarios Eucarísticos andantes en una actitud silenciosa de total reverencia y respeto, por lo que nuestro Santo Ángel de la Guarda nos acompaña de rodillas ante esa presencia eucarística. Aprovechemos, degustemos y escuchemos a Dios en esos instantes en el silencio de nuestro corazón; no salgamos corriendo de la iglesia tan pronto lo recibamos; pidámosle que cristifique nuestro corazón por la fuerza y el amor de su Espíritu, que nos dé la gracia de sanar los resentimientos, las heridas, las tristezas y todo pecado que nos cueste dejar. Aprovechemos y hablemos con Él ya que está dentro de nosotros, de hijo a papá, de amigo a amigo.

También hagamos las oraciones que la Iglesia nos recomienda. Ir a Misa y no comulgar es como trabajar en una empresa sin recibir sueldo en la quincena o a fin de mes, o como ir a un banquete y rechazar el plato fuerte. Guardando las proporciones.

Francisco era un joven español de familia muy solvente que un día, por la gracia de Dios, tomó con valentía la decisión de irse de misionero a evangelizar en Japón, logrando así convertir a miles y miles para Dios. Ese misionero comulgaba o recibía la Eucaristía con tanta fe en que era el cuerpo y la sangre de Nuestro Señor Jesucristo, que al morir y abrirle su cuerpo, los médicos encontraron regados pedacitos y pedacitos circulares de carne, que representaban las eucaristías que había recibido con tanta fe durante toda su vida. Hoy en día ese hombre es un Santo de nuestra Iglesia católica, San Francisco Javier.

Entre tantos testimonios sobre el poder de la Sagrada Eucaristía[11], encontramos también la historia de la mujer francesa Marta Roban, quien fundó los *Foyers de Charité* y duró alrededor de cincuenta años reducida en una cama en estado de parálisis sin comer y sin dormir, ya que en un principio todo lo que comía lo devolvía, hasta el agua. Lo único de lo cual se alimentó durante todo ese tiempo fue de la Eucaristía.

Santa Faustina Kowalska, a quien se le manifestó el Señor de la Misericordia, fue otra de las personas que se alimentó tan sólo de la Eucaristía durante los años que estuvo postrada en cama.

Conviene que esperemos con calma hasta el final de la Misa la bendición del Sacerdote; recordemos que esta bendición contiene el signo de nuestra fe, la Santa Cruz, que no es un gesto cualquiera hecho por cumplir, sino que es Dios Padre, Hijo y Espíritu Santo acompañándonos con su Gracia para que podamos ir en paz. Por lo mismo, tiene muchísimo poder.

Cada una de las oraciones que sugiero se pueden reforzar con oraciones espontáneas, que broten en fe del corazón, recordando que es un diálogo de hijo con Dios Padre.

Por todos estos regalos, jamás debemos salir con excusas y justificaciones cuando nos invitan a la Misa. Cuando vayamos, así sea por obligación, no digamos como yo de pequeño: "Qué pereza, la misa la va a hacer ese padrecito que lo hace bostezar y dormir a uno o que regaña tanto". Debemos entender que, independientemente del Sacerdote que celebre, la bendición es la misma. De nosotros depende enriquecer la oración para alcanzar las gracias y bendiciones que Dios nos quiere conceder en su misericordia para hacer de la Eucaristía una verdadera fiesta de fe, esperanza y sanación. Para que conozcan y le saquen muchísimo más provecho a los regalos que nos ofrece la Santa Misa, les recomiendo la lectura de libros como *Sanación a través de la misa* y *Presencia real de Jesús Eucaristía*, del Padre de Grandis.

¿Por qué me cuesta tanto creer que Jesús está presente en el Santísimo Sacramento?

La actitud de apertura en la oración, de entrega, de confianza y de vivir una experiencia de fe viva que exige la Misa deberíamos cultivarla para todos nuestros actos de piedad. Por ejemplo, en las visitas al Santísimo, usted puede hacer una oración similar

---

11   En libros e Internet podrá encontrar más artículos de Milagros Eucarísticos que se han realizado en la vida de todos estos grandes hombres.

a esta: "Señor, ilumíname con tus rayos eucarísticos; regálame el don de la fe, sáname, libérame, transfórmame, conviérteme, lléname de la luz de tu sabiduría". Esos rayos de luz no los vemos en forma material, pero son como la electricidad y el aire, que tampoco vemos, pero ahí están dándonos la luz y el oxígeno.

También nos pueden guiar los libros de visitas al Santísimo, pero entendamos que, más que fórmulas, se trata de un diálogo vivo, un orar con todos nuestros sentimientos y emociones para poder lograr saborear ese amor, ternura y mansedumbre de Jesús y aprovechar para dialogar con Aquel que sabemos que nos ama y que jamás nos va a fallar. Esos libros son recomendables para comenzar la oración a manera de guía; finalmente, hagamos que las palabras se pierdan en la contemplación silenciosa, de espíritu a espíritu, de corazón a corazón.

Oración

Jesús Eucaristía, venir a visitarte me colma el alma de alegría inmensa, porque es venir a compartir con el amigo y dueño de todo, porque es venir a colmarme de luz, de paz y de un gozo que no me cabe en el alma.

Venir a visitarte y postrarme a tus pies es para mí causa de inmensa honra, pues me siento más favorecido que si uno de los grandes de este mundo me concediera audiencia y me otorgara toda clase de favores. Es natural que mi alma se dilate en este gozo santo, al sentirme cerca de ti, Jesús Eucaristía, al experimentar que bondadosamente me amas y que te fascina que venga a visitarte. ¡Qué gozo, qué alegría, qué seguridad, qué paz, qué inmenso júbilo es poder estar aquí en Tu presencia, Jesús Eucaristía!

Es el gozo del que sabe que está junto al dueño del mundo y junto a su redentor, cerca de Aquel que todo lo puede, que todo lo sabe y que desea curar nuestros males, sanar heridas y derramar su consuelo divino en nuestros corazones. Es un gozo que supera toda alegría humana, pues las demás son pasajeras, porque simplemente es el gozo de Dios que se comunica con plenitud a nuestras almas. Gracias, Jesús Eucaristía, te amo; mil gracias por permitirme vivir estos instantes de oración cerca de ti, bajo el influjo de tu amor misericordioso que nos purifica y nos santifica. Un minuto cerca de ti vale más que miles de años lejos de tu santificadora presencia. Te amo, Jesús Eucaristía.

Varios santos coinciden al afirmar que, normalmente, es después de la primera hora de visita a Jesús Eucaristía cuando Él realmente comienza a hablarnos a nuestro corazón, ya que antes de ese lapso, por nuestra actitud de no escucha, de quejarnos, de pedirle cosas, Le impedimos que hable al silencio de nuestro corazón. Generalmente, el Señor nos habla. Aunque no escuchemos su voz en forma material, por medio de la claridad de nuestra conciencia, Él nos hace caer en la cuenta de lo que nos conviene y lo que no.

También podemos hacer oración de sanación interior o de recuerdos en presencia del Santísimo, pidiendo a Jesús y a María, Quienes viven un eterno presente, que nos acompañen de la mano a nuestro pasado, para que nos den el alivio, momento a momento, en esas etapas de nuestra vida que tanto lo requieren, hasta lograr recordar sin dolor. El punto es que practiquemos todas nuestras devociones como actos de profunda fe y en comunicación real, convencidos de que Él nos escucha y nos responde siempre a tiempo. Jesús nos bendice muchísimo más si en la práctica de estos actos de fe nos encontramos en estado de gracia (confesados) y si vivimos de manera coherente con lo que Él quiere de nosotros. Esa es la verdadera fe, una adhesión personal a Él.

Debemos pedir a Dios que el motivo que nos lleve a asistir a la Misa, a llevar a cabo actos de piedad o al ir al Santísimo no sea por mera rutina o costumbre. Jamás olvidemos que todos estos actos los realizamos con el fin de entronizar y sentir a Jesús en nuestro corazón. Nos puede ocurrir lo que a los discípulos de Emaús, quienes caminaron al lado del Señor por iniciativa de Él; pero ellos no lo reconocieron porque no habían tenido un verdadero encuentro con Él en su corazón y por su escasa fe; lo mismo sucedió a los Apóstoles cuando Jesús se les apareció por tercera vez después de morir. Es muy triste también ver a quienes, luego de ir a Misa durante años, permanecen llenos de rencores y resentimientos, como lo advierte la Biblia: *"Quien dice que está en la luz y tiene resentimientos contra su hermano, está aún en las tinieblas. Quien ama a su hermano permanece en la luz y no tropieza. Pero quien aborrece a su hermano está en las tinieblas, camina en las tinieblas, no sabe a dónde va, porque las tinieblas han cegado sus ojos"* (1 San Juan 2, 9).

En la medida en que pasan los años de este caminar espiritual, nosotros debemos ir creciendo y madurando en la fe; es como la niña que para su primera comunión usa un vestido blanco apto para esa ocasión y para casarse necesita uno de novia.

Por más que uno conozca de Dios, no siempre entiende que el perdón es la mejor oración de liberación, sanación o exorcismo.

A muchos les han hecho oraciones y oraciones de liberación y hasta exorcismos, y aún así continúan oprimidos y enfermos espiritualmente porque no han podido perdonar ciento por ciento y de corazón. Con esto digo, para que me entiendan, que mientras uno no perdone totalmente puede venir el mismísimo Papa Benedicto XVI o el que sea a hacerle un exorcismo y tampoco se sanará.

La mejor liberación o el mejor exorcismo es una oración de perdón y reconciliación, para que con ello el demonio ya no encuentre heridas, vacíos, odios, ni resentimientos donde meterse. Como dice la Palabra de Dios, si no construimos nuestra casa (nuestra niñez, nuestra vida) sobre la roca (Amor de Dios), desde la reconciliación y restauración plenas del alma y del corazón, al final llega uno u otro viento de dolor o conflicto y se debilita y derrumba de nuevo la vida.

¡No olvide que nadie puede amar lo que no conoce!

Todo este novedoso lenguaje es producto de la experiencia en nuestra vida de un Dios vivo que nos seduce e invita a seguirlo. Para ello, es necesario conocerlo, lo cual requiere tiempo, porque nadie puede seguir a quien no conoce, en ello está la clave de nuestra liberación y nuestra paz: *"Conoceréis la verdad y la verdad os hará libres"* (Jn 8, 32).

Seguir a Jesucristo es entregarse en total confianza, como la madre que está dentro de la piscina llamando a su hijito que se encuentra fuera de ella: "Ven, mi amor"; el niño no le pregunta: "¿Mami, y tú sabes nadar?"; no, él grita, emocionado: "Mami" y sale velozmente en busca de los brazos de mamá. Es como cuando estamos en la parte más alta de la montaña rusa y nos sueltan en ese cajón, sin saber a qué hueco o dónde vamos a caer.

En medio de este caminar en Dios a través de la Renovación Carismática debemos considerar algo muy importante; es el hecho de creer que por ser creyentes y tener estas experiencias y regalos del Espíritu Santo se nos van a acabar todos los problemas. Problemas vamos a tener todos los días. Lo contrario es una utopía. De no ser así, ¿qué sentido tendría la vida? ¿A qué nos levantaríamos todos los días si no tuviéramos algo para resolver? Si ello no ocurriera nos relajaría espiritualmente y, terminaríamos por alejarnos de nuevo de Dios. Siempre y cuando aprendamos de Jesús **la paciencia y la humildad,** el Espíritu Santo nos dará la luz para encontrar por dónde abordar y encontrar las soluciones, lo que hace suave la carga y el yugo ligero (Mt 11, 28). Dice un salmo: *"Muchas son las desgracias del justo, pero de todas le libra Yahvé; cuida de todos sus huesos; ni uno solo se romperá"* (Sal 33, 20-21) Aunque debemos batallar muchísimo en Dios para encontrar esa luz, en el **ser pacientes y humildes** esta la clave que Jesús nos da para que los problemas que vamos a encontrar a diario no nos den tan duro, más bien sean ligeros y llevaderos.

Son varias las demostraciones de **paciencia y humildad** que dejó Jesús a la humanidad, especialmente en el hecho de que siendo el dueño del mundo y pudiendo quedarse entre nosotros en un lingote de oro o una piedra preciosa, tan sólo lo hizo en un sencillo pedacito de pan fabricado con trigo y agua. Igualmente, Jesús habría podido nacer en un hotel cinco estrellas de la época, pero se rebajó y lo hizo en un establo sobre una cuna de paja. Lo mismo ocurrió con la elección de sus Apóstoles; en lugar de escoger a doce personajes ilustrados se rodeó de hombres algunos de ellos sencillos, pescadores; para completar, al entrar a Jerusalén para ser proclamado Rey, no lo hizo montado en un carruaje como cualquier otro líder de su tiempo sino que utilizó un humilde burro.

Ésta es la vida que, por medio de la Renovación, Dios nos da. Muchos oponen resistencia, incluso conocedores de las bendiciones que el Espíritu Santo nos concede. Conozco gente que después de haber llegado a esos grupos con su vida hecha pedazos al retirarse hablan mal de sus dirigentes; es frecuente la ingratitud con Dios, como si todo en esta vida fuera perfecto. Hay gente que no persiste en un Grupo de Oración, unos porque no se les hizo el milagro que esperaban en el plazo fijado y otros por miedo a comprometerse verdaderamente con Dios; los demás, en el colmo de la ingratitud, se van una vez el Señor les hace el "milagrito", creyendo ingenuamente que ya no necesitan a Dios por el hecho de haberles resuelto su necesidad.

La Biblia nos dice que de diez leprosos que Jesús sanó en un camino tan sólo uno se devolvió a darle las gracias y esto es lo que suele ocurrirnos. Hay una frase que dice: "Recuerda, piensa y agradece". Recordemos en qué condiciones nos encontrábamos cuando llegamos buscando la ayuda de Jesús; pensemos cómo estábamos antes y lo que ha hecho Jesús hasta entonces en nuestra vida; agradezcámosle la paz que ha dado a nuestro corazón. Dios tiene un plan muy grande y maravilloso con nosotros; no quiere que lo dejemos de lado porque somos muy importantes para Él.

Cuando Dios nos sana o nos libera de un demonio que nos estaba contaminando o enfermando será mucho más estricto en pedirnos cuentas, porque cuanto más nos da, más nos exige; como nos lo recuerda Su palabra, cuando un espíritu maligno sale de alguien, vaga por lugares desérticos sin encontrar el reposo que busca y decide volver a la casa de donde salió; al encontrarla barrida y en orden toma siete espíritus peores que él para instalarse juntos en la casa o persona a quien oprimía, con lo cual empeora la situación (Lc 11, 24-26). Por esto, el Señor advierte al paralítico que acaba de sanar: *"Mira, has recobrado la salud; no peques más, para que no te suceda algo peor"* (Jn 5, 14).

Quienes se alejan de los grupos después de haber tenido alguna experiencia en Dios, no saben cuántas bendiciones se están evitando, como tampoco saben que en nuestro ser y en nuestra vida hay diferentes áreas y dimensiones muy complejas que deben sanarse, por lo cual el Señor nos recuerda: "Mis hijos se acostumbran a convivir con sufrimientos inútiles, olvidando los dones y carismas del Espíritu Santo por los cuales habían regresado a Mí".

Por estas razones Dios no nos concede pronto lo que Le pedimos, pues casi siempre lo buscamos por interés y, una vez recibido lo pedido, nos vamos de nuevo de su lado. Por eso, reitero, generalmente Dios no mira la petición que le hacemos sino la intención de cambio de nuestro corazón, que debiera ser la sanación de nuestra alma.

Algo muy importante dentro de nuestro proceso de sanación es la aceptación de todas las circunstancias que Dios ha permitido que vivamos tanto en el pasado como en el presente, especialmente las que consideramos equivocaciones, fracasos, crisis porque también pueden ser oportunidades de crecimiento. Por ello no podemos salir con la frase nostálgica de que todo tiempo pasado fue mejor, pues la sagrada Biblia nos advierte que eso no es un comportamiento propio de los sabios (Ecles 7, 10).

Donde se saca y no se echa se acaba la cosecha

También algunos miembros de los grupos de oración caemos en el error de sentirnos muy maduros en la fe y muy sobrados; pensamos que por llevar años frecuentando un grupo ya estamos más allá del bien y del mal y no necesitamos más oración de sanación y liberación. En el fondo, tales actitudes pueden ser un signo de orgullo o ingratitud al olvidar de dónde nos sacó Dios y, quizá prueba de un grado de relajación por pensar que la lucha es humana y no espiritual. Tal vez ignoramos que los efectos de media vida equivocada no pueden borrarse fácilmente en unos pocos meses o años y que, por el contrario requerimos de permanente oración personal a ejemplo de Jesús, quien frecuentemente se retiraba de las multitudes hacia el silencio para dialogar con Dios Padre de rodillas.

Nos sucede que viviendo esa situación de inconstancia que nos ha impedido completar nuestra propia sanación pretendemos servir a los demás por mandato divino. Eso no es sensato, no podemos dar de lo que no tenemos, aunque nos sobren las buenas intenciones. Con respecto a esto, el Señor nos regaló esta frase: "A veces te ocupas tanto de mis cosas que no tienes tiempo de estar conmigo; hablas mucho de Mí, pero no hablas Conmigo".

Lo que el Señor quiere es moderación en todo; un tiempo para dar pero también uno para recibir, porque así como damos también nos desgastamos, para que así el Espíritu Santo nos cargue de nuevo.

Aceptar la imposición de manos por parte de otro miembro de la comunidad es un signo de humildad; es someternos unos a otros tal como nos lo señala la Biblia, porque el don o carisma de cada uno es diferente y una sola persona no los tiene todos. Es por este desconocimiento que nos secan la fuente y entramos en permanente crisis, como si Papá Dios fuera sádico para mantenernos así y, porque "donde se saca y no se echa se acaba la cosecha".

Otra forma de comportamiento evasivo, movido por el egoísmo y el orgullo, se refleja en frases como: "Yo no le falto a Dios, yo Le cumplo a Él, voy a Misa, al Santísimo, rezo el rosario a la Virgen y eso es suficiente; no necesito oraciones de sanación ni de liberación y, mucho menos, meterme por entre multitudes; eso es para el populacho, que me asfixia y de pronto hasta me contamina". Es cierto que mientras uno no se haya metido a sitios donde lo contaminen espiritualmente no necesita oraciones de liberación; pero vaya uno a saber qué heredamos de las contaminaciones de nuestros antepasados o de las propias por tantos engaños y astucia del demonio a través de la *nueva era*. Una cosa es la inocencia que por gracia de Dios muchas personas han recibido, pero otra muy diferente es la ingenuidad en este mundo donde el demonio, vestido de piel de oveja, está gobernando, contaminando y a su vez robándose las bendiciones que Dios tiene para nosotros.

Muchos tienen este tipo de actitudes sin darse cuenta de que sufren de "soberbia espiritual", ya que van a la Misa y rezan el rosario pero lo hacen por rutina o mero cumplimiento. El no querer comprometernos en Dios con los demás es no querer ahondar en el conocimiento de Su misterio. Recordemos que Dios no dio todos los dones y carismas a unos pocos; Él los repartió entre todos para que así unos necesitemos de otros. Jamás olvidemos que para cumplir con el plan de su redención, el mismo Jesús, durante tres años toleró a Judas Iscariote al vivir y compartir con él en comunidad, aun sabiendo que lo iba a traicionar.

No hagamos quedar mal el perfecto Amor de Dios.

Es muy duro para uno encontrarse con personas que trabajan para Dios y que a toda hora están en conflicto o quejándose de su crítica situación, ya sea de salud, económica o en cualquier otro aspecto; se les ve servir a Dios llenos de cargas, insomnios, estrés, ansiedades, desesperos, miedos, orgullos, mal genio, miseria, angustias o con caras lánguidas que, por lo general, no vienen de Dios. La Cruz o el sufrimiento que Dios permite en nuestra vida dura una época, a no ser que estas personas la hayan ofrecido a Dios como reparación por sus pecados, los de sus familias o el mundo entero o que se hayan ofrecido como almas víctimas. Luego llegan también los gloriosos, como nos lo dice la primera Epístola de San Pedro 5, 10: *"El Dios de toda gracia, el que os ha llamado a su eterna gloria en Cristo, después de breves sufrimientos os restablecerá, afianzará, robustecerá y os consolidará".*

Es esta la enseñanza que nos da el Espíritu Santo, como si de alguna manera Dios dijera: "No te quedes en buscarme únicamente en tantas personas y sitios de peregrinación, si donde realmente me has perdido es en tu corazón". Primero nos conviene realizar una peregrinación al interior de nuestro corazón, y ésta requiere muchísimo tiempo y humildad.

¿Por qué nos alejamos de la oración en grupo si es un deber cristiano?

En la Plenaria de la Pontificia Comisión para América Latina, al igual que en la página 301 de su libro *Dios y el mundo*, el Santo Padre Benedicto XVI afirmó que *"el verdadero discípulo crece y madura en la familia, en la comunidad parroquial y diocesana".* Así pues, la fe debe manifestarse en comunidad de oración, de sincero amor fraterno. Santo Tomás no pudo ver al Señor por no estar con su comunidad; solos no podemos salvarnos. Los cristianos debemos ser para el mundo signo de esperanza y solidaridad cultivando el amor entre nosotros.

Dios siempre nos busca de nuevo, así nosotros nos volvamos tercos y huyamos de su lado, pues, al final, Él resulta más persistente que nosotros, hasta reconquistarnos en medio de nuestras carencias, debilidades, miedos o ingratitud.

Finalmente, los propósitos principales de toda oración que en nombre de Dios nos hagan o hagamos, de toda alabanza o cualquier otro acto de religiosidad, es que éstos nos acerquen de nuevo y nos lleven a la perseverancia por obedecer a diario a Dios mediante la práctica de los mandamientos, el conocimiento de Su palabra y la vida sacramental. Otro propósito es lograr perdonar a Dios, a nosotros mismos y a los demás para que así este caminar continúe "cristificando" nuestro corazón al llenarlo de Su amor, Su humildad, Su paciencia y Su mansedumbre. La Renovación no es un movimiento de la Iglesia sino la Iglesia en movimiento.

Estoy completamente seguro de que durante la lectura del libro usted ha recibido muchísimas bendiciones de Dios, entre ellas sanación y liberación para toda la familia, por lo tanto no se le haga extraño si en algún momento ha sentido dolor de cabeza, mareo, escalofrío, un fuerte calor, hormigueo, soltura, sueño o agotamiento permanente o cualquier otro síntoma de los que con anterioridad cité.

A continuación transcribo varias oraciones que nos servirán de ayuda en nuestro proceso de sanación y de liberación de las secuelas que haya dejado en nosotros el sufrimiento. Con ellas hallaremos más gracia sanadora y unos mejores frutos de bendición si las acompañamos de una vida sacramental continua en Confesión y Eucaristía.

Oración de Perdón
(P. Robert de Grandis, S.J.).

Señor Jesucristo, hoy te pido la gracia de poder perdonar a todos los que me han ofendido en mi vida. Sé que Tú me darás la fuerza para perdonar. Te doy gracias porque me amas y deseas mi felicidad más que yo mismo.

Señor Jesucristo, hoy quiero perdonarme por todos mis pecados, faltas y todo lo que es malo en mí y todo lo que pienso que es malo.

Señor, me perdono por cualquier intromisión en ocultismo, usando tablas de ouija, horóscopos, sesiones, adivinos, amuletos, tomado Tu nombre en vano, no adorándote; por herir a mis padres, emborracharme, usar droga, por pecados contra la pureza, por adulterio, aborto, robar, mentir.

Me perdono de verdad. Señor, quiero que me sanes de cualquier ira, amargura y resentimiento hacia Ti, por las veces que sentí que Tú mandaste la muerte a mi familia, enfermedad, dolor de corazón, dificultades financieras o lo que yo pensé que eran castigos. ¡Perdóname, Jesús, sáname!

Señor, perdono a mi madre por las veces que pudo haberme herido, se resintió conmigo, estuvo furiosa conmigo, me castigó, prefirió a mis hermanos y hermanas a mí, me dijo que era tonto, feo, estúpido o que le había costado mucho dinero a la familia, o cuando me dijo que no era deseado, que fui un accidente, una equivocación o no era lo que quería.

Perdono a mi padre por cualquier falta de apoyo, falta de amor, o de afecto, falta de atención, de tiempo o de compañía, por beber, por mal comportamiento, especialmente con mi madre y los otros hijos, por sus castigos severos, por desertar, por estar lejos de casa, por divorciarse de mi madre, por no serle fiel.

Señor, perdono a mis hermanos y hermanas que me rechazaron, dijeron mentiras de mí, me odiaron, estaban resentidos contra mí, competían conmigo por el amor de mis padres, me hirieron físicamente o me hicieron la vida desagradable de algún modo. Les perdono, Señor.

Señor, perdono a mi cónyuge por su falta de amor, afecto, consideración, apoyo, falta de comunicación, por tensión, faltas, dolores o aquellos otros actos o palabras que me hayan herido o perturbado.

Señor, perdono a mis hijos por su falta de respeto, obediencia, amor, atención, apoyo, de comprensión, por sus malos hábitos, por cualquier mala acción que me pueda perturbar.

Señor, perdono a mi abuela, abuelo, tíos, tías y primos que hayan interferido en la familia y hayan causado confusión o que hayan enfrentado a mis padres.

Señor, perdono a mis parientes políticos, especialmente a mi suegra, mi suegro, perdono a mis cuñados.

Señor, hoy te pido especialmente la gracia de perdonar a mis yernos y nueras, y otros parientes por matrimonio, que tratan a mis hijos sin amor.

Jesús, ayúdame a perdonar a mis compañeros de trabajo que son desagradables o me hacen la vida imposible; por aquéllos que me cargan con su trabajo, cotillean de mí, no cooperan conmigo, intentan quitarme el trabajo. Los perdono hoy.

También necesito perdonar a mis vecinos, Señor. Por el ruido que hacen, por molestar, no tener sus perros atados y dejar que pasen a mi jardín, por no tener la basura bien recogida y tener el vecindario desordenado. Los perdono.

Ahora perdono a mi párroco y a los sacerdotes, a mi congregación y mi Iglesia por su falta de apoyo, mezquindad, falta de amistad, malos sermones, por no apoyarme como debieran, por no usarme en un puesto de responsabilidad, por no invitarme a ayudar en puestos mayores y por cualquiera otra herida que me hayan hecho. Los perdono hoy.

Señor, perdono a todos los profesionales que me hayan herido en cualquier forma, médicos, enfermeras, abogados, policías, trabajadores de hospitales por cualquier cosa que me hicieron. Los perdono sinceramente hoy.

Señor, perdono a mi jefe por no pagarme lo suficiente, no apreciarme ni ser amable o razonable conmigo, por ser furioso o no dialogante, por no promocionarme, y no alabarme por mi buen trabajo.

Señor, perdono a mis profesores y formadores del pasado así como a los actuales; a los que me castigaron, humillaron, insultaron, trataron injustamente, se rieron de mí, me llamaron tonto o estúpido, me hicieron quedar castigado después del horario de clases.

Señor, perdono a mis amigos que me han decepcionado, han perdido contacto conmigo, no me apoyan, no estaban disponibles cuando necesitaba ayuda, les presté dinero y no me lo devolvieron, me criticaron.

Señor Jesús, pido especialmente la gracia de perdonar a esa persona que más me ha herido en mi vida. Pido perdonar a mi peor enemigo, la persona que más me cuesta perdonar o la persona a quien haya dicho que nunca perdonaría. Gracias, Jesús, porque me estás liberando del mal de no perdonar y pido perdón a todos aquellos a los que yo también he ofendido.

Gracias, Señor, por el amor que llega a través de mí hasta ellos. Amén.

Oración de sanación de recuerdos

Como todos estamos enfermos por heridas en nuestro pasado, en las siguientes líneas oramos por curación interior para que el Señor actúe en el corazón de los que reconozcan necesitarlo.

Padre de bondad, Padre de amor, te alabo y te doy gracias porque por amor nos diste a Jesús. Gracias, Padre, porque a la luz de tu Espíritu comprendemos que Él es la luz, la verdad y el buen pastor que ha venido para que tengamos vida y la tengamos en abundancia.

Hoy, Padre, quiero presentarte a este hijo(a). Tú lo(a) conoces por su nombre. Te lo(a) presento, Señor, para que pongas Tus ojos de Padre amoroso en su vida. Tú conoces su corazón y las heridas de su historia. Tú conoces todo lo que él ha querido hacer y no ha hecho. Conoces también lo que hizo o le hicieron lastimándolo. Tú conoces sus limitaciones, errores y pecados. Conoces los traumas y complejos de su vida.

Hoy, Padre, te pedimos que por el amor que tienes a Tu Hijo, Jesucristo, derrames Tu Santo Espíritu sobre este hermano(a) para que el calor de Tu amor sanador penetre en lo más íntimo de su corazón. Tú, que Sanas los corazones destrozados y vendas las heridas, sana a este hermano, Padre. Entra en ese corazón, Señor Jesús, como entraste en aquella casa donde estaban Tus discípulos llenos de miedo. Tú apareciste en medio de ellos y les dijiste: "Paz a vosotros". Entra en este corazón y dale Tu paz. Llénalo de amor. Sabemos que el amor echa fuera el temor. Pasa por su vida y sana su corazón. Sabemos, Señor, que Tú lo haces siempre que Te lo pedimos, y Te lo estamos pidiendo con María, nuestra madre, la que estaba en las bodas de Caná cuando no había vino y Tú respondiste a su deseo, transformando agua en vino. Cambia su corazón y dale uno generoso, afable, bondadoso, un corazón nuevo. Haz brotar, Señor, en este hermano(a) los frutos de Tu presencia. Dale el fruto de Tu Espíritu que es el amor, la paz y la alegría. Haz que venga sobre él el Espíritu de las bienaventuranzas, para que pueda saborear y buscar a Dios cada día viviendo sin complejos ni traumas junto a su cónyuge, junto a su familia, junto a sus hermanos.

Te doy gracias, Padre, por lo que estás haciendo hoy en su vida.

Te damos gracias de todo corazón porque Tú nos sanas, nos liberas, rompes las cadenas y nos das la libertad. Gracias, Señor, porque somos templos de Tu Espíritu y ese templo no se puede destruir porque es la Casa de Dios. Te damos gracias, Señor, por la fe.

Gracias por el amor que has puesto en nuestros corazones. ¡Qué grande eres, Señor! Bendito y alabado seas, Señor.

Oración de sanación de la propia imagen
(P. Robert de Grandis, S.J.).

Señor, dame una buena imagen de mí mismo. Haz que pueda verme como Tú me ves. Padre, en nombre de Jesús, me dirijo a Ti para que me toques y me des una buena imagen de mí mismo y una verdadera autoestima en Cristo Jesús.

Señor, yo me puedo sentir indigno, inapropiado o inferior; quizás me sienta feo, tímido, temeroso o que no hago nada bien. Quizá me pusieron apodos que no me gustaron e incluso de adulto me pude sentir inseguro y no amado. Señor Jesús, llévate mis sentimientos de fracaso, de vergüenza, decepción, culpabilidad o timidez. Te pido que me liberes de toda fuerza negativa que me haya mantenido en la esclavitud y me haya apartado de vivir una vida abundante y victoriosa. Amado Señor, hazme saber cuánto me amas y que soy la niña de tus ojos. Me dirijo a Ti para que yo sepa que Tú has muerto en la Cruz, no solo por mis pecados sino también por mis profundas heridas emocionales y mis recuerdos dolorosos. Te ruego, Señor, que sanes todo lo herido y roto que haya en mí. Ayúdame a amarme a mí mismo, a aceptar tu perdón, a perdonarme a mí mismo y perdonar a otros.

Señor Jesús, llena los vacíos de mi vida. Dame el amor y la seguridad que pude no haber recibido. Dame un atrevimiento santo, confianza, fuerza y nuevas energías para que pueda hacer todas las cosas en Tu nombre. Señor, dame una buena imagen de mí mismo. Y que me pueda ver como Tú me ves: especial, digno y perdonado para que yo llegue a ser la persona que Tú creaste y quieres que sea.

En el precioso nombre de Jesús. Amén.

Estas oraciones son apenas guías que pretenden servir de apoyo en el proceso personal de sanación y liberación. Como siempre, a cada una de ellas podemos añadirles los diferentes dolores o sufrimientos que necesitamos sanar o perdonar, tales como intentos o hechos de abuso sexual o aborto, etc.

Oración de sanación intergeneracional
(P. Robert de Grandis, S.J.).

Me pongo en presencia de Jesucristo y me someto a Su señorío. *"Me revisto de las armas de Dios para poder resistir las acechanzas del diablo"* (Ef 6, 10-11).

Me mantengo firme, en pie *"ceñida mi cintura con la verdad y revestido de la justicia como coraza..."* (Ef 6, 14), *"abrazando siempre el escudo de la fe para poder apagar con él todos los encendidos dardos del maligno"* (Ef 6, 16). Tomo también *"el yelmo de la salvación y la espada del espíritu, que es la Palabra de Dios"* (Ef 6, 17).

En nombre de Jesucristo crucificado, muerto y resucitado, yo ato todos los espíritus del aire, la atmósfera, el agua, el fuego, el viento, la tierra, los abismos y el infierno. También ato la influencia de cualquier alma errante o perdida que pueda estar presente y de cualquier emisario del poder satánico o de cualquier reunión de brujas, brujos o adoradores de Satán que puedan estar presentes de alguna forma prenatural.

Yo reclamo la sangre de Jesús en el aire, en la atmósfera, el agua, el fuego, el viento, la tierra y sus frutos que nos rodean, en los abismos y en el infierno.

En nombre de Jesucristo prohíbo a cada adversario que he mencionado que se comuniquen entre sí o que se ayuden entre sí de cualquier manera, y que no hagan ninguna cosa, a menos que se le ordene en el nombre de Jesús.

En el nombre de Jesús sello con Su sangre este lugar y a todos los presentes y a toda la familia y amistades de aquellos aquí presentes y sus hogares, posesiones y fuentes de sustento (Repetir tres veces).

En el nombre de Jesucristo prohíbo a cualquier espíritu perdido, a brujos, grupos satánicos o emisarios o a cualquiera de sus asociados, inferiores o superiores que me hagan daño o se venguen en mí, en mi familia o mis amistades o causen deterioro o perjudiquen cualquier cosa que poseamos.

En nombre de Jesucristo y por los méritos de su preciosa sangre rompo, disuelvo cada maldición, embrujo, sello, hechizo, brujería, vínculo, trampa, lazo, ardid, mentira, escollo, obstáculo, decepción, desviación o distracción, influencia o cadena espiritual; también, cada enfermedad de nuestro cuerpo, alma, mente, que pueda alcanzarnos, bien en este lugar o a cualquiera de las personas, lugares y cosas antes mencionadas, por cualquier espíritu que se haga presente en nosotros por nuestros propios pecados o equivocaciones (Repetir tres veces).

Ahora coloco la Cruz de Jesucristo entre mi persona y todas las generaciones de mi árbol genealógico y pido en nombre de Jesucristo que no haya comunicación directa entre ninguna de estas generaciones. Toda comunicación directa entre estas generaciones se filtrará a través de la preciosa sangre de Jesús.

María inmaculada, revísteme de la luz, poder y energía de tu fe. Padre, por favor, ordena a los ángeles y a los santos que me asistan. Gracias, Jesús, por ser mi sabiduría, mi justicia, mi santificación, mi redención. Yo me rindo al ministerio de Tu Santo Espíritu, y recibo con respeto Tu verdadera sanación intergeneracional.

Gloria al Padre, Gloria al hijo, Gloria al Espíritu Santo como era en un principio ahora y siempre por los siglos de los siglos. Amén.

Directorio Eucaristías y grupos de oración

Con el propósito de que quienes no cuenten con una auténtica y transformadora experiencia de Renovación Carismática y estén dispuestos a abrir el corazón al Señor Jesús y vivir la plenitud de la acción y el poder del Espíritu Santo, cito a continuación los nombres de algunas Misas de unción de los enfermos y curación, así como de un número representativo de grupos de oración carismática y de espiritualidad mariana que el Señor ha puesto en mi camino y han ido consolidando mi proceso de transformación interior y liberación integral.

Eucaristías de Unción de los Enfermos, Sanación y Liberación:

BOGOTÁ

Comunidad Sonríele a Jesús - Barrio el Luján (Cl. 71 con Av. Ciudad de Cali) - Tel.: 4831304/258 - Padre Mauricio Cuesta - Martes y jueves - 5:00 p.m.

Fundación los Santos Ángeles- Barrio Nicolas de Federmann (Cl. 56 n.º 35-30) Tels.: 2219550 - 2219831 y también en Sibaté - Padre César Rozo - Martes 10:00 a.m.

Parroquia Cristo Sacerdote - Barrio Los Cerezos (Cra. 87A n.º 84A-45) - Tel.: 5357228 - Padre Julián Cardona - Día 14 de cada mes - 3:00 y 7:00 p.m.

Parroquia Madre y Reina del Carmelo - Barrio Nueva Marsella - Tel.: 5638009 - Padre Jesús Hernán Orjuela (Padre Chucho) - Día 14 de cada mes - 4:00 p.m.

Parroquia María Inmaculada - Bosa, La Esperanza - Tel.: 7402078 - Padre Isaac Ramírez - Viernes y primeros domingos de mes - 8:00 a.m.

Parroquia Niño Jesús de Praga - Barrio Cantalejo (Cra. 55 con calle 161A) - Tel.: 5277692 - Padre Mario Herrera - Eucaristía por los bebés no nacidos - 12:30 p.m. cada primer domingo de mes.

Parroquia Nuestra Señora del Carmen - Barrio Las Cruces - Tel.: 2336848 - Día 14 de cada mes - 12:00 m. y 6:00 p.m.

Parroquia Padre Nuestro - Barrio Villa Gladys - Tel.: 2287180 - Padre Ramón - Último sábado de cada mes - 3:00 p.m.

Rectoría de la Candelaria - Barrio La Candelaria (Cl. 11 con Cra. 4) - Tel.: 3845787 - Padre Rafael Arango - Día 19 de cada mes - 6:00 p.m.

MEDELLÍN

Parroquia Nuestra Señora de la Divina Gracia - Barrio Juan XXIII - Tel.: 2532733 - Padre Luis Gerardo Piñeros - Rosario y Eucaristía último jueves de cada mes - 9:00 a.m.

Boyacá

Casa Jesús Liberador - Duitama -Tel.: 7622808. Cel.: 3143320668 - Padre Jairo Ricaurte -Miércoles, sábados y domingos - 9:00 a.m.

Santuario Nuestra Señora de la Esperanza - Soracá - Tel.: 74495 09 - Padre Álvaro Puerta - Primeros sábados de mes - 1:00 p.m.

ARMENIA

Parroquia Divino Niño - La Virginia, Calarcá - Padre Carlos Arturo Ríos - Últimos sábados de mes - 2:00 p.m.

Parroquia Nuestra Señora del Carmen - Últimos sábados de mes - 2:00 p.m.

PASCA - CUNDINAMARCA

Parroquia Principal. Sábados - 8:00 a.m.

Grupos de oración en Colombia

BOGOTÁ

Asociación María Santificadora - Tel.: 2561447 - Barrio Pasadena.

Casa de la Misericordia Cristo Te Sana - Cra. 22 n.º 77-15 - (+1) 549 9394 - Barrio Los Héroes - Fundador Laico Juan Carlos Saucedo - Bosa, Bucaramanga, Cali, Chía, Cúcuta, Ibagué, Medellín, Melgar, Tunja, Panamá, Georgia - Bogotá.

Casa Fraterna - Tel.: 3471262 - 2359363 - Director: Laico Rafael Arango Rodríguez Cl. 60 con Cra. 20.

Centro Carismático Minuto de Dios - Tel.: 2516156 - 2767918 - Director: Padre Diego Jaramillo.

Comunidad de Familias del Santo Rosario - Cl. 130 con Cra. 7 - Gimnasio Femenino - Laico Felipe Gómez - Jueves 8:30 p.m. - e-mail: felidemaria@yahoo.com -www.bajotumanto.com

Comunidad Hijos de Cristo Vivo - Tel.: 4070176 - Barrio Veraguas - Directora: Adrianita.

Comunidad La Tienda del Encuentro, Experiencia de fe - Bogotá - P. Inmaculada Concepción (Chicó) - Cra. 11A n.º 88-46 - Tel.: 2361284 - Cel.: 3114533705 - e-mail: arcadelencuentro@gmail.com -Director: Bill Alexander Carrascal C. -*Quindío:* Parroquia San José, Calarcá - Directores: Fernando y Luz Helena Bedoya - *Cesar:*Aguachica -Revista Litúrgica Maná - Directores: Andrés Rangel B, Ferley Calderón - Cel.: 3157528678, e-mail: arbarvinculo@hotmail.com

Comunidad Virgen de la Medalla Milagrosa - Tel.: 5711831 - Cel.: 3138720650 - Barrio Kennedy, Timiza - Director: Carlos Monroy.

Fundación Casa de María Inmaculada - Tels.: 2399577 - 2783945 - Barrio Sosiego Cra. 10 con Cl. 25 Sur - Bogotá.

Fundación Católica Cristo Vive Hoy - Cel.: 3005699288 - Calle 114 n.° 59-50 - Dir. Laico Juan Alberto Echeverry - Martes 8:00 p.m. - Sábado 7:00 p.m.

Fundación Jesús en ti - Tel.: 7009932 - Barrio Niza - Calle 124 n.° 70a-33 - Bogotá - Directora: Martha Peña - Martes 7:00 p.m. Miércoles 10:00 a.m - Sábados 4:00 p.m.

Fundación Los Santos Ángeles - Bogotá Tel.: 2219550 - 2219831 - Barrios Nicolás de Federmann y La Carolina - Director: Laico Eliodoro Prada - Bucaramanga - Tel.: 6341029 - 6347211 - Directora: María Edith.

Lazos de Amor Mariano - Bogotá - Parroquia San Irineo - Cl. 3 con Cra. 68 - Tel.: 3367363 - Cel.: 3118358134 - Director local: Carlos Alberto Hernández Quiceno -Cali, Bucaramanga, Buenaventura, Barranquilla, Granada Antioquia, Medellín (Laureles) - Tel.: 0944143806 - Director general: Laico Rodrigo Jaramillo - Carisma en Retiros Espirituales y de parejas.

Marielita y Don Mario - Tel.: 4037499 - 3144496398 - Barrio Kennedy.

Peregrinos del Amor - Tel.: 2583778/93 - Director: Laico Marino Restrepo - Cl. 134 con Av. 19 - Bogotá.

Sánate tu - Tel.: 4831281 - Cel.: 3118717620

Sra. Aurita - Tel.: 2921250 - Barrio Castilla.

Sra. Aurita de Gutiérrez - Tel.: 2113857 - Cl. 63 C con Cra. 22.

LA CALERA, CUNDINAMARCA

Nuestra Señora del Rosario - Cel.: 3123069219 - Director: Laico Darío Montoya.

CHÍA, CUNDINAMARCA

El Taller de María Producciones - Carmen María Navarro - Cel.: 311 8991565 -**Asociación María Santificadora** - Tel.: 2561447.

ZIPAQUIRÁ

Grupo Jesús Misericordioso - Laico Julio Pachón - Cel.: 311 5724572 - Cra. 3A n.° 4-11 Martes 9:00 a.m. - Viernes 7:00 p.m. - Laicos Gloria y Norma - Cel.: 312 4531473.

FACATATIVÁ

Comunidad de Renovación en el Espíritu - Laico Sra. Andrea Ramírez - Cel.: 3102340168.

TUNJA

Grupo Laico Jairo Báez - Cel.: 311 2189382.

Grupo vivir - Laico Eleázar - Cel.: 3138318119.

MEDELLÍN
Laico Álvaro Uribe - Tel.: 3102219943.
Corporación la comunidad - Cl. 44A n.º 70-22 of. 301 Tels.: 4136394 - 4128286.

MANIZALES
Parroquia Cristo Rey - Eucaristía de Sanación y Adoración al Santísimo - Todos los viernes 6:00 p.m. Padre Jaime Alberto.
Comunidad Jesús te Sana - Tel.: 8864255 - Cel.: 3007385307 - Directora: Laico Beatriz Hincapié.
Comunidad María Mediadora -Laico William Zuluaga - Cels.: 3006192423 - 3148901202.

BUCARAMANGA
La Tienda del Encuentro, Experiencia de Fe - Laico Bill Carrascal - Santa María Reina y Madre - Tel.: 6386130 - Cel.: 3005562135 - Cañaveral - Laicos Luis Felipe Martínez, Casta Jiménez.
Nuestra Señora de Fátima - Tel.: 6474782 - Cel.: 3005562135 - Cabecera del Llano -Director: Laico Luis Felipe Martínez.
Comunidad Carismática Católica Camino de la Esperanza - Tel.: 6478220 - Barrio Sotomayor - Directora: Laico Caty de Ortiz.
Comunidad Religiosa Hijas del Corazón Misericordioso de María - Hogar de la Madre Soltera - Tels.: 6361531 - 6310570 - Barrio Niza - Rev. Madre Rosa.

EL YOPAL - CASANARE
Renovación Carismática - Asesor Diocesano Padre Nicolás Ochoa - Parroquia Sagrada Familia Tel.: 6321021 - Comunidades: Emmanuel, Coordinador Laico Beyer Rivera, Jesús Alberto Silva, Carolina; Yahvé Nissi, Coordinador Laico Fabián Ortiz (Cel.: 3132233334); Nuestra Señora de la Candelaria, Coordinadora Eliana Mesa (Cel.: 3106291684); Shalom, Coordinadora Laico Alicia Melo; Paz de Ariporo, Coordinador Laico Alonso Riveros.

VILLAVICENCIO - META
Asociación de fieles predicadores de Cristo y María - Tel.: 6620918 - Director: Padre Lucas Moreno.
Comunidad Yanubí - Cel.: 3142964983 - Berenice Sánchez.

CARTAGENA

Parroquia de Boca Grande - Eucaristía de sanación - Padre Luciano.

Parroquia María de las Gracias de Tórcoroma - Barrio El Campestre Eucaristía de sanación y Hora Santa - Jueves 6:00 p.m. y Grupo de oración - Viernes.

Comunidades Sacerdotales y religiosas con Carisma en Retiros Espirituales:

Comunidad Religiosa Pequeñas Almas - Tel.: 4044550 - Fontibón.

Foyer de Charité - Tels.: 8548163/454 - Zipaquirá.

Siervos del Espíritu Santo - Tel.: (4) 553 0582, Fax: (4) 553 2102 - La Ceja Antioquia.

Canales de Televisión

CristoVisión - Tel.: 4188801 - Bogotá.

EWTN Internacional - www.ewtn.com/SPANISH/index.asp - 84k

Teleamiga Internacional - Tel.: 5781888 - Bogotá.

Emisoras

Emisora Mariana - 1400 AM - www.emisoramariana.net Tels.: 2462712 - 2466926 -Bogotá.

Minuto de Dios, una emisora para la Gloria de Jesucristo - 107.9 FM estéreo -www.radiominutodedios.com - Tels.: 2513990 - 2516156 - Bogotá, Barranquilla, Cartagena, Medellín.

Sonríele a Jesús - 1580 AM - Tels.: 7044323 - 4919735 - Bogotá.

Radio María, la gracia de una Presencia - 1220 AM - www.radiomariacol.org Tel.: 2169839 - Bogotá - Medellín, Turbo, Urrao, Barranquilla, Chiquinquirá, Manizales, Aguachica, Bucaramanga y Cali.

epílogo

El deseo de cambio, de sanar, de mejorar como ser humano, de realizarse, de fortalecerse en el propio conocimiento hasta alcanzar la paz y la felicidad verdaderas, es algo innato en el hombre. Este es el ciclo normal e ideal al que debe tender una vida con sentido y responsabilidad hacia nosotros mismos y hacia quienes nos rodean. "Debemos calmar primero nuestra sed para poder ir a calmar la sed de otros". **"Si uno no conoce y sana su propia historia de vida, no puede conocer y ayudar de verdad a sanar las de otros".** En dicho caso ocurriría como si un tuerto quisiera guiar a otros tuertos.

Por la complejidad de la redacción del libro, con Bill logré deducir que mientras buscaba meter y sentir a Dios en mi vida fue cuando más obstáculos se presentaron y la redacción se hizo más difícil, en tanto que, al comenzar a llevarlo a otros, las reflexiones fluyeron.

En el transcurso de los últimos años me he encontrado con otras personas que, al igual que yo, han pasado por la experiencia de haber sido liberadas de algún tipo de brujería. Llama la atención que, muchas veces, las personas que han sido víctimas de alguno de estos males eran en su momento hijos consentidos o predilectos de un papá adúltero y sinvergüenza cuya amante buscaba deshacerse por vías diabólicas con tal de que no les robara su cariño. Era tan obsesivo el deseo de hacer daño que no importaba si la criatura se encontraba en el vientre materno.

Cada día, antes de empezar a trabajar con Bill en el libro, el ingrediente primordial para inyectarnos era la oración. Yo aprovechaba para pedir, especialmente, la liberación y transformación de José Alberto, el segundo de mis hermanos, quien, debido al ejemplo de mi padre de trago, infidelidad y derroche que recibió durante su niñez, a sus cuarenta y siete años aún continuaba imitándolo. Era el único de mis cinco hermanos que faltaba por comenzar a alimentar su vida espiritual. Todo el tiempo pedía a Dios que, así como había permitido en mi vida todo este sufrimiento para lograr encontrarlo a Él con todo su gozo y mi vivir descomplicado, le permitiera uno igual a él, que lograra cambiarlo de manera profunda. Y no me lo van a creer, como siempre, cuando uno pide Cruz a Dios ésta llega rapidito; lo que tarda un poquito son las añadiduras.

Justamente el día en que Bill me dijo que comprara la tinta y la resma de papel porque el libro estaba ya listo para imprimirlo y realizar la revisión final, recibí la llamada de otro premio gordo que faltaba para escribir en éste. Era de mi hermana Janeth para decirme que José se encontraba en estado de coma, ya que había sufrido un accidente. De inmediato me desplacé al Hospital Santa Clara de Bogotá y allí lo encontré en la unidad de cuidados intensivos, conectado a seis bombas. Un neurólogo que lo asistía me dio el siguiente diagnóstico:

–Por caída desde un tercer piso en estado de embriaguez, su hermano sufrió fractura de base de cráneo, con otorraquia y pérdida de masa encefálica por vía nasal y por oído izquierdo.

–¿Qué consecuencias podemos esperar, doctor? –le pregunté.

–Toca esperar cómo evoluciona del coma porque él está muy malito. Ustedes saben que en este estado hay gente que puede quedar como un vegetal.

–Pues, doctor, con todo respeto le digo, muchos médicos tan solo creen en la parte científica y yo creo en la parte espiritual. Doy gracias a Dios porque va a dar a mi hermano nuevos líquidos, el cerebral y el de la columna.

Como dicen las Escrituras, Dios no me hizo quedar en ridículo. Aunque, igualmente en fe, siempre aceptando su santa voluntad. De inmediato llevé a la sala al Sacerdote Capellán del Hospital, y con él, postrados de rodillas, clamamos al Espíritu Santo y a la Sangre de Cristo para que lavaran, confortaran, sanaran y liberaran la vida de mi hermano. Como podía oír, le dije:

–José, yo sé que usted hace muchos años no se confiesa, la situación es ésta: por el accidente que tuvo puede quedar como un vegetal y tirado en una cama o paralizado y en silla de ruedas. ¿Usted quiere negociar con Dios ahora y pedirle que haga un milagro en su vida? Lo primero que tiene que hacer es confesarse y pedir perdón a Dios por esa vida tan desordenada que ha llevado durante tantos años.

Así se hizo. El Padre Lucinio, teniendo en cuenta los impedimentos físicos, recibió una Confesión especial y le aplicó los santos óleos. En un momento del día, con mucha tranquilidad, me postré en el Sagrario de la capilla para pedir a Dios que su Espíritu me diera la sabiduría de entender **para qué** esto ocurrió justamente cuando me encontraba en la etapa final de este libro. El Señor me hizo sentir en el corazón esta revelación tan bella: "No sólo quería que escribieras en el libro cómo Te di la oportunidad de cambiar tu vida, sino cómo mi Amor y mi Misericordia cambian toda una generación".

Luego, en fe y con simpatía y confianza, dije al Señor: "Gracias porque le estás cambiando a mi hermano el líquido del motor y el de los frenos y así va a ser un nuevo hombre, si se le hubiera quebrado tan sólo una mano, no habría cambio en su vida, pero con semejantes daños en el cerebro sí va a cambiar verdaderamente".

La alta dosis de oración la suministré el primero, el segundo y el tercer día en compañía de mis amigos de oración Bill, Aurita y el cirujano Carlos Lizcano, entre otros, en comunión con la intercesión que pedí a todos los sacerdotes amigos, comunidades religiosas y grupos de oración, y muy especialmente a nuestro Beato pacoreño Fray Esteban y a mi tía Gabriela. Todo esto fue acompañado por el ayuno que ofrecí al Señor, que se prolongó por cinco días; de igual manera el Señor me despertaba entre las 2:30 y 3:30 de la madrugada, en plena hora de oscuridad espiritual, para que en oración, valiéndome del rosario de la Misericordia, batallara contra el demonio por el alma de mi hermano.

Al tercer día, luego de orar y ungirlo en compañía de Bill, cuando supuestamente permanecía en estado de coma, aún con la mitad de su cuerpo paralizado, José se retorció como si comenzara a ser consciente del dolor que le causaban las heridas.

Al cuarto día Jesús continúo sorprendiéndonos; José despertó del coma y los médicos, con el escepticismo característico de su profesión, nos dijeron:

–Sí, ya logró despertar, pero aún continúa con medio lado del cuerpo paralizado.

Por gracia de Dios, sin dudar de Su poder sanador, con total respeto les comenté:

–Doctores, yo estoy completamente seguro de que Dios terminará de sanarlo.

Por el lado de mi misma familia abundaban la duda y el temor de que José quedara en una cama o en una silla de ruedas y mi hermana Janeth me recordaba con frecuencia:

–¿No ve, Iván, que el neurólogo dijo que puede quedar de por vida con un lado paralizado?

Cada vez yo guardaba silencio en medio de las dudas y cuestionamientos, y finalmente le respondí:

–Lo único que creo es en el poder sanador de Dios.

Horas más tarde, el cirujano Carlos ungió a José con un aceite, del cual dijo ser emanado de una imagen de la Virgen de la Rosa Mística en Bucaramanga y que por medio del mismo el Señor había hecho ya incontables milagros. En ese momento José levantó la rodilla derecha, que hasta entonces había permanecido paralizada.

Nuestra alegría fue enorme y, contrastada con esa mirada fría del especialista que lo asistía. Cinco días después, ya luego de mucha oración de rodillas y ayuno, mi hermano movió completamente el cuerpo.

No todo fue olor de rosas. Debido a que mi hermano no controlaba esfínteres, los residuos traspasaban los pañales e impregnaban las piyamas. En casa de mi hermana, por el olor tan fétido y el fastidio tan horrible, todos nos rehusábamos a lavarlas, de pronto, me fluyó la siguiente reflexión: este olor tan fuerte es el resultado, tanto del pecado recogido y acumulado durante tantos años por mi hermano, como de ataduras que dejaron nuestros antepasados. Por lo tanto, no debo sentir asco de lavar estas piyamas, porque con ello estoy lavando el pecado de mi misma sangre y, por ende, el de mi familia. De igual manera hubo momentos en que José fue amarrado por el estado de demencia en el que se hallaba, pues destrozaba muchas de las cosas que encontraba a su alcance o se las comía debido a la ansiedad.

A los diez días ya comía, hablaba, controlaba esfínteres y comenzaba a caminar. A las dos semanas salió del hospital. Nos fuimos para donde mi hermana Janeth, quien muy amorosamente nos acogió en su casa. Sentí en el corazón que, dulcemente, Jesús de nuevo me decía: "Ahí les dejo a su hermanito como un niño gateando, para que lo re-hagan de nuevo en mi amor".

Cada día mi hermana, muy animadamente, le daba amor, el amor de mamá que tal vez él en su niñez no recibió, y yo, el amor de papá, amores éstos que por tantos años buscó llenar con alcohol. Esta actitud para con él se debe al amor que Dios me ha dado para que lo comparta con otros, comenzando por mi familia. Con la ayuda de terapia física y espiritual a diario, luego de aquel doloroso accidente del 28 de julio del año 2008, en marzo de 2009, empezó a coordinar los sentidos superiores e inferiores.

El milagro más impactante en relación con este acontecimiento trasciende lo físico. Hoy por hoy, a raíz de ese estado de quietud e impotencia obsequio de Dios, José no deja de acompañarme a la Misa diaria y al rezo del rosario, y en actitud de nobleza, humildad e inocencia, como niño que está renaciendo en un ambiente espiritual. A diario en ayunas, le doy a tomar los sacramentales, lo abrazo, le impongo las manos y lo unjo con aceite, oro por todas sus carencias afectivas y recuerdos dolorosos y espiritualmente lo limpio de toda la contaminación de mal ejemplo y pecado que sus ojos vieron y sus oídos oyeron desde la niñez.

Anteriormente, por su baja autoestima para hablar con nosotros sus hermanos, José tenía que estar bajo el efecto del licor; la sorpresa que los ha sobrecogido es que los trata de manera tierna, cariñosa y expresiva.

Como consecuencia de las oraciones de mi familia unida pidiendo a Dios misericordia para José manifestada en la sanación, sus corazones, otrora invadidos en varios de ellos por el resentimiento hacia él por las borracheras y el desorden de vida que veían como reflejo de mi papá, han terminado por sensibilizarse, pues en ningún momento creyeron que el hermano perdido se sanaría, la fe renació en ellos y se enriquece día a día al ver la evolución de su salud; esos corazones de piedra, como dice la Palabra de Dios, se transformaron en corazones de carne.

La vida trata de regresarnos al lugar de donde salimos, como sucedió con mi hermana Janeth. No era de creer que después de once años de salir de su casa regresaría y sería allí testigo del acercamiento de José a Dios. Parece absurdo pero, tal como quedó referido atrás, gracias a los conflictos que Dios me permitió con mi hermana, lo busqué a Él, y ahora, valiéndose del accidente de José, me regresó allí para cumplir una misión, la de pagarle con bendiciones lo que el Señor me había dado por medio de ella. El proceso no fue fácil; durante los varios meses de estadía en su casa le noté cansancio, incomodidad, rabia y desespero, algo explicable porque le tocó trabajar y servir a toda la familia durante veintiocho años después de morir papá. A esto se sumaban los comentarios de algunos familiares que le manifestaban que la tradición de la familia fue vivir cada uno por su lado, dividido y sin buscar la ayuda de otro.

En cierto momento, mi preocupación por ella llegó a tal punto que rompí en llanto haciéndole el reclamo, pero en la medida en que me iba desahogando me daba cuenta de que esas lágrimas no se debían al trato que nos daba a José y a mí, sino que, inconscientemente, estaba preguntando y clamando a Dios hasta cuándo durará la división de la familia. Mi misión en Dios para con Janeth fue hacerle caer en la cuenta de que cuando uno sirve a su familia o a otros, debe hacerlo con el único fin de agradar a Dios porque, de lo contrario, daríamos cabida al cansancio, al desespero y al resentimiento. En cambio, si hacemos lo primero, Él nos devolverá el diez, el treinta y hasta el ciento por uno.

Para que mi hermana asumiera la actitud debida frente a la lucha de la vida, oré por ella en compañía de varios amigos, como lo hice por José, imponiéndole las manos y dándole a tomar diariamente los sacramentales para que fuera sanada y liberada y recibiera el amor de papá y mamá que tampoco tuvo en la niñez. Me vi obligado a pedir a un tío no llevar más cizaña a la familia, pues yo estaba cumpliendo una misión donde Janeth, y aunque tenía mi propio apartamento, me mantendría allí hasta romper las ataduras de chisme, división y rechazo entre nosotros.

Un día Janeth recibió de Papá Dios la gracia de comenzar a perdonar a mi papá y así, bellamente, fue sanando su corazón. Por mi parte, cada vez que esa fuerza o dolor que había dentro de ella me indisponía, luchaba por morir a mis orgullos y deseos de entrar en conflicto y, para que en mi rostro y mi reacción viera al menos un poquito de la paciencia, tolerancia, humildad y amor de Jesús, y así no encontrara con quién reñir, pues si yo no me sacrificaba, nunca se presentaría la oportunidad de que mi familia comenzara a vivir el final de nuestra restauración.

La experiencia familiar vivida en esa etapa fue para mí trascendental, como la tesis o la práctica de este libro. Por ejemplo, en medio de la oración de sanación de recuerdos dolorosos que hice por José, expresó lo siguiente: "Iván, ahora recuerdo que cuando cumplí quince años, papá, en medio de su machismo, dijo a mamá que yo no servía para nada porque lo había decepcionado al haberme puesto a administrar varios de sus negocios y le correspondí inadecuadamente, ya que a escondidas malgastaba el dinero con bebedores y drogadictos y que yo parecía más era una mujer. Hizo que me pusiera una bata de Lucero y estuve encerrado y triste en una habitación una semana. Ahora entiendo por qué, en alguna ocasión, llegué a mirar a otros muchachos con malsana simpatía y me preguntaba: '¿Por qué miro así a los muchachos, si mi papá nunca me ha dado ese ejemplo?; siempre le han gustado las mujeres; es bien mujeriego'".

Por el relato de mi hermano entendí la influencia del ejemplo de mi papá sobre él y ante todo, su equivocación al exigirle a José ser responsable a sabiendas de que, en tantas ocasiones, lo que había visto de él era derroche, infidelidades y borracheras. La raíz de ese conflicto familiar está consignada atrás.

En una oración con una amiga a la cual Dios regaló el carisma de palabra de conocimiento, el Espíritu Santo le mostró cómo mi papá, siendo un niño, al encontrarse solo en la cuna cubierto por un toldillo una mujer extraña llegó, lo levantó en brazos y, según parecía, le causó algún daño. A partir de esas heridas y resentimientos que quedaron en mi papá, hoy en día he logrado comprenderlo más que nunca; tristemente, fue machista y utilizó a las mujeres, comenzando por su propia mamá, quien siempre lo sobreprotegió.

Actualmente, cada vez que tengo la oportunidad de orar o hablar con alguno de mis hermanos les explico la niñez tormentosa que tuvo mi papá para que **"no le pidan de lo que no le dieron"** y comiencen a perdonarlo, ya que ellos se encuentran muy dolidos con él a pesar de que han pasado veintiocho años desde su fallecimiento. Es a esto a lo que llamamos dolores enterrados vivos. Entre tanto, por el lado de mi mamá, lo más hermoso es que sí entiende a mi papá, lo perdona y continúa amándolo con toda la fidelidad de su corazón. Es más, sus palabras son: "Eh ave maría, si resucitara, volvería a casarme con él; no importa todo lo que me hizo".

Otra situación muy dura sobre la cual recapacitó José en esos días ocurrió en medio de una oración, cuando cayó en la cuenta de que en una de sus lagunas causadas por el trago había tratado de matar a un portero que no lo dejaba entrar en una gallera, y, en defensa propia, tuvo que ir en busca de un revólver para descargar una bala que terminó alcanzando a rozar el corazón de José. Aquí también fue Dios quien hizo el milagro de salvarlo.

Finalmente, al cumplirse nueve meses del apostolado para con José, y en él para con mi familia, se cumplió la promesa que la Virgen me había hecho de que mi hermano nacería de nuevo desde su vientre, pues para entonces se presentó, de un día para otro, un salto muy grande en la recuperación de su memoria reciente. En la misma época de mayo, Ella misma, al cumplir mis significativos y bíblicos cuarenta años de desierto y purificación, me dio el regalo de llevarme a conocer al Papa Benedicto XVI, santuarios de Europa y los cuerpos incorruptos de, entre otros, el Padre Pío de Pietrelcina, el Beato Juan XXIII y Santa Catalina de Lavouré. Allí la Santísima Trinidad, además de muchísimas gracias y bendiciones, por medio del Sacerdote exorcista español, Padre José Antonio Fortea, terminó de limpiar, liberar y sanar mi aparato digestivo, sobre el cual habían recaído tantos problemas físicos durante toda mi vida. Como resultado de ello, hoy por hoy puedo consumir leche y todo tipo de lácteos, cosas que desde niño no me estaba permitido.

En cuanto a José, al regresar supe que iba por su propia cuenta a las terapias diarias, con el fin de terminar de sanar su memoria reciente, cosa que antes de la peregrinación no podía hacer sin mi compañía. Pero ¡qué alegría y qué descanso tan grandes recibí en septiembre al ver que regresó a su antiguo empleo para estimular en mayor grado su memoria! Hasta la fecha, continuamos orando a Dios por la intercesión de nuestro Beato Fray Esteban por su sanación integral y por este relator y testigo para que me conceda paciencia, humildad, confianza y, especialmente, mucho entendimiento y fortaleza para cuidarlo, ya que hace varios meses lo llevé a vivir conmigo, y de esta manera continuar asistiéndolo hasta cuando Dios quiera.

No es fácil, pues ha habido momentos de mucha carga, cansancio e impotencia, en los que miro al Cielo y le digo a Dios que ya no soy capaz de continuar cuidándolo, que se me han desgastado el amor, la paciencia y la caridad para darle, que por favor me los conceda de nuevo. Y como siempre, Él responde a nuestro llamado, y lo más profundo de todo es que me ha hecho entender que toda esta convivencia con José finalmente, es para que yo no me las dé, sino que, por el contrario, me haga cada día más y más pequeñito y así pueda ver y valorar la inocencia de Jesús que entró en el.

Por ahora nos ha dado la satisfacción de reprocharnos el haberle permitido en épocas anteriores embriagarse, como si no recordara que éramos nosotros, sus familiares, quienes le rogábamos y suplicábamos para que no lo hiciera. Además, José no quiso volver a esa zona de trabajo, pues dice que allí tristemente solo pululan borrachos y viciosos irresponsables con sus familias. Me es muy duro contarlo aquí, pero en sus momentos de rabia, impotencia, y desespero por verse en ese estado, José también confiesa, que si todavía no se ha suicidado lo atribuye a la gratitud y al respeto que siente por su hermano.

Al llegar al final de esta escritura siento una enorme satisfacción por lograr un propósito que inesperadamente me tomó siete años, labor meramente apostólica consistente en transmitir experiencias propias y ajenas para llevar algo de luz a los lectores voluntarios que, espero y deseo, hayan sentido una motivación para una vida nueva. Ojalá comience usted a pedir al Espíritu Santo la gracia, la fortaleza y la berraquera de poder comenzar a desahogar la de ustedes; consulte de nuevo los temas que aún no le hayan quedado claros, pero, lo más importante es sanar lo que nos corresponde en cada uno de nuestros corazones y así, como yo, no tengamos que estar buscando que la culpa de mis problemas y los de José los tuvo mi papá, y la culpa de los de mi papá, aquella mujer que le hizo daño; y luego buscar a la persona que le hizo daño a aquella mujer hasta llegar a Adán, quien, cuando Dios le pidió cuentas, de inmediato culpó a Eva y ésta, ni corta ni perezosa, al estilo Pilatos, se lavó las manos culpando a la serpiente, y a la final, todos resultamos ser unos santicos, pues ninguno de nosotros resultó ser culpable de nada. Claro que no faltó sino que la serpiente le echara la culpa a la rama del árbol donde estaba enroscada.

IVÁN GUTIÉRREZ RODRÍGUEZ

En la década de los setenta nació en Pácora, un pueblo del norte de Caldas, y luego se instaló en la capital del país.

Allí estudió Arte Dramático y Presentación en Medios de Comunicación. Ha actuado en varias novelas, entre ellas *La costeña y el cachaco*, *Pobre Pablo* y *El fiscal*, del canal RCN, y *La guerra de las Rosas*, de Caracol.

Debido a una extraña y dolorosa enfermedad se retiró temporalmente del medio. Al recuperarse, sintió la necesidad de manifestar a otros todas sus experiencias hasta entonces vividas, para que, al compararlas con las suyas, otros se beneficien.

En el fondo, quiso ayudar a muchas personas que pasan por diversas dificultades. En efecto, nada pudo ser más útil que escribir este libro, que entrega a los lectores un relato de forma coloquial y, por lo mismo, espontánea. El título es de por sí práctico y llamativo.